汉画中的生活与精神世界

形象史学特辑

刘中玉　主编

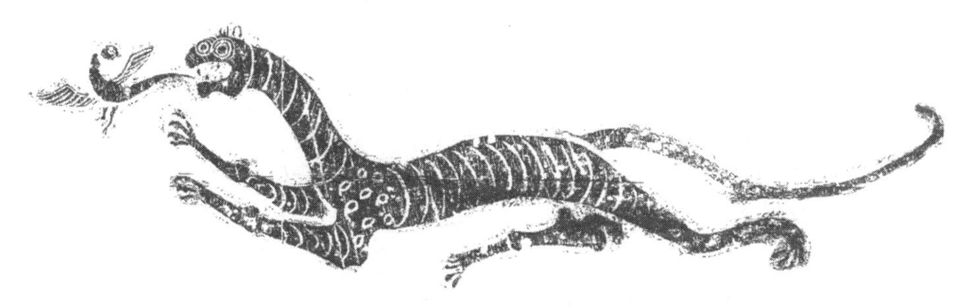

華夏出版社
HUAXIA PUBLISHING HOUSE

图书在版编目（CIP）数据

汉画中的生活与精神世界 / 刘中玉主编. -- 北京：华夏出版社有限公司，2021.12

ISBN 978-7-5222-0159-7

Ⅰ. ①汉… Ⅱ. ①刘… Ⅲ. ①画像石－中国－汉代 ②画像砖－中国－汉代 ③社会生活－历史－中国－汉代 Ⅳ. ① K879.422 ② D691.9

中国版本图书馆CIP数据核字(2021)第156363号

汉画中的生活与精神世界

主　　编　刘中玉
责任编辑　王　敏
责任印制　周　然

出版发行　华夏出版社有限公司
经　　销　新华书店
印　　装　三河市万龙印装有限公司
版　　次　2021年12月北京第1版
　　　　　2021年12月北京第1次印刷
开　　本　787×1092　1/16
印　　张　23.75
字　　数　422千字
定　　价　89.00元

华夏出版社有限公司　地址：北京市东直门外香河园北里4号　邮编：100028
网址：www.hxph.com.cn　电话：（010）64663331（转）

汉画特辑小引

在近代学术史上，“汉画”作为专业概念使用不外有两层含义：一是相对于西洋画系而言，指发源于中国而流布于亚洲各国的东方画系。[①] 其中日本汉画又自成一系，指室町时代起受宋人水墨和禅宗思想影响而发展起来的水墨画。二是特指汉代绘画，具体指遗存至今的汉代墓室壁画、砖石画像，以及摩崖画像、帛画、漆画等有形有像的实物文献。在诸类载体中又因画像石数量最多，是以所谓“汉画”者一般是指画像石，辛亥革命后媒体报章和著录研究中便频见以“汉画”来指称画像石的表述，1912年关于“射阳汉画”的报道即是一例[②]。

溯源金石学的传统来看，实际上至少从宋代开始，以“汉画”来指称汉代石刻绘画便已相沿成习，如曾巩《元丰类稿》、沈作（一作“仲”）喆《寓简》、王应麟《困学纪闻》等著述在提及东汉建宁四年（171）天井山（今甘肃省成县境内）摩崖石刻《西峡颂》时，皆发出“汉画始见于今”的感叹。迨至乾隆五十一年（1786），时任济宁运河同知的黄易将武梁祠引入金石学，一时汉碑研究蔚然成风。不过当时的研究多侧重于文字训诂、名物义理的层面，对于石刻中图像部分的探考尚不热烈。而由于文人间“金石时尚”的追捧和碑贾们的摹拓、炒作，在推高画像石及拓片收藏热度的同时，也扩大了汉画的影响，至光绪年间更是吸引了西方学者的关注。

西方人接触中国艺术，对于雕刻、建筑、绘画等造型艺术尤为敏感。1881年，时任英国驻华使馆医生的卜士礼（Stephen Wootton Bushell，1844—1908，又译作白谢尔）搜集汉画像石及拓片并将之带回欧洲，激起西方汉学界的研究兴趣。1889年，法

① 萧剑青：《汉画的特性与其欣赏法（待续）》，《红茶：文艺半月刊》1938年第5卷，第22—23页。

② 如记者王参报道《射阳汉画》，见于《大共和日报》1912年十二月卷，第27—28页，第30—31页。

人沙畹（Edouard Chavannes）以随员身份来华，为完成《史记》的翻译工作，他于1891、1907年两度到山东泰安及华北地区考察，通过访购原石拓本及现场拍摄、编著，相继出版了《两汉时期的石刻画》（1893）、《华北考古记》（第一、二卷，1909）。两书运用现代考古学调查取证的方法，结合《史记》《水经注》等正史、方志、笔记史料，从礼制、审美与文化的角度首次将汉代文化的精神通过石刻艺术形象地介绍给西方，同时也奠定了他西方著录研究汉画第一人的地位。

1907年，受日本建筑学会委派的关野贞也到山东调查中国古建，并与沙畹一道考察了汉代石祠。从关野后来的研究成果可以看出，他对于石祠上"画象"的图像装饰部分特别关注，特别是对图像布局和结构所反映出来的汉代文化的思想和精神的分析思路，在以考古学的方式复原汉代古建方面产生了良好的效果。其学术报告《中国山东省二十个汉代坟墓表饰附图》（1916）也成为汉画研究史上的重要成果之一。关野等人还在嘉祥、济南等地搜买汉画原石，其中便有出自孝堂山郭巨石室、嘉祥武梁祠的画像石。当地政府阻止未果，被其辗转运回日本。这批画像石原石中的精品于次年7月出现在明治天皇亲临的东京大学毕业古文书展上，引起了不小的轰动，被誉为"世界珍物"[①]。汉画中的图像和内容也很快成为日本版画设计的题材，引起鲁迅等留日学生的注意，由是激发起他们文化救亡的热情，鲁迅归国后致力于汉唐画像石刻的搜集便与此有很大关系。他虽是着眼于"风俗中所见中国之精神"，但并不赞成以复兴"国粹"的方式，而是主张融合欧洲艺术的"新法"加以创新[②]，并通过新兴木刻运动来推广汉画。这与他以文艺改造国民精神的思想和行动是一致的。可以说，中国近代汉画收集整理与研究的开展，从一开始便是与文化救亡紧密联系在一起。

需要指出的是，鲁迅等时人眼目中的汉画已与此前金石学系统下对汉画的界定有所不同，即已是一个考古学意义上的概念，而非传统绘画史上的概念，并且被赋予文化救亡的时代意涵。[③]借用当时民物学的观点，便是"研究物质文明之整个系统，追寻其演化来源，骥索其地理分布，则更有赖于宏富之搜罗，排比而分类之：详其性状用途，明其产地作法，使吾人于观览之余，瞭然于所处之物质环境进化阶梯。语其重要，不仅关系国计民生，且可阐扬吾国固有文化"[④]。可以说，借助西方的学科视角重新梳理

① 邓实：《爱国随笔·后汉画像石谈》，《国粹学报》1908年第4卷第6期，第103—105页。

② 《鲁迅汉画像年表》，见《鲁迅藏拓本全集·汉画像卷》。

③ 如记者王参报道《射阳汉画》，见于《大共和日报》1912年十二月卷，第27—28页，第30—31页。

④ 《青岛山东大学征集民物：研究吾人物质生活状况，以谋改善衣食住行乐安》，《国立北平图书馆读书月刊》1933年第2卷第8期，第34页。

中国传统文化，并争取一个世界性的地位，是当时学界、知识界的共识与努力目标。

如今我们站在一个已深度参与世界文化进程的时代平台上来回望一个多世纪的汉画研究史，越来越能看清一个事实，那就是西方自然科学的态度和方法虽然在学术概念生成、学科体系规范、理论话语建设等层面实实在在地促进了国内的汉画学科体系的构建和研究队伍的培养，不过由于其一开始便确立了考古学和美术史的立场，在某种程度上也制约和影响了对于汉代社会生活和精神观念的探究。研究者不约而同地意识到，无论是"标榜"美术考古还是艺术史研究，都首先避免不了对考古工作者发掘的一手材料及其所撰写的考古报告的依赖，而且研究越细化，对于"现场"的依赖程度越高，越难以形成自己的立场。汉画研究同样难以置身事外。究其原因，主要是大多数的研究眼目未能跳出"考古"的范畴，而只能为考古学做进一步的阐释。相反，早在近代鲁迅、郭沫若等前辈学人所确立的从文化继替更生、社会综合研究的视野和路径，却在学科门径壁垒日益"巩固"的情况下被淡忘或忽视了。从某种程度上而言，之所以无论是文化界、思想界还是理论界等都不约而同地在提倡和推动学科交叉和学科融合，不是因为交叉和融合已经成为趋势，而是在学科边界泛化和学科壁垒深固这两个"极端"作用下，不得不尝试回归从社会科学整体来谋划学科发展的路径。而要做到这一点，用历史学的方法来树立材料平等的观念，既非像考古学执着于对现场发生的"时间"定位（即重视对发掘对象科学性的判断），也非像艺术史家沉醉于艺术作品的形态、构图与创作动机等（即对于艺术传统的追索），而是转向其社会性、人文性的探索，或不失为一种尝试。

当然，这并非忽略或模糊对于审美的界限，而是在探寻美的规律的基础上，把传统以研究美、艺术情感为内核的作为"艺术品"价值的发掘，放在社会文化史的层面上去考察，放在中国传统文化继替与发展的层面上去发现其现代价值，延展其现代意义。我们此次推出的"形象史学特辑"——《汉画中的生活与精神世界》，便是希望能使跳出物质文化意义上的汉画（即"物"的层面），在其社会意义与文化意义的阐释方面有所突破。

2019 年 7 月，在山东省石刻艺术博物馆（今已隶属山东省博物馆）倾情协办下，由《形象史学》编辑部、出土文献与中国古代文明研究协同创新历史所分中心主办的"形象史学精品课程 · 汉画调研班"（以下简称"汉画班"）在山东省济南市开班，并顺利完成了实地调研、学术研讨等前期预定目标，取得了良好效果。概括来说，这次汉画班有三个特点值得称述：

（一）多学科的融合。来自考古学、历史学、文学、博物馆学、美术史等多学科专业的青年学人，在对长清、嘉祥、微山、滕州、临沂、淄博等鲁中南汉代石祠、墓室遗址和馆藏地综合调研的过程中，不仅收获了友谊，而且在专业立场意识、跨学科协同意识、问题导向意识等方面均得到了集中锻炼，同时也凝聚了共识。

（二）理论与实践的融合。跳出“物”的层面，结合制度文化、思想文化、社会文化，从整体上推进和提升物质文化史研究，是我们这些年构建形象史学方法论的前进方向。汉画研究不能仅仅从图像和内容的分解、分析入手，而应在充分利用考古发掘第一线成果的前提下，把遗址场域尽可能“复原”成历史发生的场域，才能以“形”显“象”，做出接近于历史实际的判断与分析。为实践这一预设目标，汉画班在调查前便针对性地进行文献准备，在接触到遗址与画像石实物之后，关注点逐渐聚拢到墓主身份与主题选择、图像传播与技术合作、个案研究的纵向与横向维度、鲁中南汉画特征与地域文化四个问题上，从文化、社会、思想、制度、经济等视角来切入讨论，激燃火花。以期能得“意”于“形”，忘“形”于“象”。

（三）研究团队与馆藏团队的融合。文明与文化的继替和发展，既需要从加强思想文化的研究阐释和弘扬传播入手，也需要从加强文物价值的挖掘提炼和推广利用入手，二者同等重要。文物虽然是历史与文化的见证者、参与者和塑造者，但其本身并不能说话，要让文物活起来，以“当事人”的角色参与到文明和文化继替与发展的宏大叙事中来，这不仅仅是考古与历史研究的任务，同样也是文保工作的任务。推动双方之间的合作，一则有利于加强和提升物质文化研究的层次与水平，二则有利于文物由“保藏”到研究、利用整体工作思路的转变。这次汉画班不仅得到了山东省石刻艺术博物馆、长清孝堂山郭氏墓祠遗址、济宁市嘉祥县武氏祠、微山文化馆、滕州汉画像石馆、临沂市博物馆、沂南汉墓博物馆、昌乐县汉代石刻博物馆、淄博临淄齐文化博物馆、济南市博物馆、山东博物馆等馆藏单位的友好支持与关照，而且在具体问题探讨、专题研究合作方面均有所推进，本辑所选十一篇考察报告中便有两篇出自馆藏单位同仁之手，为我们今后开展类似更深更广的合作起到了示范作用。

值此《形象史学》创刊十周年之际，谨以这本“汉画特辑”向一直以来支持和帮助我们的师友汇报，在检讨不足的自省中总结经验，砥砺再进。

聊绪数言，是为小引。

刘中玉

2021 年 10 月 8 日

目录

鲁中南地区汉画像调研报告

蔡奇玲

2019 己亥年暮夏，由出土文献与中国古代文明研究协同创新中心中国社会科学院历史研究所分中心主办、山东省石刻艺术博物馆协办的“汉画调研班”，带领学员考察鲁中南汉墓室、祠堂及博物馆的画像石。从 7 月 17 日至 7 月 22 日，开展了为期六天的调研活动。走访长清孝堂山石祠、嘉祥武氏墓群石刻博物馆、微山县文物管理所、滕州汉画像石馆、临沂市博物馆、沂南汉墓博物馆（北寨墓群）、昌乐县汉画研究中心、齐文化博物馆、济南市博物馆及考古馆、山东省博物馆、山东省石刻艺术博物馆等地，搜罗考察出土画像石。

一、考察地——鲁之考古史及汉画像石台概况

此次考察地区为鲁中南汉墓室、祠堂及汉画像石博物馆。山东济南地区先后发现了后李文化、北辛文化、大汶口文化、龙山文化、岳石文化、商代文化等遗址，出土物特别多关于鸟造型的器物，展现了东夷文化浓厚的太阳鸟图腾崇拜思想。距今约 6100—4600 年前的大汶口之地，有足鬶、腹豆、尊、壶等陶器出土，此时期还有刻有图像文字的大口尊，尊上有一个太阳的图样。（如图 1.1）

在中华文化中太阳与鸟是息息相关的，产生了无数关于金鸟的神话传说。《左传·昭公十七年》记载：“我高祖少皞挚之立也，凤鸟适至，故纪于鸟，为鸟师而鸟

图 1.1　大口尊　大汶口文化（距今6100—4600）（2019-7-21笔者摄于济南市考古馆）

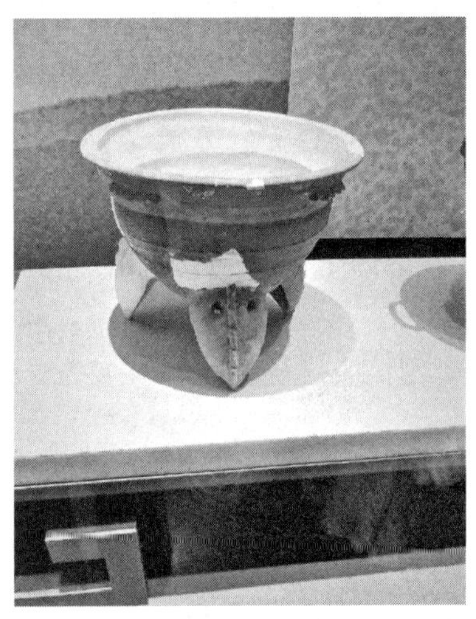

图 1.2　鸟喙足鼎　龙山文化（距今4600—4000）（2019-7-21笔者摄于济南市博物馆）

名。凤鸟氏，历正也。玄鸟氏，司分者也。伯赵氏，司至者也。青鸟氏，司启者也……”[①] 史料记载高祖少皞挚即立时，凤鸟正好飞行而过，是祥瑞的象征，便以鸟记事。《汉书 · 地理志》“冀州既载，壶口治梁及岐……鸟夷皮服”[②]，颜师古（581—645）注：“此东北之夷，搏取鸟兽，食其肉而衣其皮也。”东夷的图腾崇拜以鸟为最多。[③] 鸟是他们模仿的对象，他们吃鸟肉，穿鸟皮，甚至行为或服饰也模仿鸟类。“初民们，是通过原始艺术作为巫术的手段来幻想‘达到影响自然及他人的目的’的”[④]，初民对图腾动物造型的模仿，被称为模拟巫术，目的是拥有与其相同的能力。由于飞翔是人类最初的梦想，他们认为，若有羽翼，不仅能逃脱空间的限制，甚至可以摆脱死亡的时空限制，鸟成了东夷人的图腾信仰，他们希望通过模仿鸟，沟通甚至超越自然界。因此，山东济南一带发现的新石器时代遗址，常见与鸟造型相关的出土物，如足如鸟足或瓶口做鸟喙状的陶鬶，也有足为鸟喙造型的鼎等。（如图 1.2）

再到距今大约 2000 年前汉代墓葬的画像石出土，这些墓室建筑对象刻绘了大量的图像，反映了汉代民间的社会生活与希冀世界，山东新石器时代的文化遗存，结合两汉浓厚的飞升与升仙思想，因此，山东出土的画像石很多是关于仙境景物、神人、羽人、神鬼、祥瑞等等内容的。除此之外，山东是古齐鲁之地，从春秋时代起，人文荟萃、诸家聚集，又是儒家文化的发源地，有孔孟礼仪之乡的美誉。在如此丰厚的文明积淀之下，山东地区汉画像石遗存极多，且刻工

① 左丘明撰，王守谦等人编译：《春秋左传》，台湾古籍出版社 1996 年版，第 1785 页。

② ［汉］班固著，［唐］颜师古注：《汉书》卷 28 上，中华书局 1964 年版，第 1524 页。

③ 逄振镐：《东夷文化史》，中国社会科学出版社 1998 年版，第 294 页。

④ 孙新周：《中国原始艺术符号的文化破译》，中央民族大学出版社 1998 年版，第 2 页。

精美，题材广泛，北魏郦道元《水经注》卷八《济水》记载：

> 今巫山之上有石室，世谓之孝子堂。①
>
> 菏水又东径汉平狄将军扶沟侯淮阳朱鲔冢。墓北有石庙。②
>
> 南有汉荆州刺史李刚墓。刚字叔毅，山阳高平人，熹平元年卒。见其碑。有石阙、祠堂、石室三间，椽架高丈余，镂石作椽瓦屋，施平天造，方井侧荷梁柱，四壁隐起，雕刻为君臣、官属，龟龙麟凤之文，飞禽走兽之像，作制工丽，不甚伤毁。③
>
> 戴延之《西征记》曰：焦氏山北数里，汉司隶校尉鲁峻，穿山得白蛇、白兔，不葬，更葬山南，凿而得金，故曰金乡山。山形峻峭，冢前有石祠、石庙，四壁皆青石隐起，自书契以来，忠臣、孝子、贞妇，孔子及弟子七十二人形像，像边皆刻石记之，文字分明。又有石床，长八尺，磨莹鲜明，叩之声闻远近。④

从《水经注·济水》记载可知，山东汉画像石出现时间早、分布地域广、横跨时间长达三百余年，是地下墓室、墓地祠堂和阙门等等建筑上的雕刻，属于丧葬礼仪的石刻艺术，具有重要的历史艺术价值。尤其山东是重要的画像石出土地区，画面题材丰富多元，雕工精致细腻，展现了汉代石刻艺术的高超水平，也展现了汉代多彩多姿的生活荣景。

二、鲁中南汉画像石之调研初探

学员们有幸造访山东中部、南部地域的墓室、祠堂及汉画像石博物馆，通过实地考察，了解画像石与建筑上的配置，认知画像石在墓室中的本来面貌，正确解读画像石原本的内容意义，有助于我们全面研究汉代社会历史、文化生活、意识形态等等议题。仅仅通过书籍拓片，往往无法巨细靡遗地看清楚图像的细节及其纹理，阴刻线

① ［北魏］郦道元著，王云五主编：《水经注（二）》卷八，上海商务印书馆 1929 年版，第 44 页。

② 《水经注（二）》卷八，第 52 页。

③ 《水经注（二）》卷八，第 53 页。

④ 《水经注（二）》卷八，第 53—54 页。

条更是如此。必得亲临现场、近距离地考察，并且将画像内容与建筑的配置布局一同考虑，才能挖掘更多的研究议题。毕竟祠堂、墓阙、墓室、石棺上的画像并不是随意创作的，而是根据其在建筑中所处的位置界定的，反映的是儒家的礼制思维和汉代的宇宙观念以及生活面貌。例如：门柱和立柱上部多配置仙人世界内容的画像。墓室中的阙门、柱子、树如同神话思维中的“宇宙轴”概念，是神圣的世界中心，形成一个突破点，可以沟通宇宙三个时空：天上、地上、地下。伊利亚德（Mircea Eliade，1907—1986）言：“突破点是由一个开口的象征所表明出来，透过这个开口，使一宇宙区通往另一区域成为可能。”[①] 这样的思维明显表现在墓室中的建筑元素中。走进祠堂、墓室考察，我们不再是孤立、零散地研究汉画像石，而是全面性地探究汉画像石的真实面貌，因为每一幅汉画像石的母题，反映的是汉代人天地人的宇宙观，是汉代人的思想，以及汉代社会的生活状况。以下将这六天考察所发掘的研究意识略作初探，并且归纳为五个要点：

（一）从《山海经》探究汉画像石的奇人异兽

第一天，前往孝堂山石祠。孝堂山位于山东省济南市长清区孝里镇孝里铺村南，东依泰山，属泰山余脉的低山丘陵区，海拔 62 米，山顶与山下路面的高度差为 38 米，是一座馒头状石灰岩山丘。石祠位于山顶，坐北面南，其后为一汉墓，现残存封土高 3 米左右，是中国迄今最早的一座保存于地面的房屋建筑。[②] 抵达墓室后，学员们进行了详细的考察。这些雕刻精美的画像石，题材极其丰富，反映了两汉社会经济发展与国家财政充裕的状况，记录了汉代社会的人民生活与文化思想，正如《后汉书·仲长统传》记载：

> 豪人之室，连栋数百，膏田满野，奴婢千群，徒附万计。船车贾贩，周于四方；废居积贮，满于都城。琦赂宝货，巨室不能容；马牛羊豕，山谷不能受。妖童美妾，填乎绮室；倡讴伎乐，列乎深堂。[③]

---

① 伊利亚德著，杨素娥译：《圣与俗：宗教的本质》，桂冠图书公司 2000 年版，第 87 页。

② 参考长清区文物保护管理中心韩特主任提供的条目资料要素表，数据来源：《济南市国家级、省级和市级文物保护单位简介、保护范围及建设控制地带划定意见》，济南市文化广电新闻出版局和济南市文物局编印。

③ ［南朝宋］范晔撰，［唐］李贤等注：《后汉书》卷 49，中华书局 1965 年版，第 1648 页。

从史料记载得知，汉代社会繁荣的经济，带动墓葬画像石刻艺术走向巅峰。《水经注·济水》记录巫山有座孝子堂。当时以讹相传，孝堂山为汉孝子郭巨家族墓地，石祠故名孝子堂，孝堂山之名由此而来。孝堂山祠的画像主要分布在东壁、北壁、西壁、三角隔梁两面及底部。主要采用阴线刻的雕刻技巧。由于石室保存完善，从祠堂的建筑与画像可清楚地得知其配置关系。

考察后发现可探讨的问题意识有：借古之巫书《山海经》梳理汉画像石中仙人世界的贯胸国或其他仙界场景中的各种珍禽异兽。其一，西壁画像上的贯胸国人，最上层是蛇身执规的女娲，周围云气缭绕。画像正中间为二人用木棍穿一人胸抬着行走，共有两组画面。下方为庄严正坐的西王母，两侧分别有五人和六人献芝草等物品。（如图 2.1）其二，隔梁石东面画像主要画面升鼎图的右侧，有一棵连理树，树旁有两只飞行的鸟，下方持弓朝树发矢的射者，图像已脱落斑驳了，但弓与矢依然清晰可辨。树的下方还有双头人面的动物，及双头兽、两头鸟（比翼鸟）、三人头凤鸟身的动物。（如图 2.2）从墓室建筑位置及画面位置可知这些全是仙界的场景。孝堂祠的画像神话色彩较为浓厚，此时西王母仙境时空及其形象尚未建立完整系统，这幅西王母仙境图跟我们认知中画像石的西王母形象及仙境时空是不太一样的，东王公、龙虎座也还没出现。

图 2.1　贯胸人与西王母图（2019-7-17 笔者摄）

图 2.2　异兽图（2019-7-17 笔者摄）

《山海经》充满初民的原始思维色彩，人兽合体，人们可以拥有强大的力量。《山海经·海内北经》有一异兽名叫穷奇，“状如虎，有翼”[①]，是初民对狮虎力量崇拜的展现，通过想象，将虎和翼合为一体。神话传说流传已久，已根深蒂固植入人们的生命，

① 袁珂:《山海经校注》，台北里仁书局 2014 年版，第 312 页。

以新的艺术形式出现，迎合世俗的观念。目前研究画像石的学者针对此主题探讨的论文并不多。

（二）从历史人物画像探讨汉代的政治、社会意识形态

东汉晚期山东嘉祥武翟山北麓的武氏墓群祠堂是一个典型的画像祠，也是一座完整且具有代表性的石刻画像建筑群。一进嘉祥武氏墓群石刻阙室展示厅，可见现存石阙、石狮各一对，石碑两块。关于武梁祠最早的记录是北宋欧阳修1057年《集古录》记载武家两位成员武斑及武荣的墓碑铭文。接下来是1117年宋赵明诚《金石录》记载了武氏墓地一个石祠的画像石。60年后，洪适编《隶续》，精心翻刻祠堂画像，是目前最早的画像石出版物，也记载了老子见孔子一图。直至650年后《嘉祥县志》提及："县南三十里紫云山西，汉太子墓石享堂三座，久没土中，不尽者三尺。"清初知有三间祠堂存在，但宋赵明诚仅记录一个祠堂。1786年，当时著名金石学家黄易途经嘉祥，偶然发现武氏家族墓地遗存，记录在《修武氏祠堂记略》中，"有堂蔽覆，椎拓易施，翠墨流传益多"，并找了李克正和刘肇镛一起重组武梁祠的画壁。1786年和1789年之后近百年，没有任何有关武氏祠的考古活动记录。直至1880年后，陆续有遗址发现一两块画像石，才逐渐有西方和日本学者前来考古。① 以上为巫鸿先生梳理的武氏祠从宋到今日关于墓室的记录。由于武氏祠的画像发现得早，宋以后迄清代即受到不少金石学家的注意，被记录的文献也多，因此，早已闻名遐迩。武氏祠画像题材内容广泛，包含神话故事、神人异兽、社会现实生活、历史人物故事等。山东地区延续齐鲁文化孔子所建构的儒家伦理精神，展现传统的儒家人伦纲常，将传统教义变成一幅幅具体的画像，使这些历史人物故事流传于后世，因此，武氏祠特别多关于历史人物故事的画像，且留下的榜题也特别多，是我们研究汉代君臣政治思想、社会意识、社会秩序或人物身份、生活礼仪等的好素材。

蒋英炬先生及吴文祺先生在《汉代武氏墓群石刻研究（修订本）》一书中谈及，过去对武氏祠画像石内容、榜题的著录，多是参照黄易等人的四组零散祠堂画像石的分组编号进行，看不出来画像石在建筑中的位置关联，而忽视、脱离原石，出现了许多的混乱和错误。② 今日学者将武梁祠建筑石件现存的画像石六块，一幅一幅依序记

① ［美］巫鸿著，柳扬、岑河译:《武梁祠：中国古代画像艺术的思想性》，生活·读书·新知三联书店2006年版，第11—16页。

② 蒋英炬、吴文祺:《汉代武氏墓群石刻研究（修订本）》，人民美术出版社2014年版，第85页。

录内容，及前石室现存十六石，共十九幅画像石；左石室现存十九石，共十六幅画像石。后辈研究者了解了建筑配置，能更准确地理解图像内容。进入武氏墓群，三座石壁刻绘了各式各样的历史人物故事，如从伏羲至夏商历代帝王图，荆轲刺秦王、二桃杀三士等忠臣义士，或表现贤君的周公辅成王，还有春秋齐国管仲射杀桓公小白，齐桓公不计前嫌仍重用管仲，完成春秋五霸的伟业的故事，还有闵子骞、老莱子、丁兰等孝子事迹。这些历史人物故事多数榜题清晰，但有些榜题已模糊。其中有幅历史人物图，位于武氏祠左石室后壁小龛东壁第七石，画面分为三层，图 2.3 为第一层。

图 2.3　山东武梁祠左石室后壁小龛东壁画（2019-7-17 笔者摄于武氏墓群石刻博物馆）

目前学界对此画面所刻画内容有不同见解，一为“虞舜登梯修粮仓”传说故事，二为“公孙阏暗箭射人”历史故事，三为“齐国崔杼弑其君齐庄公”历史故事。[①] 能出现在武氏祠的壁画上，应是当时广为流传的故事，且具有其教育推广意义。目前可见六幅画像出土地全位于山东，嘉祥占了五幅：嘉祥武氏祠、嘉祥南武山、嘉祥宋山第八石与第四石、嘉祥纸纺镇敬老院、莒县东莞镇，也许地域与故事内容是有关联的。可进一步探究，刻绘的到底是哪个传说或历史人物故事，以及此故事为何在山东这一地域特别流行呢？

其他的历史人物故事，皆是探研汉代政治、社会意识形态的珍贵材料。考察之际，发现山东出土特别多“孔子见老子图”，此画面通常放置在反映人间活动画像的最上层。如图 2.4，画面中孔子手上所执的必为斑鸠，因《周礼》官吏正式会晤时，需

① 参考武氏墓群石刻博物馆展厅的展示牌。胡广跃《石头上的中国画——武氏祠汉画像石的故事诠释》将此画像命名为“虞舜登梯修粮仓”（三秦出版社 2013 年版，第 172—173 页），张道一《汉画故事》将此画像命名为“公孙阏暗箭射人”（重庆大学出版社 2006 年版，第 133—135 页），李发林《汉画考释和研究》将此画像命名为“齐国崔杼弑其君齐庄公”（中国文联出版社 2000 年版）。

执一只相应的鸟以示身份。孔子拜访老子时的身份是史，所以必执斑鸠。[①]除了史料的探讨之外，邢义田先生在《汉代孔子见老子画像的社会思想史意义》一文中，借助图像和墓葬里的材料，梳理呈现出一位和儒经里颇不一样的孔子，有助于我们从不同的角度认识孔子的形象和变化。通过出土汉画像石“孔子见老子图”，我们可以重新评估孔子在汉代的地位和形象。汉代距离孔子生活的时代仅五六百年，比两千年后的今天要近得多。那时能见到的有关孔子和弟子的事迹或故事，都远多于今天。[②]邢先生试以传世文献和画像中汉人津津乐道的孔、老相见，或孔子问礼于老子，或孔子以老子为师的故事，一窥汉代人的主观想法。他认为，汉代墓室或祠堂中的孔子见老子图，显示一生服膺儒教又心羡老子的墓主及与其同一社会阶层的人，在人生的最后阶段，也要像孔子一样，向神人老子问问最后的归宿，寻觅些许心理的慰藉，相信这是汉墓装饰在无数可选的孔子故事中，独钟孔子见老子故事的关键理由。[③]因此，汉画像石各题材出土的地域，与其流传的文化背景，在汉代社会或思想史上皆有当时的意义，皆值得我们探讨，图像中隐藏的文化密码，是后人了解汉代社会生活和文化思想的珍贵宝藏。

图 2.4　孔子见老子图 东汉 济南长清孝里镇大街村出土（2019-7-21 笔者摄于山东省博物馆）

（三）从微山出土的“送葬图”论汉代丧葬习俗的文化内涵及社会功能

关于汉画像石与汉代墓葬文化的论文多之又多，毕竟自新石器时代开始至今，墓葬文化具有悠久的历史，内涵也异常丰富。蒋英炬先生言汉画像石产生的背景是随着

① 《武梁祠：中国古代画像艺术的思想性》，第 53—54 页。

② 邢义田：《汉代孔子见老子画像的社会思想史意义》，《中国文化研究所学报》2017 年第 65 期，第 25—28 页。

③ 《汉代孔子见老子画像的社会思想史意义》，第 39 页。

社会发展，人们的思想观念发生变化，影响了丧葬礼俗的变化。商周丧葬文化反映了人们尊天敬神的心理。至汉代，丧葬制度、礼俗发生重大变化，结合当时的厚葬风气，人们对死亡的重视实际上反映了对人生的重视，希望人生得到延续。因此，汉画像石是为丧葬礼俗服务的一种功能艺术。①

我们前往微山县文物管理所考察微山出土画像石。微山地处鲁西南，汉代属于彭城国留县，是画像石重要的出土地之一，是汉画像石研究的一个重要地域。由于独特的地理环境——微山湖，微山出土的画像石有特别多的水榭图像，石刻风格也较精致。除此，还有目前出土汉画像石中唯一的一幅“丧葬图”。

图 2.4 是微山出土的西汉石椁画像。这是一幅阴线刻画，画面分为三部分，左边是孔子拜见老子的场景。画面中共九人，其中有六人佩带着剑，这与一般孔子见老子图的构图不太一样。下方身高高、拄着弯曲拐杖的人是孔子，孔子前方是项橐，项橐的后方是老子。石椁上为何要刻绘孔子见老子画像？邢义田先生的观点与诠释——汉代人视老子如神仙，孔子也被仙化——正能做出解释。

图 2.4　送葬图（图像来源：马汉国主编《微山汉画像石选集》，文物出版社 2003 年版，第 245 页）

图 2.4 的中间及图 2.5 是送葬图，反映的是葬礼场景。画面中心是放着遗体的半椭圆形丧车。车的前后插着装饰的绢伞和羽葆。车的前方有两行人用绳子牵拉。最前方的人手拿着旗子向后看。右上方是最年长的弟兄手持丧杖、额头点地，合掌行礼迎接丧车。丧车后方跟着四个孝子和他们的妻子。图 2.4 最右边的图画里有柏树林，是石椁上常出现的常青树图像。有人在山脚下挖掘墓地，三人站着，五人坐着。旁边也有酒器。在他们附近有两个人面对面坐着，中间放着酒樽。② 这应该是葬礼的祭拜仪式。巫鸿在《礼仪中的美术：巫鸿中国古代美术史文编》一书中言：三幅画像的并列连续

① 蒋英炬：《关于汉画像石产生背景与艺术功能的思考》，《考古》1998 年第 11 期，第 92—93 页。

② 马汉国主编：《微山汉画像石选集》，文物出版社 2003 年版，第 244 页。

图 2.5　送葬图（2019-7-18 笔者摄于微山县文物管理所）

形式体现了一种从生到死的时间序列，这两个世界的联系和转换关系是由中间的送葬行列建立起来的。[①] 汉画像石中很少看见如此规模的车马送葬队伍，研究这幅送葬图有助于我们探究汉代的丧葬仪式与文化。再以汉墓出土的"简册"[②] 图文互证，重构汉代丧葬之礼，研究当时葬礼的流程，可知在事死如生的汉代一定特别重视丧葬礼俗。

（四）丧葬艺术与传统石刻工匠的关系

秦汉时，生前造墓是一种常见活动，甚至在当时成为一股风潮。鲁中南的中小型汉墓率先使用石椁以及画像一事，似乎与其地域风俗有关。由于地处盛行斩山刻石的西汉鲁国、楚国、梁国等诸侯家族的崖洞墓之间，应该不乏石刻工匠以及相关的丧葬美术行业。[③] 这种丧葬美术的盛行，除了环境地理因素的影响之外，也与汉代重视孝道、以孝治国的风气息息相关。调研最后一天，前往山东省石刻艺术博物馆，杨爱国老师领着大家观看嘉祥宋山出土的永寿三年安国祠堂画像石，其题记：

> 以其余财造立此堂。募使名工高平王叔、王坚、江胡、栾石、连车，采石县西南小山阳山。琢砺磨治，规矩施张，褰帷及月，各有文章，调文刻画，交龙委蛇，恩情未及迫褾，有制财币……但观耳，无得刻画，令人寿。猛虎延视，玄猿登高，狮熊嗥戏，众禽群聚，万狩云布，台阁参差，大兴舆驾。上有云气与仙人，下有孝友贤仁……功扶无亟，贯钱二万七千……明语贤仁四海士，唯省此书，无忽矣。冢以永寿三年十二月十六日大岁在癸酉成。[④]

① ［美］巫鸿著，郑岩等译:《礼仪中的美术：巫鸿中国古代美术史文编（上册）》，生活 · 读书 · 新知三联书店 2005 年版，第 262 页。

② 墓葬中记录陪葬品的列表。

③ 龚诗文:《汉画渊源考略：以西汉早期石椁画像为中心》,《艺术评论》2014 年第 27 期，第 29 页。

④ 邢义田:《画为心声：画像石、画像砖与壁画》，中华书局 2011 年版，第 49 页。

老师向我们解释了汉代画像石题记内容，并指出其图像安排之精细，雕刻技法运用之成熟，在汉代画像石中确属上乘。因此产生了“良匠”“石工”“刻者”等等名称，他们在竞争中取得了有利地位，大量地被外地雇主聘用是很正常的。最著名的就是嘉祥武梁碑刻中出现的“良匠卫改雕文刻画”字样，汉代的石刻工匠已经引起了学人的关注。远走他乡的画像石工匠不仅把画像石艺术带到了当地，丰富了那里的丧葬礼俗，如鲁工石巨宜造的幽州书佐秦君阙，有的还成为当地画像石雕刻的主力军，如在山东嘉祥一带活动的高平石刻工匠，他们的作品是东汉晚期嘉祥一带数量最多、质量最高的画像石。[①] 拥有如此高超的雕刻技法，并带动墓葬石刻的流行风潮，这些良匠展现了中国传统的石刻工艺。难怪造祠堂者要借聘请这些远近知名的工匠，在乡里中炫耀自己对死者的孝心。这些工匠从外地来，受到雇主小心周到的招待。雇主甚至日夜侍候，不敢稍有怠慢，唯恐失其欢心。[②] 民间墓葬石刻提升工匠的地位，汉画像石带动石刻工艺，成为当时建造墓室的流行风尚。石刻工匠的工作坊及地位，以及他们如何走出一条职业的传统工艺之路，甚至影响当时社会的经济活动等等，也是一个待探究的议题。

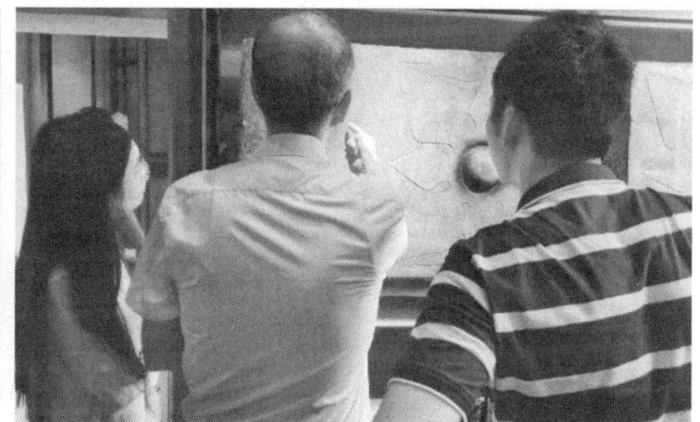

图 2.6　嘉祥宋山永寿三年安国祠堂画像石（2019-7-22 笔者摄于山东省石刻艺术博物馆[③]）

（五）汉画像石中的羽人母题与游仙文学的脉络关系

不管是鲁中南各墓室或祠堂、阙门的汉画像石，还是中国各地出土的画像石，在西王母的仙境时空，东王公、女娲、伏羲、风神、雷神、雨师等仙人四周常伴随肩生双翼飞舞的羽人。汉人认为如果想飞升成仙，不可或缺的是骑乘仙兽、服食芝药，或

① 调研当天杨爱国老师的解说，并参考其论文《固守家园与远走他乡——汉代石刻艺人的活动区域》,《齐鲁文化研究》(总第四辑)，齐鲁书社 2005 年版，第 163—169 页。

② 《画为心声：画像石、画像砖与壁画》，第 50 页。

③ 照片即杨爱国老师为学员解说永寿三年安国祠堂画像石的身影。

通过羽人引导，最后才能脱离尘世，飞升至长生不死的仙人乐园。张道一言，羽人不仅活跃在天际，还可以出现在凡间，站在人家的屋脊上。他们不仅向西王母敬献仙丹芝草，还和仙鹿神鸟相戏舞，就像是戏剧舞台上的群众演员，虽然是陪衬，但不可缺少。[①] 这群长了翅膀的仙人除了传达人对飞翔能力的向往崇拜之情外，似乎还扮演着汉人对生死观与宇宙时空认知的角色，表现当时人们向往仙境，且渴望长生不死。羽人与神仙最初是用来对付人类面对死亡的恐惧的，东汉后，随着神仙思想和早期道教的传播更为流行。[②]

关于神仙信仰起源似乎可从记录远古华夏先民奇幻想象及奇山异水的《山海经》推源溯本。《山海经・海外南经》中记载："羽民国在其东南，其为人长头，身生羽。一曰在比翼鸟东南，其为人长颊。"[③] 文献叙述羽人的特征，即身上长着毛羽，初民通过原始思维想象人身长毛羽，便能飞至另一个时空。晋人郭璞注云：羽人"能飞不能远，卵生，画似仙人也"。[④] 尚未明确肯定羽民的仙人身份。《楚辞・远游》："仍羽人于丹丘，留不死之旧乡。"汉王逸言《山海经》"有羽人之国，不死之民，或曰人得道，身生毛羽也"。[⑤] 羽民的仙人身份进一步得到确认。而洪兴祖的补注则更是明确指出："羽人，飞仙也，千岁不死。"[⑥] 由此可见，羽人即仙人。从羽民的"卵生"特征可知羽人跟动物崇拜——鸟图腾信仰有直接渊源。

《列子・汤问》记载，渤海中五座仙山上"所居之人皆仙圣之种，一日一夕飞相往来者，不可数焉"。[⑦]《列子》一书中所言渤海中的五座仙山，每座山周长达三万里，山与山之间达七万里，住在那里的都是神仙圣人之类，一天一夜就能飞过去又飞回来，多得数也数不清。姜亮夫于《楚辞通故》中言："羽人，叔师用两解以为羽之国乃方御专名。一为得道则身生羽毛，皆设想之辞。洪补以飞仙释之，则羽字为形容词，言人之得道者能飞行自如，如鸟之有羽翼也。"[⑧] 鸟能飞升，人成鸟形，便能升天。先秦时代人们受原始宗教意识支配，对灵魂永生深信不疑，相信灵魂驾着青烟上升，可以登

① 《汉画故事》，第 258—263 页。

② 杨瑾：《南朝墓壁画上的羽人和神仙形象》，《四川文物》2008 年第 2 期，第 74 页。

③ 《山海经校注》，第 187 页。

④ 《山海经校注》，第 187 页。

⑤ 《山海经校注》，第 187 页。

⑥ ［宋］洪兴祖：《楚辞补注》，台大出版中心 2016 年版，第 254 页。

⑦ 杨伯峻撰：《列子集释》，中华书局 1979 年版，第 152 页。

⑧ 姜亮夫：《楚辞通故》，齐鲁书社 1985 年版，第 259 页。

遐，是为升天。因此在仙人传说中，可见火化登仙的痕迹。[①]进入汉代后，原始神话思维与仙人信仰互渗更为明显，将仙人与近似鸟类的羽人联系在一起，且再三强调仙人可以像鸟类一般飞行的特征。

人们幻想羽人自由地飞翔飘舞在天界，身生羽毛，且拥有一对能飞翔的翅膀，来去自由，更能飞行至另一个时空——仙人境界。因此，汉代人认为人死后最好的归宿就是羽化升仙，仙人不仅可以长生不死，还可以像鸟一样自由来往天界。羽人成为汉代人对升仙的集体想象，人们将长生不死的愿望寄托在他们身上。同时将羽人与得道两者巧妙地联结在一起，由此可见，羽人与神仙信仰关系密切。汉画像石为汉代丧葬建筑的一部分，汉人在墓室、祠堂的墙上或棺椁的四周雕刻的画像，记录了墓主的人间享乐生活及死后向往的仙人世界，这些石刻画像遗存丰富，在这些充满美好希望的图像中，我们可以看见汉代人在世的生活信念，以及他们头脑中所营造的美好阴阳世界。今日各地出土的画像石所有仙境、人间楼阁、百戏乐舞……竟皆有羽人穿梭其中的身影，羽人在汉代人的心中肯定占有一席重要之地。因此，关于汉画像石中羽人形象与中国的升仙思想、游仙文学皆是可以研究的主题，尤其是梳理中国游仙文学源头的很好素材。

三、调研讨论与问题意识延伸

调研的最后一天由刘中玉老师默认了几个讨论主题：一、墓主身份与主题选择。二、个案研究的纵向与横向维度。三、鲁中南汉画特征与地域文化。四、图像传播与技术合作。山东秉承东夷文化遗绪，调研过程中发现山东省或市博物馆特别多鸟造型的出土文物，以及汉画像石上刻画的“西王母仙界”，周围总有羽人献芝草或神兽嬉戏。因此，试以“羽人”为探讨主题，并结合游仙文学梳理其脉络。以下为此次调研所获及延伸的问题意识。

从画像石羽人仙境图论汉乐府游仙诗的母题类型

试以画像石中的“羽人”为探讨主题，梳理游仙文学是否真的是以追求生命永恒的神仙信仰为开端，并从民间信仰的俗文化走入文学创作的雅文化。首先，以文献资

① 江涌豪、俞灏敏：《中国游仙文化》，复旦大学出版社2005年版，第15—16页。

料梳理先秦两汉神仙信仰的思想及演变，探究游仙文学的源头，考察游仙文学是否真的以追求生命永恒的神仙信仰为开端。进而归纳汉代民间墓葬文化中的羽人仙境图的构图元素，再从汉乐府游仙主题来梳理诗歌内容，通过图像的构图元素与诗歌文献的内涵旨趣，两者互勘互证，试归纳汉乐府游仙诗歌的母题类型，探析游仙文学发展的可能脉络，最终希冀利用图像与诗歌母题的对应，探究中国传统游仙文学系统的源头，以及魏晋游仙文学的巅峰，进而探研中国传统游仙文化的脉络。

"羽人"一词，最早见于《楚辞·远游》"仍羽人于丹丘，留不死之旧乡"①。《山海经》言有羽民之国，不死之民，是以羽民即仙人。现今多数学者言屈原应是巫觋身份，羽人与鸟图腾崇拜是有关联性的，若以地域文化考虑，则与鲁地东夷人有着密不可分的关联性。陈器文言："人与鸟合体的想象，可能出自于图腾崇拜，也可能出自于一种神秘的互渗信念。"② 初民借由鸟的神秘力量，将人与鸟合为一体，借由原始互渗思维，拥有鸟的独特能力。自初民时代开始，人们的集体共同心智，建构在人鸟合一思维上，人身生了羽毛，就能飞升，与不死观念相互结合。这种原始思维，与汉代升仙思想结合，汉画像石中的羽人形象就有其重要性。

（一）先秦两汉神仙信仰的思想及演变

先秦时代的神仙信仰思想，从文献记录得知，是从原始思维的神话巫术开始的，并且逐渐走向神仙方术。但最早的不死信仰，应追溯至先秦时代《山海经·海外南经》中记载的羽民国，其国之民身生毛羽，及不死之民，两者皆是特殊族类，拥有异于常人的特征。且《山海经》一书一再谈及吃了哪些禽兽草木能治病、使人延年益寿不死，有不死树，食之乃寿，亦有赤泉，饮之不老。内容充满了不死的观念。③ 战国时代，楚地巫风与屈赋神话极盛。《楚辞·远游》："仍羽人于丹丘兮，留不死之旧乡。"④ 洪兴祖《楚辞补注》言，不死之旧乡是仙圣之所宅。应是仙人所居的仙境。然而"羽人"一词最早出现于《楚辞》一书中，似《山海经》所言的羽民之国、不死之民之意。除此之外，庄子在《逍遥游》中言"夫列子御风而行"⑤、"不食五谷，吸风

① 《楚辞补注》，第253页。

② 陈器文：《神鸟/祸鸟：试论神族家变与人化为鸟的原型意义》，《兴大中文学报》2008年第23期，第101页。

③ 杜而未：《山海经神话系统》，台湾学生书局1976年版，第106—115页。

④ 《楚辞补注》，第253页。

⑤ ［清］王先谦：《庄子集解》，上海书店1986年版，第3页。

饮露"[①]，仙人可乘风飞行，而且仅需吸风饮露，仙人思维逐渐浓厚。《史记・封禅书》："自威、宣、燕昭使人入海求蓬莱、方丈、瀛洲。此三神山者，其傅在勃海中。"[②]明显可见"羽人""神人"与"仙人"的转化，并带动两汉时代的神仙思想及求仙行为走向狂热。

初始，神与仙并不是同一概念，神的观念产生在春秋以前，仙的观念出现在战国时期，其心理依据是对长寿的渴望。[③]从文字学角度探讨，在古代特别是汉代，"神"与"仙"是性质完全不同的两种存在。《说文解字》"神，天神，引出万物者也"[④]，神是宇宙秩序的主宰者。"仙，长生仙去也"[⑤]，仙为长生不死之释。《释名・释长幼第十》"老而不死曰仙。仙，迁也，迁入山也"[⑥]。由上述可知，汉代方士之术盛行，一个令人神往的仙界就被创造出来了。仙，在古代汉族神话中用来称呼有特殊能力、可以长生不死的人，仙不同于神有先天的存在，仙只能通过后天的修炼而成。前者属于自然，后者是人事追求可达到的境界。[⑦]先有神存在于天界，后有巫觋可登天神游，再到修炼而成的仙人，进入独特的仙境时空。初始"神"与"仙"二字是分开使用的，战国时期，仙人观念逐渐产生，两者界线日益模糊，之后才结合为"神仙"一词。

因此，此小节先梳理记录反映初民思想的《山海经》中的"羽人"，再探究战国时期屈原辞赋中的"神人"。战国思想家开启了"仙人"世界，至秦汉狂热的求仙之术，从此，走向两汉神仙信仰的巅峰。

1. 羽人：不死之民

《山海经・海外南经》："羽民国在其东南，其为人长头，身生羽。一曰在比翼鸟东南，其为人长颊。"《山海经・大荒南经》："不死民在其东，其为人黑色，寿，不死。"[⑧]郭璞云"能飞不能远，卵生，画似仙人"。以郭璞所注可知，晋时《山海经》应还有

① 《庄子集解》，第 4 页。

② ［汉］司马迁撰，［南朝宋］裴骃集解：《史记》卷 28，中华书局 1963 年版，第 1369 页。

③ 闻一多：《闻一多全集》，台北里仁书局 2000 年版，第 28 页。

④ 姜军主编：《说文解字》，建宏出版社 1995 年版，第 388 页。

⑤ 《说文解字》，第 39 页。

⑥ ［清］王先谦：《释名疏证补》（光绪刻本）第三卷，上海古籍出版社 1984 年版，第 12 上页。

⑦ 赵民：《秦汉之际神仙观念的演变》，《齐鲁学刊》2006 卷第 6 期，第 17—20 页。

⑧ 《山海经校注》，第 196 页。

图本流传在世。古之为书，有图有文，是中国古老图书的传统。一千五百多年前，晋代著名诗人陶渊明有“流观山海图”的诗句，晋郭璞曾作《山海经图赞》，在给《山海经》作注时又有“图亦作牛形”“在畏兽画中”“今图作赤鸟”等语[①]。初民想象仙人长羽，能飞升，且不死。《归藏》一书文字记载出于商朝，其中《启筮》篇：“羽民之状，鸟喙赤目而白首。”[②] 初民时代或至殷商时期羽民是人们对于飞升不死的共同想象。羽人的出现，应可说明羽人与鸟图腾崇拜是有关联性的。

2. 神人：屈原的巫觋神游

远古时代人们对生命的眷恋，进而追求超越的不死境界，是埋在初民内心的集体潜意识。楚文化富有创造力，充满浪漫的想象力，更是根深蒂固地相信“谷神不死”的思想。[③] 今日学者大多论定屈原是巫觋身份，巫觋是人神的中介，借由巫觋神游与天神时空相通。李丰楙认为,《离骚》服食修炼与远游升天即为巫师的神秘体验，为后世游仙文学的原型，为初期巫系文学的典型。远游是一种昆仑升天的仪式行为，与升仙神话有关。[④] 杨儒宾在《离体远游与永恒的回归——屈原作品反映出的思想型态》一文中，主张《离骚》中的离体远游是属于萨满仪式的“出神之术”，即通过成巫的经历，神游到天界。萨满飞升天界时，通常需要会飞翔的神秘动物帮助。绝地天通前的年代是飞翔的年代。[⑤] 陈逸根言《离骚》神游的性质固然可能与古代宗教、巫术中的升天仪式最接近，但毕竟《离骚》神游已然是一种自觉的、再造的文学想象。[⑥] 综合上述各家学者所言，屈原应是一位巫觋，不管是通过昆仑升天仪式或是萨满出神之术，屈原如同一个通天神人，可以飞升天界。巫觋的灵魂脱离肉体后，并不是直接飞向天界，必须通过灵物把他带向天界。楚巫使用的灵物有“天梯”“灵舟”“动物精灵”三类。[⑦] 屈原赋中的巫觋神游可说是文学想象和原始宗教的合体展现，因为在初民时代想象与信仰两者是息息相关的。

---

① 马昌仪:《古本山海经图说》，山东画报出版社 2002 年版，第 1 页。

② ［清］洪颐煊:《归藏》，台北艺文印书馆 1968 年版，第 1 下页 。

③ 《中国游仙文化》，第 5—6 页。

④ 李丰楙:《服饰、服食与巫俗传说——从巫俗观点对楚辞的考察之一》，中国古典文学研究会主编:《古典文学（第三集）》，台北学生书局 1981 年版，第 89—91 页。

⑤ 杨儒宾:《离体远游与永恒的回归——屈原作品反映出的思想型态》,《编译馆馆刊》第 22 卷，1993 年第 1 期，第 44—45 页。

⑥ 陈逸根:《屈赋神话与屈原审美精神研究》，台湾成功大学中国文学系 2011 年博士学位论文，第 70 页。

⑦ 徐文武:《楚国宗教概论》，武汉出版社 2001 年版，第 106 页。

古代的巫（shaman）即被认为是可以往来于天地之间交通神人的人物，因此，昆仑成为乐园意象，象征天地未分的状态，为丰盈、旺盛的生命力之源。[①]在画像石中，西王母便端坐在如山峰的悬圃之上，是一个至高无上的神人。《九歌·湘君》“美要眇兮宜修，沛吾乘兮桂舟”[②]及《九章·惜诵》“昔余梦登天兮，魂中道而无杭”[③]，灵舟可以迎神，也可以负载灵魂升天。除了天梯、灵舟帮助巫觋升天之外，还有动物精灵能帮助灵魂升天。《离骚》“驷玉虬以乘鹥兮，溘埃风余上征”[④]、“驾八龙之婉婉兮，载云旗之委蛇”[⑤]，屈原驾龙飞升离开楚国，展现乘龙登天的宗教观念。许多原始部落的仪式上，巫者头插鸟羽，应是希望借由鸟羽引导升天。

3. 仙人：方士的仙境追寻及长生渴望

从上述梳理得知春秋以前有神无仙。战国之后，神与仙的界线逐渐模糊，无法区分，神与仙常混而言之，因此，后世开始将“神仙”并置使用。中国的神仙思想在上古先民的生命意识觉醒后，经过长期的酝酿、发育与融合，最后在春秋战国之交诞生了。[⑥]当人们面对死亡时，总是充满恐惧，对生命的寄托就有其必要性。战国时代，战乱连年，人们无时无刻不面对死亡的威胁，心中向往不死与享乐。不死之药及随后的行气、房中等成仙方术的出现，说明在人们心目中，长生成仙可通过某种人为的努力而达到，神仙信仰由此确立起来。[⑦]从道家乘云驾龙、不食五谷的仙人，到史料记载齐宣王、齐威王、燕昭王及秦始皇派人前去仙山寻访长生不死之药，最后到汉武帝时，对神仙的狂热达到高峰，无论权贵、士人，或是寻常百姓都忙着寻药、辟谷、行气，希望能修炼成仙而实现长生不死。焦延寿《易林·坤之二》：“稷为尧使，西见王母。拜请百福，赐我嘉子。”[⑧]西汉晚期西王母除了是不死的象征之外，还可以赐人子嗣。余英时言，西王母“被想象成拥有更新宇宙循环和生命的力量”[⑨]。到了东汉，西王母从此住在人们死后所向往的仙人世界。人们追寻长生与不死，就必须前往西王母

① 李丰楙：《六朝仙境传说与道教之关系》，《中外文学》1980 年第 8 期，第 169 页。

② 《楚辞补注》，第 85 页。

③ 《楚辞补注》，第 177 页。

④ 《楚辞补注》，第 35 页。

⑤ 《楚辞补注》，第 65 页。

⑥ 梅新林：《仙话：神人之间的魔幻世界》，读书·生活·新知三联书店 1992 年版，第 22 页。

⑦ 干春松：《神仙信仰与传说》，中国人民大学出版社 1992 年版，第 9 页。

⑧ ［清］尚秉和注，常秉义点校：《焦氏易林注》，光明日报出版社 2005 年版，第 16 页。

⑨ 余英时著，侯旭东等译：《东汉生死观》，上海古籍出版社 2005 年版，第 125 页。

居住的仙界。

神仙方士走向道教的信仰思维，道教回溯到道家，再由道家回溯到古道教，即一种原始巫教。这个原始巫教的核心是对生命永恒的信仰，是一种不死的观念。[①]神仙信仰的观念可追溯至《山海经》神话时代的羽民之国、不死之民的“羽人不死”形象。初民以最原始的思维，对鸟图腾的崇拜，想象人与鸟互渗，身生毛羽，飞升到不死世界。相传远古时代，神的世界与人的世界是相通的，但自从绝地天通之后，神与人的世界被分隔开来，巫觋就是神人间的媒介，能通过宗教仪式，借由天梯、灵舟、动物精灵（如龙、鸟等）抵达天帝之居，宛若“神人游历仙界”。两汉时期，居住在昆仑山的西王母成为不死的象征，拥有长生不死之药。人们可以通过服食仙药、修炼成仙，每个人都能成仙。西汉时期人们构筑起一个仙人世界，相信死后双肩生翼可飞升至西王母的昆仑山。到了东汉，在得道升天的时代氛围中，《论衡》提及当时民间普遍流传着“好道学仙，中生毛羽，终以飞升”[②]的观念。世人相信吃神药得道升天，也相信身上长出毛羽，便能长生不死。因此，两汉文献中，羽人、神人、仙人的形象似乎都是升天得道的化身。

（二）图文互证：图与诗的仙境之物

从原始时代开始，初民想象羽人可以不死，再到先秦楚国巫觋思想浓厚的神人游历仙界，最后到两汉经过修炼可成仙人，形成一条中国传统神仙信仰发展的路径，伴随兴起的还有游仙文学的创作。故可通过梳理图像文本及诗歌文本，归纳汉乐府游仙诗与两汉画像石羽人仙境图二者共同的构成元素。

首先，汉画像石中反复刻画一幅幅云气缭绕的仙境图，背后必有其意义。在这非凡的时空，总是出现一个个肩生双翼的羽人形象。羽人成为汉代升仙题材的重要元素，这类型的画像石代表一个仙气充盈的天人世界，这个世界体现汉代人内心信仰的精神力量。[③]汉代人通过羽人形象传达他们对长生不死的信仰。巫鸿言，汉画的解读对象逐渐从单独图像转为某一特定建筑遗址中的“图像程序”，以此解读画面间的联系而非孤立的画面。以此方法研究，发现汉画像不是一堆散乱的艺术语汇，而是一件具有

① 梁归智：《神仙意境》，山西教育出版社 1994 年版，第 26 页。

② 袁华忠、方家常译注：《论衡》上册，台湾古籍出版社 1997 年版，第 485 页。

③ 苗岭：《汉画像羽人图像的演化研究》，《艺术科技》2015 年第 1 期，第 119 页。

内在逻辑的完整作品（work）。[①] 墓室的建筑对象及所饰画像皆反映了设计者的意图及社会文化背景。在一幅幅羽人仙境图中，羽人有时骑乘仙兽引领墓主飞升仙界，有时手持灵芝或摘采仙草，有时出现在西王母的昆仑山仙境中，故可归纳出“仙兽”“仙药”“仙山”三个主要元素。

其次，从两汉乐府游仙诗中归纳仙境之物，探究创作者欲呈现的诗歌内涵。张振龙言游仙思想作为古代文学的主题之一，其母题源于上古神话和原始巫教。而真正把游仙思想作为抒情达意的手段，并付诸文学创作实践，形成游仙文学传统，则始于庄子、屈原。进而把游仙文学传统巩固、发展、普及，是在汉代。[②] 从上述文学中梳理先秦时代神仙思想的演变，得知游仙思想始于上古神话《山海经》中的羽民国及不死之民，游仙题材的文学作品，从《庄子》及《列子》开始，到屈原的《离骚》《九歌》《九章》等，再延续至汉乐府游仙诗歌，开启了后代魏晋游仙诗歌的高潮。然而，对永恒生命的追寻是游仙文学的核心，也是游仙文学产生的原因。汉乐府中具有神仙思想的诗作有郊庙歌辞和相和歌辞、清商曲辞、杂歌谣辞几类。[③] 故本文试从这几类游仙诗中归纳诗歌的主要构成元素。本文以北京中华书局 1979 年出版 1998 年重印、宋代郭茂倩编的《乐府诗集》为主，梳理出十四首关于游仙题材的诗作，发现仙兽、仙药、仙山是诗作中不可或缺的重要元素，与画像石羽人仙境图的重要构图元素不谋而合。

本文首先梳理汉乐府游仙诗的诗歌内容，再与羽人仙境图的构图元素相互对照，希冀探究图像所呈现的意涵，并借此梳理汉乐府游仙诗的母题类型。

1. 仙兽元素

（1）诗人驾仙兽的神游

游仙是中国古代重要的诗歌题材之一，从上古神话、原始巫教开始，人们面对死亡、面对恐惧，想寻求解脱，形成了长生信仰。诗人想象神游仙境、上升天庭，以达长生不死的愿望，加上时代对升仙的渴求，带动汉民族生命不死信仰进一步发展，至汉代开启了游仙诗歌系统，而魏晋是游仙诗最繁盛的时期。本小节欲从游仙诗的初始，探究

---

① 巫鸿：《汉画读法》，北京大学中国传统文化研究中心编：《文化的馈赠——汉学研究国际会议论文集》（史学卷），北京大学出版社 2000 年版，第 188 页。

② 张振龙：《汉代游仙文学主旨探论》，《信阳师范学院学报》1999 年第 1 期，第 96 页。

③ 刘德玲：《汉魏六朝乐府诗新论》，台北里仁书局 2011 年版，第 83—84 页。

汉代诗人对仙境的想象。

当时诗人知道无法一举飞升，直赴仙境，因此想象通过驾驭神兽的方式抵达仙界。诗歌中出现的飞龙、白鹿、天马、赤雁、白雁、白鹤等仙兽，都是出入仙境可以骑乘的交通工具。这打破了远古神话传说的限制，升仙产生了各种新的可能，不再只是通过身生毛羽、双臂成翼这一种方式。汉乐府诗中有十一首出现借由骑乘仙兽飞升仙境的场景，包含郊庙歌辞《练时日》《日出入》《天马》《赤蛟》《象载瑜》，鼓吹歌辞《上陵》，相和歌辞《王子乔》《善哉行六解》《步行出东门》《长歌行》，以及杂歌谣辞《茅山父老歌》。

《练时日》：灵之车，结玄云，驾飞龙，羽旄纷。（第 3 页）①

《日出入》：吾知所乐，独乐六龙，六龙之调，使我心若。訾黄其何不徕下！（第 5 页）

《天马》：天马徕，龙之媒，游阊阖，观玉台。（第 6 页）

《赤蛟》：百君礼，六龙位，勺椒浆，灵已醉。（第 9 页）

《象载瑜》：赤雁集，六纷员，殊翁杂，五采文。（第 9 页）

《上陵》：黄金错其间。沧海之雀赤翅鸿，白雁随。山林乍开乍合，曾不知日月明。醴泉之水，光泽何蔚蔚。芝为车，龙为马，览遨游，四海外。（第 229 页）

《王子乔》：参驾白鹿云中遨，下游来，王子乔。参驾白鹿上至云，戏游遨……养民若子事父明，当究天禄永康宁。玉女罗坐吹笛箫。（第 437 页）

《长歌行》：仙人骑白鹿，发短耳何长？导我上太华，揽芝获赤幢。（第 442 页）

《善哉行六解》：以何忘忧，弹筝酒歌。淮南八公，要道不烦，参驾六龙，游戏云端。（第 535 页）

《步行出东门》：天上何所有，历历种白榆。桂树夹道生，青龙对道隅。（第 545 页）

《茅山父老歌》：三神乘白鹤……白鹤翔青天，何时复来游。②

汉代是一个充满祥瑞征兆的时代，史书上记载了无数神兽，加上长生不死风气盛

① ［宋］郭茂倩编：《乐府诗集》，中华书局 1979 年版。本文所引用之汉乐府诗均出此书，故仅在内文标示页数。

② 逯钦立辑校：《先秦汉魏晋南北朝诗》（上），木铎出版社 1988 年版，第 230 页。

行，天帝和神人、仙人之间就需要有沟通的桥梁，这些龙、凤、鹿、虎、天马、仙鹤等神禽异兽，就成了人们飞升的重要交通工具。中华民族龙图腾信仰由来已久，汉代青龙具有驾乘升仙的意蕴。这十一首游仙诗中有七首出现了龙，升仙观念借龙飞腾的特质得到了充分体现。古人认为鹿常伴仙人左右，又与福禄的“禄”谐音，《长歌行》中就有“仙人骑白鹿”的诗句；百兽之王虎，还有白鹤、赤雁、马等等，这些仙兽都能帮助人实现升仙愿望。

（2）羽人与仙兽引人升仙图

汉代人相信人死后灵魂不灭，灵魂脱离形体借由仙人引导进入仙界，龙、虎、羽人皆可以成为人们死后升仙的桥梁，这是当时人们普遍的愿望。上古以来，羽人代表着长生不死，画像石中可见羽人跟鸟一样能自由翱翔于凡间与仙界，亦有羽人骑着仙兽或驾着云车、芝车，引领亡者灵魂登上仙车，踏上成仙之路。羽人在汉代神仙谱系里的地位并不高，属于驾驭神兽者或神仙的侍从，其地位处于人神之间。①

如图 3.1，汉画像石中常能看见凤凰、龙或其他能飞的神兽出现在楼阁、庭院的屋脊上，这些带有鸟羽的神兽，或许反映了汉民族对引魂鸟的信仰。羽人也经常出现于这些位置，有时是两屋脊各站一个羽人，有时是羽人与神鸟并置，羽人与这些有翼神兽一样，具有飞行的本领，因此，成为画像石中引导升仙的使者。

图 3.1　楼阁拜谒图（2019-7-18 笔者摄于微山文物保管所）

图 3.2 为山东沂南北寨墓群出土的画像石，位于门楣的位置。门楣两侧各有一个柿蒂纹，形状如成熟柿子的蒂头，汉画像石中常见这样的纹饰。

画面左边有四个羽人，最左侧的羽人呈单膝下跪姿势，紧接着一位羽人骑着鹿向前，另一位羽人骑着麒麟，麒麟头上有独角且顶端有个圆球的造型，巫鸿以榜题分析认为此祥兽是麒麟。② 画面中心一位羽人伸出左手与牛角神兽的右手相接触。此图像中，两个羽人驾着鹿及麒麟，应是传达准备引导祠主升仙之意。

① 顾颖：《南阳汉画羽人考》，《中原文物》2014 年第 6 期，第 92 页。

② 《武梁祠：中国古代画像艺术的思想性》，第 256 页。

图 3.2　羽人驾仙鹿图（2019-7-19 笔者摄于沂南北寨汉墓博物馆）

（3）小结：驾兽升仙的母题类型

汉乐府诗歌《长歌行》:“仙人骑白鹿，发短耳何长。导我上太华，揽芝获赤幢。来到主人门，奉药一玉箱。主人服此药，身体日康强。发白复更黑，延年寿命长。”（第 442 页）所描述的恰如图 3.3 画像石所呈现的场景。

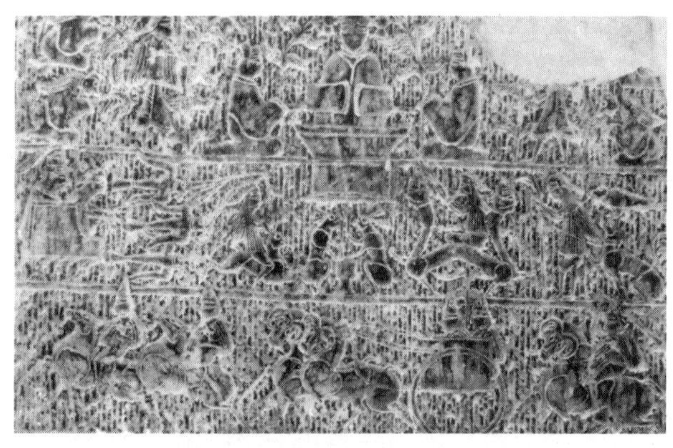

图 3.3　西王母与祠主升仙图（2019-7-19 笔者摄于武氏祠汉墓博物馆）

西王母在画面最上层，属于汉人思维中的仙境时空。第二层的中心画面是两玉兔捣药。右边为一羽人驾着鹿车，疾速奔驰，后方有往上飞翔的三青鸟，仙车中有一位端坐的人物。画面中有几条阴刻线条表示朝着西王母的仙境飞去，展现羽人引导死者灵魂升仙的功能。试从汉画像石中羽人的形象、骑乘的神兽，以及其出现的位置进行分析，认为羽人扮演的是仙界使者的角色，具有导引升仙的作用，结合汉人的羽化成仙思想，羽人本身就是长生不死的象征。诗歌中虽有很多人们乘龙车升天的描写，如屈原《九歌·东君》“驾龙辀兮乘雷，载云旗兮委蛇”[①]，但画像石中羽人引领墓主乘龙飞升的画面较少。虽然图与文中的羽人 / 仙人所乘之物不太相同，但仙兽、羽人都有引导升仙的功能，故将这类汉乐府游仙诗归纳为“驾兽升仙”的母题类型。

① 《楚辞补注》，第 107 页。

2. 仙药元素

（1）诗歌中的仙人赐芝药

汉乐府郊庙歌辞中的《齐房》《灵芝歌》，鼓吹曲辞中的《上陵》，相和歌辞中的《善哉行六解》《董逃行》《长歌行》，出现了芝草与灵芝等仙药，《董逃行》甚至出现了虾蟆丸，服此药可成神仙，这些仙药多为仙人所赐予。服用山林中所产生的药物，以获得地之精力，与大地相通；食天上的风气方能转化身体而轻飞疾行。[①] 因此，诗歌中常出现仙境中的芝草之物。

《齐房》：齐房产草，九茎连叶，宫童效异，披图案谍。玄气之精，回复此都，蔓蔓日茂，芝成灵华。（第 7 页）

《灵芝歌》：因灵寝兮产灵芝，象三德兮瑞应图。（第 9 页）

《上陵》：甘露初二年，芝生铜池中，仙人下来饮，延寿千万岁。（第 229 页）

《善哉行六解》：经历名山，芝草翻翻。仙人王乔，奉药一丸。（第 535 页）

《董逃行》：教敕凡吏受言，采取神药若木端。白兔长跪捣药虾蟆丸。奉上陛下一玉柈，服此药可得神仙。服尔神药，莫不欢喜。陛下长生老寿，四面肃肃稽首，天神拥护左右，陛下长与天相保守。（第 505 页）

《长歌行》：导我上太华，揽芝获赤幢。来到主人门，奉药一玉箱。主人服此药，身体日康强。（第 442 页）

汉乐府游仙诗中所描述的仙药，大都是游历仙境，由仙人赐予的。《善哉行六解》言游仙者在仙人王子乔的引导下，获得仙药一丸。《长歌行》言：游仙者登上了太华仙山，获得芝草后，前去主人家门口，奉药一玉箱。主人服了仙药，身体逐渐康强，白发也变成黑发，并延长命寿。自《山海经》以来，便有一些动植物、矿物有特殊疗效。秦始皇派方士前去海上仙山寻找长生灵药，开启神仙家争觅神秘芝草的先河。汉代成书的《列仙传》中，仙人服食的药饵，绝大多数是未经烧炼的动植物或矿物，这不但说明当时医药知识普及，也反映出服食内容的单纯性和安全性。[②] 但到了魏晋南北朝，游仙诗中的仙药转变成人工炼制的神丹、金丹、五色丸等。不管是哪种仙药，皆是人

① 张亿平：《六朝仙道身体观与修行理论探讨》，台湾大学中国文学系研究所 2013 年博士学位论文，第 225 页。

② 颜进雄：《六朝服食风气与诗歌》，文津出版社 1993 年版，第 16 页。

们希望服食后能得长寿的。这些长生梦想不断扩张，传说神话也不断流传，加上宗教、民间风俗的传播，自然而然，灵芝、仙草、仙药、金丹……成为诗人歌咏的题材。

（2）羽人采芝草、求仙药图

汉代厚葬风气源于“事死如生”的生死观，人们渴望灵魂升仙，人们对现实生活的满足和留恋，都导致他们希望通过服食丹药、仙药益寿，进而实现长生不死的梦想。1973 年 12 月湖南长沙马王堆 3 号汉墓出土了一批帛、简书，里面有不少是涉及养生的。其中，与服食相关的主要是帛书《养生方》，现存药方 88 首。[①] 两汉时期，帝王、贵族、士庶百姓纷纷通过服食仙药，以求长生不死。张从军总结出汉代人认为可长生不死的三种方式：一、直接去找神仙；二、寻找和服食仙药；三、辟谷修炼，遁迹深山老林。[②] 其中第二点寻找和服食仙药，可见于画像石中无数羽人采撷仙草及灵芝的图像，以及羽人前往西王母的不死仙界，谒见西王母，西王母旁总有玉兔捣仙药的图像。宋山小祠堂西壁甚至还出现了蟾蜍捣药的画像，表现羽人请求西王母赐灵药的意象。

山东省博物馆展出的宋山小祠堂西壁画像石，第一层为西王母仙境图。画面以西王母为中心，两侧都是呈跪拜姿势的羽人。左边则是玉兔和蟾蜍一起捣仙药。汉代人认为，西王母掌握生死之权，能赐仙药给人间，他身边的仙禽仙兽也被收编为部属，担负起制造和运输仙药的任务。[③] 汉代西王母成了掌握长生不死药的神仙。因此，羽人造型的图像总是出现在西王母周围。除此，出土画像石中还有不可计数的羽人采摘仙草的图像。如下：

	图 3.4	图 3.5	图 3.6
图像	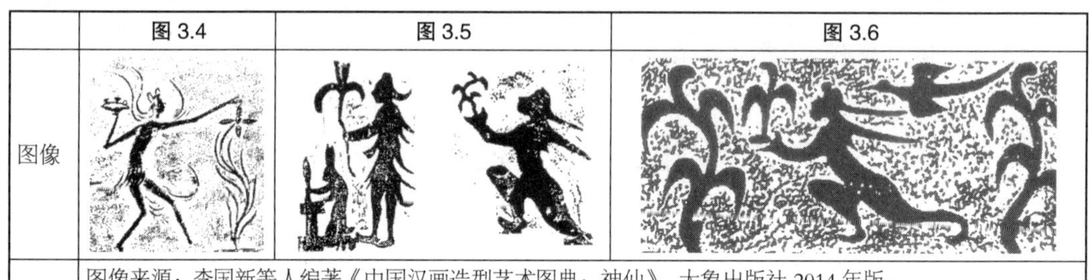		
	图像来源：李国新等人编著《中国汉画造型艺术图典：神仙》，大象出版社 2014 年版。图 3.5，第 193 页；图 3.6，第 205 页；图 3.7，第 206 页。		

这说明当时民间广泛流传着服食芝草，可长生不死的神话。下图 3.7 所展示的就像是乐府诗《善哉行六解》中所描绘的羽人采仙药的场景：羽人经历无数名山后，看见芝草翻翻，漫天飞舞，羽人在中间拉着九茎连叶的芝草飞翔，并摘采服食后能长生不死的药草。

① 金爱秀:《两汉服食考论》,《兰台世界》2013 年第 3 期，第 55 页。

② 张从军:《黄河下游的汉画像石艺术》，齐鲁书社 2004 年版，第 265—268 页。

③ 《黄河下游的汉画像石艺术》，第 143—144 页。

图 3.7 陕西米脂墓门左立柱画像

（图像来源:《中国画像石全集5》，山东美术出版社、河南美术出版社2000年版，第43页）

图 3.8 中羽人翻飞在芝草之间，图中还有一只蟾蜍，表示仙草、虾蟆丸都是不死仙药。乐府诗《董逃行》中言“白兔长跪捣药虾蟆丸”，虾蟆也就是蟾蜍，蟾蜍在先秦时代就与长生不死有了联结。屈原《天问》:“夜光何德，死则又育？厥利维何，而顾菟在腹？”[①]是说，月亮何德何能，盈变亏，亏变盈，如人死复生一样？这种复生的能力，是因为腹部藏有一只顾菟?《灵宪》:“姮娥遂托身于月，是为蟾蠩。”[②]都能看出蟾蜍跟长生不死有着关联性。

图 3.8 河南南阳麒麟岗（图像来源:《中国画像石全集 6》，第 104 页）

（3）小结：仙人赐药的母题类型

诗歌与图像相互对照，可将这类汉乐府游仙诗归纳为“仙人赐药”的母题类型。成仙过程包括炼丹吃药、通过考验、巧遇神仙得仙丹等步骤，最终实现长生不死，引导人们走向以自我为中心的世界。[③]就诗歌内容而言，反映生命永恒的渴望，也是一种人定胜天的思想。人们欲长生不死，可以通过服食灵芝、仙草、虾蟆药丸来实现，这些药是仙人赐予的，所以画像石中除了羽人采摘仙草、灵芝等药草之外，还

① 《楚辞补注》，第 128 页。

② ［汉］张衡:《灵宪》(百部丛书集成问经堂丛书)，台北艺文印书馆 1969 年版，第 3 上页。

③ 郑土有:《仙话：神仙信仰的文学》,《中外文学》1990 年第 7 期，第 116 页。

有仙人赐药的图像。图 3.9 是山东嘉祥小祠堂西壁画像，有榜题刻着西王母仙庭，西王母端坐于悬圃之上，身旁有金乌、蟾蜍、捣药玉兔和几个持仙草的羽人，一羽人为西王母举伞盖，一羽人持杯跪于西王母旁，呈现一幅请求西王母赐仙药的景象。

图 3.9　西王母仙境图 嘉祥小祠堂西壁（2019-7-21 笔者摄于山东省博物馆）

图 3.10　羽人鸟兽图 吴白庄前室北壁立柱西面（2019-7-19 笔者摄于临沂市博物馆）

还有图 3.10，为临沂吴白庄墓室出土的羽人鸟兽图，画像位于前室北壁立柱西面。吴白庄出土的画像石中很多人物、神兽的造型都带双翼，连西王母及东王公身上也长上翅膀了。此柱画面最上方为二位羽人相对，手中各持丸状的仙药，像是经由加工捣出来的药丸，可知当时人们已开始服食经由捣槌制作的药丸，这些仙药可使白发变黑，延年益寿，甚至长生不死。

3. 仙山元素

（1）诗人登仙山的想象

汉乐府游仙诗中有以描摹仙人仙境之乐为主题的，也有以抒发个人生命情怀为主题的，[①] 不管是哪类主题，皆有对仙境的勾勒。其中出现仙山元素的，有郊庙歌辞《华烨烨》《天马》中的昆仑山，郊庙歌辞《象载瑜》、相和歌辞《王子乔》中的蓬莱山，相和歌辞《长歌行》中的太华山，相和歌辞《步行出东门》中的太山，共六首涉及仙山之名。

① 《汉魏六朝乐府诗新论》，第 104 页。

《华烨烨》：神之斿，过天门，车千乘，敦昆仑。（第 8 页）

《天马》：天马徕，开远门，竦予身，逝昆仑。（第 6 页）

《象载瑜》：象载瑜，白集西，食甘露，饮荣泉。赤雁集，六纷员，殊翁杂，五采文。神所见，施祉福，登蓬莱，结无极。（第 9 页）

《王子乔》：东游四海五岳，上过蓬莱紫云台。（第 437 页）

《长歌行》：仙人骑白鹿，发短耳何长？导我上太华，揽芝获赤幢。来到主人门，奉药一玉箱。主人服此药，身体日康强。发白复更黑，延年寿命长。（第 442 页）

《步行出东门》：卒得神仙道，上与天相扶。过谒王父母，乃在太山隅。（第五四五页）

在这六首诗中，出现的仙山有“昆仑”“蓬莱”“太华”“太山”，古代神话传说中的仙界主要有山岳和海岛两大体系，山岳以昆仑为核心演变、衍生而成，昆仑、藐姑射之山、五岳都被赋予神秘色彩。[①]昆仑及蓬莱是远古时代的两大神话仙乡系统，皆是古人的乐园仙境。太华为山岳名,《尚书·禹贡》:“西倾、朱圉、鸟鼠，至于太华。”[②]《尚书》提及从西倾山到朱圉山，再到鸟鼠山，要经过重重山岭才能到达太华山。《山海经·西山经》:“又西六十里，曰太华之山，削成而四方，其高五千仞，其广十里，鸟兽莫居。”[③]可知在上古时代太华便是一座极高的山岳。太山则是东岳泰山。秦始皇统一天下时，登上泰山，举行封禅大典。自古以来，这些山岳全是仙人居住之处，因此成为诗人入诗的重要仙境景物。诗人想象的仙境，过了天门，登上天台，可以见到西王母与东王公，可以食甘露，饮荣泉，获仙药灵芝，最终延年益寿，或是达到老子所言之道的终极状态。借由登、上、导等动作，飞升至仙山，呈现一幅幅先秦两汉对长生不死乐园的想象画面。

（2）羽人与昆仑山的不死乐园

画像石羽人仙境图俨然是一幅幅西王母的乐园景观图。汉画像石并不是自由随意的艺术创作，而是严格地按照当时人们遵守的社会礼制和宇宙观念刻在以石为结构的墓室、石棺、祠堂和墓阙上的图像。信立祥先生言：“仙人世界的观念绝不是从来就有

① 朱立新:《汉魏六朝游仙诗研究》，上海师范大学中国古代文学系 2011 年博士学位论文，第 54 页。

② 黄怀信注训:《尚书注训》，齐鲁书社 2009 年版，第 64 页。

③《山海经校注》，第 22 页。

的，而是在战国中期才开始出现，到西汉晚期才终于确立起的宇宙观念。这一新的宇宙观念的产生，可说是中国古代思想史上的一次重大变革。"[①] 西汉时将西王母信仰与昆仑山神话融合在一起，当时人们普遍相信西王母居住在昆仑山。巫鸿先生认为画像石所刻绘仙境中的山峰图像即为昆仑神山代表，并以西王母端坐之耸立三峰为昆仑神山。[②] 仙境是当时人们精神上的皈依之所，渴望生命在此得到重生。

《山海经·大荒西经》："昆仑之虚，方八百里，高万仞。上有木禾，长五寻，大五围。面有九井，以玉为槛。面有九门，门有开明兽守之，百神之所在。"[③]《淮南子·地形训》："掘昆仑虚以下地，中有增城九重，其高万一千里百一十四步二尺六寸。"[④] 昆仑山中有叠叠层层九重的城池，城池又高，城墙又厚。如下图 3.11，画面中央翠峰如巫鸿所言，应是昆仑山，山峰上云雾缭绕，四周全是奔跑的龙、虎、鹿等神兽，还有羽人驾驭或牵引着龙和虎，充满了仙境的祥瑞之气。

图 3.11　山东安丘出土（图像来源：《中国画像石全集 1》，第 120 页）

图 3.12　西王母仙境图　山东滕州出土（2019-7-18 笔者摄于滕州汉画像石馆）

上图 3.12 为典型的羽人与昆仑山及西王母仙境图。《水经注疏》卷一《河水》："昆仑之山三级，下曰樊桐，一名板桐；二曰玄圃，一名阆风；上曰层城，一名天庭，是

① 信立祥：《汉代画像石综合研究》，文物出版社 2000 年版，第 60 页。

② 《武梁祠：中国古代画像艺术的思想性》，第 136 页。

③ 《山海经校注》，第 294 页。

④ 张双棣：《淮南子校释》，北京大学出版社 1997 年版，第 432 页。

谓太帝之居。”[①] 画像石中西王母位于悬圃之上，更可说明悬圃是昆仑山的象征。在西王母的悬圃旁，有羽人及一株仙药，图像的右方则是羽人与神兽一同飞升到西王母的昆仑山仙境。

（3）小结：乐园意象的母题类型

汉乐府诗歌中，除了昆仑和蓬莱二仙山之外，还有《长歌行》及《步出夏门行》中的太华、太山，全是传说中仙人居住之所。人们登上仙山，则能永恒不死，永远享受锦衣玉食。汉画像石中西王母所在的是昆仑仙境，代表永恒不死的乐园意象。《步行出东门》中所描述的“过谒王父母，乃在太山隅”（第 545 页），正如图 3.13 所刻画的场景。画面最右侧为东王公的座车，最左侧为西王母端坐在悬圃上，羽人跪坐拜谒西王母。西王母、东王公是汉画不死仙境世界的重要主题，象征着宇宙更新与再生的神秘力量。[②]

图 3.13　陕西绥德墓门楣（图像来源：《中国画像石全集 5》，第 114 页）

目前出土的无数羽人仙境图，展现了西王母的乐园景观。人们崇拜神仙，不仅是出于对神仙的敬畏，而且还有现实的追求，希望神仙保佑自己长寿，最好能升仙，如果活着不能升仙，死了以后也要升仙。[③] 画像石中西王母的仙境，是一片丰饶之地，凤鸟、三足乌、玉兔各种神兽嬉戏其中，食仙草、饮甘露，鸾鸟自歌，凤鸟自舞，百兽和睦相处，与乐府诗《象载瑜》所描绘的景象几乎完全呼应。

不管是汉乐府游仙诗，还是画像石羽人仙境图，皆描绘或刻画了诗人、羽人骑仙兽飞升，抵达昆仑、蓬莱、太华、太山的景象。仙与山的结合造就了一个远离尘世、超越生死、自由自在的超凡世界，这就是汉代人心目中的天堂。[④] 因此，根据“仙山”这个构成要件，可将这类游仙诗归纳成“乐园意象”的母题类型。

---

① ［清］杨守敬、熊会贞撰：《水经注疏》影印手抄本，科学出版社 1955—1957 年版，第 3—4 页。

② 高莉芬：《墓门上的女神：陕北汉画像石西王母图像及其象征考察》，《思想战线》2013 年第 6 期，第 36 页。

③ 杨爱国：《走访汉画像石》，三秦出版社 2006 年版，第 29 页。

④ 贺西林：《汉代艺术中的羽人及其象征意义》，《文物》2010 年第 7 期，第 51 页。

（三）结语

游仙文学的思想源头从《山海经》的羽民之国、不死之民开始。《楚辞》中的《离骚》《远游》等巫系文学，秦始皇时博士所赋的《仙真人诗》，汉武帝时司马相如所上的《大人先生赋》，皆与巫师、方士的神游体验有关，因此，巫系文学系谱接续东汉以来文士所竞拟的乐府体游仙诗，成为宗教性的文学。人类所探索的终极问题中，仙界、仙人、仙物所象征的终极真实，是人们探求不死之梦，神话和梦正是一种集体的文化符号。[①] 因此，游仙文学是汉民族的精神寄托，展现了汉民族曾经一同追寻的集体文化记忆，甚至自上古到后世不同时代的集体记忆。

汉人渴望长生不死，昆仑山的西王母手中握有不死药，一般的凡夫俗子如果想前往仙人世界，可依靠仙兽飞升，如黄帝在荆山下铸大鼎，鼎成后，一条黄龙从天而降迎接他升天。又如周灵公的太子王子乔乘鹤升天，龙与鹤、鹿等皆是汉人飞升乘坐的交通工具。画像石中西王母身边伴随着专门制造仙药的玉兔、蟾蜍以及采集原料或传播仙药的青鸟等。还有九尾狐随驾，仙人为之捣药，同时还有马头、鸟头和蛇尾神怪来朝拜及羽人在四周飞翔。羽人能到墓室主人生活的凡间，引领墓室主人的灵魂升天，因为“羽人是仙界的特别使者”[②]。肩生双翼飞舞的羽人不仅向西王母敬献仙丹芝草，还和仙鹿神鸟相戏舞，这些长了翅膀的羽人仿若无处不在的小精灵，或侍神，或舞，或对弈，或翻腾飞跃，在画像石中占据不大的面画，却是汉民族死后长生不死的文化符码。

诗人将想象出来的不死仙境付诸诗歌中，画像石中的羽人图像则是汉代百姓对生命延续的渴望，希望死后能进入西王母的仙境乐园。羽人仙境图的仙人世界对照汉乐府游仙诗的仙境时空，可将诗歌归类为三种母题：一、以“仙兽”为主要元素归纳成“驾兽升仙”的母题类型，二、以“仙药”为主要元素归纳成“仙人赐药”的母题类型。三、以“仙山”为主要元素归纳成“乐园意象”的母题类型。本文试从游仙诗的源头汉乐府诗梳理其意涵，再借由汉代画像石的出土，结合美术考古学科，探究汉民族对于长生不死的想象。最终，更希望通过出土的考古文物，在文字与图像两者互勘互证之下，重返两汉社会文化的时空背景，追溯中国游仙诗歌的源头，日后再延伸至魏晋，甚至唐代游仙文学的旨趣及衍变。

---

① 李丰楙：《忧与游——六朝隋唐游仙诗论集》，台湾学生书局 1996 年版，第 4—7 页。

② 龙红：《古老心灵的发掘——中国古代造物设计的神话传说研究》，重庆大学出版社 2014 年版，第 149 页。

四、调研总结

此次为期六天的调研活动，走访了汉画像石出土极为丰富、题材多元的鲁中南地区。走进墓室、祠堂、博物馆，搜集汉代画像石的第一手资料，从中了解汉墓葬形制及建筑结构、画像的建筑位置，近距离观看这些内容丰富的图像，并挖掘广泛的研究议题，对汉代社会人们的生活、思想、宗教、建筑等方面进行探研。此次调研考察的收获，主要为以下三点。

（一）鲁中南地域重要墓室、祠堂及博物馆的画像搜集

鲁中南出土的画像石是一批重要的实物资料，此次走访了长清孝堂山石祠、嘉祥武氏墓群石刻博物馆、微山县文物管理所、滕州汉画像石馆、临沂市博物馆、沂南汉墓博物馆（北寨墓群）、昌乐县汉画研究中心、齐文化博物馆、济南市博物馆及考古馆、山东省博物馆、山东省石刻艺术博物馆，详细地拍照记录，为未来研究的各式议题准备素材。

（二）发现各式研究议题

经过实地考察，我发现了更多的研究线索。除了上述调研初探所提出的五个研究议题之外，微山县两城乡出土的战争画像，深目高鼻戴尖帽的骑马者，题刻“胡将军”，汉代与北方匈奴进行长期战争，封建统治者把对外战争的武功视为荣耀，还有献俘图，更显示出打败外敌的赫赫战功。[①] 可进一步研究两汉之际胡汉之间的历史、社会等种种问题。

山东出土了不少纺织图像，反映汉代山东的纺织盛况。两汉之际，齐鲁之地桑麻是重要的经济作物，络车、纬车、织机等工具也非常发达。《史记·货殖列传》:“齐鲁千亩桑麻。”[②] 探究纺织图能进一步了解汉代传统手工业带来的社会经济议题。

---

① 山东省博物馆等编:《山东汉画像石选集》，齐鲁书社 1982 年版，第 5—6 页。

② ［汉］司马迁撰,［南朝宋］裴骃集解:《史记》卷 129，第 3272 页。

图 4.1　射鸟图与三头凤鸟、双头兽（2019-7-17 笔者摄于孝堂山石祠）

孝堂山石祠隔梁石东面画像主要画面升鼎图的右侧，处于三角屋顶位置，属于墓葬建筑的仙境时空：有一棵连理树，树旁有两只飞行的鸟，下方持弓朝树发矢的射者，图像已脱落斑驳了，但弓与矢依然清晰可辨，画像表现的应是后羿射日的场景。关于汉代的射鸟画像，学者大致归纳为后羿射日、射侯射爵、射猎娱乐和射猎生产等四种类型。汉画像研究若考虑建筑位置，及画像组合和画像场景，更能了解此画面在当时流传的意涵。

（三）学者间的交流与互动

考察期间，专业研究人员的解说，或是老师、学员们角度各异的探讨，拓宽了学术视野，使我受益匪浅。衷心感谢这次调研活动，聚拢了对美术考古及汉画像石充满研究热忱的老师及学员，大家相互交流，碰撞出了许多宝贵的想法。其中，特别感谢北京大学历史系杜世茹博士，撰写调研报告遇上疑惑时，她总是能提供更多的思考角度及其他学者的诠释论点供我参考。更要感谢主办方出土文献与中国古代文明研究协同创新中心中国社会科学院历史研究所分中心的刘中玉老师和协办方山东省石刻艺术博物馆的杨爱国老师，带领我们实地调研，为我们开启了汉代墓葬文化的研究之门。

山东汉画像石中的轩车形象

——兼谈细节的真实与虚幻

曾　磊

2019 年 7 月，我有幸参加了中国社会科学院古代史研究所文化史研究室组织的山东汉画像石考察。整个考察历时 7 天，大体环绕鲁中山区一圈，考察地点则多在平原地区。如果以《中国历史地图集》第 2 册《秦、西汉、东汉时期》的东汉行政区划为据（时间断限为顺帝永和五年，即公元 140 年），此行大体经过了东汉时代的济南国、济北国、东平国、山阳郡、沛国、鲁国、东海郡、琅邪国、北海国、齐国等郡国。① 我虽是山东人，但如此细致周密地绕行山东还是第一次。在欣赏汉画风韵的同时，一路结交青年才俊，领略齐鲁风光，品尝家乡美食，收获颇为丰厚。

一

此次考察我关注的重点之一是汉画像中的车马出行图。考察第一站孝堂山石祠就有两列非常重要的车马出行图——“大王车”车队和“二千石”车队。抵达孝堂山后，我们一行人就急不可耐地钻入了石祠。虽然 16 日晚下了一场雨，但 17 日上午依然阴云密布，空气湿闷。狭小的石祠内一下涌入十几个人，呼吸愈觉不畅，不一会儿就已

① 谭其骧主编:《中国历史地图集》第 2 册《秦、西汉、东汉时期》，中国地图出版社 1982 年版，第 44—45 页。

大汗淋漓，身上全部湿透。头上的汗水流入眼睛，顿觉刺痒难耐。虽狼狈不堪，仍不敢浪费一秒（图 1-1）。

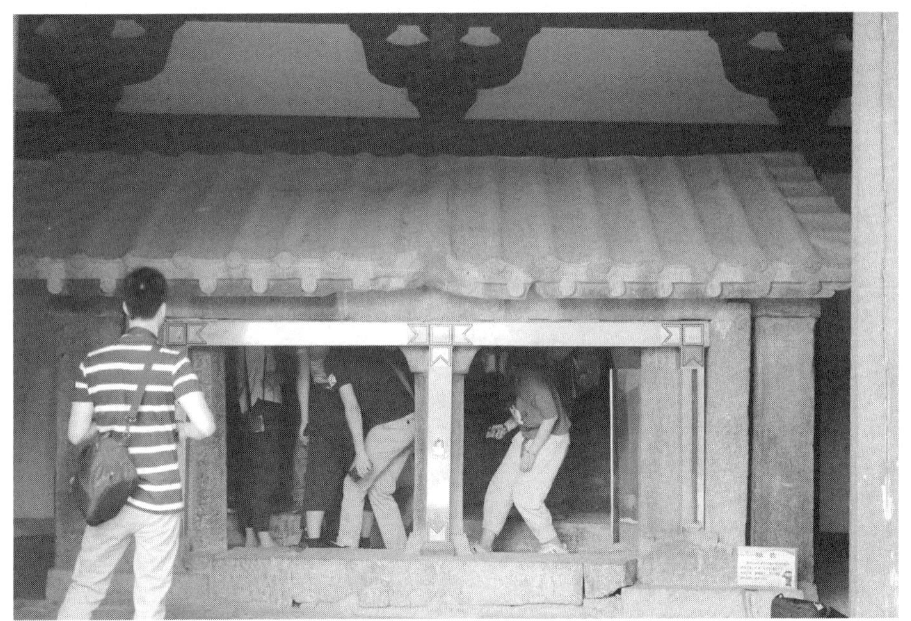

图 1-1　考察孝堂山石祠[①]

“大王车”车队横贯于石祠东、北、西三壁的上部，气势恢宏。《孝堂山石祠》对这列车马出行图的描述如下：

> 东壁画像二区：
>
> 上部有一队十只南飞的大雁与一区间隔，下有两排气势壮观的车马出行行列。南边有十人分上、下两排组成的迎接行列，后四人持板，中四人持戈，前面二人持板躬身做迎接状，皆着进贤冠。上排前边的人头上刻隶书“相”字，下排前边的人头上刻“令”字。迎面而来的是“大王车”的出行队伍。走在队伍前面的是二携弓胡人，后随二胡骑；上排胡骑后随一携弓胡人，再后是一汉骑和一携弓胡人，下排胡骑后随一汉骑；再后是二人乘坐骆驼，三人乘坐大象（图版一四）；再后有五人荷戟随行；再后为着进贤冠者二骑，戴弁者二骑；再后为两辆四帷轺车，车上各坐二人，着进贤冠，车后随行戴弁者二骑，还有二人着帻荷戟步行。整个出行画像与北壁顶部出行画像相连。

① 考察团成员蒲柏林摄于孝堂山石祠。

北壁画像上区：

车马出行行列，前后与东壁、西壁的车马出行画像连成一体。画面共有四辆车、三十骑、两步卒，自西向东行进。最东端有两骑，其后四帷轺车二辆，各驾二马，车上各立乘三人。其前车一人驾马，着进贤冠，居中者着通天冠，最后一人着弁，车后斜出二戟；后车前两人着进贤冠，一人着弁。车后为十二骑，分两行，上行第四骑背负弓箭，第五骑吹排箫，第六骑击鼓；下行第二、三、四骑皆负弓箭，第五、六骑分别吹排箫和笙。后有二荷戟步卒，又后有十骑。再后是一巨大的建鼓乐车，建鼓上端两头有垂龙首饰。鼓乐车分上、下层，上层两人挥棰对击建鼓，鼓角各悬一铃；下层四人，两两对坐，吹排箫。鼓乐车后隔二骑是一辆四马轺车，后拥四骑。四马轺车后上方刻有“大王车”三字，车盖华丽。车中端坐一人，着通天冠，当为王者。另一人御车。

西壁二区：

上边有一行北飞的九只大雁与一区间隔，下有两排出行行列由南向北行进，与北壁上部的出行图相接。北端两排四人荷戟，其后各随九骑，骑者皆着弁。两行共十八骑，排列整齐，马昂首阔步前行。再后为軿车二辆，车内各有二妇人对坐。最后为二骑殿后。①

第二队车马出行图位于北壁下区，规模较第一列小了很多。《孝堂山石祠》对其描述如下：

下层为一迎送完整的车马出行行列。东端有一人躬身捧盾相迎，西端有一人持板相送。整个出行行列有九辆车、七骑、二步卒，连成一行，车辆都是一车一马。最前为导车，无盖，上立一柱，圆头，一穗飘动，上坐二人，后有五辆轺车，上坐二人；再后为四骑，前二骑并马前行，后二骑一前一后，持戟；其后有二持戟步卒，接着是一辆四帷轺车，外加屏风，上坐二人，皆着进贤冠，车后上方有汉隶“二千石”三字，标明车上主人的等级身份；大车后有持幡二骑、两车、一骑士紧随而行。②

① 山东省石刻艺术博物馆、山东省文物考古研究所编，蒋英炬、杨爱国、信立祥、吴文祺著：《孝堂山石祠》，文物出版社 2017 年版，第 29、32、33—34、39 页。

② 《孝堂山石祠》，第 39 页。

两队车马出行图的主角，自然是同位于北壁的“大王车”和“二千石”车。二车一上一下，是各自车队的核心（图 1–2）。仔细观察两辆马车，我发现了一个以前没有注意到的细节：大王车的车舆两侧各有一个藩屏。藩屏外形呈长方形，其上刻满菱形网格。二千石车也是如此（图 1–3、1–4）。

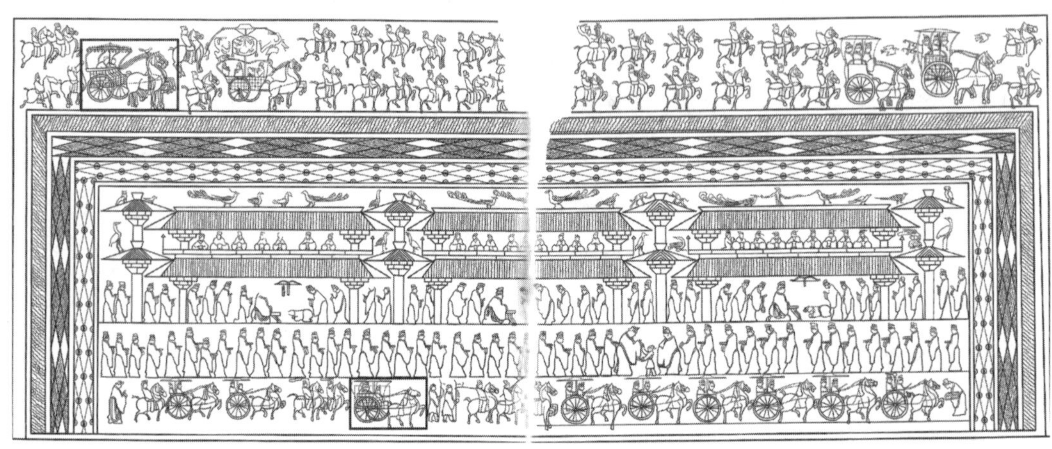

图 1–2　孝堂山石祠北壁画像摹本①

图 1–3　孝堂山石祠“大王车”车舆细节②

图 1–4　孝堂山石祠“二千石”车车舆细节③

《孝堂山石祠》称二千石车为“四帷轺车，外加屏风”，对大王车仅称其为一辆“四马轺车”，“车盖华丽”。可见二车的文字描述对这两处重要细节有所遗漏。著录孝堂山石祠的重要图录对此也有所忽视。如《中国画像石全集》称大王车为“盖系四

① 《孝堂山石祠》，第 36—37 页。

② 考察团成员曾磊摄于孝堂山石祠。

③ 考察团成员赵延梅提供。

维、驾驷马的轺车”；称二千石车为“轺车”，“盖系四维，有屏”。[①]《山东石刻分类全集》称大王车为“驷马安车”，对二千石车的描述则与《中国画像石全集》相同。[②]《孝堂山石祠》《中国画像石全集》《中国美术全集·画像石画像砖》《汉代画象全集初编》等收录的拓片，均拓印出了二千石车两侧的藩屏边框，但没有拓印边框内的网格细节（图 1-5），大王车的拓片则完全忽视了藩屏的存在（图 1-6）。我曾先后在济南市博物馆、北京山水美术馆“中国汉画大展”等不同场合近距离观察过孝堂山石祠的拓片，这些拓片与上述图录一样，也都缺失了这两处重要的细节。《孝堂山石祠》绘制的简略线图同样没有体现这两处细节，或许线图也是根据拓片绘制的。《孝堂山石祠》图版一七的大王车照片对车舆上的藩屏则有很清晰的显示，可惜并未做出说明。[③]

图 1-5　孝堂山石祠“二千石”车拓片[④]

图 1-6　孝堂山石祠“大王车”拓片[⑤]

类似的菱形网格又见于西壁二区左侧的两辆軿车画像。《孝堂山石祠》仅指出“车内各有二妇人对坐”[⑥]，同样忽视了车舆外侧的菱形网格（图 1-7）。从这次考察拍摄的照片来看，軿车车舆上的菱形网格刻痕较浅，并且直接刻在了对坐妇人之上，让原本封闭的軿车变成一种透视状态（图 1-7c）。这一点在上述拓片中同样没有体现。

① 中国画像石全集编辑委员会编：《中国画像石全集》第 1 卷《山东汉画像石》，山东美术出版社、河南美术出版社 2000 年版，第 15 页。

② 《山东石刻分类全集》编辑委员会编著：《山东石刻分类全集》第 7 卷《汉代画像石（二）》，青岛出版社 2013 年版，第 18 页。

③ 《孝堂山石祠》，第 127 页。

④ 考察团成员曾磊摄于济南市博物馆。

⑤ 考察团成员曾磊摄于济南市博物馆。

⑥ 《孝堂山石祠》，第 39 页。

a

b

c

图 1-7　孝堂山石祠西壁二区左侧軿车[①]

对这两驾马车，尤其是大王车，学者们早有关注，但大都忽视了车舆上的藩屏。孙机认为，大王车“应为诸侯王所乘之安车”，“这是自图像中见到的汉代最豪华之车”。[②]《孝堂山石祠》等虽指明二千石车的长方形边框为“屏风”，但又认为其是一辆轺车。准确来说，这两辆车应是轩车。

二

轩，《说文》：“曲辀藩车也。”段玉裁注：“谓曲辀而有藩蔽之车也。”[③]许慎对“轩”的解释言简意赅，但非常精确，段玉裁注也准确地抓住了轩车的两个特点：一是曲辀，二是有藩蔽。所谓“辀”，《说文》：“辕也。”[④]《说文》又释“辕”说：“辀也。”[⑤]关于“辀”与“辕”的区别，学者有不少讨论。

《周礼・冬官・考工记》：“辀人为辀。”郑玄注：“辀，车辕也。《诗》云：‘五楘梁辀。’”孙诒让正义：

> 注云“辀，车辕也”者，《说文・车部》云：“辀，辕也。”《释名・释车》云：“辀，句也，辕上句也。”《方言》云：“辕，楚卫之间谓之辀。”《公羊・僖元年》，何注云：“辀，小车辕，冀州以此名之。”案：小车曲辀，此辀人所为者是也；大

① 图 1-7a、b 引自傅惜华编《汉代画象全集初编》，商务印书馆 1950 年版，第 7 页。图 1-7c 为考察团成员赵延梅摄于孝堂山石祠。

② 孙机：《汉代物质文化资料图说（增订本）》，上海古籍出版社 2011 年版，第 114 页。

③ ［汉］许慎撰，［清］段玉裁注：《说文解字注》，上海古籍出版社 1981 年版，第 720 页。

④ 《说文解字注》，第 725 页。

⑤ 《说文解字注》，第 725 页。

车直辕，车人所为者是也。散文则辀辕亦通称。王宗涑云："析言之，曲者为辀，直者为辕。小车曲辀，一木居中，两服马夹辀左右。任载车直辕，两木分左右，一牛在两辕中。《说文》云：'辀，辕也。辕，辀也。'浑言之也。"阮元云："辀者曲辕，驾马者也。辀所以必挠曲之者，为登降均马力也。"引《诗》云"五楘梁辀"者，证小车曲辀也。《释文》云："楘，本又作鞪。"案：此《秦风·小戎》文。《毛诗》亦作"楘"，传云："五，五束也。楘，历录也。梁辀，辀上句衡也。一辀五束，束有历录。"《说文·木部》云："楘，车历录束文也。"《革部》云："鞪，车轴束也。"二字声义略同。[①]

孙诒让的解释已经非常清楚。辀与辕是车辕的两种类型。辀，用曲木制成，一般为单木，居车舆前中部，小车用辀，今人称之为独辀车；辕，用直木制成，一般为双木，居车舆前部两侧，大车用辕，今人称之为双辕车。不过，"辀"与"辕"二字经常混用。许慎所处的东汉晚期，一般都使用双辕车，独辀车已基本退出历史舞台。《说文》所说"轩"为"曲辀"，实际是用曲木制成的双辕，并非独辀。这在汉画像轩车形象中也可以得到证明（详下）。

《说文》段玉裁注"轩"字又引戴震的说法：

小车谓之辀，大车谓之辕。人所乘欲其安，故小车畅毂梁辀。大车任载而已，故短毂直辕。[②]

所谓"畅毂梁辀"，出自《诗·秦风·小戎》："小戎俴收，五楘梁辀。游环胁驱，阴靷鋈续。文茵畅毂，驾我骐馵。"[③]"畅毂"，即长毂。其讨论可见孔颖达疏。[④]"梁辀"，上文已经讨论，《小戎》孔颖达疏又说："辕从轸以前稍曲而上，至衡则居衡之上而向下勾之。衡则横居辀下如屋之梁然，故谓之梁辀也。"[⑤]这一解释形象地说明了"梁辀"

① ［清］孙诒让撰，王文锦、陈玉霞点校：《周礼正义》卷七七，中华书局1987年版，第3205页。

② 《说文解字注》，第720页。

③ ［汉］毛亨传，［汉］郑玄笺，［唐］孔颖达疏：《毛诗正义》卷六《秦风·小戎》，［清］阮元校刻：《十三经注疏（清嘉庆刊本）》，中华书局2009年版，第786页。

④ 又可参孙机《中国古独辀马车的结构》，收入其著《中国古舆服论丛（增订本）》，上海古籍出版社2013年版，第35页。

⑤ 《毛诗正义》卷六《秦风·小戎》，《十三经注疏（清嘉庆刊本）》，第786页。

的得名以及车衡和车辕的结构关系。不过，从现在考古发掘所见古代车舆来看，车辕的前端并非仅有“向下勾之”一种形式。车辕与车衡捆绑时，或在衡之上，或在衡之下，或在衡之侧。当车辕处于车衡之下或车衡之侧时，车衡就无法像屋梁一样“横居辀下”了。郭宝钧认为，曲辕之所以称辀，是因为“从侧面看，辀是前高、下曲、后平，又好像船舟之底，故更以‘辀’名之。辀前架于衡上，后架于轴上，又似房屋中的两柱间的一条大梁，故《诗·小戎》有‘五楘梁辀’之说”。① 郭宝钧将辀之得名与舟船联系，颇有道理，对梁辀的解释也比孔颖达疏合理。

以上是对轩车“曲辀”形制的讨论。至于“藩车”则很好理解，即有藩屏之车。《说文》:“藩，屏也。”②《诗·大雅·板》:“价人维藩。”郑玄笺:“藩，屏也。”③《左传·襄公二十三年》:“晋将嫁女于吴，齐侯使析归父媵之，以藩载栾盈及其士，纳诸曲沃。”杜预注:“藩，车之有障蔽者。”④《汉书·游侠传·陈遵》说:“遵初除，乘藩车入闾巷。”颜师古注:“藩车，车之有屏蔽者。”⑤《周礼·春官·巾车》:“漆车，藩蔽、豻禩、雀饰。”郑玄注:“漆车，黑车也。藩，今时小车藩，漆席以为之。”⑥先秦时的小车又名轻车、戎车，一般驾四马，不仅用于贵族出行，而且用于车战。⑦ 汉代的小车一般驾一马或两马,《释名·释车》:“小车，驾马轻小之车也。”“安车，盖卑坐乘，今吏所乘小车也。”⑧ 又《礼记·曲礼上》:“大夫七十而致事。若不得谢，则必赐之几杖，行役以妇人，适四方，乘安车。自称曰‘老夫’。”郑玄注:“安车，所以养其身体也。安车，坐乘，若今小车也。”⑨《说文》:“轺，小车也。”⑩ 可见小车即轺车。小车藩，大致可理解为轺车上加装的藩屏。

需要注意的是,“藩屏”之“藩”与车舆两侧的“轓”不同。车舆两侧的“轓”即

---

① 郭宝钧:《殷周车器研究》，文物出版社 1998 年版，第 30 页。
② 《说文解字注》，第 43 页。
③ 《毛诗正义》卷一七《大雅·板》,《十三经注疏（清嘉庆刊本）》，第 1185 页。
④ [晋] 杜预注,[唐] 孔颖达疏:《春秋左传正义》卷三五《襄公二十三年》,《十三经注疏（清嘉庆刊本）》，第 4290 页。
⑤ 《汉书》卷九二《游侠传·陈遵》，中华书局 1962 年版，第 3711、3712 页。
⑥ [汉] 郑玄注,[唐] 贾公彦疏:《周礼注疏》卷二七《春官·巾车》,《十三经注疏（清嘉庆刊本）》，第 1780 页。
⑦ 《汉代物质文化资料图说（增订本）》，第 111 页。
⑧ [汉] 刘熙撰,[清] 毕沅疏证，王先谦补，祝敏彻、孙玉文点校:《释名疏证补》卷七《释车》，中华书局 2008 年版，第 251、252 页。
⑨ [汉] 郑玄注,[唐] 孔颖达疏:《礼记正义》卷一《曲礼上》,《十三经注疏（清嘉庆刊本）》，第 2666 页。
⑩ 《说文解字注》，第 721 页。

“軓”，是指车耳，用于遮挡车轮飞溅的尘土，又是一种身份标识。带车耳之车可称为“轓车”，与这里带藩屏的“藩车”不同。文献中“藩”“轓”有混用的情况。如，《汉书·景帝纪》：“令长吏二千石车朱两轓，千石至六百石朱左轓。”颜师古注引应劭曰：“车耳反出，所以为之藩屏，翳尘泥也。二千石双朱，其次乃偏其左。軓以簟为之，或用革。”又引如淳曰：“轓音反，小车两屏也。”颜师古注又说：“据许慎、李登说，轓，车之蔽也。《左氏传》云‘以藩载栾盈’，即是有鄣蔽之车也。言车耳反出，非矣。”[①]又如，《续汉书·舆服志上》：“公、列侯安车，朱班轮，倚鹿较，伏熊轼，皂缯盖，黑轓，右騑。”刘昭注补：“车有轓者谓之轩。”[②]《景帝纪》《舆服志上》用“轓”字不误，但颜师古注所引诸家和刘昭注补则将“藩”“轓”混用，以致理解有误。[③]河南荥阳苌村汉墓壁画“巴郡太守时车”朱两轓，“供北陵令时车”朱左轓，可为轓车的确证（图 2-1）。

a.“巴郡太守时车”

b.“供北陵令时车”

图 2-1　河南荥阳苌村汉墓壁画[④]

先秦时期轩车就是一种常用车型。《左传·定公十三年》：“乃伐河内，齐侯皆敛诸大夫之轩，唯邴意兹乘轩。”[⑤]出土战国简牍中也载有轩车之名。如包山楚简有“轈

① 《汉书》卷五《景帝纪》，第 149 页。

② 《后汉书》志二九《舆服志上》，中华书局 1965 年版，第 3647 页。

③ 参见《汉代物质文化资料图说（增订本）》，第 114 页；牛天伟《试论汉画像石砖中的车》，中国汉画学会、河南博物院编《中国汉画学会第十三届年会论文集》，中州古籍出版社 2011 年版，第 150—151 页；赵化成《汉画所见汉代车名考辨》，《文物》1989 年第 3 期。

④ 郑州市文物考古研究所、荥阳市文物保护管理所：《河南荥阳苌村汉代壁画墓调查》，《文物》1996 年第 3 期。图版引自徐光冀主编《中国出土壁画全集·河南卷》，科学出版社 2012 年版，第 102—103 页。

⑤ 《春秋左传正义》卷五六《定公十三年》，《十三经注疏（清嘉庆刊本）》，第 4669 页。

（乘）轩”（简267），曾侯乙墓简有“䡅轩”（简28等）、“鱼轩”（简54）、“左轩”（简57）、“圆轩”（简203），信阳长台关楚简有“园（圆）轩”（简2-04）。[①]不过，从学者的考证来看，先秦时期的轩车与秦汉时期的轩车形制尚有差别（图2-2）。[②]如，李守奎认为，所谓“圆轩”就是两个弧形木质围栏侧立于侧，外面围上皮革或织物，上与车盖相连，形成一个圆形的帷幄之物；“轩”或“圆轩”不是单指车厢两旁较高的屏藩或车耳，而是由厢舆之上的屏藩、车盖以及车耳共同构成的一个形似屋室的整体结构。[③]甘肃张家川马家塬战国墓地出土的部分Ⅰ型和Ⅱ型马车，其车舆侧板呈弧形，高出两侧车轮，其上装饰十分华丽，其形式或许与先秦轩车类似（图2-3）。[④]

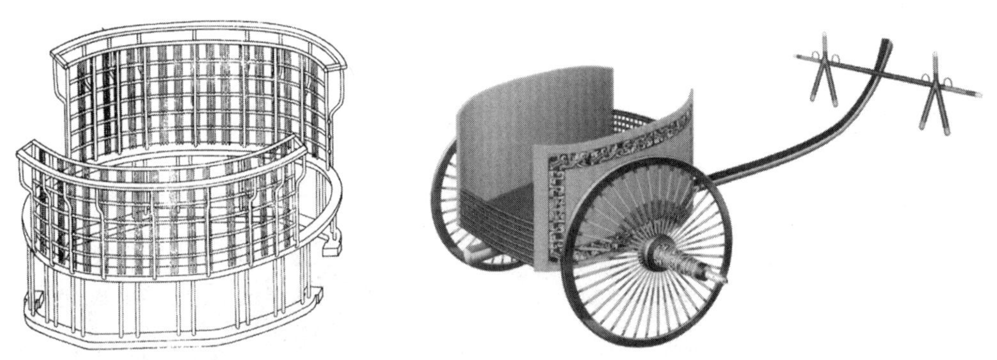

图2-2　曾侯乙墓出土车舆推测复原图[⑤]　**图2-3　甘肃张家川马家塬战国墓地出土Ⅱ型车舆复原图**[⑥]

《左传·闵公二年》:“卫懿公好鹤，鹤有乘轩者。”[⑦]卫懿公好鹤，甚至让它们乘坐

① 陈伟等:《楚地出土战国简册［十四种］》，经济科学出版社2009年版，第120、343、345、365、382页。

② 参见彭浩《信阳长台关楚简补释》,《江汉考古》1984年第2期；何琳仪《信阳楚简选释》,《文物研究》编辑部编《文物研究》第8辑，黄山书社1993年版，第173页；李家浩《信阳楚简“乐人之器”研究》，李学勤、谢桂华主编《简帛研究》第3辑，广西教育出版社1998年版，第15页；李守奎《出土简策中的“轩”和“圆轩”考》，安徽大学古文字研究室编《古文字研究》第22辑，中华书局2000年版，第195—199页；萧圣中《曾侯乙墓竹简释文补正暨车马制度研究》，科学出版社2011年版，第178—180、205—206页。

③ 李守奎:《出土简策中的“轩”和“圆轩”考》,《古文字研究》第22辑，第195—199页。

④ 参见赵吴成《甘肃马家塬战国墓马车的复原——兼谈族属问题》,《文物》2010年第6期；赵吴成《甘肃马家塬战国墓马车的复原（续一）》,《文物》2010年第11期；赵吴成《甘肃马家塬战国墓马车的复原（续二）》,《文物》2018年第6期。不过，马家塬墓地的族属与中原民族不同，贸然将其车制与中原民族比附其实并不完全合适，这里仅是提出一种推想。

⑤ 湖北省博物馆编:《曾侯乙墓》，文物出版社1989年版，第309页，图一八八。

⑥ 赵吴成:《甘肃马家塬战国墓马车的复原——兼谈族属问题》,《文物》2010年第6期。

⑦《春秋左传正义》卷一一《闵公二年》,《十三经注疏（清嘉庆刊本）》，第3880页。

轩车，结果沦为历史笑柄。与卫懿公一样荒唐的还有曹共公。《左传·僖公二十八年》："三月丙午，（晋侯）入曹，数之。以其不用僖负羁，而乘轩者三百人也。"① 卫懿公与曹共公之所以受到非议，是因为轩车规格较高，并非谁都可以乘坐。

卫懿公事《左传》杜预注："轩，大夫车。"② 曹共公事《左传》杜预注："轩，大夫车。言其无德居位者多，故责其功状。"③ 上引郤意兹乘轩事，郤意兹的身份也是大夫。又，《左传·哀公十五年》："苟使我入获国，服冕乘轩，三死无与。"杜预注："轩，大夫车。"④《诗·曹风·候人》："彼其之子，三百赤芾。"毛传："大夫以上，赤芾乘轩。"⑤《左传·定公九年》又载："齐师之在夷仪也，齐侯谓夷仪人曰：'得敝无存者，以五家免。'乃得其尸。公三禭之，与之犀轩与直盖。"杜预注："犀轩，卿车。"⑥《说文》"轩"字段玉裁注："杜注《左传》于轩皆曰'大夫车'。《定九年》曰：'犀轩，卿车。'"⑦ 段玉裁已敏锐地觉察到定公九年杜预注的此处不同。之所以如此，或一是因为敝无存的身份特殊，二是因为此轩车以"犀"为饰。由上可见，轩车至少要身份为大夫或大夫以上者才能乘坐。

汉代轩车的使用一定程度上遵循了先秦的礼制，但也有所变通。

《续汉书·舆服志上》说皇帝出行的法驾，"前驱有九斿云罕，凤皇闟戟，皮轩鸾旗，皆大夫载。"刘昭注补引胡广曰："皮轩，以虎皮为轩。"⑧ 即以虎皮蒙覆的轩车。"皆大夫载"的规定当是古制之遗风。司马相如《上林赋》想象天子出猎"乘镂象，六玉虬，拖蜺旌，靡云旗，前皮轩，后道游"⑨，《汉书·霍光传》说刘贺即位后"驾法驾，皮轩鸾旗，驱驰北宫、桂宫，弄彘斗虎"⑩，说法皆与《舆服志上》相合，均是将皮轩作为天子车驾的先导。

轩车的装饰相对华贵。刘永华认为，藩屏的制作材料有多种："第一种是席，《周

① 《春秋左传正义》卷一六《僖公二十八年》，《十三经注疏（清嘉庆刊本）》，第 3959 页。

② 《春秋左传正义》卷一一《闵公二年》，《十三经注疏（清嘉庆刊本）》，第 3880 页。

③ 《春秋左传正义》卷一六《僖公二十八年》，《十三经注疏（清嘉庆刊本）》，第 3959 页。

④ 《春秋左传正义》卷五九《哀公十五年》，《十三经注疏（清嘉庆刊本）》，第 4713 页。

⑤ 《毛诗正义》卷七《曹风·候人》，《十三经注疏（清嘉庆刊本）》，第 818 页。

⑥ 《春秋左传正义》卷五五《定公九年》，《十三经注疏（清嘉庆刊本）》，第 4657 页。

⑦ 《说文解字注》，第 720 页。

⑧ 《后汉书》志二九《舆服志上》，第 3649 页。

⑨ 《史记》卷一一七《司马相如列传》，中华书局 1959 年版，第 3033 页。

⑩ 《汉书》卷六八《霍光传》，第 2940 页。《汉书》卷八九《循吏传·龚遂》作："日与近臣饮食作乐，斗虎豹，召皮轩，车九流，驱驰东西，所为悖道。"第 3638 页。

礼·春官·巾车》‘漆车，藩蔽、豻禖、雀饰’郑玄注：‘漆车，黑车也。藩，今时小车藩，漆席以为之。’第二种是鱼皮，《左传·闵公二年》‘归夫人鱼轩’杜注：‘鱼轩，夫人车，以鱼皮为饰。’第三种是皮革，《文选·张衡〈东京赋〉》‘乘轩并毂……鸾旗皮轩’李善注：‘皮轩，以虎皮为之。’第四种是织物，河南荥阳苌村的汉墓壁画上的轩车屏蔽材料呈半透明状，似绢罗织品为之。”[①] 以动物皮革装饰的轩车，除了鱼皮、虎皮外，应该还有犀牛皮（见上引《左传·定公九年》“犀轩”）。这些材料可能也未必仅仅装饰藩屏，亦可用来装饰车舆的其他部件。

汉代文献又有“文轩”一词。如，王莽因崔篆母师氏能通经学、百家之言，“宠以殊礼，赐号义成夫人，金印紫绶，文轩丹毂，显于新世”。[②] “文轩”即车身绘有纹饰的轩车。《论衡·超奇》“文轩之比于敝车，锦绣之方于缊袍”[③]，将“文轩”与“敝车”对举，亦可知轩车的装饰相对华美，是一种显示高贵身份的标识。

对于轩车的色彩，史籍中没有找到明确的规定。不过，朱色的轩车应该是较为尊贵者。《水经注·沔水》：“（宣城县）有太山，山下有庙，汉末名士居其中。刺史、二千石卿长数十人，朱轩华盖，同会于庙下，荆州刺史行部见之，雅叹其盛，号为冠盖里而刻石铭之。”[④] 汉安帝派遣使者祭祀其父，“朱轩軿马，相望道路”。李贤注：“朱轩车，使者所乘。”[⑤]《风俗通义·过誉》：“《春秋》：‘王人之微，处于诸侯之上。’坐则专席，止则专馆，朱轩驾驷，威烈赫奕。”[⑥]《后汉书·刘盆子传》说刘盆子被赤眉拥立为帝，“乘轩车大马，赤屏泥，绛襜络，而犹从牧儿遨”。[⑦] “赤屏泥”，即赤色的前挡泥板。[⑧] “绛襜络”，即深红色的帷裳。可见刘盆子所乘轩车的主色调也是红色。河南荥阳苌村汉墓壁画中有一单马驾轩车，车盖、藩屏四缘、马具等皆为红色，御者亦着红色衣物（图 2-4）。[⑨] 此或即文献中所说的“朱轩”。

---

① 刘永华：《中国古代车舆马具》，清华大学出版社 2013 年版，第 167—168 页。

② 《后汉书》卷五二《崔骃传》，第 1704 页。

③ 黄晖撰：《论衡校释（附刘盼遂集解）》卷一三《超奇》，中华书局 1990 年版，第 607 页。

④ ［北魏］郦道元著，陈桥驿校证：《水经注校证》卷二八《沔水》，中华书局 2007 年版，第 668 页。

⑤ 《后汉书》卷四六《陈忠传》，第 1563、1564 页。

⑥ ［汉］应劭撰，王利器校注：《风俗通义校注》卷四《过誉》，中华书局 2010 年版，第 183 页。

⑦ 《后汉书》卷一一《刘盆子传》，第 481 页。

⑧ 参见曾磊《“屏星”考》，待刊。

⑨ 郑州市文物考古研究所、荥阳市文物保护管理所：《河南荥阳苌村汉代壁画墓调查》，《文物》1996 年第 3 期。

图 2-4　河南荥阳苌村汉墓壁画轩车（摹本）[①]

汉代还有一种特殊的轩车——輶轩。輶，《说文》："轻车也。"[②]《诗·秦风·驷驖》："輶车鸾镳，载猃歇骄。"毛亨传："輶，轻也。"[③] 扬雄《答刘歆书》："常闻先代輶轩之使奏籍之书，皆藏于周秦之室；及其破也，遗弃无见之者。"[④]《文选》卷三五载张协《七命》："语不传于輶轩，地不被乎正朔。"李善注引《风俗通》："秦周常以八月輶轩使采异代方言，藏之秘府。"[⑤] 扬雄的《方言》全称《輶轩使者绝代语释别国方言》所指即此。輶轩，当是一种轻便的轩车，是采风使者所乘。

《古诗十九首》中的《冉冉孤生竹》诗说：

冉冉孤生竹，结根泰山阿。
与君为新婚，兔丝附女萝。
兔丝生有时，夫妇会有宜。

① 此为刘永华摹本，见《中国古代车舆马具》，第 168 页。

② 《说文解字注》，第 721 页。

③ 《毛诗正义》卷六《秦风·驷驖》，《十三经注疏（清嘉庆刊本）》，第 785 页。

④ ［清］钱绎撰集，李发舜、黄建中点校：《方言笺疏》卷一三《答刘歆书》，中华书局 1991 年版，第 520 页。

⑤ ［梁］萧统编，［唐］李善、吕延济、刘良、张铣、吕向、李周翰注：《六臣注文选》卷三五《七命》，中华书局 2012 年版，第 661 页。

千里远结婚，悠悠隔山陂。
思君令人老，轩车来何迟。
伤彼蕙兰花，含英扬光辉。
过时而不采，将随秋草萎。
君亮执高节，贱妾亦何为？①

此诗旨意为何，历来解释不一。一说为新婚久别，女子生怨。“此结婚之后，夫有远行，而有是作。”②一说此诗“酷似《摽有梅》，当是怨婚迟之作”。③一说为臣子不遇，“托新婚夫妇为喻”。④对此诗旨意的不同理解，也造成了对“轩车”的不同解释。有注家引杜预《左传》注“轩，大夫车”，又引服虔曰“车有藩曰轩”，将其解释为男方所乘之车。⑤有注家则认为“‘轩车’者，逆女之车也”，将其解释为婚车。“‘来迟’者，以结婚之远在千里之外也。‘思君’云云，是倒句。‘轩车来迟’，故‘思君令人老’耳。”⑥如果抛开此诗的本意不谈，单就轩车用途来看，文献和画像中的轩车当非婚车。但女子乘坐轩车，史籍中并非没有例证。

上引曹共公事，《史记·晋世家》作：“晋师入曹，数之以其不用釐负羁言，而用美女乘轩者三百人也。”⑦“美女乘轩者三百人”事是否真实，史家观点不一⑧，但上引《左传·闵公二年》“归夫人鱼轩”⑨事，则确实是先秦女子乘坐轩车的例证。汉代女子亦可乘轩车，上引崔篆母师氏即乘“文轩丹毂”。《三国志·魏书·董卓传》说，董卓弄权，“宗族内外并列朝廷”。裴松之注引《英雄记》曰：“卓侍妾怀抱中子，皆

① 《六臣注文选》卷二九《杂诗上》，第540页。

② ［明］闵齐华：《文选瀹注》卷一五，康熙四年刻本。又吕向注：“此意谓结婚之后，夫将远行。”张铣注：“夫之车马来归何迟也。”（《六臣注文选》卷二九《杂诗上》，第540页）

③ ［清］吴淇：《古诗十九首定论》，收入隋树森集释《古诗十九首集释》卷三，中华书局2018年版，第69页。

④ ［元］刘履：《古诗十九首旨意》，收入隋树森集释《古诗十九首集释》卷三，第55页。

⑤ 隋树森集释：《古诗十九首笺注》，收入其著《古诗十九首集释》卷二，第32页。又北京大学中国文学史教研室选注《两汉文学史参考资料》“轩车”句的注文说：“‘轩车’，有屏障的车子，古代大夫以上的官员始得乘用；此指丈夫乘以归来的车子。余冠英说：‘这女子的夫壻想是远宦不归，使她久盼。’近是。此连上句是女子正面抒发久别相思的怨情。”中华书局1962年版，第731—732页。

⑥ ［清］吴淇：《古诗十九首定论》，《古诗十九首集释》卷三，第70页。

⑦ 《史记》卷三九《晋世家》，第1664页。

⑧ 《左传》所载此事乘轩者并无美女：“以其不用僖负羁而乘轩者三百人也。”杨伯峻以为此是“史公驳文”。参见杨伯峻编著《春秋左传注》，中华书局1981年版，第453页。

⑨ 《春秋左传正义》卷一一《闵公二年》，《十三经注疏（清嘉庆刊本）》，第3880页。

封侯，弄以金紫。孙女名白，时尚未笄，封为渭阳君。于郿城东起坛，从广二丈余，高五六尺，使白乘轩金华青盖车，都尉、中郎将、刺史两千石在郿者，各令乘轩簪笔，为白导从，之坛上，使兄子璜为使者授印绶。"①青盖车是皇太子、皇子所乘，其车"朱班轮，青盖，金华蚤，黑樠文，画轓文辀，金涂五末"。②董白乘青盖车，一定是不合礼制的。之所以称之为"轩金华青盖车"，或是因董白是女性，故其上加藩屏。

《续汉书·舆服志上》说："太皇太后、皇太后法驾，皆御金根，加交络帐③裳。非法驾，则乘紫罽軿车。"刘昭注补引徐广曰："青交络，青帷裳。"《舆服志上》又说："公、列侯、中二千石、二千石夫人，会朝若蚕，各乘其夫之安车，右骈，加交络帷裳，皆皂。非公会，不得乘朝车，得乘漆布辎軿车，铜五末。"④太皇太后、皇太后的法驾是与皇帝对等的金根车，不过其上要加"交络帐裳"。在参加朝会或亲蚕礼等正式场合，公、列侯、中二千石、二千石夫人，可乘坐其夫的安车，其上亦加"交络帷裳"。联系董白的"轩金华青盖车"推想，不排除这些贵族妇女在乘车时车舆上也会加装藩屏。

由上可见，轩车并非男性的专属车驾。不过，乘坐轩车的女子地位较高，一般平民女子乘坐恐怕不合礼制。

对于轩车的具体形制，以往学者其实早有关注。他们根据传世文献资料专门讨论了轩车的形制，对汉画像中的轩车形象也有比较准确的识读，并对轩车进行了复原（图 2-5）。⑤

① 《三国志》卷六《魏书·董卓传》，中华书局 1959 年版，第 178 页。

② 《后汉书》志二九《舆服志上》，第 3647 页。

③ 曹金华认为，"'帐'当作'帷'。《刘盆子传》引作'加交络帷裳'，本志下文公、列侯等也'加交络帷裳'。《晋书·舆服志》《宋书·礼志》皆作'帷裳'"。或是。参见曹金华《后汉书稽疑》，中华书局 2014 年版，第 1657 页。

④ 《后汉书》志二九《舆服志上》，第 3647、3648 页。

⑤ 赵化成：《汉画所见汉代车名考辨》；王作新：《古车车名疏要》，《文献》1994 年第 1 期；杨学军：《古车制说隅》，《首都师范大学学报（社会科学版）》1996 年第 2 期；王振铎遗著，李强整理、补著：《东汉车制复原研究》，科学出版社 1996 年版，第 71—73 页；李发林：《汉画考释和研究》，中国文联出版社 2000 年版，第 144—145 页；林剑鸣、吴永琪主编：《秦汉文化史大辞典》"轩车"条，词条撰者为程霖，汉语大词典出版社 2002 年版，第 398 页；孙机：《汉代物质文化资料图说（增订本）》，第 114 页；牛天伟：《试论汉画像石砖中的车》，中国汉画学会、河南博物院编《中国汉画学会第十三届年会论文集》，第 150—151 页；刘永华：《中国古代车舆马具》，第 167—168 页。本节所论，对以上研究多有参考。

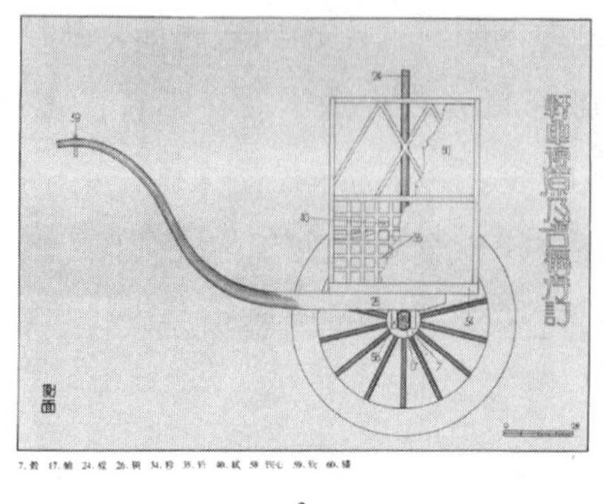
a

b

图 2-5 王振铎所制轩车复原图及复原品 ①

三

这次考察让我更直观、细致地了解了轩车的形制。下面列举一些这次考察看到的和各重要图录收录的山东汉画像中比较有特色的轩车形象。

山东平邑皇圣卿东阙轩车形象。第一辆位于皇圣卿东阙南面第二层，由一马拉挽，曲辀，车盖下垂四维，素面藩屏（图 3-1）。这辆轩车的形象比较典型,《山东平邑县皇圣卿阙、功曹阙》《山东石刻分类全集》认为是“辎车”,《中国画像石全集》则称之为“軿车”。第二辆位于皇圣卿东阙南面第三层，为三马拉挽的轩车。《山东平邑县皇圣卿阙、功曹阙》称之为“一马拉挽的辎车”,《山东石刻分类全集》《中国画像石全集》则称之为“四维轺车”。② 可惜这次考察没有前往山东平邑，未能目验原石。根据我处理的《汉代画象全集初编》拓片反相照片、陈志农摹画的线图和网络照片，此车应为双辕车。三马皆位于双辕之间，车舆应比较宽大（图 3-2）。

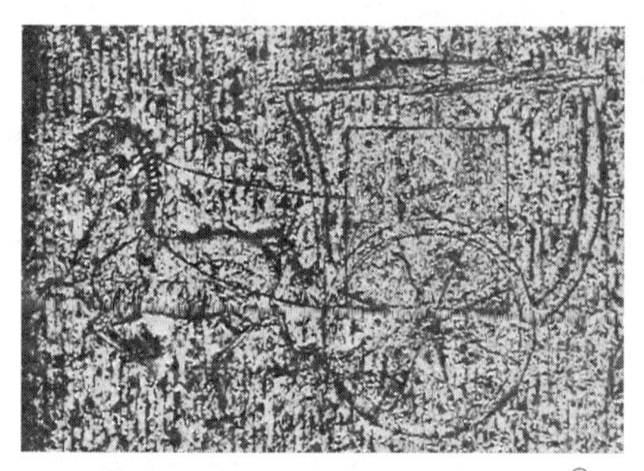
图 3-1 皇圣卿东阙南面第二层轩车 ③

① 《东汉车制复原研究》，图版四二、图版四三、图版六四。

② 王相臣、唐仕英:《山东平邑县皇圣卿阙、功曹阙》,《华夏考古》2003 年第 3 期。《山东石刻分类全集》第 7 卷《汉代画像石（二）》，第 340 页。《中国画像石全集》第 1 卷《山东汉画像石》，图版说明八，第 2 页。

③ 此为拓片反相照片，原图见傅惜华编《汉代画象全集初编》，第 212 页。

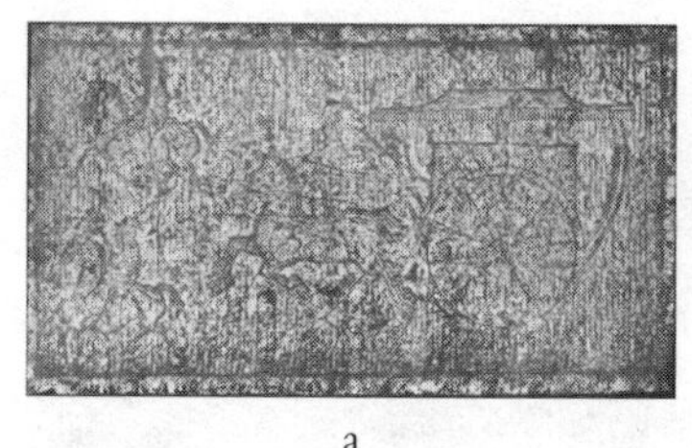
a

b

c

图 3-2 皇圣卿东阙南面第三层轩车[①]

山东肥城栾镇村建初八年祠堂后壁画像石轩车形象。此石第一层右侧可见由一马、三鱼、二鹿分别拉挽的三辆轩车（图 3-3），其后又有仙人骑鹿护送。[②]马和鹿拉挽的轩车形制与他车无别，但此车队显然并非写实画像。鱼车车舆后部垂挂有帷裳，类似的车舆形制又见于栾镇村出土的另一方祠堂后壁画像石（图 3-4）。[③]《中国画像石全集》《山东石刻分类全集》皆称之为"軿车"[④]，上引《续汉书·舆服志上》说太皇太后、皇太后法驾"皆御金根，加交络帐裳"，公、列侯、中二千石、二千石夫人"会朝若蚕，各乘其夫之安车，右騑，加交络帷裳，皆皂"，二者所言皆为女性乘车上施帷裳。上引《后汉书·刘盆子传》说刘盆子"乘轩车大马，赤屏泥，绛襜络，而犹从牧儿遨"。李贤注引《续汉志》曰："王公列侯安车，加交络帷裳。"[⑤]此语不见今本《续汉书》。刺史出行使用的车辆，其上亦有帷裳。《后汉书·贾琮传》："旧典，传车骖驾，垂赤帷裳，迎于州界。"[⑥]类似记载又见《续汉书·舆服志上》刘昭注补："旧典，传车骖驾，乘赤帷裳。"[⑦]《三国志·蜀书·刘焉传》说刘焉"领益州牧"，裴松之注引《续汉书》："旧典：传车参驾，施赤为帷裳。"[⑧]肥城栾镇村祠堂后壁画像中垂挂帷裳的轩车形象，或可与以上文献相参照。

① 图 3-2a 为拓片反相照片，原图见傅惜华编《汉代画象全集初编》，第 212 页。图 3-2b 为陈志农摹画线图，见傅惜华、陈志农编，陈志农绘，陈沛箴整理《山东汉画像石汇编》，山东画报出版社 2012 年版，第 214 页。图 3-2c 为网友"Acot 一杯茶"拍摄照片，见百度贴吧——古建筑吧，https://tieba.baidu.com/p/5817118514?red_tag=1945666030。

② 王思礼：《山东肥城汉画象石墓调查》，《文物参考资料》1958 年第 4 期。

③ 王思礼：《山东肥城汉画象石墓调查》，《文物参考资料》1958 年第 4 期。

④ 《中国画像石全集》第 3 卷《山东画像石》，图版说明二一四，第 73 页。《山东石刻分类全集》第 7 卷《汉代画像石（二）》，第 132 页。

⑤ 《后汉书》卷一一《刘盆子传》，第 481 页。

⑥ 《后汉书》卷三一《贾琮传》，第 1112 页。

⑦ 《后汉书》志二九《舆服志上》，第 3648 页。

⑧ 《三国志》卷三一《蜀书·刘焉传》，第 866 页。

a　b　c

图 3-3　山东肥城栾镇村建初八年祠堂后壁画像石轩车[①]

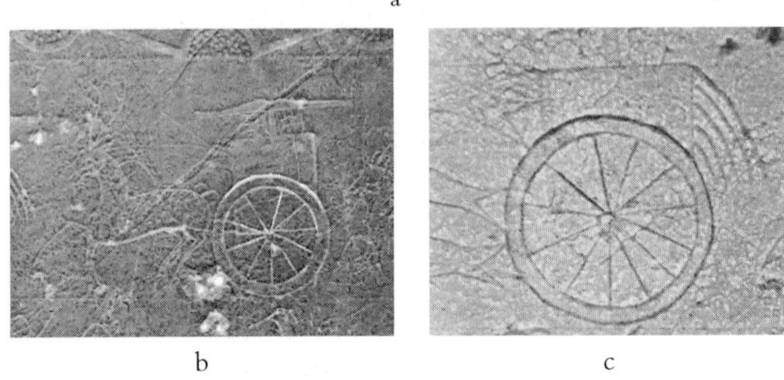

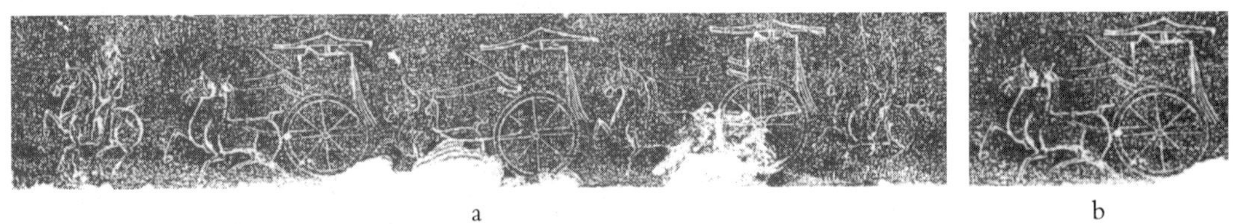

a　b

图 3-4　山东肥城栾镇村另一方祠堂后壁画像石轩车[②]

山东嘉祥宋山 1980 年出土汉画像石第十五石轩车形象。此石第一层大树下左侧有一轩车，车盖左边被其侧楼阁遮挡，曲辀，车盖下垂四维，藩屏上有纹饰，车舆有卷云纹车轓，拉车之马停于树的右侧（图 3-5b）。第二层车马出行图最右侧另有一轩车，御者已在车上，乘者在车后准备上车。此轩车曲辀，车盖下垂四维，藩屏上部有纹饰，车舆两侧有卷云纹车轓，有榜无题（图 3-5c），应为车队主车。[③] 发掘者未对第二辆轩车的名称做出明确判断，又认为第一辆轩车为轺车；《山东石刻分类全集》则

① 考察团成员曾磊摄于山东省博物馆。图 3-3c 为反相照片。

② 《中国画像石全集》第 3 卷《山东汉画像石》，图版二一四，第 199 页。

③ 蒋英炬认为此石属汉代小祠堂构件，并将其成功复原。（蒋英炬：《汉代的小祠堂——嘉祥宋山汉画像石的建筑复原》，《考古》1983 年第 8 期）按照蒋英炬的复原，此车队横贯小祠堂东、北、西三壁最下一层，此轩车位于车队中后部，规格最高，应为主车。

未对第一辆轩车的名称做出判断，认为第二辆轩车为轺车。[①] 此石与武氏祠画面风格、雕刻技法极为接近，可能是同一派工匠所刻。[②] 但具体画面细节仍有自己的特色，第二层的轩车刻画尤其精细，藩屏之外的两侧车輜也雕刻得非常明显。

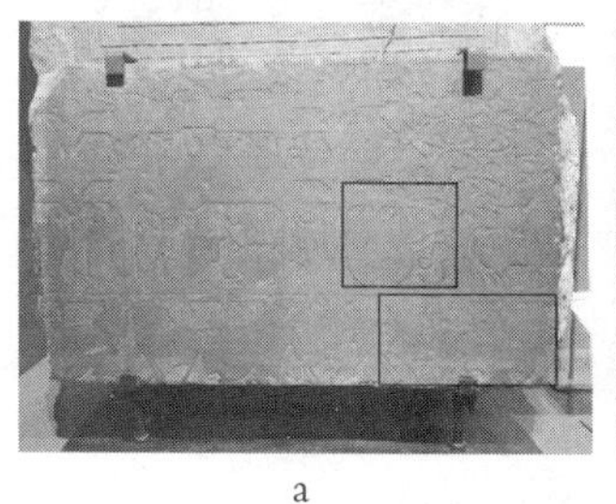
a

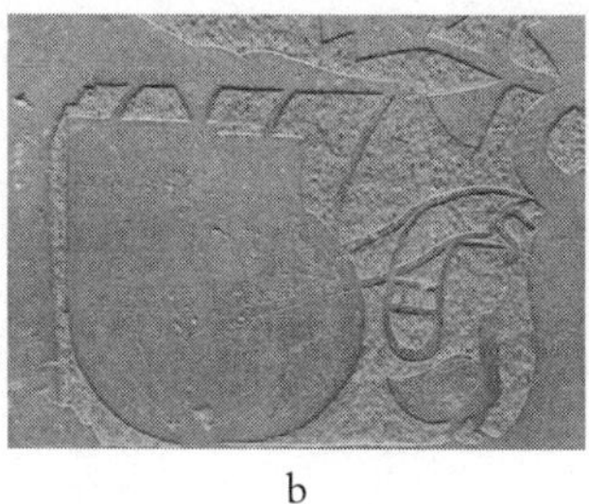
b

c

图 3–5　山东嘉祥宋山 1980 年出土汉画像石第十五石 [③]

山东滕州王开村出土画像石轩车形象。[④] 此石第二层为车马出行图，轩车位于车队中部，应为主车。此车由一马拉挽，曲辀，素面藩屏（图 3–6b、c）。《山东石刻分类全集》认为此车为“軿车”。[⑤]

a

b

c

图 3–6　山东滕州王开村画像石 [⑥]

1954 年安丘王封村出土画像石第一栏车马出行图轩车形象。轩车位于车队中心，前有一辆二维轺车，后有一辆辎车。此轩车由一马拉挽，曲辀，有二维，藩屏四周有

① 济宁地区文物组、嘉祥县文管所：《山东嘉祥宋山 1980 年出土的汉画像石》，《文物》1982 年第 5 期；《山东石刻分类全集》编辑委员会编著：《山东石刻分类全集》第 6 卷《汉代画像石（一）》，青岛出版社 2013 年版，第 159 页。

② 参见杨爱国《幽明两界：纪年汉代画像石研究》，陕西人民美术出版社 2006 年版，第 134 页。

③ 考察团成员曾磊摄于山东省博物馆。

④ 滕州汉画像石馆标签牌说此石为滕州造纸厂出土，与《山东石刻分类全集》说法不同。

⑤ 《山东石刻分类全集》第 6 卷《汉代画像石（一）》，第 279 页。

⑥ 图 3–6a、b 为考察团成员曾磊摄于滕州汉画像石馆，图 3–6c 摄于山水美术馆汉画大展（2018 年 4 月）。

纹饰，但其上未见乘者（图 3-7b、c）。《山东汉画像石选集》《中国画像石全集》称之为“軿车”。[①]

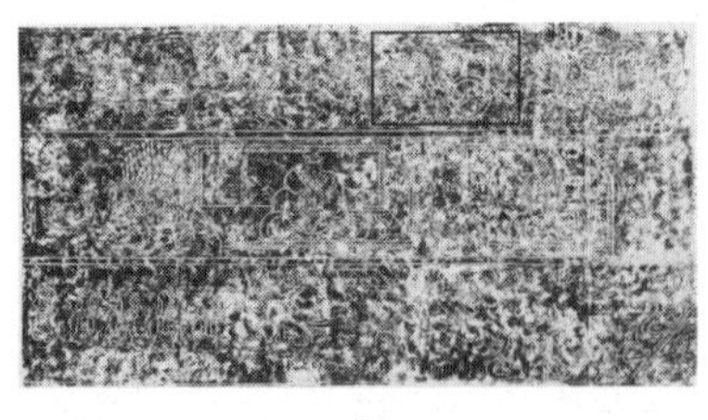
a

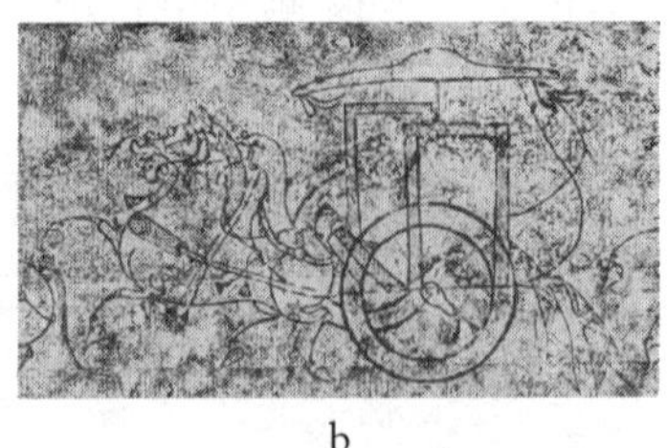
b

c

图 3-7　山东安丘王封村画像石[②]

四

现在让我们回头再来看孝堂山的大王车和二千石车的具体细节。二千石车为一马拉挽的双辕车，车辕弯曲。车舆上雕刻方格，前有屏泥，两侧有轓。菱形网格的藩屏位于车舆两侧，车盖上垂下四条伞带与车舆相连。二千石车完全符合常见的“曲辀藩车”的轩车形式。

大王车则与常见的轩车不同。大王车为四马驾车，是目前所见驾马最多的轩车。孙机认为，“孝堂山石祠中的‘大王车’虽驾 4 马，却用 3 根辕将服马分别夹在其中，与独辀车的结构已全然不同了”。[③]不过，仔细观察大王车图像可以发现，其车舆前部并未刻出车辕，这或是石工的疏漏，但在驾马的背部和颈部之间有一小段较粗的曲线，这应该是车辕的形象。车辕的其他部分则被马匹遮挡，无法展现。最外侧的骖马上也没有车辕的痕迹（图 4-1）。基于以上情况，再加上此车由四马牵引，推测此车为独辀车。车辕应位于两服马之间，与先秦时期常见的四马独辀车类似。大王车前面的鼓乐车的车辕表现形式与此类似。该车是二马拉挽的独辀车，驾马的背部和颈部之间也有一小段较粗的曲线表示车辕，而车舆前部的车辕也雕刻得十分清晰（图 4-2）。

① 山东省博物馆、山东省文物考古研究所编，蒋英炬、吴文祺、关天相编著：《山东汉画像石选集》，齐鲁书社 1982 年版，第 51 页。《中国画像石全集》第 3 卷《山东汉画像石》，图版说明一四七，第 50 页。

② 图 3-7a 引自《山东石刻分类全集》第 7 卷《汉代画像石（二）》，第 115 页。图 3-7b 为反相照片，原图见《山东汉画像石选集》，图版二二八，图 540。图 3-7c 引自赵化成《汉画所见汉代车名考辨》。

③《汉代物质文化资料图说（增订本）》，第 131 页。

图 4-1　孝堂山石祠“大王车”[①]

图 4-2　孝堂山石祠北壁上区鼓乐车[②]

大王车还有两处比较明显的雕刻失误。

一是辔绳在马耳上方，位置太过靠上。这在实际的马车系驾中是不可能的。因为如果辔绳处于马耳之上，穿系辔绳的车衡及车轭就无法固定在马的颈部，所以画像中辔绳的位置并不准确。石工之所以将辔绳刻得这么高，或是为了突出“鸾雀立衡”中的鸾雀形象。[③]

二是藩屏的位置与实际不符。轩车的藩屏应分列于车舆左右两侧，以遮蔽视线。汉画像中常见有两种轩车表现形式：一是采用正侧面平视法，仅展示车舆侧面的情况。如上举平邑皇圣卿东阙轩车、肥城栾镇村画像石轩车、滕州王开村画像石轩车等。有的正侧面形式的轩车车盖与藩屏之间还会露出乘车人冠饰的上半部。如，临沂西张官庄出土画像石车马出行图中，第一辆轩车即露出乘者的进贤冠（图 4-3）。[④]又如，诸城斗鸡台出土画像石车马出行图中，三辆轩车也都露出乘者的进贤冠（图 4-4）。[⑤]二是采用斜侧面透视法，可以展现车舆内一部分情况。如上举嘉祥宋山画像石轩车、安丘王封画像石轩车等。

① 考察团成员曾磊摄于孝堂山石祠。

② 《孝堂山石祠》，图版一六，第 126 页。

③ 针对大王车车衡上的立鸟，学界有不少讨论。孙机认为这与“《续汉书·舆服志》所说‘鸾雀立衡’之制正相符合”。参见《汉代物质文化资料图说（增订本）》，第 114、133 页；《东汉车制复原研究》，第 91—92 页；练春海《汉代车马形像研究——以御礼为中心》，广西师范大学出版社 2017 年版，第 182—184 页。

④ 《中国画像石全集》认为此车是軿车。参见《中国画像石全集》第 3 卷《山东汉画像石》，图版说明五六，第 19 页。

⑤ 《中国画像石全集》认为这三辆车是轺车。参见《中国画像石全集》第 3 卷《山东汉画像石》，图版说明一四六，第 50 页。

图 4-3　山东临沂西张官庄画像石轩车[①]

图 4-4　山东诸城斗鸡台画像石轩车[②]

大王车的刻画方式则独具特色。大王车的右侧藩屏（此处的左右按照马车行进方向区分）下半部分被刻在了车舆之外，一部分藩屏还被车舆中大王的后背遮挡，这就造成了右侧藩屏处于车舆后部的假象。而左侧藩屏则完全处于车舆外侧，上部又不与车盖相连，以致完全成了悬空状态。本该在藩屏外侧的左前方的伞带，也雕刻在了藩屏内侧。二千石车的藩屏刻画方式也是如此。造成两辆车藩屏失真的原因，应是石工为尽可能多地展现车舆内乘者和御者的形象造成了视觉误差。

从两辆车的细节来看，大王车的等级明显高于二千石车。大王车驾四马，车盖华丽、垂饰华蚤，车桯饰菱形网格纹，车轓饰嵌套双菱形纹样，马首旁有鸾雀立于衡上，马身之鞲装饰华美，垂有纹穗，马尾亦有饰品装饰。二千石车则驾一马，车盖和车桯皆无纹饰，车轓仅有四短弧线刻纹，马身之鞲仅刻一条细线，马尾也没有装饰。

对于“大王”，学者多认为是指诸侯王，但这辆车的形制与文献中的诸侯王车相比，尚有不小区别。据《续汉书·舆服志上》，诸侯王车的形制如下：

> 皇太子、皇子皆安车，朱班轮，青盖，金华蚤，黑樚文，画轓文辀，金涂五末。皇子为王，锡以乘之，故曰王青盖车。皇孙则绿车以从。皆左右騑，驾三。
>
> ……
>
> 诸车之纹：……皇太子、诸侯王，倚虎伏鹿，樚文画辀轓，吉阳筩，朱班轮，鹿文飞軨，旂旗九斿降龙。
>
> 诸马之文：……王、公、列侯，镂钖文髦，朱镳朱鹿，朱文，绛扇汗，青翅燕尾。[③]

① 考察团成员曾磊摄于山东省博物馆。

② 《中国画像石全集》第 3 卷《山东汉画像石》，第 128—129 页。

③ 《后汉书》志二九《舆服志上》，第 3647、3652—3653 页。

文献中二千石车的形制也与画像石不同。《续汉书·舆服志上》载：

> 中二千石、二千石皆皂盖，朱两轓。其千石、六百石，朱左轓。轓长六尺，下屈广八寸，上业广尺二寸，九文，十二初，后谦一寸，若月初生，示不敢自满也。景帝中元五年，始诏六百石以上施车轓，得铜五末，轭有吉阳筩。中二千石以上右騑，三百石以上皂布盖，千石以上皂缯覆盖，二百石以下白布盖，皆有四维、杠衣。贾人不得乘马车。除吏赤画杠，其余皆青云。[①]

综合来看，诸侯王车、二千石车的形制远比孝堂山石祠中的车马形象复杂。大王车、二千石车虽然装饰华丽，但并不完全写实。此外，大王车的“鸾雀立衡”形制，其实是皇帝乘舆专有的。这一点尤其不合当时的礼制。

五

邢义田认为孝堂山石祠隔梁石西面画像为“七女为父报仇”故事。[②] 整个车马队伍只有一辆轩车（图 5-1）。此车处于画面中央，明显是车马队伍的核心。跌落桥下的乘车人，头戴进贤冠，身下有绶带，也显示出乘车人的身份不凡（图 5-2）。在有多辆车马的车马出行图中，轩车又常被当作主车，用来彰显乘坐者的地位。

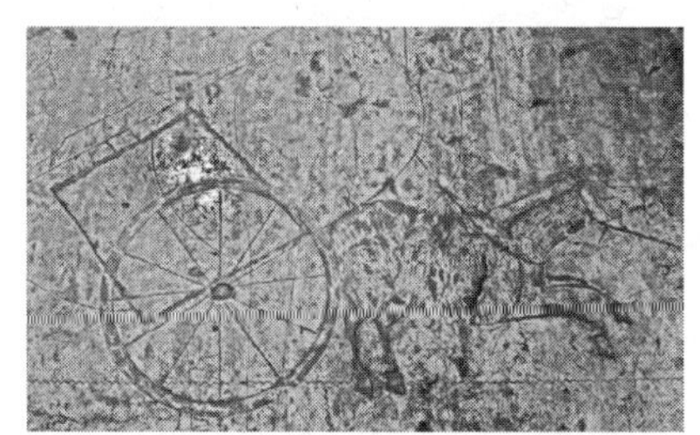

图 5-1　孝堂山石祠隔梁石西面画像轩车[③]

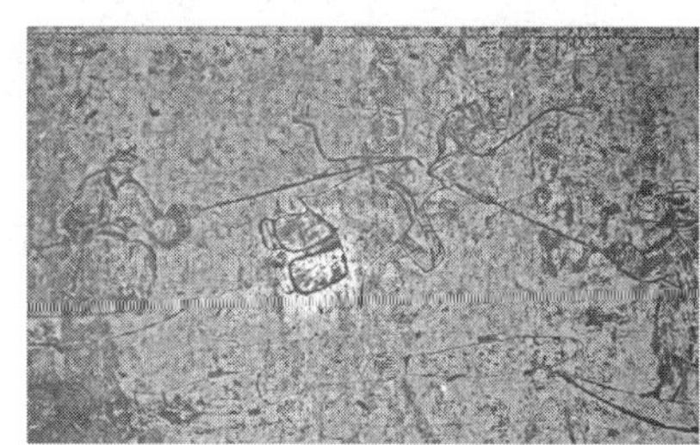

图 5-2　孝堂山石祠隔梁石西面画像轩车上掉落的乘者[④]

① 《后汉书》志二九《舆服志上》，第 3647—3648 页。

② 邢义田：《格套、榜题、文献与画像解释——以一个失传的“七女为父报仇”汉画故事为例》，收入其著《画为心声：画像石、画像砖与壁画》，中华书局 2011 年版，第 92—137 页。整理者认为这一说法仍有疑点，称之为“坠车故事图”（第 43 页）、“桥上坠车”画像（第 91 页）。

③ 考察团成员赵延梅摄于孝堂山石祠。

④ 考察团成员蒲柏林摄于孝堂山石祠。

这里可以举两个例子。一是临沂吴白庄画像石墓中室北壁西门楣的车马出行图（图5-3a）。整理者对此方画像石的描述如下（以画面中物象为基准，左手为左，右手为右）：

> 画像石中部断裂，长299厘米、高51厘米，因石嵌墙中厚度不详；画像长273厘米、高41厘米。雕刻技法为剔地平面线刻。画面向南（中室）。画面四周有边栏一道。画面分两层。上层右起：二荷戟导骑，一轺车上坐御者和一主人，二軿车，车上有持鞭御者，二持弓从骑，后一辇车，一胡人持刀送行，旁有一犬。下层右起：一捧盾者躬迎，二导骑身右挎物，一轺车，二右手执箭、左手提弩的步卒，一轺车，二从骑荷物，二步卒左手提弩，前者右手持箭，后者右手持便面，一轩车，一执金吾从骑，后一从骑只刻半身。[①]

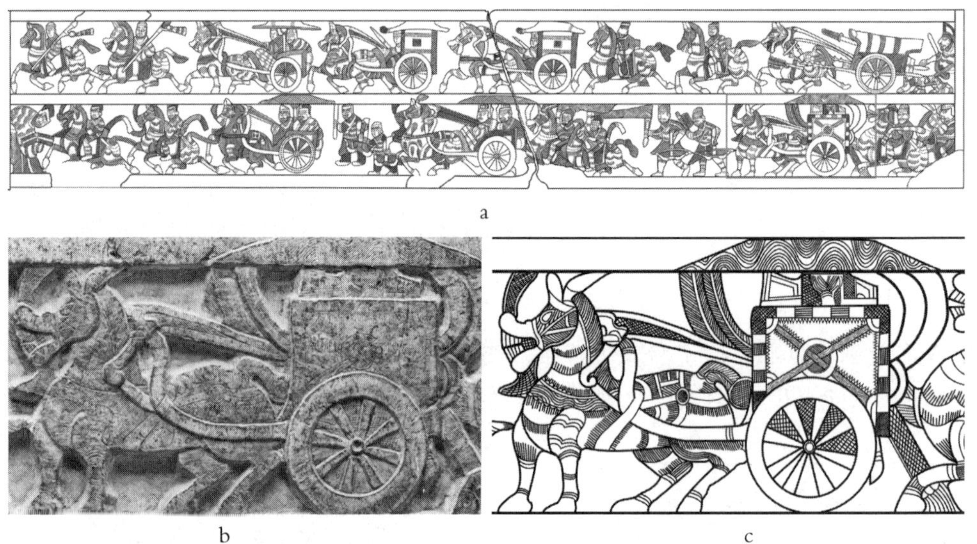

图5-3　山东临沂吴白庄画像石墓中室北壁西门楣车马出行图[②]

与中室北壁西门楣相连的中室北壁东门楣画像内容为西王母、东王公为首的神仙世界，与车马出行无涉[③]；西侧的中室西耳室门楣为另一独立的车马出行画像[④]；中室过梁西面亦为神仙世界[⑤]。中室北壁西门楣上层的车马出行图有导骑、轺车（主车）、軿车、辇

① 临沂市博物馆编：《临沂吴白庄汉画像石墓》，齐鲁书社2018年版，第210—211页。

② 图5-3a、b、c分别引自《临沂吴白庄汉画像石墓》，第210—211、208、211页。

③ 《临沂吴白庄汉画像石墓》，第204—207页。

④ 《临沂吴白庄汉画像石墓》，第212—215页。

⑤ 《临沂吴白庄汉画像石墓》，第236—239页。

车、送行胡人等，构成了一幅基本完整的车马出行图。因此，下层的车马出行图应为另一独立的队列。其中的轩车由一马拉挽，曲辀，车盖纹饰与前面两辆轺车不同，下垂四维，藩屏四周有条状和菱形纹饰，中央为十字穿璧纹，车盖与藩屏间露出二进贤冠（图 5-3b、c）。从整个队列来看，轩车位于出行队列后部，规格最高，当为主车。

二是山东安丘董家庄汉墓中室南壁横梁画像石车马出行图（图 5-4a）。中室南壁横梁纵 45 厘米，横 577 厘米。上边皆饰复合花纹带，由左右二石组成。两石均用凿纹地凹面阴线刻技法雕出主体画面。左石为孔子见老子图（编号 30A），右石即车马出行图（编号 30B），此轩车为左数第五辆车。整理者对此石的描述如下：

> 刻一列车马向左行进。自左而右依次为：一斧车，车上二人，车后斜插二戟，三轺车各乘二人，二骑吏肩幡，一轩车乘二人，一骑吏执棒，一轺车乘二人，二骑吏。其中轩车应为主车。[①]

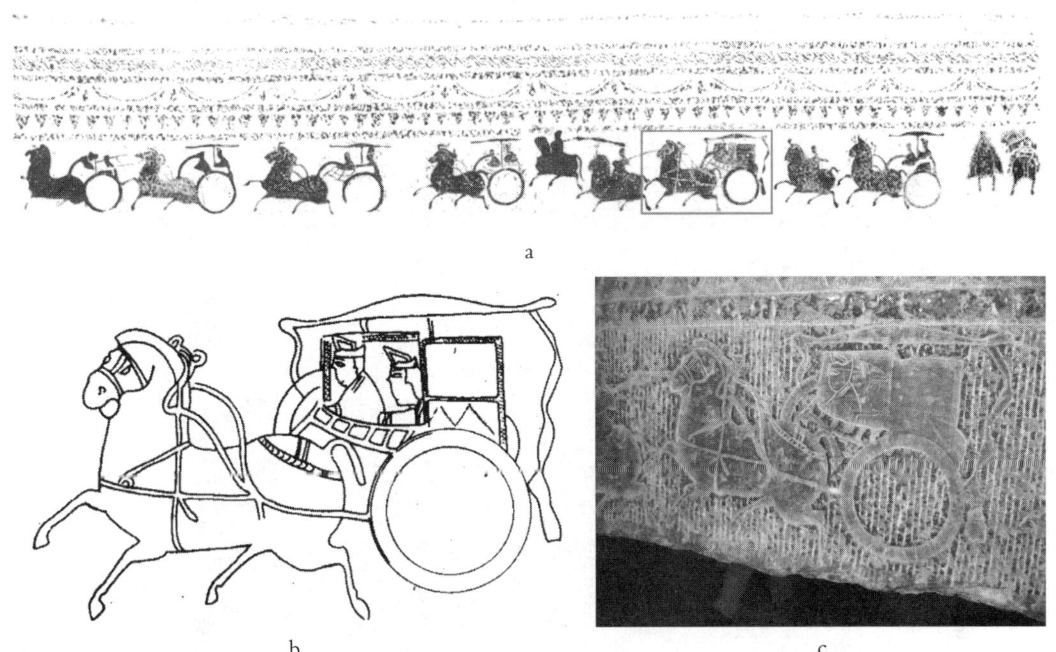

a　b　c

图 5-4　山东安丘董家庄汉墓中室南壁横梁画像石车马出行图[②]

① 安丘县文化局、安丘县博物馆编:《安丘董家庄汉画像石墓》，济南出版社 1992 年版，第 13 页。

② 图 5-4a、b 引自《安丘董家庄汉画像石墓》，图版 18，第 31 页。图 5-4c 引自《在安丘博物馆看汉墓》，“潍水左岸”博客，http：//blog.sina.com.cn/s/blog_3e2cf5040100m7wt.html。

可见整理者已对此车的名称做出了正确的判断。《中国画像石全集》亦认为此图“主车为一辆有四维的轩车”。[①]《山东汉画像石选集》《中国画像石全集》《安丘董家庄汉画像石墓》收录的董家庄汉墓拓片并不十分清晰，“中研院”历史语言研究所文物图象研究室资料库收录的画像石图像亦仅有这辆轩车后半部分的照片。因该墓正在进行防水保护，很遗憾这次考察未能前往。不过幸运的是，后来我在一位网友的博客中找到了这辆轩车相对清晰的照片。这辆轩车由一马拉挽，曲輈，车盖下垂四维，藩屏四周及中下部有纹饰，车舆底部未刻，车轮上车辐未刻。车上二人戴进贤冠（图 5-4c）。

此石左侧为孔子见老子图（编号 30A），右侧石（编号 30C）《山东汉画像石选集》《中国画像石全集》《安丘董家庄汉画像石墓》均未见著录图像。据“中研院”历史语言研究所文物图象研究室资料库收录照片来看，右侧石应为未刻素石。因 30C 的阻隔，此石与中室西壁的车马出行图（31A、31B）并不相连且高度不同，可见此石上的画面应为一独立单元（图 5-5）。整理者将轩车认定为此画像的主车，无疑是正确的。

图 5-5　山东安丘董家庄汉墓中室画像石全景[②]

① 《中国画像石全集》第 1 卷《山东汉画像石》，图版说明一四二，第 47 页。

② 图 5-5 引自“中研院”历史语言研究所文物图象研究室资料库。

六

我们随后在山东嘉祥的武氏祠中也看到不少轩车形象，但以往研究者对这些轩车的识别却有偏差。明确这些轩车形象，可以进一步对画像石的内容和性质做出更准确的判断。现将整理者对武氏祠轩车形象的描述布列如下：

武氏祠第三幅（后壁）第一层右侧轩车（图 6–1）。该车由二马拉挽，曲辀，车盖下垂四维，藩屏上部有纹饰。其上有一御者。有榜无题。整理者认为其为“两马驾的軿车”。[①]《中国画像石全集》《山东石刻分类全集》图版说明对该车形制未进行细节描述。

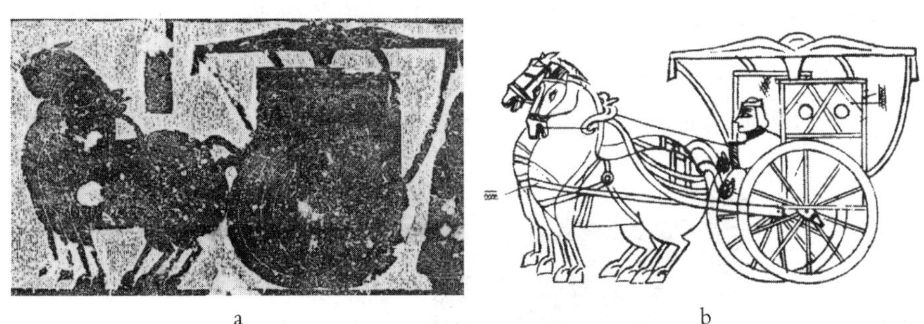

a　　　　b

图 6–1　武氏祠第三幅（后壁）第一层右侧轩车[②]

武氏祠第三幅（后壁）第四层大树旁轩车（图 6–2）。该车曲辀，车盖下垂四维，藩屏上部有纹饰。拉车之马停于树的右侧。整理者以为是“軿车”。[③]《中国画像石全集》《山东石刻分类全集》图版说明对该车形制未进行细节描述。

① 蒋英炬、吴文祺：《汉代武氏墓群石刻研究（修订本）》，人民美术出版社 2014 年版，第 88 页。

② 武氏祠画像拓片有多种版本。因原石逐渐风化、脱落，导致后期的拓片缺失了很多细节。《汉代武氏墓群石刻研究》与《中国画像石全集》收录的拓片残损比较严重，拓片质量也不是很高。“中研院”历史语言研究所收藏有多套武氏祠画像拓片，其中部分清代拓片不但拓印质量极高，而且保留了不少后期拓片缺失的画面。例如前石室第十四幅（前壁西段承檐枋里面）右数第二辆车，《汉代武氏墓群石刻研究》与《中国画像石全集》拓片仅余车盖和车盖下两小块残片以及车轮的左下部，残损非常严重。而在“中研院”历史语言研究所藏拓片中，此车画像仅残缺了车轮的右下部，图像细节也比较清晰（图见下）。这些拓片已收录入《“中央研究院”历史语言研究所藏汉代石刻画象拓本精选集》一书，并在“中研院”历史语言研究所文物图象研究室资料库公布。相关介绍参见邢义田《“中研院”史语所藏汉代石刻画像拓本的来历与整理》，收入其著《画为心声：画像石、画像砖与壁画》，第 545—558 页。如无特别说明，本文所引武氏祠画像皆据此。图 6–1b 为陈志农摹画线图，见《山东汉画像石汇编》，第 427 页。

③《汉代武氏墓群石刻研究（修订本）》，第 89 页。

a

b

图 6-2　武氏祠第三幅（后壁）第四层大树旁轩车[①]

前石室第五幅（后壁东段承檐枋）“孔子见老子”画像轩车（图 6-3）。该车由二马拉挽，曲辀，车盖下垂四维，藩屏上部有纹饰。其上有御者一人。榜题“孔子车”。整理者认为此画面为“二马驾一垂伞带轺车左向停立，车有屏”。[②]《中国画像石全集》图版说明称之为“有屏轺车”。[③]

图 6-3　武氏祠前石室第五幅（后壁东段承檐枋）“孔子见老子”画像轩车

前石室第十幅（后壁下部小龛后壁）第一层大树右侧轩车（图 6-4）。该车曲辀，车盖下垂四维，藩屏上部有纹饰。有车幡。车左侧一人，似为御者。拉车之马停于树的左侧。整理者描述为“一轺车有屏，盖系伞带”。[④]《中国画像石全集》《山东石刻分类全集》图版说明亦称之为“轺车”。[⑤]

① 图 6-2b 为陈志农摹画线图，见《山东汉画像石汇编》，第 425 页。

② 《汉代武氏墓群石刻研究（修订本）》，第 94 页。

③ 《中国画像石全集》第 1 卷《山东汉画像石》，图版说明五九，第 19 页。

④ 《汉代武氏墓群石刻研究（修订本）》，第 95 页。

⑤ 《中国画像石全集》第 1 卷《山东汉画像石》，图版说明六六，第 21 页。《山东石刻分类全集》第 6 卷《汉代画像石（一）》，第 140 页。

a

b

图 6-4　武氏祠前石室第十幅（后壁下部小龛后壁）第一层大树右侧轩车[1]

前石室第十五幅（前壁东段承檐枋里面）右起第二辆轩车（图 6-5）。该车由一马拉挽，曲辀，车盖下垂四维，藩屏上部有纹饰。其上有乘者一人，无御者。榜题“为督邮时”。整理者认为其“轺车有屏，盖系伞带，马腿和左轮残泐”。[2]《中国画像石全集》图版说明对此车未作说明。

图 6-5　武氏祠前石室第十五幅（前壁东段承檐枋里面）右起第二辆轩车

前石室第十七幅（隔梁石西面）第三层左起第二辆轩车（图 6-6）。该车由一马拉挽，曲辀，有车盖，藩屏上部有纹饰。其上有乘者一人，无御者。有榜无题。整理者称之为“轺车，有屏”。[3]《中国画像石全集》图版说明因图像残缺，对其未作说明。“中研院”历史语言研究所藏拓片相对清晰，

图 6-6　武氏祠前石室第十七幅（隔梁石西面）第三层左起第二辆轩车

① 图 6-4b 为陈志农摹画线图，见《山东汉画像石汇编》，第 478 页。

② 《汉代武氏墓群石刻研究（修订本）》，第 96—97 页。

③ 《汉代武氏墓群石刻研究（修订本）》，第 97 页。

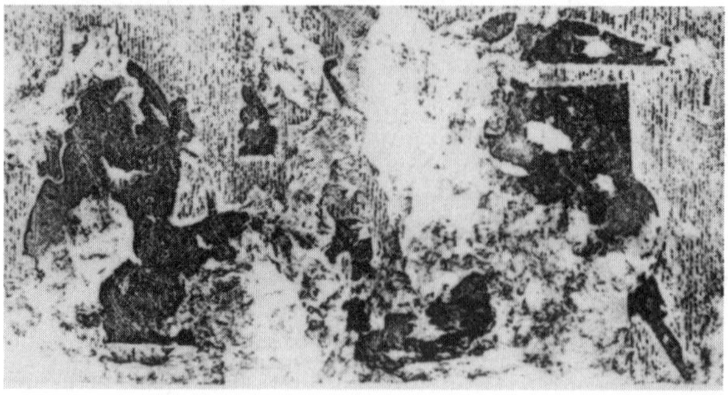

图 6–7 武氏祠左石室第一幅（西壁上石）第三层右起第二辆轩车

可以明确第二辆车为轩车。

左石室第一幅（西壁上石）第三层右起第二辆轩车（图 6–7）。该车由一马拉挽，曲辀，有车盖，仅余左侧右半藩屏。因图像残泐，难以判断其上是否有御者和乘者。榜题残泐。整理者认为其为“有屏轺车”。①《中国画像石全集》图版说明对其未作说明。从仅存的右半部分车盖和右上部分藩屏来看，此车为轩车无疑。

左石室第十幅（后壁下部小龛后壁）第一层大树左侧轩车（图 6–8）。该车曲辀，车盖下垂四维，藩屏上部有纹饰。有车轓。无御者、乘者。拉车之马停于树的右侧。整理者认为是“有屏轺车”。②《中国画像石全集》《山东石刻分类全集》图版说明亦称之为“有屏轺车”。③

a

b

图 6–8 武氏祠左石室第十幅（后壁下部小龛后壁）第一层大树左侧轩车 ④

左石室第十四幅（屋顶前坡东段）第二层右侧轩车（图 6–9）。该车由三马拉挽，辀的形制不明，车盖下垂四维，藩屏上部有纹饰。其上有御者一人。有榜无题。整理

① 《汉代武氏墓群石刻研究（修订本）》，第 99 页。

② 《汉代武氏墓群石刻研究（修订本）》，第 102 页。

③ 《中国画像石全集》第 1 卷《山东汉画像石》，图版说明八四，第 27 页。《山东石刻分类全集》第 6 卷《汉代画像石（一）》，第 152 页。

④ 图 6–8b 为陈志农摹画线图，见《山东汉画像石汇编》，第 471 页。

者的描述为“三马驾一轺车左向停立，车有屏，盖系四伞带”。[①]《中国画像石全集》《山东石刻分类全集》图版说明称之为“有屏轺车”。[②]

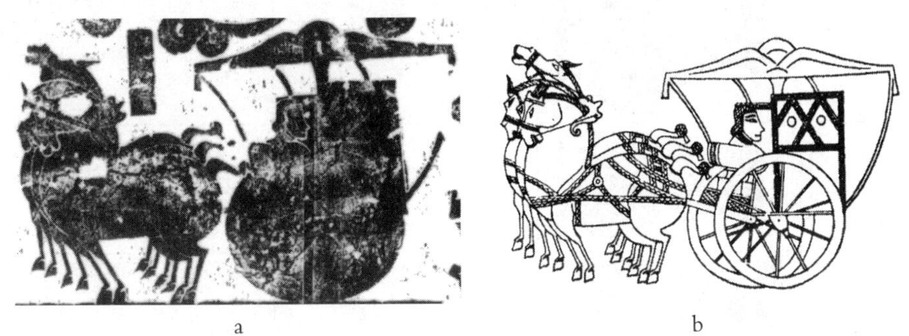

a　　b

图 6–9　武氏祠左石室第十四幅（屋顶前坡东段）第二层右侧轩车[③]

上述轩车可列表如下：

表 1　武氏祠中的轩车

编号	位置	图像		形制
1	武氏祠第三幅第一层			二马拉挽，曲辀，车盖下垂四维，藩屏上部有纹饰。其上有一御者。有榜无题。
2	武氏祠第三幅第四层			曲辀，车盖下垂四维，藩屏上部有纹饰。拉车之马停于树的右侧。
3	前石室第五幅			二马拉挽，曲辀，车盖下垂四维，藩屏上部有纹饰。其上有御者一人。榜题“孔子车”。
4	前石室第十幅第一层			曲辀，车盖下垂四维，藩屏上部有纹饰。有车輜。车左侧一人，似为御者。拉车之马停于树的左侧。

① 《汉代武氏墓群石刻研究（修订本）》，第 104 页。

② 《中国画像石全集》第 1 卷《山东汉画像石》，图版说明八七，第 28 页。《山东石刻分类全集》第 6 卷《汉代画像石（一）》，第 143 页。

③ 图 6–9b 为陈志农摹画线图，见《山东汉画像石汇编》，第 433 页。

续表

编号	位置	图像		形制
5	前石室 第十五幅			一马拉挽，曲辀，车盖下垂四维，藩屏上部有纹饰。其上有乘者一人，无御者。榜题“为督邮时”。
6	前石室 第十七幅 第三层			一马拉挽，曲辀，有车盖，藩屏上部有纹饰。其上有乘者一人，无御者。有榜无题。
7	左石室 第一幅 第三层			一马拉挽，曲辀，有车盖，仅余右半藩屏。难以判断其上是否有御者和乘者。榜题残泐。
8	左石室 第十幅 第一层			曲辀，车盖下垂四维，藩屏上部有纹饰。有车轓。无御者、乘者。拉车之马停于树的右侧。
9	左石室 第十四幅 第二层			三马拉挽，辀形制不明，车盖下垂四维，藩屏上部有纹饰。其上有御者一人。有榜无题。

除左石室第十四幅（屋顶前坡西段）第二层轩车的辀的形制不明外，其余轩车的形制大体一致。有些轩车除设有藩屏外，还另有车轓。这些轩车中，“为督邮时”车特别值得注意。

七

在《汉代武氏墓群石刻研究》一书中，蒋英炬、吴文祺专门讨论了武氏祠复原后对车骑出行画像认识的启示。他们指出：

> 在祠堂画像石的配置复原中得知，有些车骑出行画像往往打破石面画幅的界限，由几块石面中相平列的车骑画像连接起来，才组成一个完整的车骑出行阵

容。经观察比较，一般有这样一些特征：车骑出行图像不论是刻在一块石面上，还是刻在几块相连的石面上，须组成一个首尾完整的行列。在这个行列中，必有一辆主车位于队伍的中间或偏后部，主车前后为导从车骑；或在队伍的前方有一相对的迎者，队伍的后面有一送者。

……

总之，在考察汉画像石中的车骑出行图像时，首先要看它是否构成一个完整的内容，不能盲从地从一块石头或是一幅画面来判定。一块画像石或一个建筑面上的画像，从画面看起来很完整，但对车骑出行画像内容来说，有些往往是局部而不是全部的。因而，也就不能当其全貌来认识，否则，就会铸错。[①]

这些认识对于我们思考车马出行图的布局具有十分重要的指导意义。我们可以据此判断一个车队的规模，以及各种车马形象在车马出行队列中的地位。不过，以上判定特征也不是定律。如，前石室第一幅（西壁上石）第三层车马出行图，居首者是榜题为“调间二人”的二步卒，并没有迎者（图 7–1）。因此，我们在思考车马出行图的布局时还应该结合各种因素进行综合判断。

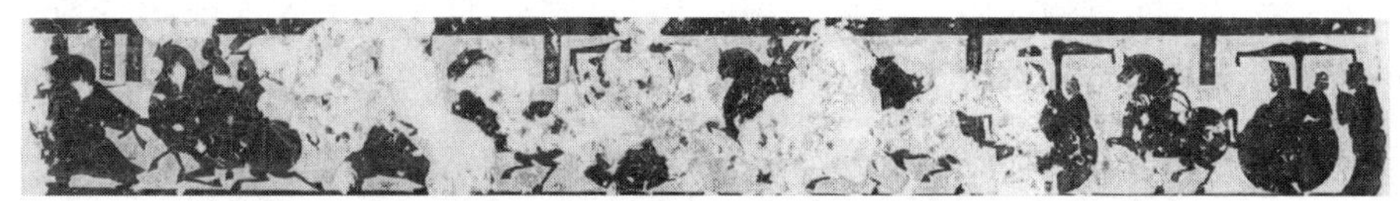

图 7–1　武氏祠前石室第一幅（西壁上石）第三层车马出行图

“为督邮时”车位于前石室第十四幅（前壁西段承檐枋里面，原石编号“前石室十二”，图 7–2）。《汉代武氏墓群刻石研究》对第十四幅与第十五幅画像（前壁东段承檐枋里面，原石编号“前石室九”，图 7–3）描述如下：

第十四幅：

刻车骑出行。左端，一冠服者执笏右向躬迎。一人拥彗右向立。车骑左向行进，一导骑执鞭，马后一步卒吹箫[②]仅露半身，骑者上下缀三鸟。次一轺车，略泐，车上一冠服乘者坐于前，御者在后，车前一榜无题，驾车之马上方缀二鸟。

① 《汉代武氏墓群石刻研究（修订本）》，第 163、164 页。

② 王子今认为此步卒或是汉代的少年小吏形象。贾雨潼认为，此少年所吹或是篪。参见王子今《插图秦汉儿童史》，未来出版社 2020 年版，第 261 页；贾雨潼《“鞭子”还是“吹鞭”》，《大众考古》2019 年第 4 期。

次二步卒荷梃、执便面。次一轺车，残泐甚，车上二人，仅露头上部，车前一榜无题。次一轺车，驾车之马已残泐，上缀一飞鸟；车上二人，乘者冠服坐于前，车前一榜无题。此画像与前壁东段承檐枋车骑画像连接。

第十五幅：

刻车骑左向行，与上幅画像相连接。左起，二骑吏，右上缀一飞鸟，前骑吏头残泐，后骑吏马残泐。次一轺车，驾车之马昂首嘶鸣，车上乘二人，乘者冠服坐于前，车、马下边残泐，上有榜题“行亭”。次二步卒执便面，其一下身残泐，右上榜题“二卒”。次一轺车有屏，盖系伞带，马腿和车轮残泐，左上榜题“为督邮时”。次一轺车，驾车之马回首踟蹰，车上乘二人，乘者在前，回首右顾，左上榜题“主薄”。右端一人，冠服左向执笏躬送。

《汉代武氏墓群石刻研究》与《中国画像石全集》皆指出，两幅画像可以前后连接。[①]如果按照蒋英炬、吴文祺的观点，这两幅画像前方有一迎者（第十四幅左端），队伍的后面有一送者（第十五幅右端），主车应是位于队伍后部的榜题为“为督邮时”的轩车。两幅画像似乎构成了一幅完整的车马出行图。不过，这两幅画像能否真的首尾相接，其实还有疑点。第十四幅右端最后一辆车马刻画并不完整，而第十五幅左端起首为两骑吏，与第十四幅右端的画面并不衔接。并且，根据蒋英炬对前石室的复原，第十四幅（前十二石）与第十五幅（前九石）画像之间是有隔梁石（前八石）阻隔的（图 7-4、5、6）。

图 7-2　武氏祠前石室第十四幅（前壁西段承檐枋里面）车马出行图

图 7-3　武氏祠前石室第十五幅画像（前壁东段承檐枋里面）车马出行图

① 《汉代武氏墓群石刻研究（修订本）》，第 96 页。《中国画像石全集》第 1 卷《山东汉画像石》，图版说明六九，第 22 页。

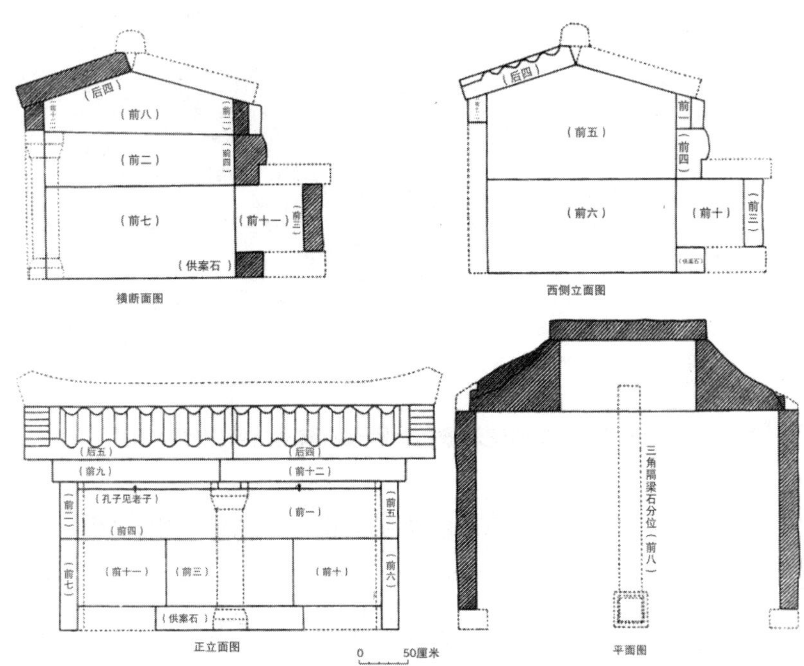

图 7–4　武氏祠前石室建筑配置图①

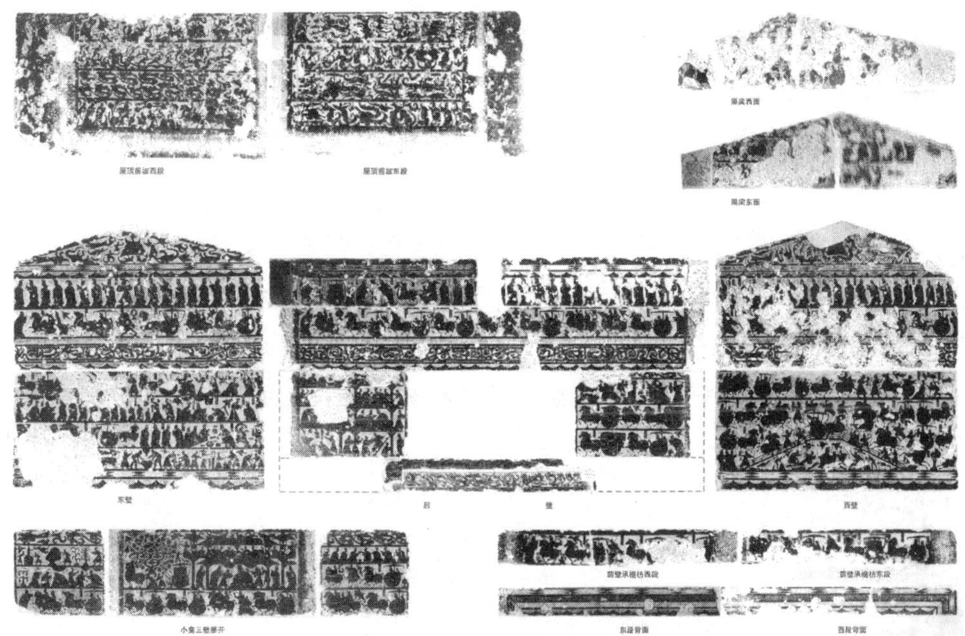

图 7–5　武氏祠前石室图像配置图②

① 《汉代武氏墓群石刻研究（修订本）》，第 68 页。

② 《汉代武氏墓群石刻研究（修订本）》，第 80—81 页。

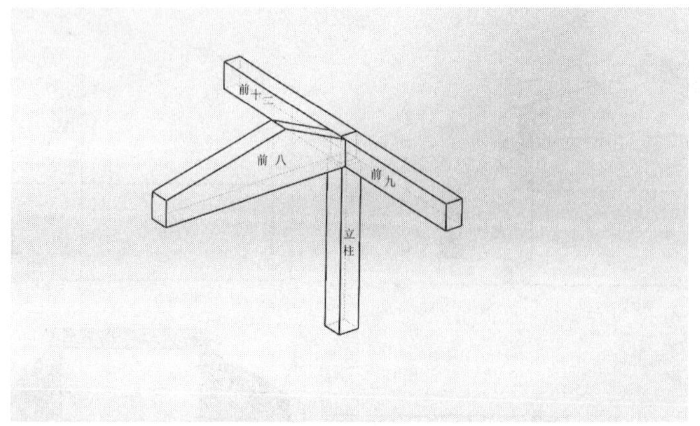

图 7-6　武氏祠前石室前壁承檐枋、隔梁石与立柱结构复原示意图[①]

还需要指出的是，隔梁石两侧画像的第三层也是两列车马出行图。它们与第十四幅（前十二石）、第十五幅（前九石）车马出行图的行进方向一致，依次为第十五幅（前九石）→第十六幅第三层（前八石东侧）→第十七幅第三层（前八石西侧）→第十四幅（前十二石）。但是，因为隔梁石两侧的车马出行图高度较第十四幅与第十五幅低，规格并不一致，所以也不能将它们当作同一列完整的车马出行图看待。

"为督邮时"车所在车队的规模也令人生惑。虽然东汉晚期以后，督邮权力扩大、地位提升[②]，但其出行车队是否能够达到前有行亭车引导、后有主簿车相随的规模？要知道汉代对官员车马出行队伍的导从人员有严格的规定：

> 公卿以下至县三百石长，导从置门下五吏：贼曹、督盗贼、功曹，皆带剑，三车导；主簿、主记，两车为从。县令以上，加导斧车。公乘安车，则前后并马立乘。长安、洛阳令及王国都县加前后兵车，亭长，设右騑，驾两。璅弩车前伍伯，公八人，中二千石、二千石、六百石皆四人，自四百石以下至二百石皆二

① 程德海制图。立柱实物已不存，其尺寸和形式是笔者根据前石室九石、前石室十二石、前石室八石的尺寸推测而出的，仅供参考。

② 参见严耕望《秦汉地方行政制度》，上海古籍出版社 2007 年版，第 138—144、398—402 页；安作璋、熊铁基《秦汉官制史稿》，齐鲁书社 2007 年版，第 597—603 页；贡绍海《略论汉代督邮》，《山东师大学报（社会科学版）》1988 年第 4 期；高荣《论汉代的督邮》，《中山大学学报（社会科学版）》1999 年第 3 期；史云贵《汉代督邮管窥》，《信阳师范学院学报（哲学社会科学版）》2004 年第 1 期；刘军《两汉督邮新论》，《长春师范学院学报（人文社会科学版）》2006 年第 5 期；王雷《督邮小考》，《首都师范大学学报（社会科学版）》2006 年增刊；范香立《汉简所见刺史和督邮的职能刍议》，《大庆师范学院学报》2008 年第 1 期；曹骥《两汉"都吏""督邮"考》，《鲁东大学学报（哲学社会科学版）》2012 年第 2 期。

人。黄绶，武官伍伯，文官辟车。铃下、侍阁、门兰、部署、街里走卒，皆有程品，多少随所典领。

……

公以下至二千石，骑吏四人，千石以下至三百石县长二人，皆带剑，持棨戟为前列，揵弓韣九鞬。诸侯王法驾，官属傅相以下，皆备卤簿，似京都官骑，张弓带鞬，遮迾出入称促。列侯，家丞、庶子导从。若会耕祠，主县假给辟车鲜明卒，备其威仪。导从事毕，皆罢所假。[①]

从以上所言官吏出行科品可见，能够拥有出行车队的最低秩级为三百石。督邮作为太守属吏，秩级仅有百石，应没有资格设出行车队。前石室第十五幅画像将主簿车作为督邮车的从车，也不符合汉代制度。[②]《太平御览》卷四八七引谢承《后汉书》:“许庆字子伯，家贫，为郡督邮，乘牛车。乡里号曰‘轺车督邮’。”[③]可见督邮当乘轺车，只不过许庆家贫，只能以牛引车。而《续汉书·舆服志上》对二百石以下官员出行所用之车的规定是“白布盖”“四维、杠衣”。[④]可见，督邮应当乘坐有白布盖、四维、杠衣的轺车，前石室第十五幅画像中督邮乘坐的轩车明显逾制了。

那么这位督邮究竟是谁呢？前石室的石工为何要对这位督邮的车队进行夸大？能否将“为督邮时”所在的车队当作真正的车马出行图呢？

八

整理者结合前石室榜题和武荣碑的残留文字认为，前石室的主人应当是武荣。[⑤]

---

① 《后汉书》志二九《舆服志上》，第3651、3652页。断句从蒋英炬意见。参见蒋英炬《用武氏祠画像校正〈后汉书〉一处标点错误》,《考古》1983年第10期。

② 信立祥认为“主簿”榜题为祠主仕宦经历写照（参见信立祥《汉代画像石综合研究》，文物出版社2000年版，第110页），恐非。此车明显是督邮车的从车，车上乘者手执笏板而非便面，也不符合武氏祠表现主车乘者的程式。对武氏祠主车乘者形象的表现程式，容待日后讨论。

③ ［宋］李昉等:《太平御览》卷四八七，中华书局1960年版，第2230页。

④ 《后汉书》志二九《舆服志上》，第3648页。

⑤ 《汉代武氏墓群石刻研究（修订本）》，第168—169页。《汉代画像石综合研究》，第108—110页。［美］巫鸿著，柳扬、岑河译:《武梁祠：中国古代画像艺术的思想性》，生活·读书·新知三联书店2006年版，第31—37页。

图 8–1　武荣碑[①]

武荣碑见载于洪适《隶释》，清乾隆年间，黄易主持将其移至济宁明伦堂，今藏济宁市汉碑亭内（图 8–1）。其碑文说：

君讳荣，字舍和。治《鲁诗经》韦君章句，阙帻，传讲《孝经》《论语》《汉书》《史记》《左氏》《国语》，广学甄微，靡不贯综。久斿大学，藐然高厉。鲜于双匹，学优则仕。为州书佐、郡曹史、主簿、督邮、五官掾、功曹、守从事。年卅六，汝南蔡府君察举孝廉，□□郎中，迁执金吾丞。遭孝桓大忧，屯守玄武，戚哀悲憧，加遇害气，遭疾陨灵，□□□□。[②]

《武荣碑》展示了武荣一生的大体经历。他曾作为州郡长官的属吏任州刺史的书佐，郡太守的曹史、主簿、督邮、五官掾、功曹、太守从事等职务，后经汝南太守察举孝廉，迁为郎中，升任执金吾丞。蒋英炬、吴文祺认为"在'遭孝桓大忧'的非常时期，武荣曾出任守卫京城玄武门的要职"。又说武荣"在孝桓大丧时任玄武司马"。[③] 但有学者指出，玄武司马属卫尉，不属执金吾。武荣以执金吾丞屯玄武，是因为国有大丧，以备非常。[④] 可见武荣应当死于执金吾丞任上，而非玄武司马。

图 8–2　"君为郎中时"车

前石室第十六幅（隔梁石东面）第三层车马出行图右起第一辆车，为一马拉轺车，曲辀，车盖、车舆大半残泐。乘者仅余一袖和手中的便面。榜题"君为郎中时"（图 8–2）。右起第二辆车为一马拉轺车，曲辀，有车盖。

① 徐玉立主编:《汉碑全集》，河南美术出版社 2006 年版，第 1145 页。

② 毛远明编著:《汉魏六朝碑刻校注》，线装书局 2009 年版，第 1 册，第 340 页。

③《汉代武氏墓群石刻研究（修订本）》，第 50—60 页。

④ 高文:《汉碑集释（修订本）》，河南大学出版社 1997 年版，第 297 页。《汉魏六朝碑刻校注》，第 1 册，第 340 页。金玲:《〈汉故执金吾丞武荣碑〉补注》，浙江大学出版社编:《东方博物》第 29 辑，浙江大学出版社 2008 年版，第 86—90 页。

乘者身体前倾，戴进贤冠，手执便面。榜题“五官掾车”（图8-3）。右起第三辆车为一马拉轺车，画面大部残泐，乘者仅余进贤冠后半，身体应前倾。榜题“君为市掾时”（图8-4）。前石室第三幅（东壁上石）第三层车马出行图主车，为一马拉轺车，曲辀，车盖下垂四维。乘者戴进贤冠，身体前倾，手中应执便面，但画面残泐。榜题“此丞卿车”（图8-5）。整理者认为是指武荣所任执金吾丞[①]，当是。以上官职，“郎中”“五官掾”“丞卿”可与武荣碑中的内容相对应。“市掾”不见于武荣碑，但榜题作“君为市掾时”，可见也应为武荣所任官职，任职时间则应在任郡太守属吏期间。由此可见，这些车马出行图展现的就是武荣的仕宦经历。

图8-3 “五官掾车”

图8-4 “君为市掾时”车

图8-5 “此丞卿车”

前石室还有两幅没有明确职官的主车。其一是前石室第七幅（后壁横额）车马出行图主车，为一马拉轺车，曲辀，车盖下垂四维，车舆上有卷云纹车轓。乘者身体前倾，戴进贤冠，手执便面。榜题“令车”（图8-6）。其二是前石室第一幅（西壁上石）第三层车马出行图主车，为一马拉轺车，车盖下垂四维，车舆大半残泐。乘者身体前倾，仅余面部、进贤冠、便面残部。榜题“此君车马”（图8-7）。从“此君车马”残存画面推测，它与“令车”的形制应大体一致。车上的乘者很可能

① 蒋英炬、吴文祺：《汉代武氏墓群石刻研究（修订本）》，第169页。

图 8–6 “令车”

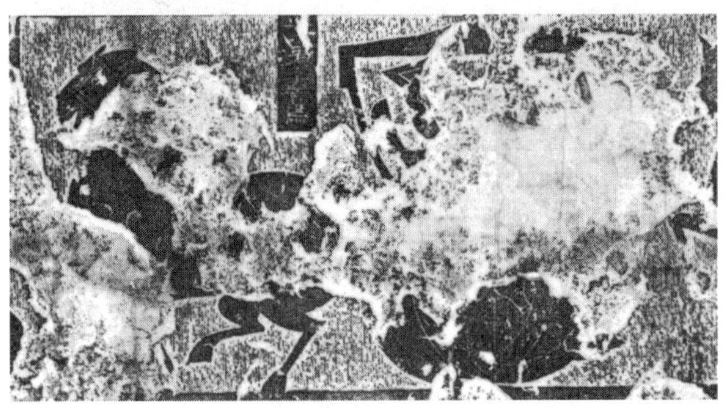
图 8–7 “此君车马”

也是祠主武荣，但因“令车”之“令”不能与武荣碑对应，我们还不能完全确定这一推论。

以上可能涉及祠主仕宦经历的车马出行图，分别位于前石室前壁承檐枋东段（“为督邮时”）、隔梁石东面（“君为郎中时”“五官掾车”“君为市掾时”）、前石室西壁、后壁和东壁的中上部（“此君车马”“令车”和“此丞卿车”）。处于同一层位的没有榜题的前壁承檐枋西段、隔梁石西面的车马出行图，其功能可能也是为展现武荣的仕宦经历。

前石室西壁、后壁、东壁的车马出行图之下，是鸟兽、云龙纹、连弧纹组成的隔栏，将上下层画面阻隔。车马出行图之上，是横贯三壁的“孔子见老子”图，罗列其中的老子、孔子和孔门弟子以及小童项橐，代表了圣贤世界。再向上的屋顶和两侧山墙的三角形尖顶，则是以东王公、西王母等为代表和羽人异兽、星辰云气等元素构成的神仙世界。隔梁石两侧的三层画面，也是类似的画面分布。最下一层为展现武荣仕宦经历的车马出行图。中间一层为管仲射齐桓公故事（东面）和丑女钟离春、秋胡洁妇、高渐离刺秦王故事（西面），是忠臣列女义士组成的圣贤世界[①]。最上层三角形尖顶也是羽人异兽组成的神仙世界。如果我们进入前石室，抬头观看这些画像，可以发现这三层画面——武荣的仕宦经历、圣贤世界、神仙世界——恰好各自环绕前石室一周。环绕四壁的平面画像将石祠的上部进行了立体分层，构成了一个三层画面的立体空间。而车马出行图距离地面大约 1.5 米，正处在站立者的视线中心带。这应是石工有意的设计。巫鸿指出，武梁祠的两层平行装饰带贯穿三面墙壁，

① 陈秀慧指出，此图“鲁秋胡”榜题与画面内容不符，秋胡洁妇故事应为朱明悌弟故事。又认为丑女钟离春故事或为宿瘤女谏齐王故事，高渐离刺秦王故事或为聂政刺韩王故事。参见陈秀慧《嘉祥东汉武荣祠隔梁图像新释》，中山大学艺术史研究中心编《艺术史研究》第 17 辑，中山大学出版社 2015 年版，第 55—100 页。

“与传统中国书籍的写法和读法类似，其中图像的排列次序和阅读方式均为从右向左，从上到下。这也就意味着任何人在观看祠堂（按：指武梁祠）原建筑中的画像时都须从上层开始，从右壁、后壁到左壁，然后又回到右面起首再从第二层开始观看。武梁祠空间狭小，不过一人多高，按照这样的次序观看图像就像是在阅读一本书，并不需要来回走动。而且由于每层的图像都由水平装饰带隔开，观者的目光被这些水平线引导，很容易跟着画像循序渐进。此外，有些位于墙角的故事画横跨相邻的墙壁，它们明确地告诉观者应沿着同一层次的水平方向，从一面墙壁到另一面墙壁不间断地看下去”。[①] 前石室的观看方式也应是如此，当观者站在前石室中央，视线环绕石室一周，就可以了解石室主人的仕宦经历。

需要注意的是，前石室第十二幅（后壁下部小龛西侧）、第十一幅（后壁下部小龛西壁）、第十幅（后壁下部小龛后壁）、第九幅（后壁下部小龛东壁）的最下层画像，自右向左构成一列完整的车马出行图。其主车形象与第七幅（后壁横额）的“令车”几乎一致：为一马拉轺车，车盖下垂四维，车舆上有卷云纹车轓。乘者身体前倾，戴进贤冠，手执便面。其榜题为“君车”（图 8-8）。“君车”所在车马出行图处于石祠后壁小龛，是整个石祠的中心，位置十分特殊。虽然其主车形象与其他车马差别不大，但并不能简单视作表现武荣仕宦经历的车马出行图。[②]

图 8-8 “君车”

现将展现武荣仕宦经历的主车形象列表如下：

① 参见《武梁祠：中国古代画像艺术的思想性》，第 161—162 页。

② 信立祥认为，“君车”车马出行图是“配置在祠堂后壁祠主受祭图之下，表现祠主为了接受子孙和家人的祭祀，从地下世界赴墓地祠堂途中或刚刚到达目的地的车马出行图。由于这种祠主车马出行图与‘祠主受祭图’在图像学意义上有着不可分割的联系，所以总是配置在‘祠主受祭图’的下方，它与‘祠主受祭图’一样，是祠堂画像不变性内容中最重要的题材”。参见《汉代画像石综合研究》，第 118 页。

表 2　表现武荣仕宦经历的主车

编号	位置	图像	形制	榜题
1	前石室 第十五幅		一马拉轺车，曲辀，车盖下垂四维，藩屏上部有纹饰。其上有乘者一人，无御者。	为督邮时
2	前石室 第十六幅 第三层		一马拉轺车，曲辀，车盖、车舆大半残泐。乘者仅余一袖和手中的便面。	君为郎中时
3	前石室 第十六幅 第三层		一马拉轺车，曲辀，有车盖。乘者身体前倾，戴进贤冠，手执便面。	五官掾车
4	前石室 第十六幅 第三层		一马拉轺车，画面大部残泐，乘者仅余进贤冠后半，身体应前倾。	君为市掾时
5	前石室 第一幅 第三层	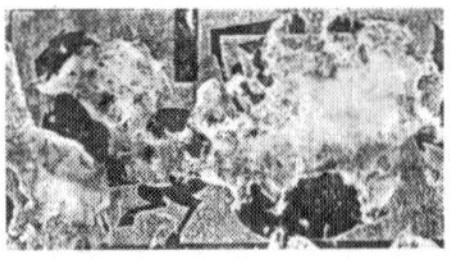	一马拉轺车，车盖下垂四维，车舆大半残泐。乘者身体前倾，仅余面部、进贤冠、便面残部。	此君车马
6	前石室 第七幅		一马拉轺车，曲辀，车盖下垂四维，车舆上有卷云纹车轓。乘者身体前倾，戴进贤冠，手执便面。	令车
7	前石室 第三幅 第三层		为一马拉轺车，曲辀，车盖下垂四维。乘者戴进贤冠，身体前倾，手中应执便面，但画面残泐。	此丞卿车

现在我们可以将以上所列诸车与“为督邮时”车进行一下比较。以上所列诸车乘者的秩级或高于督邮或与督邮平级，他们所乘皆为一马拉轺车，等级高者有四维、车轓。这些车辆虽然大致有一个等级序列，但并不完全符合汉代的礼仪制度。并且，这些车也均不如武荣“为督邮时”所乘的轩车豪华。可见前石室的设计者为了彰显武荣，对一些车马出行画面内容进行了夸大处理。如果我们把视野扩大到整个武氏祠，也可以发现，上文所讨论的武氏祠中的其他轩车形象通常也是为凸显乘者的高贵身份，并

不完全符合汉代礼仪规定。

我们也可以从石工的角度出发，来看待这种夸大。汉代石工基本处于社会底层，知识水平较低，即使如知识水平和雕刻技艺较高的“良匠卫改”①，恐怕也很难全面了解汉代上层礼仪制度的具体细节。实际上，石工的雕刻可能多会依据粉本。这些粉本的来源难以确知，本身的内容也未必完全写实，在石工间流传的过程中也会发生变异。粉本中的一些格套和程式，也会影响画像的最终呈现。②同时，受雕刻技法的限制，石工也会对画面内容进行改动，这些改动也可能造成失真。此外，石工出于各种原因，或是接受了丧家的指令，或是为了讨好造墓者，或是为了彰显死者，或是为了展示自己的雕刻技艺，难免也会对墓主的生前经历进行夸大。这其实与汉碑用辞藻华丽的文字对当事人进行夸大是同一个道理，只不过是以画面的形式进行展示。③

我们还应该考虑画像石的商品属性。有些画像石可能并非石工完全依据死者的生平而雕刻的，而是预先制成的商品。以车马出行画像石为例，石工可能已经根据各种格套和程式完成了车马出行图的绝大部分内容，在售卖这些画像石时，只需根据丧家的要求对画面进行轻微改动，或是在预先空出的榜题上雕刻死者生前的职官即可。对仕宦经历不多的官吏和不曾为官的平民，榜题可能就直接保持空白。这或许也是一些车马出行画像石出现有榜无题现象的原因之一。这种根据预先设计的格套雕刻的画像

① 卫改是武梁祠的建造石工。《隶释》卷六《从事武梁碑》载：“孝子仲章、季章、季立，孝孙子侨，躬修子道，竭家所有，选择名石，南山之阳。擢取妙好，色无斑黄。前设坛墠，后建祠堂。良匠卫改，雕文刻画，罗列成行，摅骋技巧，委蛇有章。垂示后嗣，万世不忘。”中华书局1985年版，第75页。

② 相关研究参见邢义田《格套、榜题、文献与画像解释——以一个失传的“七女为父报仇”汉画故事为例》《汉画像中的“射爵射侯图”》，均收入其著《画为心声：画像石、画像砖与壁画》，第92—137、138—196页；曾蓝莹《作坊、格套与地域子传统：从山东安丘董家庄汉墓的制作痕迹谈起》，台湾大学美术史研究集刊编辑委员会编《台湾大学美术史研究集刊》（台湾）第8期，台湾大学艺术史研究所2000年版，第33—86页；郑立君《从汉代画像石图像论其“粉本”设计》,《南京艺术学院学报（美术与设计版）》2008年第4期；李立《论祠堂画像的模块叙述、单元叙述与模糊性叙述——以武氏祠堂前石室（武荣祠）及相关画像为例》,《江西社会科学》2009年第3期；缪哲《从灵光殿到武梁祠——汉代帝国艺术的重建》，浙江大学艺术与考古研究中心编《浙江大学艺术与考古研究》第3辑，浙江大学出版社2018年版，第26—130页。西方图像学研究者也注意到格套的复杂性，英国学者彼得·伯克将其称为套式（stereotype）。他指出，“用画像讲故事不得不使用套式。套式的功能是帮叙事者和观众省事，让某些动作更容易辨认，但为此付出的代价是丢失了某些特征。此外，解读这类画像也必须将叙事放在具体的背景下。换言之，像通常的情况一样，历史学家必须问，是谁用这种方式给谁讲故事，这样做的意图是什么”。参见［英］彼得·伯克（Peter Burke）著，杨豫译《图像证史》，北京大学出版社2018年版，第12页。

③ 对汉代石工的研究，参见邢义田《汉碑、汉画和石工的关系》，收入其著《画为心声：画像石、画像砖与壁画》，第47—68页；杨爱国《幽明两界：纪年汉代画像石研究》，第132—141页。

石商品，同样会造成失真。

前石室的设计者将武荣的仕宦经历浓缩在几列车马出行图之中。在前石室第十六幅（隔梁石东面）的同一列车马出行图中，甚至三次出现了祠主武荣的形象，可见这些车马出行图并非真实的车马出行，而是以车马出行画面的形式展示武荣的仕宦经历。① 早有学者指出，汉墓中的车马出行图未必是墓主真实生活的反映，车马出行图与墓主身份之间的关系也并不固定。② 现在看来，即使是面对反映墓主或祠主生前仕宦经历的车马出行图，也应保持十足的谨慎，尤其是在利用这些资料考证墓主或祠主身份、礼仪制度时，更应慎之又慎。

九

以上拉拉杂杂讨论了山东汉画像石中具有代表性的轩车形象。根据这些讨论，可以发现汉画像石中的轩车形象一般具备如下要素：

轩车一般为曲辀，多数为双辕，亦有单辕者。驾车之马有一马者、有二马者、有三马者、有四马者。轩车与其他车的最大的不同之处，是车舆上有藩屏。有的藩屏上还有纹饰。轩车上有车盖，大多数下垂二维或四维。一般情况下，藩屏并不与车盖相连，汉画像中轩车大多会露出车盖下的车程。③ 轩车等级较高，先秦时大夫以上才可乘坐。贵族女性亦可乘坐轩车。汉代对轩车乘者身份要求不如先秦时期严格，但仍多是官员贵族。汉代轩车常以朱色为饰，以示尊贵。汉画像中的轩车等级较高，常以车

---

① 杨爱国曾指出，“榜题表明，这幅出行图（按，指前石室第十六幅）不是为了表现出行的场面，而是为了说明‘君’曾经做过市掾和郎中这样的官吏”。参见《幽明两界：纪年汉代画像石研究》，第 190 页。汉代壁画墓中也有类似表现墓主仕宦经历的壁画，如内蒙古和林格尔汉墓壁画、河南荥阳苌村汉墓壁画等。

② 参见林巳奈夫《後漢時代車馬行列》，《東方學報》第 37 册，京都大学人文科学研究所 1966 年版，第 183—226 页；罗伟先《汉墓石刻画像与墓主身份等级研究》，《四川文物》1992 年第 2 期；《幽明两界：纪年汉代画像石研究》，第 188—191 页。

③ 赵化成认为，“（轩车）与辎、軿车明显不同之处，即伞盖与屏板间隔稍宽，且可见到承托伞盖的车钉”。孙机指出辽宁辽阳北园东汉晚期墓图中的一辆车，车厢两侧障以上连车盖之屏，应即轩车（图 9-1）。此墓壁画彩绘摹本现存辽宁省博物馆。有学者指出，此墓车马出行场面宏大，由导骑出行与车队出行组成。此车“黑盖赤帷，后垂长绥，后跟随骑从 5 人，车制仪卫不同于其他，应该视为主车，前面皆为副乘”。参见赵化成《汉画所见汉代车名考辨》；孙机《汉代物质文化资料图说（增订本）》，第 114 页；李林《石室丹青：辽东汉魏墓室壁画研究》，辽海出版社 2017 年版，第 62 页。此车外形与河南荥阳苌村汉墓壁画中的轩车形象类似，但藩屏与车盖相连。因目前所见图像皆为摹本，只能暂且存疑。

马出行队列的主车形象出现。因汉画像中的车马出行图并不完全写实，如以此为根据进行考证研究时，需十分谨慎。

图 9–1 辽宁辽阳北园一号汉墓壁画轩车（摹本）[①]

在这次考察和随后资料整理的过程中，我越来越感觉到细节对于汉画像石研究的重要性。扬之水在《细节的意义》一文中说："文物研究不能少却对日常生活中细节的关注，了解与廓清一器一物在历史进程中名称与形制与作用的演变，自然是关键，尽管有时它会显得过于琐细。而若干历史的真实，也许就隐藏在这平平常常的生活细节中。"[②] 扬之水此语道出了细节研究的魅力与意义。汉代留给我们的文物资料虽然丰厚，但学界目前对这些资料的有效研究和利用还远远不够。从细节出发讨论汉代的名物、制度、观念、风俗等等，仍有无限的研究空间。我们可以从历史的细微中，想象古人的生活，体味古人的心境，感悟"寻常的精致"。这些研究看似"琐细"却并不细碎。

巫鸿在近年发表的《马王堆一号汉墓中的龙、璧图像》一文中，提出了"超细读"的研究方法。他指出：

> 近年来，对于古代美术遗址和作品的释读越来越有意识地在不同层面上展开。有的研究以不同时期和地区的类型与风格为对象；有的则致力于发现个体墓葬和石窟的建筑结构和图像程序；更有的通过聚焦于单件艺术品，以期揭示其特殊的视觉性和设计意图。这些不同的研究层面不必相互排斥。恰恰相反，每种观察都可以看到别种观察所看不到的东西，因此可以相互补充，达到宏观与微观的结合，历史发展的普遍性和特殊性形成更为复杂和丰富的理解。沿着这个思路，本文希望提出一种"超细读"的分析角度，进一步扩充学术观察的视野。虽然

① 《汉代物质文化资料图说（增订本）》，第 112 页。

② 扬之水：《细节的意义》，《读书》2002 年第 9 期。

> “细读”（close reading）这种分析方法在文学批评中已是昨日新闻，在美术史研究中也不乏佳例[①]。但是总的看来，对艺术品的细读，不论是图像志方面的还是形式分析方面的，一般仍着眼于较大的单位，或是整幅图画，或是完整的建筑或物件。“超细读”则把细读朝着更为精微和敏锐的方向发展，把审视和分析的目光集中到一些能够反映出艺术家特殊意图的细节上。这个目的同时也规定了这种研究方法的前提，即研究对象必须显示出足够证据，表明其设计和创作确实可能具有特殊的意图和含义，而非对常规的简单重复。[②]

“超细读”的研究方法给人以许多启示。学者在探寻细节所表现出的“特殊的意图和含义”的同时，也应尽量避免过度解读的风险。毕竟真理与谬误之间仅有一步之遥。无论如何，细节的真实性是研究的前提和根本。学界的有些学术争论，就是因为拓片质量不高造成对画面和榜题释读的不同，进而造成了对画像内容解释的根本不同。因此，“超细读”的一个重要前提，是能够有条件对文物进行近距离观察，或是获得高质量的清晰图像。但目前研究者能够获得的研究资料绝大多数还无法进行“超细读”的研究实践。本文讨论的汉画像轩车形象的研究也面临这样的困境。

西汉时代以车马实物随葬的情况比先秦时期已明显减少。在这些有限的出土品中，除金属器外，绝大多数由木材、皮革、织品等制成的车马器已经腐朽败坏，难以得见真容。而到了东汉时代，人们更多地采用画像、明器等更“经济”的方式为死者陪葬，考古出土的车马器实物更加少见。在这种情况下，金属、陶、木制品的车马明器和刻画有车马出行图的画像石，对研究者来说就显得格外重要。坦率地说，多数画像石做工其实并不精美，有些甚至十分粗糙，能称之为精品的作品数量并不算多。只有这些精品画像石才具备进行“超细读”的资格。但一般研究者能够获得的大多数资料，还只是捶拓质量难尽人意的拓片和少数细节展现不够全面的实物照片。虽然拓片，特别是早期拓片，在研究中有许多重要价值，但拓片的缺陷也是显而易见的。画像石上的很多细节，尤其是浅浮雕上的细密线条，是拓片难以完美呈现的。少数捶拓良好的拓片，又受印刷条件的限制难以全面展现。而一些选择性拓印甚至还会误导研究者。拓片的制作也会损伤文物，画像石、碑刻因反复捶拓造成脱落损坏的事情已屡见不鲜。

① 原注：郑岩《关于墓葬壁画起源问题的思考——以河南永城柿园汉墓为中心》，《故宫博物院院刊》2005 年第 3 期。改定本载于郑岩《逝者的面具：汉唐墓葬艺术研究》，北京大学出版社 2013 年版，第 55—75 页。

② 巫鸿：《马王堆一号汉墓中的龙、璧图像》，《文物》2015 年第 1 期。

可以说，目前的画像石著录方式已不能满足研究者“超细读”研究的需要。而就算研究者能够目睹原物，也可能会受各种条件的限制难以观察到实物的清晰细节。汉画像石的整理和公布，亟须借助新科学技术的力量。

新技术的应用可以大大推动学术研究的进步。这里可以举一个简牍整理与保护的例子。简牍的整理与保护一直离不开科学技术的帮助。近年红外线摄像技术的应用，为研究者提供了前所未有的高清图片。一些肉眼无法看到的文字在红外线照片中可以有较好的呈现。这极大地推动了简牍研究的发展，甚至可称之为简牍学研究领域的一次技术革命。随着研究的进一步细化，学者已不仅仅局限于简牍上的文字，亦日益重视对文字载体的研究。对简背划痕的重新发现，对简牍编绳痕迹的重视，对简牍的缀合、编连等问题的研究，都取得了许多全新的科学创见。而对这些微小细节的观察和研究，离不开简牍整理、出版技术的提高。彩色照片、红外线照片等高清图片远远胜过原来的黑白照片和摹本，研究者能够更细致地观察简牍的微观形态，从而获得新的认知。

早在十五年前，杨爱国即撰文强调应加强对汉画像石原始资料的记录。他指出：

> 目前对汉画像石考古学基础研究存在着资料记录方式简单的问题，迄今所见汉画像石资料，多以拓片的形式出现，少有原石照片和线描图，这样一来，当人们当着拓片谈画像石的雕刻技法时，只能凭过去的经验去想象，而初学者则几乎不知所云。有些画像石由于本身刻得不好或保存不理想，图像不易辨认，如果没有线图，读者根本无法检验报告描述的准确性。另外，有的拓片的质量不高，极易误导学者。因此，为了促进汉画像石的研究，对汉画像石资料记录形式的改进与多样化，使资料的记录与报告更加准确、清晰、全面是非常必要的。①

对画像石的整理与保护，除了进一步加强传统的技术应用外，应更加重视以计算机学为主的新技术的运用。有条件的可以对画像石进行三维扫描，获取更多有效信息。②

① 杨爱国:《五十年来汉画像石研究》,《东南文化》2005 年第 4 期。蒋英炬、杨爱国又强调汉画像石研究应立足画像石的原貌。参见蒋英炬、杨爱国《雄奇瑰丽的石刻汉书——汉画像石研究应立足原貌》,《中国社会科学报》2013 年 1 月 11 日，A06 版。

② 梁勇曾专门撰文强调重新编写早期汉画像石墓发掘报告的必要性，其中亦涉及对画像石整理与保护工作的思考。参见梁勇《关于重写早期汉画像石墓发掘报告若干问题的思考》，徐州博物馆编《淮海文博》第 1 辑，科学出版社 2018 年版，第 59—64 页。

博物馆也应重视对画像石展陈形式的创新。山东省博物馆内其实设有孝堂山石祠的模型，但灯光昏暗，又不能靠近，根本无法仔细观察，也达不到展陈效果。武氏祠虽然早已被学者复原，但目前的复原表现形式仅有不太完整的二维平面图纸，不能立体展示复原情况。这让读者不太容易理解画像之间的空间关系，也就很难从整体上把握祠堂画像的布局。未来的展陈可以利用三维扫描获取的数据信息，进行可视化处理，建立三维虚拟影像，或通过 3D 打印技术复制画像石，制作等比例缩放模型。相信更多跨学科的技术应用，可以有效地保护文物，带来更多的学术突破，对公众的知识普及亦有帮助。

感谢程德海先生为本文制作了建筑三维插图！

汉代墓葬中的阈限观念与神圣空间的构建

杜世茹

一、汉代墓葬中的阈限观念及表达方式

（一）概念辨析

1. 何谓阈限

较早论及阈限（liminality 或 threshold）这一概念的是克莱·特朗布尔，他在《门坎之约：宗教礼仪导论》（*The Threshold Covenant; Or, The Beginning of Religious Rites*）一书中讨论与门和祭台相关的礼仪时，涉及“阈限”这一观念。法国人类学家、民俗学家阿诺尔德·范热内普则进一步界定和明确了阈限的概念和适用范围，并进行了详细论述。范热内普在其著作《过渡礼仪》（*Les Rides de Passage*）的第二章探讨了地域过渡中的象征性界限（boundary），这种界限将空间进行了“俗”与“圣”的区隔，也就是所谓的阈限。而通过阈限的仪式性过程，则被称为“过渡仪式”。[①] 在范热内普的理论基础上，人类学家维克多·特纳（Victor Turner）对“阈限”（liminality）概念进一步挖掘和解析，从而深化了“过渡仪式”这一理论体系。特纳将“阈限”定义为从“此境”到“彼境”，具有过渡性质和超越意义的“模棱两可”状态，仪式中

① 过渡仪式一词的法语原文为 Les Rides de Passage，原意为“通过仪式”，英文译本则多将 passage 一词翻译为 transition，因此，国内通行的中译本按照英译翻译为“过渡仪式”。范热内普建立了三段论的仪式体系，即 preliminality—liminality—postliminality，其中 liminality 一词即为“阈限”，阈限的概念是范式理论体系的核心。

跨越“阈限”的过程，就相当于从门外跨过门槛进入门内。这种跬步之间“移势换境”的宗教性体验，是极具象征性的事件和关键环节。①

阈限是分割两个异质空间的中间点，在探讨中国古代墓葬相关问题时，这一概念同样适用。巫鸿在讨论汉代墓葬时，曾提出汉代墓葬观念中存在“大限”的观点，所谓“大限”是指今生与来世的“分界”“区别”“连接”“共置”。②他认为桥、亭③等建筑物，在汉代墓葬艺术中代表了一种生与死的阈限。这种阈限不止体现在桥这一物象上，纵观汉代艺术遗存，与“界限”“阈限”概念相关的建筑艺术形象，不仅仅是桥梁，汉代绘画中频频出现的门、阙、窗等，也具有相似的象征意味。

2. 图式与图像

在本文的阐述过程中，有时会同时涉及“图式”和“图像”两个概念。在笔者看来，图像和图式反映了两个层面的意义，两者既有相似之处也有诸多区别。图像相较于图式而言，其指代对象更为具体，可以用来指代任何一个具体的画面，因此在讨论某一画面时，笔者会使用“图像”一词。图式指代了某一类型图像的表现形式，其指代对象是一个诸多图像的集合，具有很强的总结性和归纳性。研究汉代艺术中的常见题材，如车马出行、泗水取鼎等，并探索其图像表现程式的形成与发展过程，图式研究这种方法尤为适用。

（二）汉画中的阈限图式

1.“天门”图式

在汉代墓葬艺术中，门是一个重要的建筑与图像元素。从观念层面上来看，门不仅是建筑空间中的关键结构之一，也是一个重要的文化符号表征。门这一建筑结构，在日常住宅中，可以是外部世界与家内世界的界限；在庙宇和陵墓中，则是俗世与神圣空间的界限。所以，跨越门界就是将自己与新世界结合在一起的仪式过程。④

---

① 贾妍：《“逾界”与“求诉”——从〈伊施塔入冥府〉神话的两大主题看古代两河流域伊施塔崇拜的一些特质》，《丝绸之路研究（第一辑）》，生活·读书·新知三联书店 2017 年版，第 33 页。

② ［美］巫鸿著，郑岩等译：《礼仪中的美术》，生活·读书·新知三联书店 2005 年版，第 205 页。

③ 关于桥与亭的图像配置关系，本文没有详细展开叙述。在一些汉代桥梁图像中，桥一端往往刻画有一亭的形象，亭中往往有人做迎谒状，面向桥上车马驶来的方向（此类图像以车马过桥主题居多）。

④ ［法］范热内普著，张举文译：《过渡礼仪》，商务印书馆 2010 年版，第 17 页。

关于汉代墓葬艺术中的“天门”，学界已有较多的讨论，讨论的焦点首先是对“天门”这一物象的辨析，即何为“天门”。其中比较有代表性的观点有：1. 将汉代墓葬中几乎所有与门相关的实物和图像都指称为“天门”，如墓门、墓阙、画像石或画像砖中的门阙图像等。[①] 2. 认为汉代人并无现今学者所理解的“天门”观念，坚信墓葬中所有的门阙物象，甚至题有“天门”字样的门阙图像，实际上都是墓主自家大门的再现。[②] 3. 不否认“天门”观念在汉代墓葬中存在，但反对“泛天门论”，主张对汉代墓葬中出现的相关图像进行谨慎辨析，再取其中证据确凿者进一步讨论。[③] 关于究竟应如何界定普通的门与“天门”，笔者将在随后的章节中进行更为详尽的讨论。

关于“天门”出现的时间问题，也有一定的争议。有学者认为，在目前发现的汉代文物中，“天门”二字首见于四川地区出土的石棺和铜牌饰。持此观点的学者之一黄宛峰认为，根据出土的这几件刻有“天门”二字的铜牌饰，同时结合当时这一地区流传的文本资料，如《楚辞·九怀》所云“天门兮地户”，从而推测出当时人们观念中已存在天门与地户这一对想象的物象的结论。关于“天门”为何最早出现于四川地区，黄宛峰也有自己的见解。他观察到，与陕北、山东、中原地区相比，四川地区画像石的艺术风格更活泼、飘逸，充满生活情趣和丰富的想象力。因此，他认为“天门”这一想象中的天界之门首先出现于巴蜀地区不足为怪。[④] 这种“巴蜀源流说”并非一家之言，有部分学者也坚称“天门”观念是巴蜀文化中特有的观念，其他地区发现的与天门相关的材料都是巴蜀天门观影响和传播的结果。支撑这种观点的主要论据是四川地区出土的数量较多的天门题刻铜牌饰和摇钱树底座纹样。但这只能说明在当时的四川地区，天门观念与相关图像颇为流行，但并不一定是巴蜀文化观念中所独有或独创的概念。在西汉马王堆帛画以及山东、河南、陕北等地的画像石、画像砖上都有类似天门的图像出现，这说明天门观念不仅存在于东汉时期的四川地区，在更早期的其他地区也颇为盛行。题刻有“天门”二字的出土材料也非四川地区独有。较四川铜棺饰更早的案例见于河南新郑西汉晚期到东汉早期的一方画像空心砖上，有学者认为这是最早的有明确“天门”铭文的图像。[⑤]（图 1）当然，不论天门观念和图像发源于何时

① 类似的讨论可见姜生《汉阙考》，《中山大学学报（社会科学版）》1997 年第 1 期。

② 孙机先生持这种观点，并撰文《仙凡幽明之间——汉画像石与“大象其生”》阐明其主张，该文章收录于《仰观集：古文物的欣赏与鉴别》，文物出版社 2012 年版。

③ 持此观点者以李清泉教授为代表，相关问题的详细论述参见《“天门”寻踪》，《古代墓葬美术研究》第三辑，湖南美术出版社 2015 年版。

④ 黄宛峰：《汉画像石与汉代民间丧葬观念》，中国社会科学出版社 2015 年版，第 28 页。

⑤ 王煜：《汉墓天门图像及相关问题》，《考古》2019 年第 6 期。

图1　河南新郑出土“天门”画像砖（采自《河南新郑汉代画像砖》第19页）

图2　重庆巫山江东咀东汉墓出土“天门”鎏金铜牌饰线图（采自《重庆巫山县东汉鎏金铜牌饰的发现与研究》）

何地，迄今出土的丰富的汉代天门及相关图像，足以表明天门已经是汉代墓葬艺术中颇具普遍性的图式。

关于汉代墓葬中的天门图式的基本配置，很早就有学者进行过归纳总结。罗二虎先生在《汉代画像石棺》一书中收录了二十余幅“天门”画像，这些画像大多位于石棺的前挡。天门的完整配置为门、双阙、门阙上的鸟、门之间有骑马或持物的人物。有时“天门”会被简化为双阙，或双阙和人物、双阙上有鸟等形式。最常见的是仅有双阙的形式。[①]但若按照此种分类方式，凡是有门或双阙的图像都可定义为“天门”，这就存在“泛天门化”的问题，值得商榷。笔者认为，“天门”的判定标准应紧扣其本质属性，即“天”与“门”两个方面的元素。罗二虎先生对天门配置的分析，更偏重于“门”这一元素，而“天门”顾名思义是“天宫之门”，或坐落于天上的门，因此“天”这一元素对于分辨是“天门”还是普通门阙也十分关键。有学者也提出类似的观点，认为天界事物的出现是认定天门图像的重要标志。[②]换言之，如果门阙与象征天界的物象并置，则基本可以确定这一图式表现的是“天门”。如重庆巫山县出土的东汉晚期鎏金铜牌饰，其上有明确的“天门”二字题刻（图2），应该表现的是汉人想象中较为典型的“天门”形象，因此可根据这类图像进行天门图式的元素分析。

此类图像中，表现“门”这一物象的主要为双阙。双阙顶端立一只或多只凤鸟，

① 罗二虎：《汉代画像石棺》，巴蜀书社2002年版。

② 王煜：《汉墓天门图像及相关问题》，《考古》2019年第6期。

阙周围有龙、虎等祥瑞神兽并萦绕祥云，阙中心多有璧形物，双阙之间端坐一位仙人，可能是天门的门吏[①]，有的在双阙上方描绘西王母形象，进一步明确图中“天门”所在的坐标。长沙马王堆西汉墓出土的帛画中的天界部分，也有类似的图像配置。帛画上部绘有日月、金乌、蟾蜍、双龙、凤鸟、仙人骑瑞兽、人首蛇身主神等，一派奇异诡谲的天界景象。而在天界的下方，矗立着两座阙状物，中间有两人相对而立，做迎谒状。马王堆帛画中的天界物象与门阙、门吏的组合，与重庆东汉鎏金铜牌饰天门图像配置颇为相似，因此大多数学者认定帛画中的阙状物表现的就是“天门”。

综上所述，汉代墓葬艺术中的“天门”图式，其画面基本组合元素为门或阙、阙上凤鸟、门吏、天界的神人瑞兽等。正如前文所述，门的基本功能体现在“贯通”与“隔离”两方面，而汉代墓葬艺术中的门，则是贯通生死两界的阈限，为人们提供了沟通两界的渠道，同时也是阳界与阴界的屏障。门的“开”与“阖”，意味着“贯通”和“隔离”，控制着行人的“出”与“入”，进而表达了空间的“通”与“阻”。《周易·系辞上》中“阖户谓之坤，辟户谓之乾，一阖一辟谓之变，往来不穷谓之通”，正体现了中国古人开阖门户之间生发出的哲学性思考。而汉代墓葬艺术中的“天门”，无疑是这种思考过后的艺术性表达。阖辟之间，阴阳生化促成了人们对“天人合一”和升天求仙的追求。[②]

2. 桥梁图式

桥是一种架空的人造通道。由上部结构和下部结构两部分组成。上部结构包括桥身和桥面；下部结构包括桥墩、桥台和地基。若从其最早或者最主要的功用来说，桥应该是专指跨水行空的道路。故段玉裁《说文解字注》对“梁”字的注释为：“梁之字，用木跨水，今之桥也。”桥是一种特殊的地面建筑，其特殊性，一在于结构，二在于功能。与普通的通道不同的是，在主体结构上，桥是架空的，因此建造过程更加复

① 关于天门之间端坐仙人的身份判断，可参看四川简阳鬼头山东汉崖墓出土3号石棺侧板画像的题刻，画面中立一门阙，双阙上端各立一只凤鸟，之间刻有“天门”二字。门内立一人，阙一侧题刻“大司”，应是指称门中人物，即司守天门的门吏。

② 关于中国古代“门”的观念和心理解析，详见杨昌鸣、徐磊、李湘桔《门里乾坤——门的文化、心理含义解析》，《天津大学学报（社会科学版）》2004年第3期，第203—206页。笔者认为，文中有一处值得斟酌，其内容是关于《南史·齐宗室传》的一段对话：“珪曰：‘殿下处朱门，游紫闼，讵得与山人交邪？’答曰：‘身处朱门，而情游江海，形入紫闼，而意在青云。’珪大美之。”这里的“朱门”与“紫闼”都象征着世俗权贵的世界，而非通往云林仙境的门户，该文作者却将这段文献中的门、闼释读为通达宇宙四海的途径，似有不妥。

杂，技术要求更高，施工难度更大，同时建造桥梁的材料也需要满足诸多更严苛的要求。而在功能上，桥梁沟通水的两岸、沟壑悬崖的两端，从而使“天堑变通途”。

镌刻有桥梁图像的汉画像石屡有发现，普遍分布于山东、河南、四川等地区。汉画像石中的桥梁图像有着一定的规律性，在主题上，桥梁图像多伴随着战争等打斗场面出现，有些还有特定的故事情节，如七女为父报仇、泗水升鼎、胡汉交战等等。桥梁一般处于画面的中心位置，整幅画面又被桥梁分割成上下两部分。在桥上部一般描绘人马队列经过桥梁，或在桥上交锋的激烈场面；桥下部往往表现水上的情景，多为捕鱼、垂钓等渔猎场面，间或刻画河伯出行等神话场景。（图3）

图3　武梁祠西壁桥上交战图（采自《中国画像石全集·山东卷》）

桥梁图式的元素构成虽然大同小异，但通过对画面细节的解读，我们能够判断它们所表现的不同情节，有些桥梁图像表现的是日常出行、渔猎的场景，有些则表现了一个具体的故事。在这些图像中，后者更注重画面的叙事性，其人物活动更加丰富，与画中场景的互动性也更强。关于汉画中桥梁图像的内容与主题，大致可以分为以下几种：车马过桥、桥上交战、胡汉桥战、七女为父报仇、豫让刺赵襄子、泗水升鼎等。

汉代墓葬中的这些桥梁图像，在形式上和观念上都有许多值得探讨之处。从形式层面分析，画面中的桥梁和其他建筑图像一样，多采取正立面的表现形式，这种表现方式不仅有利于最大限度地展示建筑中人物的形象和动态，而且起到了分割画面的作用。这种分割不是机械性的，而是在不破坏画面叙事结构的前提下，将画面各元素合理安排在“桥梁”所形成的界框之中，而桥梁本身的存在，又使各元素之间产生了联系，增强了画面的叙事性和表现力，可谓展现画面中心情节的“舞台”。从观念上看，由于现实中的桥梁有着连通两个空间的作用，因此在汉代的丧葬观念中，具有沟通阴阳两界的功用。有一部分学者认为，在汉代桥上交战图中，“桥”象征阴阳两界的界碑，过桥这一行为就是在跨越生死之界。下文将对此类图像做进一步阐释。

3. 神树图式

在汉代艺术中，树是常见的母题。有学者认为，汉画中的神树既是通天的阶梯，也是天界的标志，又是光明与太阳的象征。[①] 其中通天神树这一意象在中国古代神话传说中有较为详细的描述。《山海经·海内经》有云："南海之外，黑水、青水之间……有木，青叶紫茎，玄华黄实，名曰建木，百仞无枝……"《淮南子·地形训》则明确指出了神树所在的地理位置："建木在都广，众帝所自上下。日中无影，呼而无响。盖天地之中也。"也就是说，在中国古代神话体系中，神树建木位于世界的中心，也是连接天地的通道。也有学者将两汉时期墓葬艺术中出现的神树图像，进行了大致的归类。第一类是代表原始信仰的扶桑树，以长沙马王堆 1 号汉墓 T 字形帛画中的神树形象为代表。该帛画上端的"天界"画面右侧，有一条盘曲的龙，龙身周围缠绕着蜿蜒的枝条，枝条间有九轮红日。树枝最顶端的日轮中，立着一只黑色的三足乌。（图 4）这可能就是中国早期神话中的太阳树，即扶桑树。[②] 第二类是东汉时期画像石中常见的祥瑞——连理树，其外形与扶桑树较为相似，多为两树双生或枝干交互缠绕状。（图 5）连理树的出现或与东汉时期盛行的谶纬思想有关。第三类是昆仑仙境中的仙树，也就是

图 4　湖南长沙马王堆 1 号汉墓帛画中的扶桑树

图 5　微山县两城乡出土画像石中的连理树（采自《山东汉画像石选集》图版 41）

① 郑先兴：《汉画像的社会学研究》，河南大学出版社 2016 年版，第 25 页。

② 《山海经》中可见对扶桑树的记载："汤谷上有扶桑，十日所浴，在黑齿北。居水中，有大木，九日居下枝，一日居上枝。"

《山海经》中屡次提及的“不死树”，在汉画中，常被描绘在昆仑山仙境处的西王母身旁，有时也以西王母仙座的形式出现。第四类则是引导升仙的神树，或曰“常青树”。在汉画中的楼阁、门阙、车马之间，往往绘有这种树木。这些神树矗立于墓主所在的楼阁屋宇旁，树上常有猿猴攀爬，或有凤鸟立于枝头，模糊了人世与仙境之间的界限。因此有学者猜想，常青树与屋宇、门阙、车马出行等物象组成具有特定象征意义的图式，这些图式中的物象作为沟通天地两界的工具，能够引导死者的灵魂升至仙界或天庭。①

（三）穿越阈限与通过仪式

从观念层面上看，“门”“桥”“河流”等充当“阈限”的建筑结构或自然物，不仅对现实空间进行了分割，也实现了所谓“神圣”与“世俗”之间的分离，而穿过“阈限”就是实现这种分离，从世俗空间进入神圣空间的“仪式”。关于“神圣空间”的概念，法国人类学家涂尔干曾针对“圣物”这一概念做出阐释：“确切地说，圣物就是被分离出来的事物。圣物之所以是圣物，是因为神圣事物与凡俗事物之间有条不可逾越的鸿沟。通常说来，圣物超脱于其他事物之外。而且，有一套仪式可以用来实现这种根本上的分离状态。”“过渡仪式”或“通过仪式”既可以实现分离，也可以在特定情况下构建神圣与世俗之间的联系，而穿过“阈限”就被看作实现这种联系的仪式。在中国传统观念中，逝者本身就具有神圣性，他们由生入死这一过程，就是脱离凡间俗世进入另一个世界，而这个未知的世界，往往被汉代人描绘成神圣的仙界。汉代墓葬艺术中的“天门”、桥梁、神树等图式，在空间和视觉上构建了连接仙凡两界的阈限与通道。与此同时，汉画中的诸多画面，也表现了穿越这些阈限的情景，其中以启门、过桥、攀缘神树等最为常见，下文将重点阐述此类图式。

1. 启门图式

在中国墓葬艺术中常见的“启门”图式，在汉画中也多有出现，门中的人物不仅仅是立于门前，而是做出启门的动作，有时会探出半个身体，与门外的世界产生了互动。

例如，重庆沙坪坝出土的一例东汉石棺，侧板上层中央偏左有一处精细刻绘的户牖，门扇半启，一人跪坐于门内，面朝门外，似乎在等待或迎接某位造访者。这是

① 刘芊、陶思炎：《神树图像与传统中国信仰变迁》，《南京社会科学》2017 年第 6 期。

“启门”图式较早的案例之一。纵观整个侧板画面，其主体部分描绘的是一幅楼阁人物图，画面左侧是一座两层楼阁，楼阁右侧刻有人马队列，队列中心两人做驻足交谈状，一人执杖，一人执便面，后者手臂指向楼阁的方向，似乎要将执杖者引入楼中。两人身后有牵马、挑担、执兵器的随从若干。启门图就在这幅画面的上方，门扇和格栅被刻画得十分立体，而画面其他部分采用的是减地阴线刻，对比之下，立体感极强的户牖显得格外突出。因此，虽然启门场景在石棺侧板上占据的空间很小，但它无疑是整个画面的视觉焦点。（图 6）画面中已经绘有一座完整的楼阁，为何又要在画面上方刻画出开启门窗的场景？这也许说明，开启的门窗是该场景中的一个重要元素。这座楼阁所等待的人已经到来，他经过接引走向房门。而房门早已打开，门内的人已等候多时，走入这扇门，就进入了一个承载着理想与期待的世界。

图 6　重庆沙坪坝出土东汉石棺（作者摄于重庆中国三峡博物馆）

这种开启门扇，与门外世界进行沟通互动的行为，是在建立“界限”的基础上更近一步，主动打破了阈限，以“启门”的动作连接了“阈限”的两边，因此具有了仪式的意味。[①] 而这里的仪式是观念上的，并非会在实际的葬礼过程中一一进行。图像所表达的情景已经在进行或完成了这种观念上的过渡仪式，并且在墓门关闭后，仪式的过程将在墓室中继续并永远循环。死者的魂灵能够通过这扇半开半阖的门扉，自由出入于两个世界。

2. 过桥图式

正如前文所述，汉代艺术（尤其是墓葬艺术）中出现的一些桥梁，往往和当时人们的生死观、宇宙观有所关联。而穿越桥梁，从此岸到达彼岸，正是实现“过渡”的仪式过程。与之相关的过桥图式，主要有桥上交战图、车马过桥图、泗水升鼎图等。

① 关于“启门”图式的讨论，学界成果很多，具体可见郑岩《论“半启门”》，《故宫博物院院刊》2012 年第 5 期；李清泉《空间逻辑与视觉意味——宋辽金墓“妇人启门”图新论》，《美术学报》2012 年第 2 期等。

桥上交战图

桥上交战图有时也被称作“水陆攻占图”，画面表现的是发生在桥上的争斗场面，根据交战双方的人物特征，又可细分为“七女为父报仇”“胡汉交战”等主题。“七女为父报仇”主题中，交战一方中出现了女性形象。然而，七女为父报仇的故事，在目前所见的历史文献中并无明确记载，但这类复仇图像却频频出现于汉代艺术中，有些学者认为是汉代复仇之风盛行的结果。在目前发现的汉代画像中，根据题记可以明确认定为七女为父报仇故事的有两幅：山东莒县东莞村“七女”画像石与内蒙古和林格尔壁画墓的“七女为父报仇”壁画（图7）。这两幅图像均有“七女为父报仇”榜题。

图7　和林格尔壁画墓七女为父报仇壁画线描图（采自《画为心声：画像石、画像砖和壁画》第105页）

在和林格尔壁画墓七女为父报仇图中，桥上有五位女子围攻桥上的轺车，桥下有两只船，每只都载有三人。远处有树木、行人等，在画面正中上方写有“七女为父报仇”，桥下有“渭水桥”“长安令”题刻。山东莒县“七女”图中，桥上的轺车被五位女子围住攻击，桥下船上还有两位女子在攻击桥上落水之人，桥下有人捕鱼，有成行飞鸟。邢义田先生据莒县东莞画像石图像得出“七女”图格套如下：桥上有车马经过，有人坠桥，桥上桥下有七女子持武器攻击车上及坠桥之人。但从和林格尔壁画墓“七女”图可知，该格套并不适用于判断所有七女图，不同七女图中女子人数、位置以及打斗情况也有不同，除了题刻之外，其共同特点为几位女子合力攻击桥上、马车内人物。①

在汉代的图像资料中，尤其是西汉时期的一些画像石上，经常会出现胡汉交战的场面，在此单独列作一类进行介绍。这类图像表现了汉人和胡人两方军事力量的冲突和对抗，内容包括胡汉双方激烈会战、献俘（被俘者往往是胡人）、安营扎寨（往往表现军队中的庖厨景象）等。从画面中人物的装束，可以比较容易地辨别出双方的身份。画面中的胡人头戴尖帽，高鼻深目，作战方式多为骑射。在汉代出土的胡汉交战图中，有些交战场景被安排在一座桥梁之上，因而有学者将这类图像归为“桥战图”

① 邢义田：《画为心声：画像石、画像砖和壁画》，中华书局2011年版，第105页。

的一种。之前所探讨过的“七女为父报仇”等历史故事，也有桥上激战的情节，但鉴于这两类交战图中对抗双方身份的特殊性，故将单独加以说明。

目前发现的桥上胡汉交战图与大量的未发生在桥上的胡汉交战图相比，数量并不多，最典型的案例当数沂南北寨东汉晚期画像石墓门楣上的胡汉交战图（图 8）。画面中桥左岸为层层山峰，从山间到桥的左岸有很多骑马以及张弓搭箭的胡人士兵，头戴尖顶鱼鳞纹样的头盔，深目高鼻，桥上右岸则是汉朝军队。胡汉两军在左侧桥头交战，在桥柱左侧已有一个胡人被斩首，剩下的胡军溃败。桥上汉军队伍整齐，旌旗飘扬。桥下正中有一船，上载五人，河里有渔夫捕鱼。

图 8　沂南北寨东汉晚期画像石墓门楣胡汉交战图（采自《沂南古画像石墓发掘报告》图版 24）

车马过桥图

西汉中晚期到东汉末期的汉画像石中，车马出行是最常出现的主题之一。车马过桥则是汉画车马出行主题的表现形式之一。从画面组织形式来看，车马过桥图所描绘的内容主要分为两种：单车过桥、车马队列过桥。

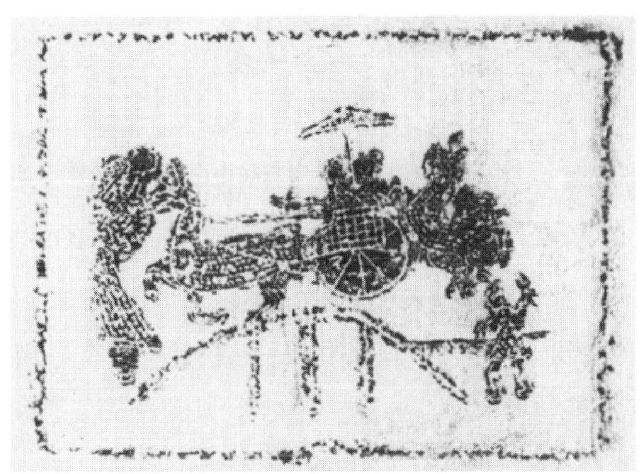

图 9　微山县两城乡出土车马过桥图（采自《微山汉画像石选集》图版 9）

西汉中晚期至新莽时期，单车过桥图以微山县两城乡出土（图 9）较为典型，画面中以桥上轺车为主体，车上前有一御者，后为车主。车前有一人躬身迎接，车后有侍从。此时也发现了较多的车马队列过桥图像，如微山县微山岛乡沟南村出土的升鼎图，除车马队列过桥场景外，图中还有渔猎、百戏等场景。（图 10）

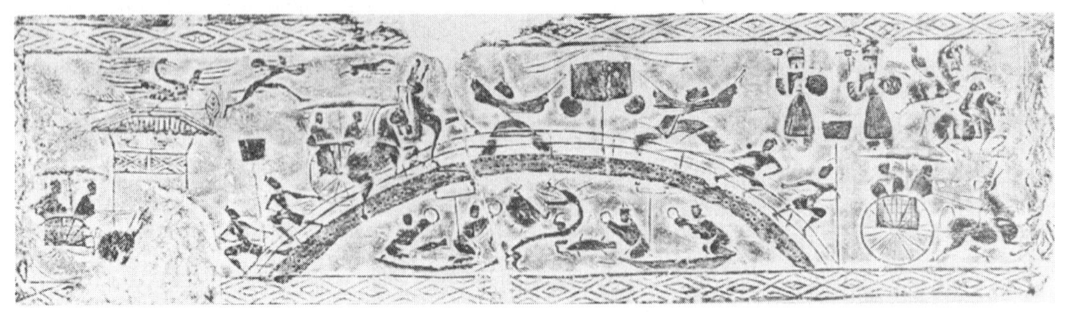

图 10　微山县微山岛乡沟南村出土升鼎图（采自《微山汉画像石选集》图版 19）

到了东汉时期，车骑过桥图中可见更为丰富的画面元素，以苍山兰陵所出的车马队伍过桥图（图 11）为例，图中左岸有一亭，亭长在迎接过桥的队伍，桥上桥下前后行进五车，前有斧车先导，右岸仪仗队后带华盖的马车为主车，车队正在有序过桥，桥下桥洞有人捕鱼。江苏睢宁九女墩汉画像石墓中的车马队伍过桥图中，桥头有蹲兽，车队前有骑吏持节开道，后有两辆车，二骑紧随其后，桥下有两艘渔船在捕鱼，在桥正上方空中有一羽人凌空飞行，空中有神兽、飞鸟和祥云盘旋。

图 11　山东苍山兰陵出土车马过桥图（采自《刘敦愿文集》第 353 页）

在某些桥梁图像中，桥梁架设的地点并非寻常的河流，通过分析图像中的元素，可推测其所处地点为天界。例如，四川出土的一块东汉画像砖，就表现了骖车过天桥的景象。（图 12）画面中有一拱桥，桥上有一辆骖车，前方有一个手持盾牌的导引者（有些学者认为是猿猴或羽人），其奔跑的姿态颇为飘逸。桥头处有一亭状建筑，可能是所谓的“都亭”，里面一人似乎正出门迎接。值得注意的是，这座拱桥下方并无立柱支撑，几颗星以圆点和线条的形式呈现，将桥下空间分隔成两个倒梯形方格，左右两格各有一只有羽翼的神兽，有学者认为是青龙白虎。可见，画面中的车马、都亭、桥梁都是天界的事物，而那条以星辰为点连成的折线，很可能代表天河或银河。这幅图中的桥梁已脱离了凡界的河水与两岸，俨然成了一座“天桥”。它让我们不禁想起了后世牛郎织女鹊桥相会的民间传说，故事中的“鹊桥”正是搭建在银河之上。在有些桥梁图式中，桥下出现了鱼拉车轮这种奇异景象（有些学者称之为鱼车），创作者

图 12　四川出土东汉画像砖上的骖车过天桥（采自《中国巴蜀汉代画像砖大全》图版一六八）

可能在暗示我们，这座桥梁并非存在于凡间，而是坐落于仙界，或者处于通往仙界的必经之路上。而在图 12 中，桥下的青龙白虎可能指代东、西两个方位。有学者认为，在汉代人的思想中，仙境经常与东方和西方的概念联系在一起。如果跟随这一思路，我们可以推测，车马过天桥表现的是跨越人界与仙界之间的“阈限”，有着穿过生人世界去往仙界的含义。

信立祥谈河流与桥梁的图像学意义时，认为车马过桥图式是中国古代宇宙观的体现。天河是天界和人界的分界线，只有通过桥梁才能跨越这道阈限。在这里，河、桥就成了幽明两界之间唯一的阻隔和通道，墓主率领车马或军队过桥，象征了其冲破冥界阻隔的强大力量。①因而河、桥、车马所组成的图式与无河、桥的车马出行图之间产生了不同的图像学意义。

有些学者在分析汉代车马过桥图像时，认为图中桥梁所跨越的河流是“银河”或“天河”，如上文所举四川车马过天桥一例。但在车马过桥图像材料中，有很大一部分并不包含这例画像中的相关元素，如星辰、羽人等，因此很难让人们仅凭画面本身做出“天河”的判断。笔者不排除这些图像中的河流代表“天河”的可能性，但不能将其一概而论。在某些有明确榜题的画面中，观者可以明确获知，壁画里的河流就是现实中的某座桥梁，如文章多次提到的内蒙古和林格尔壁画墓“车马过渭水桥”图。秦汉时人往往赋予渭水、渭桥以浪漫的形象。文献记载，秦始皇建造渭桥时，有意对应或模仿天象：“渭水贯都，以象天汉。横桥南渡，以法牵牛。”汉人重建渭桥，并继承秦制，说明汉代人依旧认同秦时这一观念。汉画中“河”与“桥”的图式组合，不仅是对来世之旅中的阈限的想象和表达，同时也暗含着穿越阈限，从而进入阈限另一端的“神圣空间”的渴求。

泗水升鼎图

在桥梁图式中，有一类较为特殊的图像，即泗水升鼎图。与车马过桥、桥上交战

① 信立祥：《汉代画像石综合研究》，文物出版社 2000 年版，第 332—334 页。

图不同，升鼎这一行为是在桥上进行的，而非穿越桥梁。笔者认为，广泛存在于汉代墓葬中的升鼎图，除却其最初承载的政治性含义，在不断发展的过程中，逐渐演变出一定的观念意味。

泗水升鼎这一题材在汉代绘画中出现较早，且一直延续并有所发展。泗水取鼎是汉代艺术中较为常见的题材，主要描绘了秦始皇在泗水之上打捞周鼎而失败的故事。根据文献记载，周王朝覆灭后，象征王权的九鼎就沉没于河。公元前 3 世纪，秦始皇统一六国后，九鼎又重现于河中。始皇闻讯十分高兴，下令手下数千人下河寻找九鼎，然而当他们找到九鼎，正准备用绳子把鼎打捞上岸的时候，一条龙突然从鼎中出现，将绳子咬断，九鼎重新落入河中并永远消失。①

西汉中晚期至新莽时期的升鼎图有两种形式，第一种以微山县微山岛乡沟南村出土的升鼎图（图 10）较为典型，该图画面以桥梁为界，上层为会客图，下层为捞鼎图，桥中间有一鼎被绳索套住，两坡上有人在拽绳，桥下左右各有一船，有二人在船上帮忙，鼎口露出一个龙头正在咬绳索。第二种以南阳新野樊集汉画像砖墓 M24（图 13）较为典型，图中从左向右有轺车、狩猎、桥上桥下合力捞鼎、一条龙冲出水面咬断绳索、车马过桥、建鼓舞、车马行进等场面。

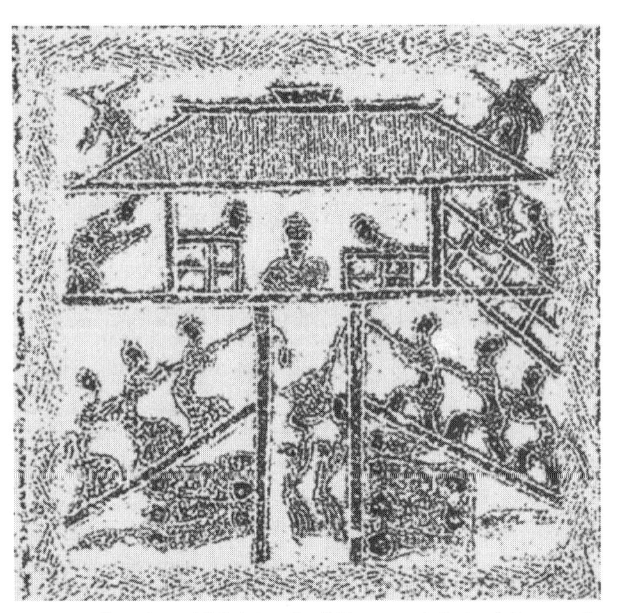

图 13　南阳新野樊集汉画像砖墓 M24（采自《中国画像砖全集》图版一〇六）

东汉早中期的升鼎图以嘉祥五老洼第九石、孝堂山石祠三角横梁东壁升鼎图较为典型。嘉祥五老洼第九石上半部分画面左侧平台上为拜谒图，右侧为捕鸟图，画面正中桥上为捞鼎场面。孝堂山石祠三角横梁东壁正中的升鼎图中，桥上方石台上有四人祈祷，桥上数人与桥下撑船者正在合力捞鼎，桥下飞鸟盘旋。升鼎图右侧为扶桑树林，林中有人面兽、三头鸟等各种珍兽，画面下

① 转引自《礼仪中的美术》，第 61 页。

方有一向右行进的车马队伍，队伍前方有两人躬身迎候。

泗水取鼎图像中最引人注目的主题元素就是那只被打捞的鼎，周围一切画面元素都围绕着它展开，如奉命捞鼎的侍从、翘首企盼的秦王以及其他动植物和建筑物等。这种以鼎为中心的图式发展到后期，尤其在四川地区画像砖和石棺画像中，发生了较为明显的变化。包括取鼎者在内的其他物象被简化甚至省去，画面中心被一只硕大的鼎占据，鼎两侧有时绘有拉动滑轮的两个升鼎人、手持兵器的护卫、拿着树枝或拂尘的术士，抑或两只朱雀。（图 14）可见，升鼎图像从中原地区向四川地区扩散传播过程中，渐渐脱离其半神话、半历史故事的叙事方式，最终形成了一个简明的图像符号。在这类图像中，鼎已经不再是象征皇权归属的“九鼎”，而是道教术士炼丹修仙的“丹鼎”，取鼎这一行为则随之成为一种升仙的途径。①

图 14　四川新都县利济乡升鼎图（采自《中国巴蜀汉代画像砖大全》图四〇）

3. 攀升图式

上文在介绍神树图式时曾提到，神树上往往绘有凤鸟、三足乌，以及攀爬的猿猴。这些仙禽瑞兽就像天界的使者，穿梭于两个世界之间。这种自下而上攀升的视觉隐喻，不仅存在于二维平面中，还实现了图像与建筑结构的结合。例如，山东沂南北寨 1 号汉墓前室中央立一八角石柱，石柱上刻有升腾的神人瑞兽，也许是表达由凡间向仙界的“上升”过程。（图 15）临沂吴白庄汉墓中室立柱，也雕刻有数条向上攀升的龙，由于采取了半圆雕和透雕的手法，柱上的巨龙更显飘逸，似乎马上就要飞升而去。（图 16）与墙壁一样，柱子在建筑空间中是竖直的建筑结构，上下两端连接建筑的顶部和地面。但与其他建筑结构不同的是，这些立柱在整个建筑空间中有相对的独立性。立柱表面刻画的向上升腾的瑞兽、仙人，在视觉上沟通了墓室下方与顶部。正如杰西卡 · 罗森所言，从某种意义上来看，为冥世准备的墓葬，为生者准备的建筑，都是一种微缩

① 关于泗水取鼎图式的发展与流变，详见吴雪杉《从“九鼎”到“丹鼎”——四川汉代“取鼎”图像的嬗变》，《天津美术学院学报》2011 年第 2 期。

图 15　山东沂南北寨1号汉墓前室中央八角石柱拓片

图 16　临沂吴白庄汉墓中室过梁立柱（采自《临沂吴白庄汉画像石墓》第 125 页）

的宇宙模型。将模型、图示等图像放置在宇宙图表之中，做成精致的微型宇宙，以模拟宇宙的特征。这些模型的有效性似乎是建立在组成微型宇宙的图像和模型的准确性之上的，宇宙包含了一系列系统化关联的实体。[①]若结合这种观点，将墓室顶部看作汉人所营造的“来世宇宙”的天空，那么立柱就成为通天的路径之一，镌刻其上的瑞兽仙人攀升的目的地自然也是天界。笔者推测，在汉代人的来世理想中，墓葬空间中构建的升天通道，诸如桥梁、神树，甚至立柱，都能够为死者提供飞升的途径，这正是伊利亚德所谓“回归天堂”的路途，而沿着这些通道从冥界到天界的过程，可以看作一种“登天仪式”。[②]

此外，有些蕴含“登天”意味的图像，与上文所述的“天门”观念也有一定联系。在四川地区发现的汉代墓阙上，东西两阙的内侧往往刻有向上升腾的青龙、白虎，龙虎之上垂挂玉璧，玉璧垂下长长的绳索被龙虎紧紧攥住，似乎是在表现瑞兽穿璧通天的情景。（图 17）前文已经提到，有些学者认为，汉画中的玉璧可能是天门的一种象征形式，而青龙、白虎作为四灵之二，除了传递四方观念之外，也很可能与护佑灵魂登天的观念有关。[③]当然，在中国古代墓葬艺术中，有些瑞兽本身就具有护佑灵魂飞升的含义。战国时期墓葬中出土的两幅帛画——湖南长沙子弹库楚墓“人物御龙图”和长沙陈家大山楚墓“人物龙凤图”，就表现了男女墓主借助龙、凤实现灵魂登天的祈愿。西汉洛阳卜千秋墓室壁画则清楚地描绘了墓主夫妇乘龙御凤飞升的场景。可见，

① ［英］杰西卡・罗森著，邓菲等译：《祖先与永恒》，生活・读书・新知三联书店 2011 年版，第 316 页。

② ［美］伊利亚德著，晏可佳等译：《神圣的存在：比较宗教的泛型》，桂林：广西师范大学出版社 2008 年版，第 92—94 页。

③ 黄佩贤：《汉代墓室壁画研究》，文物出版社 2008 年版，第 253 页。

除却桥梁、神树、天门等途径，汉墓中触目可及的仙禽瑞兽，都有可能成为升天的工具和媒介。

与神树相关的图像中，还有一类较为特殊，即人与树木之间的互动情景。笔者注意到，在吴白庄汉墓石刻画像中，有一类图像表现了树下人手持长杆，做捣鸟窝状这一奇特的场景。（图18）此类画面中还掺杂有猴子爬树、羽人戏凤、瑞兽等仙界场景，可见此处“捣鸟窝”这一看似日常嬉戏的行为，可能蕴含着更深层的宗教性意味。联系汉代画像中人物射鸟[①]图像，这些图像中的鸟，往往栖身于神树枝头，正如前文所述，这些鸟也许是“太阳鸟”，或西王母的使者“青鸟”。[②]这两类图像都表现了地面上的人与树上的鸟进行的“互动”，也与象征天界通道的神树产生了关联。笔者认为，这些图像也许是当时人们“通天”诉求的另一种表现方式。

图17　四川渠县新民乡沈家湾沈府君阙青龙白虎玉璧画像拓片（采自《四川汉代石阙》第62页）

图18　临沂吴白庄汉墓前室北壁西立柱西面画像摹本

二、阈限之后的神圣空间

在汉代墓葬中，阈限观念不仅体现在二维图像中，在构建三维立体空间，即墓室

① 也有人称此类图像为“后羿射日”，认为画面描绘的是后羿射日的典故。

② 关于这类图式中神鸟形象的讨论，详见王琨《西王母故事系统中“三青鸟”形象辨释》，《宗教学研究》2017年第1期。

建筑本身时，出现了更多的形制和表达方式。首先，墓门就是三维空间中的一道阈限。正如图像中的门一样，现实中的墓门也是一个象征性的分界点，分隔了阳世与冥界，世俗空间与神圣空间。① 穿越这道阈限之后，就到达了另一个世界，也就是生者为死者所营造出的一个神圣空间。而汉墓中神圣空间的构建，具有居所化、理想化和微缩化的特点。本文的后半部分将着重探讨这些问题。

（一）理想化的居所

汉代人的生死观无疑是构建墓葬空间的观念依托。邢义田认为，绝大多数汉代人对待死亡的态度较为倾向于一个有知的死后世界。② 这种死亡观根据《太平经·葬宅诀》对人死后埋葬状况的描述可知：

> 葬者，本先人丘陵居处之地，名为初置根种。宅，地也，魂神复当得还，养其子孙。善地，则魂神还养也；恶地，则魂神还为害也。(《太平经合校》第182页)

这段文字表明，在汉代人的观念中，人死后魂魄脱离肉体，但飞升的魂神还会回到葬着尸骨的坟墓或宅地中。邢义田指出,《太平经》很可能是由东汉中晚期士大夫参与，并由较低层道教先行者编纂，该文献很可能反映了先秦诸子与汉代士大夫对生死的看法向下层社会的流动。③ 因此可以推测，汉代人普遍认为人死之后有魂魄存在，而墓葬空间是死者尸身和魂魄共同的“居所”。汉代墓葬中体现出的诸多特征，似乎也印证了这种观念。

正如前文所述，汉代陵墓象征着一个完整的宇宙，上有日月星辰、神仙瑞兽，下有楼阁水田、车马庖厨；与此同时，陵墓又是墓主死后“居住”的阴宅，因此又兼具阳间宅邸的诸多特征。有些汉墓分为前堂后室，有的在墓内描绘或雕刻有日常建筑中的叠涩结构，似乎象征着住宅中的天井，居于墓中，死者抬头或可见到其阴宅的顶部

① 詹玛（Kim I. N. Dramer）在其博士论文《生死之间——汉代石刻墓门》（*Between the Living and the Dead: Han dynasty stone carved tomb doors*）中，详细论述了汉墓的墓门和门域的结构和装饰，并探讨了墓门在反映两汉时期葬仪诉求和联系生死两界等方面发挥的作用和意义。

② 邢义田:《今尘集：秦汉时代的简牍、画像与文化流播》（上册），中西书局2019年版，第142页。

③《今尘集：秦汉时代的简牍、画像与文化流播》（上册），第135—136页。

建筑结构，或可通过天井看到日月星辰，与生前居所无异。[①] 笔者认为，汉墓的构建模式并非全然模仿死者生前的住宅，而是进行了理想化的加工。墓中镌刻描绘的神仙瑞兽、神树仙山，以及煊赫的车马队列、云集的侍卫仆从、华丽的亭台水榭等，都具有明显的理想化特征。准确地说，汉代墓葬空间的构建，具有一种“理想化居所”的特征。

不仅汉代墓室具有理想化居所的特征，汉代还出现了一种形制较为特殊的棺，即房形石棺。这种石棺外形明显是在模仿建筑物，棺盖雕造成屋顶的样子，棺侧还刻有门扇的形象。如内江市红樱 1 号崖墓的画像石棺。（图 19）这具石棺是用 31 块砂石板、石条镶嵌而成的。棺身下部还有底座。棺身前端有双扇门，门楣上有 3 尊半立雕的力士。棺盖呈庑殿顶形，内侧呈拱形顶，并有藻井等仿木结构建筑装饰。[②] 这种仿建筑形制的石棺，是汉代人想象中灵魂理想居所的最直观和具象的表达。

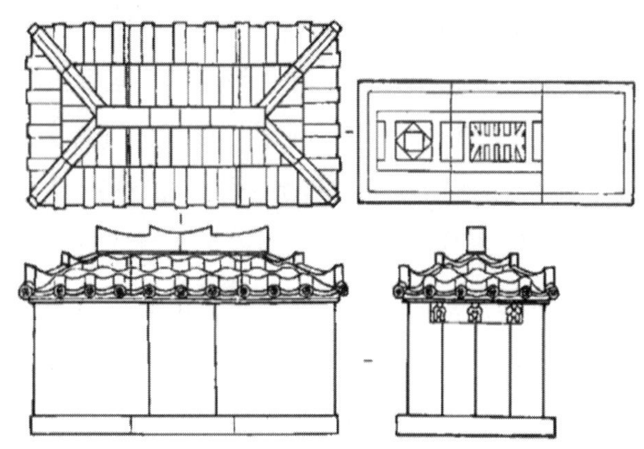

图 19　四川内江市红樱 1 号崖墓的画像石棺（采自《汉代画像石棺研究》）

这种仿建筑物的石棺形制，在汉代以后的丧葬文化中保留了下来，并发展出新的形式。在公元 5 到 6 世纪，华北和西北地区的唐朝贵族墓中，出现了房屋形石椁。其中比较有代表性的例子是出土于河南洛阳的宁懋石椁，还有发现于山西太原的虞弘石椁。我们知道，与房形石椁外观相似的还有汉代建于地上的石祠堂，因而宁懋石椁很多时候也被称为“宁懋石室”。（图 20）但巫鸿相信“只有四川出土的房形石棺可以被看作北朝和隋代房形石椁的原型”。换言之，房形石椁是以汉代四川地区房形石棺为范本的一种“复古”。[③] 形制上的传承是否也代表着功能上的沿袭？据笔者观察，在某些汉代石棺案例中，石棺外形并未被雕琢成精致华美的“大屋顶”式宅邸，但石棺侧面或挡板之上，装饰有门、窗等日常生活建筑结构。老子在论证事物“有、无”与

① 《汉代墓室壁画研究》，第 257 页。

② 关于汉代四川地区的房屋形石棺，详见罗二虎《汉代画像石棺研究》，《考古学报》2000 年第 1 期。

③ 《礼仪中的美术》，第 668 页。

“利、用”之间的关系时，曾以房屋为例：“凿户牖以为室，当其无，有室之用。”也就是说，门窗是一座房屋不可或缺的部分，它们的存在预示着其背后的建筑空间。刻画在棺椁、墓室中的门窗，象征着另一层空间的存在，也标明了进入该空间的入口。在棺椁的外侧刻绘门窗，棺椁就成为那座象征性的房屋，在观念意义上与房形石棺别无二致。

此外，还可以从汉代墓门门楣处的题字，一窥汉代人眼中的陵墓与阴宅。

例如，安徽常庄出土的一块墓门门楣石，宽 42 厘米，长 185 厘米，与汉代画像石追求“满”的构图方式不同，该门楣石画像内容简洁，大量留白，颇显高雅别致，其上的题字更是耐人寻味。门楣正面左右两端各刻绘一座子母阙，正中依照汉印款式篆书题刻“太尉府门”四字，画面其他部分皆留白。东汉时期，太尉这一官职地位极高，位“三公”之首。该墓主人生前是否真的官至太尉却不能以此断定。这座墓葬的建造者为何将死者的“阴宅”冠以官府之名？有些学者认为，可以肯定的是，这位墓主人不是普通老百姓，而是有政治身份或政治理想的人。[①] 有些陵墓的主人，似乎并无意于彰显官禄。山东昌乐县石刻馆藏有一座墓门，门楣镌刻“我君灵阁”四字。仅仅从题字内容上看，相较于“太尉府门”，“我君灵阁”四字的口吻更显平易豁达，超然世外。这也许体现出了两位墓主人相异的身份、地位和性格，抑或是其子嗣对先人情感和期待的不同表达。但与此同时，可以发现这两座题字墓门具有一定的相似之处。

图 20　宁懋石椁（采自《“华化”与“复古”——房形椁的启示》）

汉代画像石题字内容多为墓志性质的文字，记录了墓主生平，其中不乏夸赞之词。同时，这也是宣扬孝心的绝好机会。负责出资修建墓祠的死者子孙大书特书修墓建祠之用心，工匠之巧、石材之贵与完成质量之高，都是用来鼓吹其孝心的重要指标。[②]

① 《汉画像石与汉代民间丧葬观念》，第 152 页。

② 具体案例可见杨爱国《幽明两界：纪年汉代画像石研究》，陕西人民美术出版社 2006 年版。例如，微山两城永和元年王成母祠堂画像石题记：“永和元年太岁在丙子，十二月廿六日阴，□□王成母丘食堂，直钱五千，时石工严申，行兴隆元住食堂。”

看惯了这些虚夸的辞藻之后，再回顾昌乐县画像石墓门，“我君灵阁”这略显“寡淡”的四字反而显得更加意味悠长。《说文解字》中对“君”的解释为：尊也。从尹，发号，故从口。《易·家人》：家人有严君焉，父母之谓也。又子孙称先世皆曰君。《康熙字典》中对“君”字的解释更加详尽，除却上文两例，还有《白虎通》：君者，群也，群下归心也。《易·师卦》：大君有命。《书·大禹谟》：皇天眷命，奄有四海，为天下君。又凡有地者，皆曰君。《仪礼·子夏传》：君，至尊也。注：天子，诸侯，及卿大夫有地者皆曰君。《晋语》：三世仕家君之。又夫人亦称君。《诗·鄘风》：我以为君。传：君，国小君。笺：夫人对君称小君。《论语》：邦君之妻，邦人称之曰君夫人。称诸异邦曰寡小君，异邦人称之亦曰君夫人。又子称父母曰君。孔安国《尚书序》：先君孔子，生于周末。又兄称弟曰君。

综上所列举出的各种释义，结合具体使用场合，我们大致可以推测出，“我君灵阁”中的君，应取《易·家人》“家人有严君焉，父母之谓也。又子孙称先世皆曰君”这一释义。此处“君”即先祖或逝去的父母，这座墓就是子孙为先人修建的“灵阁”。寥寥四字，就将建墓者、墓主人、两者之间的关系，以及生者对于死者的尊敬、追思和美好期待等情绪，准确地传达出来。同时，从“灵阁”二字可以看出，在汉代人眼中，为死者所修建的陵墓，就是死者魂灵的住宅。

值得注意的是，汉代人观念中的死后世界也有一些特定的官僚机构和一套特定的管理秩序，这与当时生者世界的社会秩序十分相似。汉代墓葬中出土的告地策、遣策、镇墓文等文本资料，可以说是汉代社会政治经济体系在死后世界的投射。告地策自西汉时期就已出现，这是一种死者家人模仿人间官样文书的样式，以地府官吏的名义撰写的私文书，以便死者去地下世界报到时向地下官府登记户籍。镇墓文通常用朱砂书写在陶瓶之上，主要也是为了告地，同时有镇墓辟邪和护佑子孙的祈求。① 而遣策是置于汉代墓葬中的迁徙文书，在这类随葬文本建构的世界中，死者在地下的生活，不只是简单的模拟，更是地上生活的延续，地下世界具有与地上世界相同的秩序与规范，死者持有合法的文书，实现了从地上到地下的“移居”。② 此外，汉代墓葬中还出土了一种买地券，是冥世土地买卖契约。这些买地契约在形式上与现实中的地契十分相似，但细节处却有诸多出入：买地券所涉及的买卖双方、见证人均为亡故之人，抑或是掌管土地的神灵；所买卖的对象——墓地所有权是冥世所有权，其田亩面积、所用之钱

① 《汉代墓室壁画研究》，第 260 页。

② 田天:《西汉遣策“偶人简”研究》,《文物》2019 年第 6 期。

亦仅具冥世意义，无法与现世实际墓地亩数及现世土地价格相对应，可见这种契约是象征性的，与告地策和遣策之间也有紧密的联系：在向亡魂、鬼神购买地下土地之前，需要向地府官员禀告来者的殁亡，同时避免挖坟修墓触怒地下的鬼神，并祈求地下鬼神的接纳与保佑。①归根结底，这些看似模仿现世生活的墓葬文书，还是一种具有仪式性质的"明器"。

（二）微缩化与神圣空间的构建

沂南汉墓前室、中室、后室的高度依次递减，前两个部分的建筑空间可以容纳生者入内，而后室，也就是停放棺椁的空间，其墓室顶部较前室和中室更为低矮，一般身高的成年人无法直立进入。整个陵墓设计呈现出一个多层渐进的"微缩"过程。这种分层递进式的墓葬建筑结构，并非仅此一例，其他较具代表性的案例还有河南禹县白沙汉墓。巫鸿通过分析其墓葬结构，对这种渐进微缩的空间处理方式进行了阐述："三级渐进是这类墓葬建构内部空间的一个成熟规范，在白沙汉墓中就已经有体现。白沙汉墓后壁，在浅龛中雕造的假门体现了空间微型化的第三个阶段。这个假门位于墓葬中轴线的终点和棺材后边，上圆雕女子半启门。墓葬空间'收缩'过程中的三个微型化阶段可能与死者的三种不同形态有关——首先是在家族影堂中的公开肖像，然后是隐匿在棺木中的尸体遗骸，最后是无形的灵魂。"②墓室的逐级微缩化建造方式，是汉代构建墓葬神圣空间的极具创造性的方式，在后世的墓葬建筑中也可觅得其踪迹。如河北宣化辽墓的张文藻墓，也呈现出一个三级渐进的"微缩"过程。墓门和随后的前室反映了微型化的第一个阶段。第二个阶段通过后室规模的递减，后室的仿木结构明显比前室小一号。这个微缩的过程最后由墓室后壁上的小门结束。可见，建筑空间的微缩化所营造的不仅是圣与俗之间的隔绝，也是中国古代墓葬观念核心之一——"藏"的具体实现方式。死者的尸身与魂灵都被藏在了狭小而幽深的秘密空间中，普通人无法进入，亦难以窥视其中究竟。生者从墓门步入陵墓内部，会感觉到周围空间逐渐压缩，直至汇聚于墓室尽头，即棺椁所在之处。

在沂南北寨1号汉墓中，墓室空间的构建是分层递进的。先是刻有胡汉桥战、西王母的墓门，然后是有八角石柱的墓室，最后是墓主安息之处。而后侧耳室中的厕所，

① 鲁西奇：《汉代买地券的实质、渊源与意义》，《中国史研究》2006年第1期。

② ［美］巫鸿著，梅玫等译：《时空中的美术》，生活·读书·新知三联书店2009年版，第186页。

也非正常大小，只有日常所用厕所实物尺寸的三分之一。这种微缩化处理在汉代墓葬建筑和明器的设计中十分常见，除却沂南汉墓中的低矮墓室、厕所模型，还发现大量汉代陶楼、陶灶台、陶井等建筑明器。这种对日常建筑和生活用品的微缩化，在墓葬建筑设计中有很强的观念意味。巫鸿曾就墓葬中的微型化现象进行过相关阐述："微型化在中国墓葬艺术中的应用可追溯到三代甚至史前时期，一开始主要通过明器实现，以其减缩的尺寸象征生死之别。说明人们想象中的死者灵魂已经是一个微型的构造。"①

这种建筑结构的微缩化发展和流变过程中，出现了一些建筑与明器结合的变体，典型的案例是一种形态较为特殊的陶制明器——魂瓶。魂瓶是一种堆塑罐，流行于三国、西晋时期的江浙一带，以瓶、罐为基本载体，在瓶、罐口径处使用堆塑法塑造出建筑、人物、动植物、神佛偶像等形象。有学者亦称之为"神亭""谷仓罐""佛瓶"等。多数学者认为，魂瓶是从东汉时期的五联罐②发展而来的。但与五联罐不同的是，魂瓶口径处的堆塑使瓶内空间相对于外界处于封闭状态，因此完全失去了作为瓶或罐的实用功能，也正如《礼记·檀弓下》中对明器的定义"备物而不可用也"，抑或是荀子所说的"貌而不用"(《诸子集成·荀子》)。实用功能的完全丧失，使得本是实用器的"瓶""罐"成为完全意义上的明器。在此基础上值得进一步探讨的是，为何要在瓶罐等容器上塑造建筑形象，这种将建筑与容器融为一体的明器，在观念意义上与汉代就已流行的陶仓楼等建筑明器有何异同？

笔者认为，墓葬建筑空间、建筑明器和堆塑罐，在形态上看起来都是所谓"理想化居所"的缩影，只是微缩化的程度和方式不同。在物质结构的层面看，建筑与容器的共同性是两者都有一定的内部空间。而内部空间的存在，则预示其具有一定的容纳性。日常的建筑和容器，可以容纳世俗意义上的人和物，但在墓葬语境下，微缩后的建筑空间和封闭容器的内部空间，则为上文所说的"神圣空间"，而神圣空间中所容纳的则是墓主的"灵魂"。在中国传统观念中，灵魂是无形的，不受任何阻碍，可以进入任何空间。

（三）内外有别：汉画雕刻的技法差异与汉代祭祀礼仪

在汉代墓葬艺术中，制作技术是一个基础且重要的方面。尤其是汉画像石的雕刻

① 《时空中的美术》，第 186 页。

② 五联罐是随葬陶器的一种，在一个大罐上部塑造五个小罐，一个位于中心，其余环绕四周，中间的小罐与底下的大罐相通，其他四个小罐位于大罐的肩部并环绕着中心的小罐。虽然这种外形繁复的器物并非实用器，但仍然保存有一定的实用性。

技法也是一个不容忽视的问题。不同时代、地区画像石的雕刻手法都不尽相同，甚至在同一座墓葬建筑中，不同方位的画像雕刻方式也可能出现差异。这种有意为之的雕刻技法差异在汉代墓葬建筑中时有出现。山东沂南画像石墓中，这种现象尤为明显。沂南汉墓墓门外侧的画像与墓室内部的画像，甚至墓室之间的画像，雕刻技法都有显著不同。墓门门楣和两侧采取减地平雕的雕刻技术，画面显得清晰、明确。墓中矗立的八角石柱也使用了这种雕刻技法，柱子各个棱面上的画像十分鲜明，在墓室外部就能清楚地看到。而墓室内部墙壁画像皆为阴线刻，线条较为纤细，而因所处的空间较为低矮，光线十分幽暗，若生人作为观者，在无照明措施的情况下，完全无法看清石壁上的画像内容。结合上述几点可以推测出，这一空间并非为生人所设，而是死者独享的“神圣空间”，死者的尸身在此安眠，灵魂亦不受空间大小控制，可以自由出入，作为超脱凡俗的存在，死者的魂灵想必也能够感知和欣赏到那些黑暗中的图像。而此处的图像，可能也已超脱于世俗意义上的“观看”之外，设计者希望它们能够在神圣空间中突破二维平面，融合进整个神圣空间或理想世界的构建。阴雕和阳雕的混合使用，解释了墓葬建筑外部（世俗）与内部（神圣）的分界，表现了生者和死者世界、世俗和神圣空间、公共和私密领域之间的过渡。值得注意的是，墓葬不只是死者的永恒居所，同时也要接待来访的生者。随着葬仪的完善，墓葬渐渐成为执行仪式的场所，墓葬空间开始具有某种程度的公开性。墓门本是墓葬内部的墓饰，却因为其祭祀功能而与生者有了密切的联系。墓葬装饰技法的特征，从一个侧面也反映出汉代现实社会中的葬仪传统。

跨越阈限，沟通圣俗空间不仅仅由图像来表达，现实中所举行的丧葬和祭祀仪式，是实现这种“过渡仪式”最直接的方式。当然，我们已经无法目睹这些仪式的具体操作情景，但通过相关文献记载和出土材料，也包括汉画中涉及相关场景的图像，仍然可以实现对部分礼仪场景的还原和再现。

汉代的祭祀大致分为两种形式：路祭与墓祭。墓祭又可细分为祠堂祭祀、墓前露祭、墓内设奠等几种方式。有学者认为，墓上祭祀（主要指祠堂祭祀）、露祭与墓内祭奠是汉代墓祀风行的标志。尤其是墓内祭奠是当时新出现的一种祭祀形式，可能与汉代崇尚孝道思想的盛行，以及葬俗的变化相关。①

祭祀仪式在灵柩发引之前就已准备就绪。祭祀场所不仅限于陵墓与祠堂，在灵柩

① 李如森：《汉代丧葬礼俗》，沈阳出版社 2003 年版，第 64 页。

经过的沿途道路，死者亲友也会设筵席以祭奠，这种祭祀形式称为路祭。秦汉时期，路祭又称“道赍之奠”。《周礼·春官·小祝》有云：“及葬，设道赍之奠。”杜子春注曰：“赍当为粢，道中祭也。汉仪，每街路辄祭。”①

新莽时期前后，砖室墓内开始设奠，祭台一般设置于墓前室或棺前，祭器主要有陶制或漆质的方盒、祭案、耳杯、勺等。到了东汉时期，墓内设奠的祭祀方式已蔚然成风。因此，汉代墓葬中常常设有祭案，同时还发现有大量的祭祀器物、祭品等。例如，洛阳烧沟1026号汉墓的前堂正中，设有一件祭祀用漆案，案上放置有漆耳杯四个，案前后各置一漆耳杯，案前有一漆奁，内置一漆耳杯。案面东端残留有兽骨，案西侧有完整鸡骨架，鸡骨西侧又置一耳杯。②这些祭器与祭品一定程度上反映了祭祀仪式的举行方式和相关细节。

汉代墓葬中，还出现了石质的祭案和祭品。在徐州市贾汪汉墓中发现了一件石祭案，山东嘉祥县武氏祠石刻博物馆中，也藏有当地出土的一件石质祭案。有趣的是，这件祭案的案面上，有三条浮雕的石鱼。洛阳烧沟汉墓中用于祭祀的食物，随着时间的流逝迅速腐朽，大多已不可辨识，而武氏祠石祭案上的石鱼，与其他由石头构建的墓葬结构一起，成为一种永恒的存在。

墓中出土的祭器与祭品，向人们呈现了一个凝固的时刻，也就是所有墓内举行的祭祀仪式完成后，墓门封闭的那一刻。而汉代墓祠中的相关画像，却铺陈出一幕幕连续的情景，我们可以从中获知祭祀仪式举行的过程、行礼者的举止、仪式的整体规模等更为丰富的信息。

画像石作为地上墓阙、祠堂和地下墓室的建筑构件，构筑出立体化、地宅化、仿生化，又不乏神圣性的“生活空间”与祭祀空间。这种地上祠堂与地下墓室结合的墓葬构建形式，在西汉中后期的墓葬中已经比较明显地呈现出这种趋势。③而祭祀仪式发生的地点，如墓门、祭桌，就是神圣空间与仪式中心标志物，根据巫鸿的观点，这些标志物是为墓主灵魂所设的“位”。他认为，死者灵魂在陵墓中存在的标志可以称为墓主之“位”，其表现形式可以是墓主的画像、雕像，也可以是一种象征性空间。整个墓葬建筑是为死者营造一个象征性空间结构，而“位”的存在是在这一空间环境

① 转引自李如森《汉代丧葬礼俗》，第37页。

② 中国科学院考古研究所：《洛阳烧沟汉墓》，科学出版社1959年版，第46—47页。

③ 《汉画像石与汉代民间丧葬观念》，第25页。

中赋予死者以主体性（subjectivity）。[①]“位”象征了死者在墓中的存在及其主观视点。墓葬的核心功能是对墓主进行祭祀，而祭祀作为一种神圣活动要求墓葬为其提供神圣空间来进行。[②]因此，“位”的位置确定了墓葬中神圣空间的核心主体，以及举行仪式的核心地点。

三、舆论

汉画的叙事性发展：从单幅画面到长卷式构图

汉代早期的石椁画像多为单幅构图形式，即使创作空间整体面积较大，匠人们也习惯于先将大块空白分割成若干个“画框”，然后再在“画框”中进行创作。当我们审视一个西汉石椁的侧面时，就会发现，这些长方形石面往往被分成三个方形画面，每个画面的面积与石椁前后挡板相近，且各个“画框”中的图像内容都各自独立，彼此没有特定的联系。这种“化整为零”的创作方式，似乎是汉代早期艺术家克服构图困难的一种折中方法。当面对较大面积的作画空间时，如何将需要表达的各个母题合理安排进同一画面中，是一项耗费心力又极具挑战性的工作。虽然我们早就在史前岩画中就见到过以岩壁为“画布”的恢宏大作，但这些岩画只是将动物、植物和人随性地绘制在壁面上，很难说他们彼此之间有很强的叙事性关联，而汉代艺术所要表达的内容要复杂得多。因此，笔者推测，在墓葬艺术创作还处于探索阶段的西汉，大面积的构图模式还未成熟，艺术家们更倾向于在较小的区域内创作，以求更好地掌控画面的整体效果。不论是在西汉的一些石椁侧板画像，还是砖面较大的画像砖上，都可以看到这种处理手法。（图 21）

当然，汉代的艺术家们从未放弃对大型创作的尝试。无论在当时的墓葬艺术还是日常用品中，我们都可以发现他们探索的成果。例如图 22 这块西汉模印空心砖，制造者将车马过桥图像平行重复印制在砖面上，形成多辆马车过桥的连续性画面，虽然手法较粗率，拼接痕迹明显，但已然有了经营大面积叙事画面的意识。这种意识在东

---

① 《时空中的美术》，第 167 页。

② J. Assmann, *The Ramesside tomb and the construction of sacred space*. In N. Strudwick and J. H. Taylor (eds), *The Theban Necropolis: past, present and future*. London, British Museum Press, 2003, p. 46.

汉时期就已经发展成较为完善的构图模式。当武梁祠的匠人们面对一整块石面时，他们仍然采取了前辈们的方法——用线框分割画面。不过他们分割石面的方式更为高明，使得这些“画框”不再那么生硬而突兀。首先，画面被分割成长条形而非一个个方框，这使得表达具有连续性的叙事图像成为可能；其次，分割画面所用的界框不再是生硬的线条，而多是几何纹、云纹、变形的花草等纹样，更具趣味性和装饰性。在有些画面中，树木、楼阁、桥梁甚至是成排的人物、车马等都起到了分割不同画面场景的作用。这种构图方式在后世广为沿用，被美术史家称作“长卷式”构图。

图 21　西汉门阙、轺车、骑射画像砖（采自《中国画像砖全集·河南画像砖》图版二七）

图 22　车马过桥画像砖（王磊拍摄于北京园博园）

郑岩教授曾对这种构图方式进行过阐述，他认为，墓门门楣和墓室石壁横额是一种长卷式构图，适于表现大规模的人物活动或成群的动物，特别是出行、狩猎等题材，这种横向展开的画面引导观者的目光左右扫描，可以增强画面的动感。以上文阐述的桥梁图式为例，这种观点也能够合理解释该图式的画面配置问题，同时为桥梁图式中出现的诸多画面元素提供形式上的理论依据。在此基础上，郑岩将这种长卷式构图方式进一步细化为通联式和中分式。通联式是指车马出行等画面元素贯穿；中分式则特指画面中间有柱子等物，它们将画面分割为两部分，从而使画面内容更加丰富。而桥梁图式既不属于通联式，也不能归为中分式。笔者认为，它是介于两者之间的一种特殊构图形式。桥梁图式以桥梁特有的建筑形象，对画面进行多层次分割，但又不会显得过于生硬。画面中各个区域的内容既可看作彼此独立，也能通过桥梁联系为一个有

图 23　山东济宁微山县出土汉代石椁侧板送葬图拓片
（采自《微山汉画像石选集》第 245 页）

机的整体，而桥梁本身也可以融入整个画面的叙事结构中。

另一个值得注意的例子，是山东济宁微山县一具石椁侧板上的送葬场景。这件石椁年代应为西汉晚期或东汉早期，是目前所见年代较早的汉代送葬图像。（图 23）这幅“送葬图”并非一幅完整的连续性画面，而是在石椁一侧的整块石板上，分割出三块方形和矩形的“画框”。左侧的方形画框中刻画了一群人物，似乎正在交谈和收受礼品。中间的长方形画框中，画面中心是一辆送葬车，文献称之为“辒辌车”。车前有两列人拉车前行，车旁和后方跟随着数名男子和女子，可能是死者的家属或友人。画面最右上角处，有一人跪拜，似乎是在迎接送葬队伍。最右侧的方框中，刻画了三个高大的三角形物，可能是陵墓的巨大封土，其间植有柏树。画面中间是一长方形物，应该是挖好了的墓穴。墓穴旁有人或坐或立，还有人似乎在准备祭品。这三幅相对独立的画面，连在一起就是一个完整的葬礼。巫鸿也注意到这件作品，他认为，这件石椁上的三幅画像，“以并列连续形式体现了一种从生到死的时间序列，这两个世界的联系和转换关系是由中间的送葬行列建立起来的”。[①] 这件由三幅图像构成的作品说明，这种由单幅画面组成的连续性场景，不仅实现了视觉形式上的连续性，其不同画面之间也存在很强的叙事联系。这三幅画面从左到右是丧葬仪式举行的过程，这一过程既具有历时性，又存在空间的转换。每一幅画面所表现的内容，是同一丧葬仪式在不同时间和空间中的具体场景。

我们在山东沂南汉墓前室和中室的墙壁上也发现了相似的葬礼场景。这些创作时间比微山石椁画像晚二百年左右的葬礼图，明显在画面构图和叙事手法上更为成熟。画面中有大量的人物、车马，还有各种建筑物，如祠堂、陵墓和宗庙等礼仪性建筑。[②] 巫鸿曾提出，沂南汉墓中所描绘的一些场景，可以在相关历史文献，如《仪礼》中找到相应的丧葬礼仪描述。[③] 可见，汉画中的一些主题图像的表达方式并非一成不变，而是随着创作者技术的进步，以及社会审美风尚的转变而不断完善，有些最终形成了

---

① 《礼仪中的美术》，第 264 页。

② 关于山东沂南汉墓送葬图的综合性解读，详见 Lydia D. Thompson，*The Yi'nan Tomb：Narrative and Ritual in Pictorial Art of the Eastern Han*（*25—220C.E.*），Ph. D. dissertation，New York University，1998。

③ 《礼仪中的美术》，第 264 页。

高度程式化的“图式”。而从图像到图式，从单幅画面向长卷式构图的发展与流变，也从一个侧面反映出汉代墓葬艺术发展的整体性趋势。

四、结论

在汉代墓葬艺术中，阈限的观念有多种形式的表达，如天门、桥梁、神树等图式。在整个墓葬空间中，墓门本身也是分隔阴阳两界的界限。阈限作为生与死、神圣与凡俗之间的中间点，是汉代墓葬艺术的核心观念之一。汉代墓葬艺术通过上述这些阈限图式和建筑结构，在二维平面和三维空间中都架设了仪式性的地标。跨过这些阈限，就完成了从一个世界进入另一个世界的过程，这种过程具有强烈的仪式意味，跨越阈限的行为，可看作一种“通过仪式”（或“过渡仪式”）。汉代墓葬艺术不仅表现了种种阈限，也描绘了跨越阈限的媒介和行为，如启门、车马过桥、攀缘神树、射鸟捕鸟、乘龙御凤等。还有很多类似的仪式行为，如乘舟过河、仙人六博等，也可以达到同样的目的，由于篇幅所限没有展开阐述。可见，在汉人的观念中，跨越阈限，升天或升仙的方式和媒介十分丰富。

与此同时，神圣空间的构建也是汉代墓葬设计理念中一个重要的主题。神圣空间是跨越阈限后进入的一个全新的世界。汉人在构建墓葬语境下的神圣空间时，采用了墓葬空间和明器的微缩化、居所化、内外有别的雕刻技法等表现方式。从陵墓建筑结构、图像和墓葬文本等多方面考察可知，汉代人所营造的死后“居所”在一定程度上反映了汉代现实社会的图景，但本质上表现的是理想化的死后世界。在探讨图像、建筑材料的同时，也不应忽视其背后所反映的葬仪。在真实的汉代葬礼中，跨越阈限、沟通圣俗空间不仅仅由图像和文字来表达，现实中所举行的各种丧葬、祭祀仪式，才是实现“过渡仪式”最直接的方式。

参考文献：

古籍

[1]［汉］司马迁:《史记》，中华书局1959年版。
[2]［汉］班固:《汉书》（中华书局点校本），中华书局1962年版。

[3] 何清谷:《三辅黄图校释》，中华书局 2005 年版。

[4] [北魏] 郦道元著，陈桥驿、叶光庭、叶扬译注:《水经注全译》，贵州人民出版社 2008 年版。

[5] [五代] 王仁裕撰，曾贻芬点校:《开元天宝遗事》，中华书局 2006 年版。

[6] [宋] 郭若虚著，黄苗子点校:《图画见闻志》，人民美术出版社 1984 年版。

[7] [清] 毕沅、阮元撰，[民国] 罗振玉辑:《山左金石志》，江苏古籍出版社 1998 年版。

[8] [清] 冯云鹏、冯云鹓辑:《金石索》，书目文献出版社 1996 年版。

[9] 陈宏天、赵福海、陈复兴主编:《昭明文选译注》，吉林文史出版社 1988 年版。

[10] 中华书局编辑部点校:《全唐诗》，中华书局 1999 年版。

专著

[1] 中国科学院考古研究所:《洛阳烧沟汉墓》，科学出版社 1959 年版。

[2]《桥梁史话》编写组:《桥梁史话》，上海科学技术出版社 1979 年版。

[3] 龙榆生编选:《唐宋名家词选》，上海古籍出版社 1980 年版。

[4] 吴曾德:《汉代画像石》，文物出版社 1984 年版。

[5] 佛光大辞典编修委员会编:《佛光大辞典》，台湾佛光出版社 1988 年版。

[6] 高文编著:《四川汉代石棺画像集》，人民美术出版社 1997 年版。

[7] 中国科学院自然科学史研究所主编:《中国古代建筑技术史》，科学出版社 1985 年版。

[8] 信立祥:《汉代画像石综合研究》，文物出版社 2000 年版。

[9] 李发林:《汉画考释和研究》，中国文联出版社 2000 年版。

[10] 蒋英炬、杨爱国:《汉代画像石与画像砖》，文物出版社 2001 年版。

[11] 王建中:《汉代画像石通论》，紫禁城出版社 2001 年版。

[12] 黄晓芬:《汉墓的考古学研究》，岳麓书社 2003 年版。

[13] 李如森:《汉代丧葬礼俗》，沈阳出版社 2003 年版。

[14] 冉万里:《汉唐考古学讲稿》，三秦出版社 2003 年版。

[15] 朱存明:《汉画像的象征世界》，人民文学出版社 2005 年版。

[16] [德] 雷德侯著，张总等译:《万物——中国艺术中的模件化和规模化生产》，生活·读书·新知三联书店 2005 年版。

[17] [美] 巫鸿著，郑岩等译:《礼仪中的美术》，生活·读书·新知三联书店 2005 年版。

[18] [法] 涂尔干著，渠东、汲喆译:《宗教生活的基本形式》，上海人民出版社 2006 年版。

[19] 杨爱国:《幽明两界：纪年汉代画像石研究》，陕西人民美术出版社 2006 年版。

[20] 蒲慕州:《追寻一己之福：中国古代的信仰世界》，上海古籍出版社 2007 年版。

[21] 黄佩贤:《汉代墓室壁画研究》，文物出版社 2008 年版。

[22] [美] 伊利亚德著，晏可佳等译:《神圣的存在：比较宗教的泛型》，广西师范大学出版社 2008 年版。

[23] [美] 巫鸿著，施杰译:《黄泉下的美术》，生活·读书·新知三联书店 2010 年版。
[24] 周学鹰:《解读画像砖石中的汉代文化》，中华书局 2005 年版。
[25] [法] 范热内普著，张举文译:《过渡礼仪》，商务印书馆 2010 年版。
[26] 邢义田:《画为心声：画像石、画像砖和壁画》，中华书局 2011 年版。
[27] 孙机:《汉代物质文化资料图说（增订本）》，上海古籍出版社 2011 年版。
[28] 梁思成:《中国建筑史》，生活·读书·新知三联书店 2011 年版。
[29] [英] 杰西卡·罗森著，邓菲等译:《祖先与永恒》，生活·读书·新知三联书店 2011 年版。
[30] 刘敦愿:《刘敦愿文集》，科学出版社 2012 年版。
[31] 郑岩:《从考古学到美术史——郑岩自选集》，上海人民出版社 2012 年版。
[32] 郑岩:《逝者的面具：汉唐墓葬艺术研究》，北京大学出版社 2013 年版。
[33] 徐复观:《两汉思想史（全三册）》，九州出版社 2014 年版。
[34] [美] 柯嘉豪著，赵悠等译:《佛教对中国物质文化的影响》，中西书局 2015 年版。
[35] 黄宛峰:《汉画像石与汉代民间丧葬观念》，中国社会科学出版社 2015 年版。
[36] 王倩:《汉画像石西王母图像方位模式研究》，江苏大学出版社 2018 年版。
[37] 张建宇:《汉唐美术空间表现研究——以敦煌壁画为中心》，中国人民大学出版社 2018 年版。
[38] 邢义田:《今尘集：秦汉时代的简牍、画像与文化流播》，中西书局 2019 年版。
[39] 徐文彬等编:《四川汉代石阙》，文物出版社 1992 年版。

图录

[1] 南京博物院、山东省文物管理处编:《沂南古画像石墓发掘报告》，文化部文物管理处 1956 年版。
[2] 汤池编:《中国画像石全集》，山东美术出版社 2000 年版。
[3] 山东省博物馆等编:《山东汉画像石选集》，齐鲁书社 1982 年版。
[4] 何清谷校注:《三辅黄图校注》，三秦出版社 1995 年版。
[5] 常任侠:《汉代绘画选集》，朝花美术出版社 1955 年版。
[6] 傅惜华、陈志农编辑，陈志农绘图，陈沛箴整理:《山东汉画像石汇编》，山东画报出版社 2010 年版。
[7] 韩玉祥、李陈广主编，南阳汉画馆编著:《南阳汉代画像石墓》，河南美术出版社 1998 年版。
[8] 王建中、闪修山:《南阳两汉画像石》，文物出版社 1990 年版。
[9] 武利华主编:《徐州汉画像石精选》，线装书局 2001 年版。
[10] 中国美术全集编辑委员会主编:《中国美术全集·绘画编 18：画像石画像砖》，上海人民美术出版社 1988 年版。
[11] 马汉国主编:《微山汉画像石选集》，文物出版社 2003 年版。
[12] 重庆博物馆编:《重庆市博物馆藏四川汉画像砖选集》，文物出版社 1957 年版。

[13] 河南博物院编著:《河南出土汉代建筑明器》，大象出版社 2002 年版。

[14] 胡新立:《邹城汉画像石》，文物出版社 2008 年版。

[15] [法] 沙畹：*Mission archéologique dans la Chine septentrionale*（《北中国考古图录》），1909 年版。

[16] 高火编:《埃及艺术》，河北教育出版社 2003 年版。

[17] 薛文灿、刘松根编:《河南新郑汉代画像砖》，上海书画出版社 1993 年版。

[18] 高文、王文锦编著:《中国巴蜀汉代画像砖大全》，国际港澳出版社 2002 年版。

[19] 中国画像砖全集编辑委员会:《中国画像砖全集》，四川美术出版社 2006 年版。

[20] 临沂市博物馆编:《临沂吴白庄汉画像石墓》，齐鲁书社 2018 年版。

论文

[1] 劳榦:《论鲁西画像三石——朱鲔石室、孝堂山、武氏祠》，台湾《“中央研究院”历史语言研究所集刊》第八册第一分册，1939 年 10 月。

[2] 内蒙古文物工作队、内蒙古博物馆:《和林格尔发现一座重要的东汉壁画墓》,《文物》1974 年第 1 期。

[3] 罗哲文:《和林格尔汉墓壁画中所见的一些古建筑》,《文物》1974 年第 1 期。

[4] 黄明兰:《洛阳西汉卜千秋壁画墓发掘简报》,《文物》1977 年第 6 期。

[5] 金维诺:《和林格尔东汉壁画墓年代的探索》,《文物》1974 年第 1 期。

[6] 刘敦愿:《〈山东汉画像石选集〉中未详历史故事考释》,《东岳论丛》1984 年第 2 期。

[7] 李发林:《山东苍山元嘉元年画像石墓题记试释》,《中原文物》1985 年第 1 期。

[8] 钰金、王清建:《浅论汉画中的升仙工具》,《南都学坛》1990 年第 5 期。

[9] 周香洪:《四川画像砖中所见的汉代桥梁》,《四川文物》1992 年第 3 期。

[10] 王国奇:《汉画中的桥梁》,《文物天地》1996 年第 6 期。

[11] 罗二虎:《汉代画像石棺研究》,《考古学报》2000 年第 1 期。

[12] 田晓东、周学鹰:《重新释读汉代建筑画像石》,《装饰》2000 年第 4 期。

[13] 申宪:《汉画像石中桥梁图像探析》,《东南文化》2000 年第 11 期。

[14] 周学鹰:《认读“汉代建筑画像石”的方法论》,《同济大学学报（社会科学版）》2000 年第 3 期。

[15] 周学鹰、田晓东:《对几幅徐州地区“汉代建筑画像石”的重新释读》,《中国矿业大学学报（社会科学版）》2002 年第 2 期。

[16] 邢义田:《格套、榜题、文献与画像解释——以一个失传的“七女为父报仇”汉画故事为例》,《中世纪以前的地域文化、宗教与艺术:“中央研究院”第三届国际汉学会议论文集》，“中央研究院”历史语言研究所 2002 年版。

[17] 吴晓峰、李惠娟、安永辉:《从〈鲁灵光殿赋〉看汉代宫殿的建筑特色》,《长春师范学院学报》2003 年第 2 期。

[18] 杨昌鸣、徐磊、李湘桔:《门里乾坤——门的文化、心理含义解析》,《天津大学学报（社会科学版）》2004 年第 3 期。

[19] 许一伶:《汉代建鼓舞研究》,《东南文化》2004 年第 3 期。

[20] 江怡:《康德的“图式”概念及其在当代英美哲学中的演变》,《哲学研究》2004 年第 6 期。

[21] 金桂莲、曾宪波:《南阳汉画中的建筑画像》,《中国汉画学会第十届年会论文集》, 2006 年。

[22] 鲁西奇:《汉代买地券的实质、渊源与意义》,《中国史研究》2006 年第 1 期。

[23] 杨金辉:《秦汉时期渭河三桥的营建原因和重要意义》,《唐都学刊》2008 年第 1 期。

[24] 慕飞鸿、郑庆和:《关于汉代建筑文献考古资料的分类解析》,《内蒙古工业大学学报（社会科学版）》2008 年第 1 期。

[25] 练春海:《论汉代图像的秩序构建》,《南京艺术学院学报（美术与设计版）》2008 年第 3 期。

[26] 黄鑫:《汉画像石“水陆攻战图”的类型学解析》,《解放军艺术学院学报（季刊）》2009 年第 4 期。

[27] 吴贺丽、朱永春:《汉代的水戏及相关建筑考述》,《华中建筑》2009 年第 5 期。

[28] 曹静宜:《古诗词中“桥”意象的探索》,《鸡西大学学报》2009 年第 2 期。

[29] 郑立君:《也论汉代画像石图像的构图方式》,《杭州师范大学学报（社会科学版）》2009 年第 5 期。

[30] 吴雪杉:《从“九鼎”到“丹鼎”——四川汉代“取鼎”图像的嬗变》,《天津美术学院学报》2011 年第 2 期。

[31] 籍晓蕊:《两汉画像石题材内容综述》,《殷都学刊》2011 年第 3 期。

[32] 董清丽:《河南汉墓出土陶井研究》, 郑州大学硕士学位论文, 2011 年。

[33] 李立:《以“快乐家园”为“终点”的“生命回归”——论汉画像石墓门楣画像“车马出行”画面构图意义》,《南都学坛》2011 年第 6 期。

[34] 李清泉:《空间逻辑与视觉意味——宋辽金墓“妇人启门”图新论》,《美术学报》2012 年第 2 期。

[35] 郑岩:《说“窥窗”》,《艺术设计研究》2012 年第 1 期。

[36] 郑岩:《论“半启门”》,《故宫博物院院刊》2012 年第 3 期。

[37] 李思思:《汉代建筑明器研究》,《中国国家博物馆馆刊》2012 年第 9 期。

[38] 郑岩:《弯曲的柱子——陕北东汉画像石的一个细节》,《古代墓葬美术研究（第二辑）》, 湖南美术出版社 2013 年版。

[39] 董睿:《汉代空心砖画像的模印程序》,《中国艺术时空》2013 年第 5 期。

[40] 侯锐:《汉代画像石建筑题材研究》, 江西师范大学硕士学位论文, 2013 年。

[41] 孙机:《仙凡幽明之间——汉画像石与“大象其生”》,《中国国家博物馆馆刊》2013 年第 9 期。

[42] 刘晓达:《历史镜像与墓中祈福：汉代“泗水捞鼎”画像意义再探》,《广东第二师范学院学报》2014 年第 1 期。

[43] 李亚利、滕铭予:《汉画像中桥梁图像的象征意义研究》,《华夏考古》2015 年第 1 期。

[44] 李亚利:《汉代画像中的建筑图像研究》，吉林大学博士学位论文，2015 年。

[45] [法] 沙畹（Édouard Chavannes）著，卢梦雅译:《古代中国社神》,《国际汉学》2015 年第 2 期。

[46] 顾颖:《汉画像祥瑞图式研究》，苏州大学博士学位论文，2015 年。

[47] 李清泉:《“天门”寻踪》,《古代墓葬美术研究（第三辑）》，湖南美术出版社 2015 年版。

[48] 姜守诚、李海龙:《台湾地区南部灵宝道派的引魂过桥仪式》,《世界宗教文化》2016 年第 2 期。

[49] 王琨:《西王母故事系统中“三青鸟”形象辨释》,《宗教学研究》2017 年第 1 期。

[50] 刘芊、陶思炎:《神树图像与传统中国信仰变迁》,《南京社会科学》2017 年第 6 期。

[51] 贾妍:《“逾界”与“求诉”——从〈伊施塔入冥府〉神话的两大主题看古代两河流域伊施塔崇拜的一些特质》,《丝绸之路研究（第一辑）》，生活 · 读书 · 新知三联书店 2017 年版。

[52] 田天:《西汉遣策“偶人简”研究》,《文物》2019 年第 6 期。

[53] 王煜:《汉墓天门图像及相关问题》,《考古》2019 年第 6 期。

[54] 重庆巫山县文物管理所、中国社会科学院考古研究所三峡工作队:《重庆巫山县东汉鎏金铜牌饰的发现与研究》,《考古》1988 年第 12 期。

[55] [美] 巫鸿著，郑岩译:《“华化”与“复古”——房形椁的启示》,《南京艺术学院学报（美术与设计版）》2005 年第 2 期。

仙凡之间：鲁中南地区汉画像石中的水榭观鱼图初探

高嘉谊

2019年7月16日至22日，非常有幸参与了由《形象史学》、出土文献与中国古代文明研究协同创新中国社会科学院历史所分中心主办，山东省石刻艺术博物馆协办的“形象史学精品课程·汉画调研班”。跟随着诸位老师、前辈们在鲁中南的长清、嘉祥、微山、滕州、临沂、淄博等地区开展了为期六天的汉代石刻画像调研。在这次调研中我收获颇丰，图册上印刷的拓片以实物的形态呈现在眼前，近距离观察画像石图像中所刻画的每一个细节，让人不由得感叹汉画像石艺术成就之辉煌与中国古代文明之灿烂。作为一个汉画研究领域的初学者，能够在本科毕业至研究生入学的暑假期间获得这么宝贵的一次实地考察与向学界前辈学习请教的机会，我感到特别幸运。这次的调研报告可以说是一边学习一边完成的，难免会有很多疏漏与不当之处，但希望能体现出考察与学习的收获。

在这次考察中我观察到一些图像的相似之处，并思考这是否蕴藏着某种固定的范式。在鲁中南地区，尤其是滕州市、微山县地区发现的汉画像石中出现了多幅水榭观鱼的图像，这些图像的构图方式与内容都存在相似之处，俨然已经形成了一种图式（即邢义田所说的“格套”）。一种图式的出现即表明某些图像的固定组合已经形成了一种范本，它所体现的不仅仅是工艺上的传承与模仿，而是一种被当时人们普遍认可的表达方式，是客观现象与人们对世界的主观理解的结合。因此本篇调查报告希望以考察中所见的鲁中南地区汉画像石中的“水榭观鱼”图像为主，其他图册中收录的鲁中南地区汉画像石中的“水榭观鱼”图像为辅，通过对这类图像的总结、分类，探讨水榭观鱼图中所包含的图像的表现形式、意义与艺术特色，分析这种图式蕴含的意味，并试图进一步探讨其所体现的思想。

一、调研所见鲁中南地区汉画像石中的“水榭观鱼”图像

（一）微山县汉画像石中的水榭观鱼图

图 1，出土于微山县两城乡，年代为东汉中晚期（89—189），现藏于微山县文化馆。水榭观鱼图单独成幅，雕刻方式为浅浮雕。画面内容为单侧楼梯单华栱支撑亭榭；屋脊左侧立一凤鸟，嘴含仙丹，空白处有一鸟，屋脊右侧立一鸟，屋檐悬一鱼；亭内一男一女端坐，亭外一人垂钓，一线四鱼，左侧楼梯站立四人，空白处有一人呈坐观状；华栱内侧坐一人，头部残缺，下绘一鱼。

1-1

1-2

图 1　微山县两城乡东汉中晚期画像石　水榭观鱼图（图 1-1：马汉国主编《微山汉画像石选集》，文物出版社 2003 年版，第 131 页；图 1-2：曾磊摄）

图 2，出土于微山县两城乡，年代为东汉中晚期（89—189），现藏于微山县文化馆。水榭观鱼图右上部残，疑为画像石左下角，雕刻方式为浅浮雕。画面内容残缺，屋脊之上残余一攀爬动物的下半身（疑为猿猴）；亭内与斗栱中各有一人脸图案；从

屋顶中心延伸出一根渔线经过屋檐悬吊三条鱼，亭下有三鱼争头图，画像石的底部刻有鸟啄鱼的图像。

2-1　　2-2

图2　微山县两城乡东汉中晚期画像石　水榭观鱼图（图2-1:《微山汉画像石选集》，第165页；图2-2：高嘉谊摄）

图3，出土于微山县两城乡，年代为东汉中晚期（89—189），现藏于微山县文化馆。水榭观鱼图单独成幅，雕刻方式为浅浮雕。画面内容为单侧楼梯双华栱支撑亭榭；左侧屋脊有攀爬的猿猴，边框处也刻画有攀爬的猿猴，右侧屋脊立有两只鸟，空白处有一飞鸟；亭内坐一人，亭外一人做钓鱼状；右侧有一飞鸟和一人袖手端坐，楼梯站立四人；一华栱内图案模糊不清，另一华栱内一人做叉鱼状；亭下悬挂双鱼，有鱼和乘船捕鱼、罩鱼、徒手捕鱼的图像。

3-1　　3-2

图3　微山县两城乡东汉中晚期画像石　水榭观鱼图（图3-1:《微山汉画像石选集》，第211页；图3-2：曾磊摄）

除了实地调研观察到的三幅水榭观鱼图之外,《微山汉画像石选集》中还收录了微山地区四幅水榭观鱼图的拓片。

图4，出土于微山县两城乡，年代为东汉中晚期（89—189）。水榭观鱼图单独成幅，雕刻方式为浅浮雕。画面内容为单侧楼梯单华栱支撑亭榭；左侧屋脊有一攀爬的猿猴，屋檐下悬挂一鱼，右侧有两只双头人面鸟；亭内坐两人，亭外一人；右侧楼梯站立六人，观台上坐一人；华栱内坐一人，似放有一壶；亭下有鱼和驾船叉鱼、罩鱼、鱼鹰捕鱼的图像。

图5，出土于微山县两城乡，年代为东汉中晚期（89—189）。水榭观鱼图位于整块画像石的下方，雕刻方式为浅浮雕。画面内容为单侧楼梯双华栱支撑亭榭；左侧屋脊有站立的鸟，屋檐下悬挂一鱼，右侧有扁鹊针灸图，其下方有二人六博图，有一

图 4　微山县两城乡东汉中晚期画像石　水榭观鱼图（《微山汉画像石选集》，第 181 页）

图 5　微山县两城乡东汉中晚期画像石　水榭观鱼图（《微山汉画像石选集》，第 201 页）

图 6　微山县两城乡东汉中晚期画像石　水榭观鱼图（《微山汉画像石选集》，第 205 页）

人坐观；亭内坐男女两人，亭外坐一人；右侧楼梯站立七人，做交谈状，再右侧坐一人；一华栱内坐一人，一华栱内似有一兽；亭下有鱼、鳖和罩鱼、鸟啄鱼的图像。水榭观鱼图上方是仙人骑龙的图像。

图 6，出土于微山县两城乡，年代为东汉中晚期（89—189）。水榭观鱼图位于整块画像石的下方，雕刻方式为浅浮雕。画面内容为单侧楼梯单华栱支撑亭榭；左侧屋脊之上刻画有猿猴，屋檐下悬挂一鱼，右侧屋脊有鸟及疑似鸟啄鱼的图像；亭内坐男女两人，做观鱼状，亭外似有一人；右侧有六妇人袖手端坐；楼梯站立六妇人，后两人做交谈状；华栱内坐两人，一人叉鱼，一人端坐；亭下有鱼和乘船叉鱼、罩鱼的图像。水榭观鱼图上方有四只奔鹿。

图 7-1，出土于微山县两城乡，年代为东汉中晚期（89—189）。水榭观鱼图位于整块画像石的下方，雕刻方式为浅浮雕。画面仅存右上部分，能辨识出的内容有左侧屋脊旁似有残留的凤鸟尾部，右侧屋脊有一攀爬的猿猴，屋檐下方悬挂一条鱼；亭内坐两人，亭外右侧坐一人，似钓鱼状；左侧楼梯站立两人。水榭观鱼图上方是仙人骑龙的图像。

7-1　　　　　　　　　　　　　　　　7-2

图 7　微山县两城乡东汉中晚期画像石　水榭观鱼图（图 7-1:《微山汉画像石选集》，第 219 页，选自《鲁迅藏汉画象》(二)，上海人民美术出版社 1991 年版，图二〇四；图 7-2：转引自向智琴《汉画像石中的扁鹊图像研究——从图像学角度浅析》,《艺术评鉴》2019 年第 5 期，第 184 页）

向智琴《汉画像石中的扁鹊图像研究——从图像学角度浅析》一文中引用的扁鹊图像（图 7-2）与这幅非常相似，但原文中并没有标明出处。如果确实为同一张画像石拓片的话，那图 7-1 这块画像石的完整画面内容就为单侧楼梯双华栱支撑亭榭；右侧屋脊有猿猴，屋檐下悬挂一鱼，左侧有扁鹊针灸图，其下方有两人端坐；亭内坐两人，亭外坐一人；左侧楼梯站立八人；一华栱内没有刻画事物，一华栱内似刻画有一兽；亭下有鱼、鳖和乘船捕鱼、鸟啄鱼的图像。水榭观鱼图上方是仙人骑龙的图像。

（二）滕州市汉画像石中的水榭观鱼图

图 8，出土于滕县山亭公社（现为滕州市山亭区）驳山头，年代为东汉（25—220），现藏于滕州汉画像石馆。水榭观鱼图单独成幅，雕刻方式为浅浮雕。画面内容为单侧楼梯双栱支撑亭榭；屋脊两侧有猿猴，右侧有两人，一人肩上有翼，一人执一物似在跪拜翼人，最右侧似有一鸟；亭内有一人，直栱与华栱内各有一人，手中似执一物，右侧楼梯上三人躬立；亭榭下有鱼、鳖与异兽。画像石右侧还有伏羲擎日图。

8-1　　8-2

图 8　滕县山亭公社驳山头东汉画像石　水榭观鱼图（图 8-1：山东省博物馆、山东文物考古研究所编《山东汉画像石选集》，齐鲁书社 1982 年版，图版 149；图 8-2：高嘉谊摄）

图 9，出土于滕州市滨湖镇西古村，年代为东汉（25—220），现藏于滕州汉画像石馆。画像石原位于祠堂的后壁。水榭观鱼图位于整块画像石的下方，雕刻方式为浅浮雕。画面内容为单侧楼梯单华栱支撑亭榭；屋脊两侧有猿猴；屋顶内有一人垂钓，一杆三鱼，身旁放有一条鱼；华栱内有一人；左侧楼梯上有两人和两只正在攀爬的猿猴；亭榭下有鱼、鳖与捕鱼的图像。画像石分为两层，第一层为龙纹，水榭观鱼图位于第二层的右边，左侧有拜谒图与庖厨图。

9-1-1　　9-1-2　　9-2　　9-3

图 9　滕州市滨湖镇西古村东汉画像石　水榭观鱼图、庖厨图、拜谒图（图 9-1-1、9-1-2：中国画像石全集编辑委员会编，赖非主编:《中国画像石全集》第 2 卷《山东汉画像石》，山东美术出版社 2000 年版，第 178—179 页；图 9-2、9-3：高嘉谊摄）

图 10，出土于滕州市龙阳镇附近，年代为东汉早期（25—107），现藏于山东博物馆。画像石原位于小祠堂后壁。水榭观鱼图位于整块画像石的左上角，雕刻方式为浅浮雕。水榭观鱼图画面内容为单侧楼梯无明显斗栱支撑亭榭；右上角绘一龙；亭内似两人侧坐，左侧一人手中执便面，右侧楼梯上有八人似执便面依次站立；亭榭下四人垂钓，依次一杆四鱼、三鱼、一鱼、无鱼，左下方有一鱼呈横卧状。整块画像石分四层，水榭观鱼图位于第一层的左边，第一、二层还刻有凤鸟、异兽、楼阁拜谒图、纺织图、武库，第三层为列骑出行图，第四层为车马出行图。

10-1　　10-2　　10-3

图 10　滕州市龙阳镇东汉早期画像石　水榭观鱼图、纺织图、拜谒图、武库、列骑出行图、车马出行图（图 10-1：滕州市汉画像石馆编《滕州汉画像石精品集》，齐鲁书社 2011 年版，第 31 页；图 10-2、10-3：高嘉谊摄）

图 11，出土于滕州市桑村镇西户口村（今山亭区），年代为东汉晚期（107—220），现藏于山东博物馆。画像石原位于小祠堂后壁。水榭观鱼图位于整块画像石的左上角，雕刻方式为凸面线刻。水榭观鱼图画面内容为单侧楼梯双直栱支撑亭榭；屋脊右上方有猿猴与异兽；亭内两人端坐，两直栱内各有一人侧坐，右侧楼梯上七人躬立；亭榭下左侧刻有一人面异兽吞食鱼的图像，底部刻有鱼与流水的图像。整块画像石分三层，水榭观鱼图位于第一层的左边，第一、二层还有凤鸟、羽人、楼阁图、纺织图，第三层是车马出行图。

11-1　　11-2　　11-3

图 11　滕州市桑村镇西户口村东汉晚期画像石　水榭观鱼图、楼阁图、纺织图、车马出行图（图 11-1:《滕州汉画像石精品集》，第 75 页；图 11-2、11-3：高嘉谊摄）

除了实地调研观察到的四幅水榭观鱼图之外,《山东汉画像石选集》中还收录了滕州地区一幅水榭观鱼图的拓片。

图 12，出土于滕县东山亭公社，年代不详，原石已散失。水榭观鱼图位于整块画像石左上角，雕刻方式为浅浮雕。画面内容为单侧楼梯单华栱支撑亭榭；屋脊两侧有猿猴；亭内两人端坐，华栱内有两人端坐，右侧楼梯上五人躬立；亭榭下有鱼的图像。整块画像石分为两层，水榭观鱼图位于第一层左边，右侧为楼阁双阙图，第二层为车马出行图。

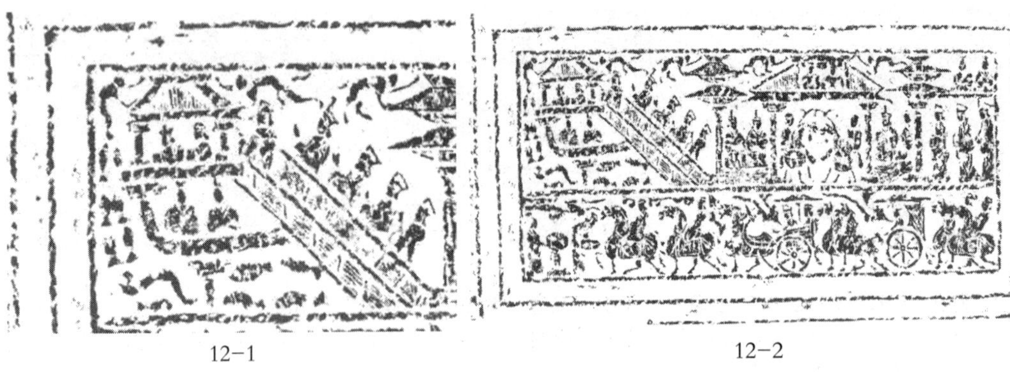

图 12　滕县东山亭公社画像石　水榭观鱼图、楼阁双阙图、车马出行图（《山东汉画像石选集》，图版 104）

（三）现存山东其他地区汉画像石中的水榭观鱼图

除了调研考察到的微山县与滕州市地区的汉画像石中出现了水榭观鱼图之外，山东地区的汉画像石中还有三幅水榭观鱼图，列举如下。

图 13，收集于邹县郭里公社（现为邹城市郭里镇）下镇头村，年代为东汉晚期（147—189），现藏于邹城孟庙。水榭观鱼图单独成幅，雕刻方式为浅浮雕。画面内容为单侧楼梯单华栱支撑亭榭；屋脊右侧有猿猴；亭内有一人执杆垂钓，楼梯左侧空白处刻画有一凤鸟，一枭和一人，亭外右侧有人首蛇身的女娲，华栱内有一人执杆垂钓；亭榭下左侧有三人，两人头戴进贤冠呈对谈状，脚边放两壶，右侧有鱼与鸟啄鱼的图像。

图 13　邹县郭里公社下镇头村东汉晚期画像石　水榭观鱼图（《山东汉画像石选集》，图版 43）

图 14，收集于邹县郭里公社黄路屯，年代为东汉晚期（147—189），现藏于邹城博物馆。水榭观鱼图位于画像石右下角，雕刻方式为浅浮雕。画面内容为单侧楼梯单华栱支撑亭榭；屋脊两侧有鸟与猿猴；亭内有一人侧坐，亭外有一人垂钓，华栱内有一人侧坐，左侧楼梯上有六人躬立；亭榭下有鱼、鳖、三鱼争头、鸟啄鱼与五人捕鱼的图像。整

块画像石画面分为四层，右侧为水榭观鱼图，左侧第一层为斗兽图，第二、三层似为拜谒图，第四层为车马出行图。

14-1

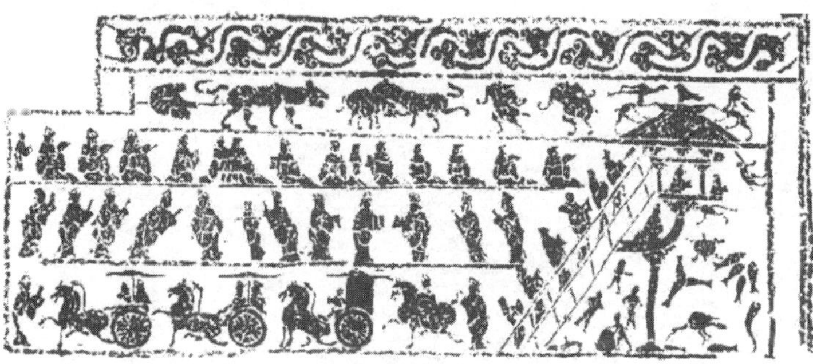

14-2

图 14　邹县郭里公社黄路屯东汉晚期画像石　水榭观鱼图、斗兽图、拜谒图、车马出行图（《山东汉画像石选集》，图版 28）

图 15，书中仅记载应出土于山东枣庄。水榭观鱼图单独成幅。画面内容为单侧楼梯单华栱支撑亭榭；屋脊两侧有攀爬的猿猴；亭内有一人侧坐垂钓，华栱内有一猿猴，左侧楼梯上有三人躬立；亭榭下有鱼和鳖的图像。

图 15　山东枣庄画像石　水榭观鱼图（江继甚:《汉画像石选：汉风楼藏》，上海书店出版社 2000 年版，图版第 41 页）

综上可知，汉画像石中的水榭观鱼图在山东地区尤其是鲁中南地区是比较常见的一种图像。制作年代基本处于东汉中晚期，属于汉画像石发展的成熟期。从水榭观鱼图的画面内容也可以看出，无论是雕刻技法、图像塑造，还是构图的安排，多数都属于比较成熟、精美的作品，且形成了具有一定规律的图式。水榭观鱼图主要分布于山东微山地区、滕州地区、邹城地区，在地域上非常靠近，集中在山东地区的南部且靠近水域。（见图 16）

水榭观鱼图的图像与组成的图式在相似的同时又有许多细微的不同，本篇调研报告旨在通过分析、比较水榭观鱼图中图像与图式的异同，以考察所见鲁中南地区汉画像石中的水榭观鱼图为主，以山东其他地区汉画像石中的水榭观鱼图为辅，探究水榭观鱼图中图像与不同图像组合形成的图式的特点与意味。

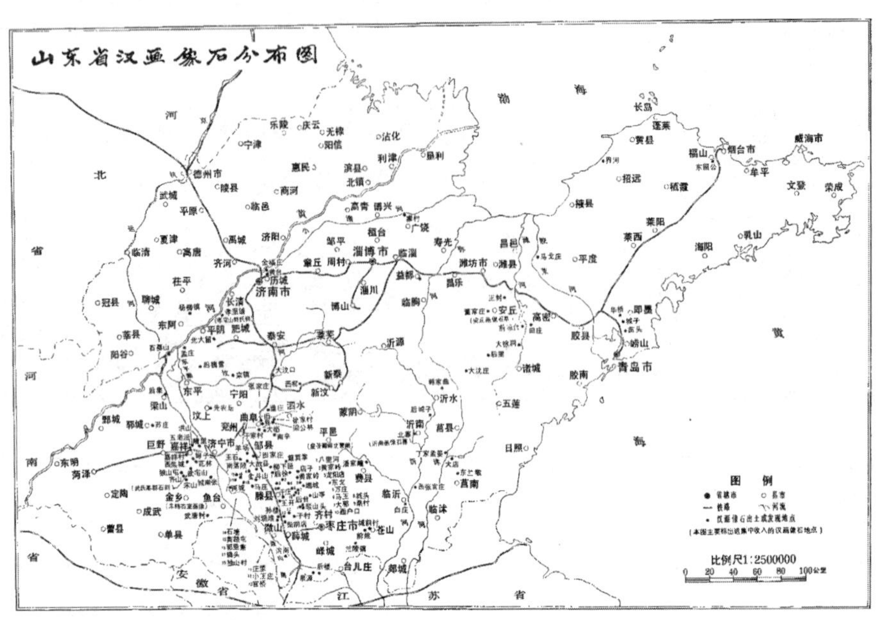

图 16　山东省汉画像石分布图（《山东汉画像石选集》）

二、图像的表现、含义与艺术特色

（一）水中世界

通过前文可知，在调研所见鲁中南地区汉画像石中的水榭观鱼图中，水中世界的描绘非常丰富多彩。

1. 鱼

鱼从原始社会时期开始就是人类生活中的常见物种，也是人类方便获得的食物资源，正如陶思炎在《中国鱼文化》中所说，“生态条件在很大程度上决定了经济方式，而经济方式又启动了文化模式的运动”[①]，鱼形象越来越多地被应用在日常器物的创造中，具有写实或象征的意义。

在汉画像石中，鱼形象是一种常见的形象，调研中所见鲁中南地区汉画像石中的鱼形象主要可以分为具有神话色彩或表达祥瑞寓意的、日常生活场景的重现、装饰纹

① 陶思炎：《中国鱼文化》，东南大学出版社 2008 年版，第 9 页。

样等几类。

在包含鱼图像的画像石中，具有神话色彩或表达祥瑞寓意的有单独的鱼形象、鱼鸟图、鱼龙图、鱼车图等。许多学者对中国文化中鱼形象的寓意做出了分析与推测，陶思炎总结中国鱼文化功能的始生导向有图腾崇拜物、表生殖信仰、丰稔物阜的祈望。① 大部分学者在解释鱼形象寓意时也多从这三个角度出发。闻一多在《说鱼》中通过解读筮辞、故事、民间的歌曲和文人的诗词，提出了鱼是匹偶，打鱼、钓鱼等行为是求偶，烹鱼、吃鱼是合欢或结配的隐语的观点。②王仁湘在讨论半坡彩陶上的鱼纹时，通过分析半坡人的生存实况指出，刻画鱼纹或与图腾和生殖崇拜都没有关系，而或许与中华龙的母题和原型是鱼有关。③ 这对分析汉画像石中的鱼形象寓意有很大的启发作用。鱼文化功能的外衍导向还有"神使职能、辟邪的护神性质、世界之载体、星精之兽体、通灵善化之物、鱼祭鱼贺之礼"④，这基本可以概括这一类汉画像石中的鱼图像的寓意。用于表现日常生活场景的鱼图像主要有捕鱼图、庖厨图、鱼戏图等，在这一分类中，鱼除了表现其本身的形象之外，还常常被用作体现水域的工具，与桥梁、水榭等建筑搭配出现。除此之外，鱼图像也常常作为装饰纹样出现，起到分割画面的作用。

鱼形象是鲁中南地区汉画像石常用的图像，以《山东汉画像石选集》中收录的477幅汉画像石图像为例，能清晰辨认出包含鱼图像的汉画像石就有65幅，且多聚集在微山、滕州地区，这或许与这一地区水资源丰富有一定的关系。

在水榭观鱼图中鱼是必不可少的图像，组合的方式有单独出现的鱼、被捕状态的鱼和被鸟啄的鱼。在单独的鱼图像中，横卧形象的鱼一般出现在画面的最下层，竖状形象的鱼占据水下画面的主要部分，有的在向水面上争游，有的因被楼阁上的钓鱼者钓起而呈现竖着的状态。这些单独的鱼图像除了表示鱼本身的形象之外，还体现了水域的存在，在所收集的15幅水榭观鱼图中，只有出土于滕州市桑村镇西户口村的画像石（图11）中刻画了波浪来表现亭榭之下的池塘，其他都是通过鱼，尤其是鱼向水面上争游的形态来表现水域的，这种处理方式非常合理，也使得画面重点突出且生动形象。

在鱼形象的艺术表现方面，图1、2、5、6、7、8、9、13、14中的鱼形象比较类似，鱼的形象比较丰满，线条圆润，鱼身上的鳞片、腮等细节也得到了刻画，虽然鱼

① 《中国鱼文化》，第78页。

② 闻一多:《说鱼》，载《闻一多神话与诗》，吉林人民出版社2013年版，第109—131页。

③ 王仁湘:《凡世与神界》，上海古籍出版社2018年版，第337—339页。

④ 《中国鱼文化》，第18页。

身不能扭曲，但通过对向上争游时角度的处理使得整个画面看起来生动形象，栩栩如生；图 3、4、12、15 中鱼形象的处理跟前图类似，但是形态上过于笔直，显得比较僵硬；图 10 与图 11 中的鱼形象与其他图像中略显不同，图 10 中的鱼十分细长，而图 11 中的鱼更为丰满。图 11 中的鱼形象与同样出土于滕州市桑村镇西户口村祠堂左壁的一块画像石（图 17）底部所刻画的水上行舟图像中的鱼形象非常相似，这幅图像在刻画鱼图的同时也刻画了波浪来表现水面，由此推测这两块画像石应当是出于同一工匠或工匠集团之手，其制作技法有很高的相似性。除了普通的鱼形象，图 1、3、4、5、6、7、12、13、14、15 中都刻画了一种头大尾细、身体扭动着的鱼，李锦山认为这符合大鲵“头部扁平而钝圆，口大，身体前部扁平，至尾部逐渐转为侧扁”[①] 的特征，但鲵鱼有四足的特征在画面上并没有得到表现，这种形象或许更近似于鲇鱼。

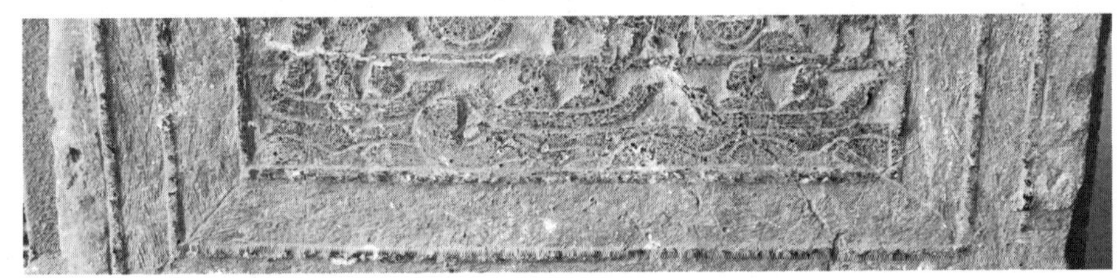

图 17　滕州市桑村镇西户口村东汉晚期画像石局部　水上行舟图（高嘉谊摄）

在单独出现的鱼图像中，三鱼争头图是比较特殊的一种，在 15 幅水榭观鱼图中只有图 2、图 14 中出现了这一形象。许多学者对于三鱼争头图的寓意进行过探讨，陶思炎将三鱼争头图称为一头三尾鱼图，认为这是以叠加法突出鱼尾，尾具有性器的象征含义，因而这种图像寄托着企盼子孙兴旺的迫切愿望。[②] 游逸飞由《后汉书·杨震传》中“蛇鳣者，卿大夫服之象也。数三者，法三台也。先生自此升矣”，推测这种图像的“寓意恐怕仍是官爵，甚至可指实为三公”[③] 等。但正如杨爱国在《古代艺术品中三鱼争头图探析》中所提出的：“（三鱼争头图）的寓意与所依托的物体的性质以及所处的位置紧密相连”[④]，在分析三鱼争头图的时候要结合其出现的场合考虑到“多重寓意”的可能，认为在水榭观鱼图中三鱼争头图的出现可能是象征着富贵[⑤]。结合游逸

---

① 李锦山：《鲁南汉画像石研究》，知识产权出版社 2008 年版，第 71 页。

② 《中国鱼文化》，第 108 页。

③ 游逸飞：《汉代“鸟鱼图”的多重寓意》，《2009 年台大艺术史研究所学生研讨会会议论文集》，第 150—175 页。

④ 杨爱国：《古代艺术品中三鱼争头图探析》，《美术与考古》2013 年第 3 期，第 139 页。

⑤ 《古代艺术品中三鱼争头图探析》，第 140—141 页。

飞的分析，笔者认为这种推测是有一定的道理的，但由图 14 水中世界的整体图像来看，三鱼争头图在这里可能还有一种最单纯的寓意，就是对鱼儿在水中争游形态的生动描绘，三条鱼共一首的姿态与鱼在漩涡中嬉戏的样子非常相似，在与其他刻画水中世界的图像结合之后，这种万物欣欣向荣的情态正反映出墓主人生活富贵的状态。同样出土于邹县黄路屯的群鱼图（图 18）中也有三鱼争头的图像，同一画像石中还刻画有单独的鱼形象、鳖、钓鱼者与较小的人，由此推测这幅群鱼图应该仅仅是在表现池塘或河水中鱼群与其他生物的自然生态景象，所以笔者认为三鱼争头图在此类图式中可能只是对鱼自然形态的一种生动形象的写照。

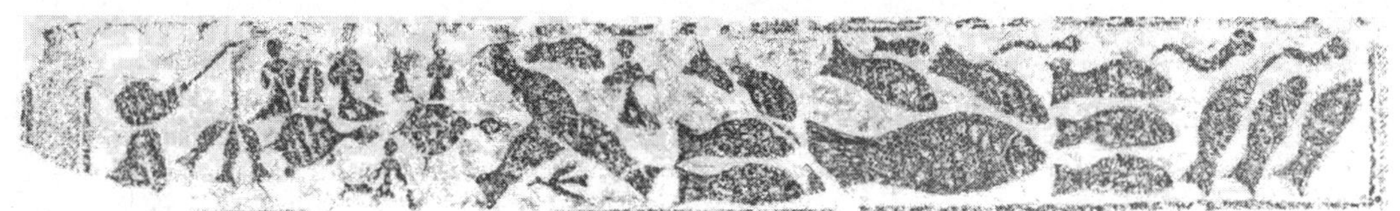

图 18　邹县郭里公社黄路屯东汉晚期画像石　群鱼图、钓鱼图（《山东汉画像石选集》，图版 30）

2. 捕鱼图

根据旧石器文化遗址中出土的鱼骨可以得知，在旧石器时期人们可能就已经开始对捕鱼方法进行探索了。《中国鱼文化》中根据文献记载将捕鱼之术总结为“钩钓网捕、舟取声驱、动物渔获、积柴做礁、光诱药杀”[①]。渔业养殖也逐渐成为一种常见的现象，山东地区的渔业养殖非常发达，《汉书 · 地理志》记载：“太公以齐地负海舄卤，少五谷而人民寡，乃劝以女工之业，通鱼盐之利。”[②]通过考察可以发现，在鲁中南地区的汉画像石中捕鱼图屡见不鲜，图中所体现的捕鱼之术主要为钓鱼、渔船捕鱼、叉鱼、网罩鱼和鱼鹰捕鱼。捕鱼图多与桥梁、亭榭等建筑同时出现，河南、江苏、四川地区发现的乡间捕鱼图在山东地区的汉画像石中却似乎比较少见。汉代，经营人工养殖鱼塘非常普遍，豪强地主的庄园中也常见用池塘养鱼的情况，《水经注 · 比水》中就记载樊宏“广起庐舍，高楼连阁，陂池灌注，竹木成林，六畜放牧，鱼赢梨果，檀棘桑麻，闭门成市”[③]，由此可见，在汉代庄园中亭榭与池塘不仅仅是作为观赏、游乐设施而存在的，而是确确实实起到了供给、生产的作用。

在 15 幅水榭观鱼图中，清晰体现出钓鱼图像的有图 1、9、10、13、14、15，疑

① 《中国鱼文化》，第 22—24 页。

② ［汉］班固著，［唐］颜师古注：《汉书》卷二十八下《地理志下》，中华书局 1962 年版，第 1660 页。

③ ［北魏］郦道元撰，陈桥驿点校：《水经注》卷三十二《比水》，上海古籍出版社 1990 年版，第 611 页。

图 19 滕州汉画像石 水榭垂钓图（高嘉谊摄）

似体现出钓鱼图像的有图 2、3、7，对于垂钓者的分析与讨论着重放到下一节开展，本节主要讨论钓鱼图中鱼的部分。观察图像可以发现水榭观鱼图中的钓鱼图与同是滕州地区发现的画像石中的单幅钓鱼图（图 19）有很大不同，水榭观鱼图中的钓鱼图往往一竿能同时钓起三四条鱼，且分为一根渔线一端连接钓竿，另一端分为多根渔线连接鱼唇，以及一根钓竿连接多根渔线两种情况。关于这种钓鱼方式在文献中能够找到的资料并不多，只有《列子·汤问》中所记载的传说故事“（龙伯国大人）一钓而连六鳌，合负而趣，归其国”[①]，与其有一定的相似之处。一竿能同时钓起三四条鱼，是古时确有这种技术，还是通过这种比较夸张的表现手法体现鱼多垂钓者收获颇丰的情态，或是生动地体现鱼群争尝饵食的情态，亟待更多文献与考古资料的佐证。

在 15 幅水榭观鱼图中，多数渔船捕鱼、叉鱼、罩鱼、徒手抓鱼的捕鱼图像是在同一画像石中出现的（例如图 3、4、6、7）。图 5、9、14 的捕鱼图像中只有罩鱼。罩鱼的捕鱼方法在《诗经》中就有提及，多应用于浅水作业的时候。徒手抓鱼的图像也多与罩鱼的图像一起出现在画像石的底部，都属于在浅水中捕鱼的图像，图 3、4、6 中罩鱼的图像则与乘船捕鱼的图像出现在同一水平线上。鲁中南地区汉画像石水榭观鱼图中出现的乘船捕鱼的图像共有 4 幅，在图 4 与图 6 中都与叉鱼的图像同时出现，王仁湘指出叉鱼的方法在新石器时期运用非常广泛，这种捕鱼方法在《周礼·天官·鳖人》中就已经提及，但可能因为比较残酷而在汉画像石中没有过多的表现。[②]出现在鲁中南地区水榭观鱼图中的叉鱼形象通过对叉鱼者身体形态的刻画将叉鱼的形象生动地

① ［晋］张湛注，［唐］卢重玄解，［唐］殷敬顺、［宋］陈景元释文，陈明校点：《列子》卷五《汤问》，上海古籍出版社 2014 年版，第 130 页。

② 王仁湘：《钓者静之，罩者抑之——画像石所见汉代捕鱼方法》，《文物与考古》1993 年第 3 期，第 19 页。

表现出来，非常具有张力。山东地区的捕鱼图像多出现在水榭观鱼图和桥梁图中，由于桥梁下的空间限制可能不便于表现叉鱼形象，所以桥梁图中的捕鱼图像多以罩鱼为主。图 10 中出现的垂钓者是否在渔船上不能确定，但其所刻画的支撑垂钓者的物体，与其说是斗拱，笔者更倾向于是由于画面大小所限而简化了的渔船。

鸟啄鱼在汉画像石中也是一种常见的图像，最早出现在河南临汝阎村出土的陶缸上，即《鹳鱼石斧图》。很多学者对鸟啄鱼图像的寓意做出过详细的阐释，有图腾崇拜、沟通天地、生殖崇拜、表现阴阳等说法。在鲁中南地区水榭观鱼图中，除了图 2 残石中与三鱼争头图同时出现的鸟啄鱼图像的寓意显得比较微妙之外，其他鸟啄鱼图像都多与捕鱼图融为一体，池塘边多鸟是一种自然现象，《西京杂记》卷一就记载："……（太液）池边多平沙，沙上鹈胡、鹧鸪、䴔䴖、鸿鶂，动辄成群。"[①] 学者对鸟捕鱼现象的描述最早可追溯到唐代杜甫的"家家养乌鬼，顿顿是黄鱼"[②]，王仁湘根据江苏徐州出土的汉画像石中鸬鹚立于渔船的图像指出汉代人已经驯养鸬鹚捕鱼[③]，可见鸟捕鱼在汉代也是一种常见的现象，因而笔者认为水榭观鱼图中的鸟啄鱼图像主要体现的是池塘中鸟捕食鱼或驯养鸟捕鱼的场景。

通过分析水榭观鱼图中的捕鱼图像我们可以发现，在汉代，随着渔业的日益发达，人们捕鱼的方式也非常多样。水榭观鱼图中不仅仅出现了钓鱼这种比较具有休闲观赏性质的捕鱼方式，罩鱼、徒手抓鱼、乘船捕鱼等更偏向于劳动生产的捕鱼方式也随处可见，这或许可与文献中汉代豪强地主在庄园内进行渔业养殖的记载互证。

在鲁中南地区水榭观鱼图的水下场景中，鳖的形象不容忽视。贾思勰《齐民要术》中引用《陶朱公养鱼经》记载"……所以内鳖者，鱼满三百六十，则蛟龙为之长，而将鱼飞去，内鳖则鱼不复去"[④]，李锦山通过《水经注·沔水》中汉襄阳侯习郁"依范蠡养鱼法作大陂"等内容推断《陶朱公养鱼经》在东汉初期就已经出现[⑤]，可见在汉代养鱼的同时养鳖是一种常见的操作。水榭观鱼图中对于鳖形象的刻画不仅体现了当时渔业养殖的真实情况，也具有丰富画面内容的作用。

在 15 幅水榭观鱼图所刻画的水下世界中，从图像构成来看，多数应当是单纯刻画庄园中池塘里的生态情况，且基本上都是在水下画面的底部刻画乘船捕鱼、罩鱼、

① ［晋］葛洪撰：《西京杂记》卷一，中华书局 1985 年版，第 3 页。

② 《中国鱼文化》，第 31 页。

③ 《钓者静之，罩者抑之——画像石所见汉代捕鱼方法》，《文物与考古》1993 年第 3 期，第 21 页。

④ ［北魏］贾思勰撰：《齐民要术》卷六《养鱼》，中华书局 1956 年版，第 94—95 页。

⑤ 《鲁南汉画像石研究》，第 66 页。

鸟啄鱼等捕鱼图像，中部刻画向上争游的鱼与鳖，上部刻画上钩了的鱼，虽在细节上稍有出入，但基本上遵循着类似的图式。而前述图 8、图 10 与图 13 中的图像却略显特殊。图 8 画面底部刻画了一只张嘴伸舌，似在咆哮，昂首抬腿的异兽，异兽身上还清晰地刻画出了双翼的图案，比较接近“生有双翼，鳞身脊棘，头大而长，吻尖，鼻、目、耳皆小，眼眶大，眉弓高，牙齿利，前额突起，尾尖长”的“应龙”的形象。图 10 在水下画面的左侧刻画了一个人首、拥有四肢与尾巴、口吞一鱼的异兽形象，颇具神秘色彩。图 13 在亭榭之下左侧部分刻画了两个头戴进贤冠似正在交谈的人，二人脚边放置两壶，最左侧还有身型比例远小于交谈二人的一人呈跽坐状。尽管鲁中南地区多数水榭观鱼图中刻画的水下世界是在还原现实世界中的生活场景，但也有一些图像，如图 8、图 10，它对水下世界的刻画融合了想象，具有一定的神异性。图 13 中的人物头戴进贤冠，是一般汉画像石中侍者的形象，由此推断刻画的应是立于水榭前交谈的两人，而不是具有神异身份的水下世界中的人物，但至于刻画的是具有特殊意义的典故，还是工匠为了填补画面空白而随意创作的作品，以目前所掌握的资料还得不出确切的答案，亟待更深入的探索。

在水下世界的构图中，应当处于浅水区的罩鱼、徒手抓鱼，处于水稍深区域的乘船捕鱼与位于水面的鸟啄鱼图像之间并没有明确的界线，通过对鱼向上争游情态的刻画而表现出的纵深感也与捕鱼图像的布局相矛盾，体现了平面散点透视构图的特点。同时，我们发现无论是渔船上的人还是水中捕鱼的人都刻画得比较小，从比例上来看几乎与鱼差不多大小，这显然并不符合实际，应当是为了体现这些捕鱼者在整幅画面中的次要身份而做的处理。

（二）亭榭之内

1. 亭榭

在鲁中南地区的水榭观鱼图中，占据整个画面中心位置的无疑是亭台主体以及对其起到支撑作用的楼梯与华栱。在先秦时期，台榭是构筑于高台之上的木构架建筑，《尔雅·释宫》训诂中所记“阇谓之台，有木者谓之榭”，郭璞注为“积土四方，台上起屋”。[①] 秦汉时期，傍水而建的水榭在文献中已经广泛出现,《后汉书·梁冀传》“冀

① ［晋］郭璞注:《尔雅》卷第五《释宫》，上海古籍出版社 2015 年版，第 77 页。

乃大起第舍……台阁周通，更相临望；飞梁石蹬，陵跨水道”[①]，《艺文类聚》卷六十一引张璠《汉记》“山阳督邮张俭，奏中常侍侯览，起第十六区，皆高楼四周，连阁洞门，文井莲华，璧柱彩画，鱼池台苑，拟诸宫阙”[②]，等等。《国语·楚语上》中记载，“榭不过讲军实，台不过望氛祥”[③]，说明了早期台榭的主要功能是习戎事、观吉凶。但由前文所举《后汉书》《汉记》中的记载可以看出，在汉代，台榭的主要功能已经成为豪强权贵在庄园中游玩休息的生活场所。

李锦山在《鲁南汉画像石研究》中将鲁南汉画像石中的榭分为设有伸臂式悬梯的水榭、由若干立柱支撑踏阶的水榭和直接建于池塘中由立柱承托的水榭。[④]这次调研考察所见的汉画像石中，水榭观鱼图中的水榭全为设有伸臂式悬梯的水榭，多采用四阿式屋顶，由巨大的单华栱或双华栱支撑亭榭。图 2、图 9、图 10 与图 15 所示水榭观鱼图中亭榭的结构略有变形，图 2 与图 9 都缺少亭榭的主体部分，仅由屋顶与斗拱组成，图 10 直接由倾斜的楼梯支撑亭榭，而没有刻画斗拱、立柱等其他支撑物，这种亭榭的结构并不能在现实生活中合理存在，应当是出于画面布局的需要所做的艺术加工。考察及搜集所见的鲁中南地区的水榭观鱼图中的亭榭建筑刻画得都非常细致，屋顶上常用刻画竖线或方格的方式体现瓦片，在屋檐处刻画圆圈表示瓦当，亭子的立柱、观台、华栱上都刻画了波浪状的花纹，这样细致精巧的细节处理体现出水榭观鱼图应当处于画像石工艺技术比较成熟的时期。

在 15 幅水榭观鱼图中，图 1、4、5、6、7 屋檐下方都有悬挂鱼的图像。屋顶悬鱼的图像大多集中出现在微山县两城乡地区的汉画像石中，可能与这一地带的民风民俗有关，屋檐下所悬的鱼是真的鱼还是鱼形的物品，是一个值得探讨的问题。鱼悬挂在屋檐下的图像在庖厨图（例如图 9 中的庖厨图）中并不罕见，但这是作为食物被处理的鱼的形象，与水榭观鱼图中的屋檐悬鱼图存在一些区别。《后汉书·羊续传》中记载过“羊续悬鱼”的故事：“府丞尝献其生鱼，续受而悬于庭；丞后又进之，续乃出前所悬者以杜其意”[⑤]，因此悬鱼有“清廉”的意义。有文章提出，汉画像石中出现的屋檐悬鱼可能与“羊续悬鱼”的典故有关[⑥]，但鲁中南地区水榭观鱼图中屋檐悬鱼的图像是

① ［南朝宋］范晔撰，［唐］李贤等注：《后汉书》卷三十四《梁冀传》，中华书局 1965 年版，第 1181—1182 页。

② ［唐］欧阳询撰：《艺文类聚》卷六十一《居处部一》，中华书局 1965 年版，第 1095 页。

③ 《国语》，上海古籍出版社 2015 年版，第 366 页。

④ 《鲁南汉画像石研究》，第 105—106 页。

⑤ 《后汉书》卷三十一《羊续传》，第 1109—1110 页。

⑥ 刘锦芳：《汉代画像石中的“屋顶悬鱼图”研究》，《美与时代（上）》2018 年第 12 期，第 66 页。

否与这个典故有关，是一个值得商榷的问题。“羊续悬鱼”故事发生的时间与鲁中南地区水榭观鱼图汉画像石年代相近，羊续又是南阳（今河南南阳）太守，“羊续悬鱼”的故事在当时能够从河南南阳传播到山东南部地区并成为被广泛效仿的行为显然是存疑的。发现于西汉时期的汉画像石中也出现了一幅包含屋顶悬鱼图像的画像石（图 20），整幅画面由常青树、重檐楼阁组成，常青树与屋顶上方分别站立一只鸟，楼阁内部刻有六博棋盘与棋筹，屋檐下方悬挂两条比例夸张、肥硕的鱼，由此可见屋檐悬鱼的图像在“羊续悬鱼”的典故流传之前就已经出现，应当具有其他意味或功能。

图 20　山东省平阴县新屯西汉画像石　楼阁图（中国画像石全集编辑委员会，焦德森主编：《中国画像石全集》第 3 卷《山东汉画像石》，山东美术出版社 2000 年版，第 168 页）

《礼记·檀弓上》中描述丧葬形制时记载“池视重霤”，郑玄注：“如堂之有承霤也。承霤以木为之，用行水，亦宫之饰也。柳，宫象也。以竹为池，衣以青布，县铜鱼焉。”① 由此可知，先秦时期丧葬所用的棺饰是模仿当时宫室的屋檐制作的，因而有学者推断墓葬出土及文献记载中的周人棺罩下的悬鱼或许也是模仿生人宫室的悬鱼。② 从北朝晚期开始，在歇山顶山面顶端，连接左右两侧博风板的位置出现了“悬鱼”这一建筑构件（图 21）。

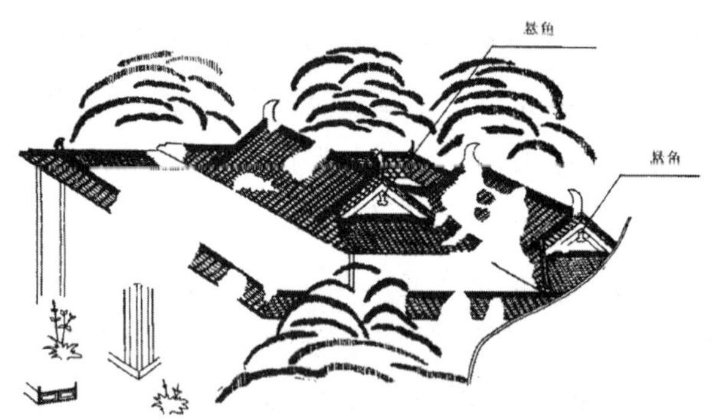

图 21　甘肃天水市麦积山石窟 140 窟西壁北魏壁画中的悬鱼形象（傅熹年：《麦积山石窟中所反映出的北朝建筑》图二九，《文物资料丛刊》第 4 辑，文物出版社 1981 年版，第 156—183 页）

① ［清］孙希旦撰，沈啸寰、王星贤点校：《礼记集解》卷九《檀弓上第三之三》，中华书局 1989 年版，第 230 页。
② 孙华：《悬鱼与振容》，《中国典籍与文化》2000 年第 1 期，第 90 页。

由于考古资料的缺失，我们目前无法确认周代棺罩下的铜鱼所映射出的宫室建筑中的悬鱼、汉代画像石中的屋顶悬鱼图，以及北朝歇山顶下的悬鱼构件之间是否存在着工艺上的传承与发展，但是“悬挂着的鱼”这一图像似乎与屋檐存在着密不可分的联系，可能是鱼象征着水而包含着防火的寓意，也可能是利用鱼图像的其他象征意义来表达富贵或长生的美好愿望，汉画像石中水榭观鱼图上屋檐悬鱼图像的发现或许体现了中国古代建筑史中在屋顶塑造鱼形象的一种具有连续性的习惯。

2. 人物形象

在占据画面中心的亭榭图像中除了亭榭这一建筑结构本身之外，不容忽视的就是建筑中的人物形象。

在 15 幅水榭观鱼图中拥有亭子主体部分的有 12 幅，这些画像石图像上位于亭榭之中的人物大致可以分为两类，一类是端坐在亭子内部的人，另一类是位于亭外观台上的人。图 1、4、5、6、7、11、12 亭子内部刻画的是双人，通过观察人物服饰与发式，基本能分辨出，除了图 11、12 外，其他画像所刻画应为一男一女的形象，图 1 中的两个人似在交谈，图 4、5、6、7 中的两个人呈向亭外眺望的观鱼状。图 3、8、13、14、15 亭内所刻画的是单个人物形象，图 3 中的人物端坐于亭内，图 8 中的人物手中似执牍侧坐于亭内，图 13、14 中的人物侧坐于亭内，图 15 中的人物在亭内做垂钓状。图 10 亭内所刻画的人物形象有些难以判断，能清晰辨认出的是左边有一人手执便面侧坐，右边的图像从拓片来看像刻画得比较简略的一个侧坐的人，但从考察所见的实物图来看，很难判定刻画的是否为人的形象。

图 1、3、4、5、6、7、14 中刻画了亭外观台上的人物形象，基本都呈侧坐状，图 1、3、7、14 中能比较清晰明确地辨认出亭外人物正在垂钓。通过对比亭内端坐的人物形象与亭外观台上的人物形象能够发现，亭内人物的形象比较高大端庄，亭外观台上的人物与亭内人物相比在体型上要更小一点，形象也比较简单，可以看出与滕州地区画像石中单独表现垂钓场景的钓鱼图不同，水榭观鱼图中的垂钓者明显处于一个陪衬的位置。

在考察及搜集所见的 15 幅鲁中南地区的水榭观鱼图中，除了图 13 与残缺的图 2 之外，每幅水榭观鱼图中的楼梯上都刻画了站立的人，从形象姿态来看，他们的身份应当是侍者。图 1、4、11、14、15 中楼梯上的人面向亭内站立，图 8、12 中楼梯上的人执牍恭立，图 10 中楼梯上的人手执便面恭立，与楼阁拜谒图有相似之处。水榭观鱼图中由于刻画空间的限制与场景设置的原因，不会出现楼阁拜谒图中侧坐接受跪拜的人与伏地跪拜的人这样明确的拜谒形象，但执便面和执牍恭立的侍者形象是类似的，通过对侍者谦卑形态的刻画突出了主位人物的尊贵。图 3 中楼梯上的人身体是侧立的，面向画面正面，图 5、7 中楼梯上的人呈互相交谈状，图 6 中楼梯上的人前四位面向亭内站立，后两位呈互相交谈状。比起图 1、4、8、11、12、14、15 中的恭立、拜谒形象，这一系列图中楼梯上的人物形象要略显生动与活泼一些，应该是在刻画楼梯上的侍者正在观赏水塘中捕鱼的情景，与主人同乐。图 9 中楼梯上图像的刻画略显特殊，猴与头戴进贤冠的人都呈攀爬楼梯状。

在有些亭榭的建筑结构中也刻画了人物形象。图 1、3、4、5、6、8、9、11、12、13、14 的华栱中都刻画了人物的图像，这些人物多呈侧坐或跽坐状，似在观看水塘中的鱼及捕鱼的场景；图 3、6 华栱中的人物做叉鱼状。除了刻画人物图像之外，图 5、7、15 的华栱中还刻画了四足一尾的动物，图 5、7 中的动物无法明确辨认，图 15 中所刻画的动物与猴的形象相类似。华栱中的人物及动物刻画更像是为了满足填补画面空白的需要。除此之外，图 9 中屋顶内还刻画了一人执竿钓鱼的图像，身边刻画了一条鱼。

通过对比亭中端坐的人、楼梯上站立的人、水中作业的人、亭外观台上及屋顶中的人的形象可以发现，在大部分鲁中南地区的水榭观鱼图中，水中作业的人、亭外观台上及屋顶中的人形象比较矮小，刻画比较简略，明显处于陪衬的地位。楼梯上站立的人虽然从形象刻画上来说较为高大，刻画技法也略精细，但形态谦卑。由此可见，亭中端坐的人物应当拥有比较高的地位，是水榭观鱼图的主角，尤其是在单幅的完整的水榭观鱼图中，亭内端坐的人物可能代表的是墓主人或祠主人的形象，图中所刻画的钓鱼、捕鱼图像展现的是为其表演娱乐、生产劳动的场景。鲁中南地区水榭观鱼图中的人物刻画展现出汉代社会生活中尊卑有别、秩序井然的场景。

（三）屋脊之上与水榭之外

在鲁中南地区汉画像石水榭观鱼图中，屋脊之上图像刻画的主要是猴与鸟这两种动物。在汉画像石中猿猴与鸟的形象都并不少见，与前文所述的鱼形象一样，它们也富有多重含义，因此水榭观鱼图中出现的猴与鸟形象该如何理解还应当结合同一画像石中的其他图像进行分析。由此笔者将水榭观鱼图中屋脊之上与水榭之外的图像所出现的不同排列组合分类列出，希望推测出其所表现的寓意（图 2 由于上半部分残缺无法推测全貌而不在讨论范围内）。

1. 没有神异性图像的组合

图 3 中屋脊之上的图像由鸟与猴组成，画面右侧刻画一人物端坐呈旁观状；图 6 中屋脊之上的图像由鸟与猴组成，右侧屋脊上有鸟啄鱼的图像，画面右侧刻画了六位呈端坐旁观状的妇女形象，水榭观鱼图上方有奔鹿的图像；图 15 中屋脊之上的图像仅有猿猴。图 9、12、14 中的水榭观鱼图像作为画像石图像的一部分出现，图 9 中屋脊之上的图像仅有猿猴，左侧有庖厨图、拜谒图等描绘日常生活的图像，上方有龙纹；图 12 中屋脊之上的图像仅有猿猴，右侧有双阙图，阙上也仅刻画了猿猴的图像，最右侧有两人呈端坐旁观状，下层为车马出行图；图 14 中屋脊上方的图像由鸟与猴组成，画面左侧有斗兽图、拜谒图、车马出行图。

在这些水榭观鱼图中，水榭屋脊之上的图像都是由现实生活中的动物形象组成的，水榭之外刻画的也多是坐观者的形象，没有明显的神异性，整幅画面更像是在表现现实生活中场景。

2. 有神异性图像的组合

图 1 中屋脊之上的图像由鸟与凤鸟组成，凤鸟嘴衔仙丹立于左侧屋脊，画面右侧刻画一人物端坐呈旁观状；图 4 中屋脊左侧有猿猴攀爬的图像，右侧刻画了两只异鸟，双头凤尾，画面右侧刻画一人物端坐呈旁观状；图 8 中屋脊之上的图像由猴组成，画面右上方刻画了一肩膀上有翼的人，另有一人似持牍呈拜谒状，右上角有一物不能明确辨认出形状，可能是鸟；图 13 中屋脊左侧有一猿猴，左侧亭榭外有人首蛇身的女娲图像，右侧画面中刻画一凤鸟和一头戴进贤冠的男子形象，两者中间还刻画了一似鸟的图像，与图 8 中似鸟的图像颇为相似。图 10、11、13 中的水榭观鱼图像作为画像石图像中的一部分出现，图 10 中水榭屋顶及楼阁屋顶上方刻画有异兽与凤鸟的图像，整幅画面中除水榭观鱼图之外还有纺织图、楼阁拜谒图、武库与车马出行图；图 11 中水榭屋顶及楼阁屋顶上方刻画有猴、异兽、羽人与凤鸟的图像，整幅画面中除水榭观鱼图之外还有纺织图、楼阁图与车马出行图。

在这些水榭观鱼图中，屋脊之上与水榭之外的图像多富有神异色彩，出现在屋脊之上的凤鸟、羽人、人面双头鸟与出现在水榭之外的人首蛇身的女娲、翼人体现了构图设计中“仙界”这一空间的存在。

3. 图像神异性待讨论的组合

图 5 中屋脊之上的图像仅由鸟组成，亭榭之外刻画了扁鹊针砭图与六博图；图 7 中屋脊之上的图像仅由猿猴组成，亭榭之外刻画了扁鹊针砭图与两位端坐旁观者的形象。

扁鹊针砭图这一图像在微山县两城乡地区的汉画像石中发现了数幅，构图都非常类似，显然已经形成了一种固定的图式，扁鹊的形象均体现为人首鸟身，一手执针做为患者针灸状，等待就诊的患者排成一排，体现了向扁鹊求医之人数量很多，从而反映出他医术高超。

提起扁鹊，我们一般都会认为是指《史记・扁鹊仓公列传》中所记载的中国先秦时期的著名医者秦越人，这样一位于史有传的医者在画像石中却以人首鸟身的神异形象出现，值得探究琢磨。首先，是画像石中人首鸟身的形象是否为扁鹊的问题。刘敦愿根据医者下部露出的不是人类双脚而是鸟足，提出行医者相较于人所扮演的巫医更像是扁鹊。其次是关于扁鹊名号的问题。卢南乔提出扁鹊应当就是《史记・扁鹊仓公列传》中的秦越人的说法。① 而大部分学者则认为“扁鹊”应当是作为神医的一种代名词而出现的，而不是某一个人的名字。梁玉绳《汉书人表考》中解扁鹊的扁“似当音扁，乃鶣省文，取鹊飞鶣鶣之义”②，刘敦愿还据此推测黄帝时期的“扁鹊”可能与以鸟为图腾的部族有关。③ 扁鹊妙手回春的故事在《韩非子》《战国策》《新语》《淮南子》《史记》中都有记述，在这些故事中扁鹊为多位君王治病，活动年限跨越公元前 655 年到公元前 310 年长达三百余年，可见文献中所记载的扁鹊很有可能并不是同一个人，《陆贾新语注释》卷下《资质第七》王利器注语就写道：“盖善医之人，古皆称为扁鹊”④ ，《史记》正义记载：“《黄帝八十一难序》云：秦越人与轩辕时扁鹊相类，仍号之为扁鹊”⑤。

关于画像石中扁鹊形象形成的探究，李锦山提出画像石中扁鹊所执的针具从形状上看类似砭针，且根据出土文物可知西汉时期金属针的使用已经十分广泛，由此推测

① 卢南乔：《扁鹊年代、名、籍辨正》，载《山东古代科技人物论集》，齐鲁书社 1979 年版，第 28 页。

② ［清］梁玉绳：《汉书人表考》卷五，商务印书馆 1937 年版，第 260—261 页。

③ 刘敦愿：《扁鹊名号问题浅议》，载《美术考古与古代文明》，人民美术出版社 2007 年版，第 313 页。

④ 王利器：《陆贾新语注释》卷下《资质第七》，转引自《鲁南汉画像石研究》，第 371 页。

⑤ ［汉］司马迁：《史记》卷一百五《扁鹊仓公列传》，中华书局 1959 年版，第 2785 页。

汉代画像石上所刻画的应当是黄帝时期的扁鹊。[①] 画像石中对于扁鹊所使用的针具的刻画并不是十分清晰，且或许要考虑准确刻画金属针图像的难度，笔者认为这个推论不是特别具有说服力。叶又新通过比对永和二年画像石中附榜题“山鹊”的人面鸟、自然界中的山鹊与画像石中的扁鹊，提出其鸟尾形象非常相似，都是束状长尾，由此认为东汉画像石中的扁鹊形象是在“山鹊”身上增加了持医具的双手，是齐渤海良医扁鹊的神化形象。[②] 刘敦愿则认为画像石中的扁鹊形象是古今哪一个扁鹊这一问题仍然值得商榷，并推测画像石中人鸟混合的形象应该是传说中的扁鹊，但因为《史记》的广泛影响，工匠将《史记》中扁鹊的名字标注在古老的神话形象旁边，神和人都可以使用“扁鹊”这一名号。[③] 笔者认为，虽然由于传世文献的缺失使得这一想法仅能停留在推测层面，但应当是比较合理的。由此推测水榭观鱼图中出现的扁鹊针砭图这一图式所描绘的不是《史记》中的历史故事，而是具有象征寓意的神异传说形象。但这与前文所提及的神异性图像不同的是，从目前传世文献中的记载来看，这个人首鸟身的扁鹊是否为仙界中的形象，是存在疑问的。除了本文所提及的出现在水榭观鱼图中的两幅扁鹊针砭图之外，鲁中南地区汉画像石中的扁鹊针砭图还与扶桑树下庖厨图（图 22）、连理树和射鸟图（图 23）、建鼓百戏图（图 24）等图像共同构成一块画像石，而这些图像多为体现现实生活场景的图像。扁鹊针砭图在汉画像石中所表达的具体寓意该如何阐释还有待更多相关资料的发现。从目前所掌握的材料来看，笔者认为扁鹊针砭图反映的不是仙人世界，也不是历史故事，可能是一种表达祈求长生健康、延年益寿寓意的图式。

图 5 亭榭之外、扁鹊针砭图的下方还有两人对坐六博的图像，这一场景内容同样值得探讨。六博是先秦秦汉时期广为流行的一种游戏，其图像在汉代画像石中经常出现。四川地区发现的汉画像石中有仙人六博的图像，有学者结合传世文献进行了详细的分析，提出六博图像可能蕴含着汉人对宇宙、仙人世界的理解与想象。[④] 但正如信立祥所说，如果不与仙人图像联系在一起，六博本身并不具备神圣性。[⑤] 鲁中南地区汉画像石中的六博图像多出现在楼阁图中，水榭观鱼图中的六博图像为两人相对而坐六博，周围有两人观看二人对博，从他们的衣着服饰可以看出画面所描绘的应当就是

① 《鲁南汉画像石研究》，第 379 页。

② 叶又新：《神医画象石刻考》，《山东中医学院学报》1986 年第 4 期，第 56—59 页。

③ 《扁鹊名号问题浅议》，载《美术考古与古代文明》，第 317 页。

④ 姜生：《六博图与汉墓之仙境隐喻》，《史学集刊》2015 年第 2 期，第 18—25 页。

⑤ 信立祥：《汉代画像石综合研究》，文物出版社 2000 年版，第 212 页。

图 22　树下庖厨图、扁鹊针砭图（《微山汉画像石选集》，第 203 页）

图 23　树下射鸟图、扁鹊针砭图（《微山汉画像石选集》，第 207 页）

图 24　乐舞百戏图、扁鹊针砭图（《微山汉画像石选集》，第 193 页）

日常生活中的游戏场景，与仙人六博图像所包含的寓意并不相同。

在 15 幅水榭观鱼图中有 10 幅图像中屋脊上方的空间都刻画有猿猴的形象，这一形象在鲁中南地区汉画像石楼阁图中经常出现，它们多分布于屋脊的两侧，三肢着屋脊，一前肢扬起，做攀爬状。曹建国在阐释玄猿登高图像时认为，由于伴随玄猿登高图像刻画的其他图像、替换玄猿的图像、玄猿登临的位置等元素具有升仙的寓意，所以“汉画中玄猿的意义指向了成仙或升天，具有长生的内涵或帮助墓主人灵魂升天的功能”。[①] 但是从本文总结的鲁中南地区的水榭观鱼图中屋脊之上的猿猴形象来看，玄

① 曹建国：《汉画像“玄猿登高”升仙含义释读》，《文史哲》2018 年第 1 期，第 96—99 页。

猿登高的图像在有神异性图像的组合和没有神异性图像的组合中都出现了，鲁中南地区水榭观鱼图的图式与刻画技法类似，地域与时间相近，制作工匠之间想必存在着一定的交流与借鉴，如果仅仅依靠伴随玄猿登高图像刻画的其他图像的神异性来判断水榭观鱼图中的玄猿登高图是否表达了成仙或升天的寓意，就会产生矛盾。在汉代房屋楼阁之上刻画猿猴的形象是一种比较常见的做法,《鲁灵光殿赋》中就写道：“尔乃悬栋结阿，天窗绮疏。圆渊方井，反植荷蕖。发秀吐荣，菡萏披敷。绿房紫菂，窋咤垂珠。云楶藻棁，龙桷雕镂。飞禽走兽，因木生姿。……狡兔跧伏于柎侧，猨狖攀椽而相追。”[①] 在鲁中南地区的水榭观鱼图中，屋脊之上最常出现的两种图像是鸟与猴；在汉画像石的树下射鸟图中，树上最常出现的两种图像也是鸟与猴。与水榭观鱼图、楼阁图屋脊之上的图像相类似的是，树下射鸟图中树上方的图像也存在两种组合方式：单纯由鸟或猴这种无神异性的图像构成，由鸟、猴和凤鸟、仙人等神异性图像共同构成。与富有神异性的图像组合的鸟与猴的寓意容易被解读阐释，那么类似图式中没有与神异性图像组合的鸟与猴图像该如何解读呢？结合水榭观鱼图与树下射鸟图笔者推测，屋脊与树木之上刻画鸟与猴的形象原本可能是出于对自然现象的模仿，在图式的创造与传承过程中，出于对墓主人或祠主人的美好祝福和对死后世界的想象，自然现象与其他图像组合，表达出了类似富贵、升仙等深层次的寓意。因此，有些反映现实生活的图像衍生出了更为丰富的寓意，也有一些图像仍然仅仅是对现实场景、自然现象的表现。

通过上文的总结我们也可以发现，在水榭观鱼图中亭榭之外刻画了端坐做旁观状的人物形象，如图 1、3、5、6、7。在主要画面之外刻画旁观者形象的做法在汉画像石中的六博图、乐舞百戏图、泗水捞鼎图中都可见到，这些图像中的主体部分刻画的都是一些有观赏价值的事物，由此可以推测，水榭观鱼图中之所以出现了坐观者的形象，应当是因为所刻画的主体部分图像中包含具有观赏价值的事物。那么鲁中南地区考察所见的水榭观鱼图中坐观者所观赏的事物究竟是什么呢？笔者提出两种猜测：第一种，可能是作为水榭观鱼图的主体图像的一部分，与亭榭之内的观者一样，观赏水塘中捕鱼众生相，由此也可以看出，水榭观鱼图中的捕鱼场景不仅仅是养殖渔业的需要，还具有一定的观赏娱乐价值。第二种，则可能是作为水榭观鱼图主体图像的旁观者，代表一种见证视角。从目前发现的水榭观鱼图中坐观者形象与其他汉画像石图像中的坐观者形象来看，笔者更倾向于第一种可能，首先，虽然这些坐观者形象多刻画在楼梯的后方，给人

① ［南朝梁］萧统选,［唐］李善注:《文选》卷十一，商务印书馆 1936 年版，第 230—236 页。

一种跳脱出画面之外的感觉，但是在图 6 中出现了六位端坐呈旁观状的妇女形象，这更像是对现实生活中观赏事物的场景的真实写照。其次，六博图、乐舞百戏图、泗水捞鼎图中所出现的旁观者都是正在观赏画面的主体图像，所以如果水榭观鱼图构图的原理与这些图像相同的话，亭榭之外的旁观者就应当是在观赏水塘中捕鱼的情景。

三、图式意味与体现的汉代思想

通过上文的比较与分析，我们可以发现水榭观鱼图基本是由“水中场景 + 亭榭 + 空中场景”组成的，亭榭与亭榭中的人物占据了画面的主要部分。鲁中南地区的水榭观鱼图应当已经形成了较为成熟的一套图式，这套图式所包含的意味及所体现的汉代思想是本节想进一步探讨的问题。

有学者认为从水榭观鱼图中遍布的云气装饰和屋顶的象征图像看，图中所描绘的不是现实世界，其图像学的意义是升仙的“水上云台”。① 但这个结论显然不适用于所有水榭观鱼图，如果单纯从图中描绘对象来判断水榭观鱼图的升仙意义，那不包含神异性图像的画像石就不具有这样的意义，这样的推断割裂了具有神异性图像的水榭观鱼图与不具有神异性图像的水榭观鱼图。虽然在具体图像的选材和刻画上有不同之处，但大多数水榭观鱼图都遵守着类似的固定图式，固定图式体现的是工艺上的传承与模仿，和一种被当时人普遍认可的表达方式，是客观现象与人们对世界的主观理解的结合，类似图式之间应当存在设计思想上的共通之处。因此本节希望通过比较不同水榭观鱼图的图像选材并分析其构图，探讨“水榭观鱼”这一图式所蕴含的意味及其体现的汉代思想文化。首先将鲁中南地区不同画像石中组成水榭观鱼图图式的图像分类整理如下：

单独成幅的画像石				
	具有神异性的图像	不具有神异性的图像	可能具有引申意义的图像	水榭观鱼图之外的图像
微山县两城乡东汉中晚期画像石（图 1）	凤鸟	鱼；观鱼者，钓鱼者，侍立者，旁观者；鸟	无	无
微山县两城乡东汉中晚期画像石（图 2）	无	鱼；观者；残缺的猴	鸟啄鱼，三鱼争头	无

① 季宏、朱永春：《汉画像升仙图中斗拱的文化意义解读》，《华中建筑》2008 年第 1 期，第 25 页。

续表

	具有神异性的图像	不具有神异性的图像	可能具有引申意义的图像	水榭观鱼图之外的图像
微山县两城乡东汉中晚期画像石（图3）	无	鱼，捕鱼者；观鱼者，侍立者，旁观者；鸟，猴	无	无
微山县两城乡东汉中晚期画像石（图4）	人面双头鸟	鱼，捕鱼者；观鱼者，侍立者，旁观者；鸟，猴	无	无
滕县山亭公社驳山头东汉时期画像石（图8）	应龙；翼人，拜谒翼人者	鱼，鳖；观鱼者，侍立者；猴	似鸟状动物	无
邹县郭里公社下镇头村东汉晚期画像石（图13）	女娲；凤鸟	亭下交谈者；鱼，鸟啄鱼；观鱼者，戴进贤冠的人；猴	似鸟状动物	无
枣庄市汉画像石（图15）	无	鱼，鳖；钓鱼者；猴	无	无
上层有其他图像的画像石				
	水榭观鱼图图式中具有神异性的图像	**水榭观鱼图图式中不具有神异性的图像**	**水榭观鱼图图式中可能具有引申意义的图像**	**水榭观鱼图图式之外的图像**
微山县两城乡东汉中晚期画像石（图5）	无	鱼，捕鱼者，鸟啄鱼；观鱼者，侍立者，旁观者，六博图；鸟	华栱内四足一尾兽；扁鹊针砭图	仙人骑龙图
微山县两城乡东汉中晚期画像石（图6）	无	鱼，捕鱼者；观鱼者，侍立者，旁观者；鸟，猴，鸟啄鱼	无	奔鹿图
微山县两城乡东汉中晚期画像石（图7）	无	鱼，鳖，捕鱼者，鸟啄鱼；观鱼者，侍立者，旁观者；鸟，猴	华栱内四足一尾兽；扁鹊针砭图	仙人骑龙图
与其他图式组合的画像石				
	水榭观鱼图图式中具有神异性的图像	**水榭观鱼图图式中不具有神异性的图像**	**水榭观鱼图图式中可能具有引申意义的图像**	**水榭观鱼图图式之外的图像**
滨湖镇西古村东汉时期画像石（图9）	无	鱼，鳖；观鱼者，侍立者；鸟，猴	无	拜谒图，庖厨图；龙纹
滕州市龙阳镇东汉早期画像石（图10）	异兽	鱼，钓鱼者；观鱼者，侍立者	无	凤鸟、异兽、楼阁拜谒图、纺织图、武库；列骑出行图；车马出行图
滕州市桑村镇西湖口村东汉晚期画像石（图11）	异兽	鱼；观鱼者，侍立者；猴	无	凤鸟、羽人、楼阁图、纺织图；车马出行图
滕县东山亭公社画像石（图12）	无	鱼；观鱼者，侍立者；猴	无	楼阁双阙图；车马出行图
邹县郭里公社黄路屯东汉晚期画像石（图14）	无	鱼；观鱼者，侍立者；猴，鸟	三鱼争头图	斗兽图；拜谒图；车马出行图

图 25 临沂金雀山九号汉墓帛画（临沂金雀山汉墓发掘组:《山东临沂金雀山九号汉墓发掘简报》,《文物》1977 年第 11 期）

通过上表可以发现，水榭观鱼图中包含神异性图像的占多数，但完全不包含神异性图像的也有不少，是不容忽视的客观存在。在包含神异性图像的图式中，大部分神异性图像出现在对空中世界的描绘中，小部分出现在对水中世界的刻画中。水榭观鱼图中对于神异性图像的选择大多不同，所刻画的不具有神异性的图像则大多相同，且占据了画面中主要的位置。水榭观鱼图作为一整幅汉画像石图像的组成部分时，常常与纺织图、楼阁拜谒图等生活化的场景一同刻画，由此可见，将水榭观鱼图归为对仙人世界的描绘并不合适。

山东临沂金雀山九号汉武帝时期墓出土的帛画（图 25）非常清晰地表现了汉画中天上世界、仙人世界、人间世界、地下世界之间的关系。[①] 天上世界由内有三足乌的日轮和内有蟾蜍的月轮图像组成，仙人世界由昆仑山表现，人间世界绘有屋檐下的女性墓主接受拜谒图、乐舞图、男性墓主接受拜谒图，地下世界由龙、虎、异兽表现。在汉画像石中，上层图像描绘神仙世界，下层图像描绘人间世界也是经常出现的布置方式。与其说鲁中南地区的水榭观鱼图描绘的是仙界“水上云台”，不如说是人间世界与神仙世界打破界域的一种表现。山东嘉祥宋山出土的《许安国墓祠题记》中修墓人详记了许安国墓画像石的内容：“琢砺磨治，规矩施张，褰帷及月，各有文章，雕文刻画，交龙委蛇……猛虎延视，玄猿登高，师熊嗥戏，众禽群聚，万狩云布，台阁参差，大兴舆驾。上有云气与仙人，下有孝友贤仁，尊者俨然，从者肃侍，煌煌濡濡，其色若备。”[②] “上有云气与仙人，下有孝友贤仁，尊者俨然，从者肃侍”，正是水榭观鱼图中人间世界与神仙世界融合的一种写照。东汉时期，求仙升仙的风气正盛，这种仙人仙禽的图像在汉画像石楼阁图中并不少见，例如微山

① 《汉代画像石综合研究》，第 144 页。

② 济宁地区文物组、嘉祥县文管所:《山东嘉祥宋山 1980 年出土的汉画像石》,《文物》1982 年第 5 期。

县两城乡出土的永和四年铭文题记画像（图26），画面下层刻画有描绘现实生活场景的拜谒图，上层则刻画了表现仙界场景的羽人饲凤鸟的图像。

图 26　微山县两城乡永和四年铭文题记画像（《微山汉画像石选集》，第 31 页）

与楼阁图相比，水榭观鱼图可能更完整地表达了汉人思想中“地下世界—人间世界—仙人世界”之间的关系与秩序。在汉画像石中，鱼的图像常常会出现在画面底部，例如苍山县塑料厂画像石（图 27），画面分为四层：一层连弧纹下刻一鸟和仙人饲凤；二层刻庙堂人物，中间两人对坐，两侧各侍立一人；三层刻鸟兽；四层刻二鱼一鸟。邹城孟庙收集的东汉晚期画像石（图 28），画面分为四层：第一层刻画两只凤凰，左右各有一只猴子在凤凰身上攀缘；第二层刻画了头戴进贤冠面向左侧站立的六人；第三层刻画了三人持笏跽坐，右一人图像漫漶不清；第四层刻画了双鱼。这两幅画像石图像及临沂金雀山出土的帛画体现了汉画像石中“地下世界—人间世界—仙人世界”的布局，鱼所代表的应当就是地下世界的场景。在人们的生活感受中，鸟能飞上遥远的天空，鱼能深入地下的水流，由此将鸟和鱼作为抽象的天上世界和地下世界的象征是符合当时人认知的一种想象。在水榭观鱼图中，如图 8 与图 11 刻画的水中世界都有神异性图像出现，尤其是图 8 中出现了应龙。在金雀山九号墓出土的帛画中，龙也被用来描绘地下世界。图 25、图 27 和图 28 相比，鲁中南地区的水榭观鱼图在体现画像石“地下世界—人间世界—仙人世界”的构图秩序的同时，打破了界域，使三者融合在一起。

图 27　苍山县塑料厂画像石（临沂市博物馆编：《临沂汉画像石》，山东美术出版社 2002 年版，第 79 页）

尽管在水榭观鱼图中出现了对神异性图像的刻画，表达了汉代人对升仙的渴望以

图 28　邹城孟庙收集的东汉晚期画像石
（胡新立：《邹城汉画像石》，文物出版社 2008 年版，第 145 页）

及对“天、地、人”空间秩序的理解，但通过上表我们可以发现，占据画面较大空间的是不具有神异性的、脱胎于现实生活场景的图像，这些图像在鲁中南地区的水榭观鱼图中多次应用，是组成这一图式的主要因素。

西汉时期，皇家园林中就已经出现了亭台水榭。《水经注 · 渭水》中引《汉武帝故事》：“（太液池）池中有渐台高三十丈，池中又有蓬莱、方丈、瀛洲、壶梁，像海中神山龟鱼之属。”① 东汉时期，豪强效仿皇家，大修庄园，从前文列举的《后汉书 · 梁冀传》及《艺文类聚》所引张璠《汉记》等文献中可见一斑。鲁中南地区汉画像石中的水榭观鱼图，通过对亭榭恢宏的华栱及纹饰的刻画体现出了墓主人或祠主人生活的富足。楼梯上恭立的侍者与水塘中作业的捕鱼者除了能展现墓主人或祠主人富贵的生活之外，也体现出对社会等级、权力秩序的强调，即使是描绘主人观赏游乐这样休闲轻松的场景，也依旧主次分明。通过对人物形象比例的把握，对服饰细节详略的区分，对人物姿态是谦卑还是端庄的把握，将汉代社会等级森严、秩序井然的场景呈现了出来。古人讲“事死如事生”，在汉代人的思想世界中，他们希望生前的荣华富贵在死后得到延续，正如《荀子 · 礼论》中所说，“丧礼者，以生者饰死者也，大象其生以送其死也”②。水榭观鱼图中虽然有对神异性图像的刻画，但占主导的还是对现实世界的还原，表达了人们对死后延续富贵生活、尊贵地位的渴求。神异性图像的出现可能更多是为了体现现实世界与死后世界之间的转换，表达图中刻画的场景已经是墓主人或祠主人在死后世界所享受的荣华富贵。

① 《水经注》卷十九《渭水》，第 364—365 页。

② 王先谦：《荀子集解》卷第十三《礼论》，商务印书馆 1988 年版，第 366 页。

四、结语

考察及收集所见的鲁中南地区的水榭观鱼图在汉画像石图像中具有一定的特殊性，值得探讨。它的主体部分是在描绘墓主人或祠主人观看水塘中的鱼及捕鱼的游乐场景，是现实世界的写照，但其与庖厨图、纺织图、捕猎图等单纯描绘现实生活的图像又存在着一定的区别。在 15 幅水榭观鱼图中，有 6 幅都出现了具有神异性的图像，这些神异图像多出现在对空中世界的描绘中。通过前文的分析笔者认为，水榭观鱼图中所描绘的不是单纯的现实世界，也不是单纯的想象世界，而是现实世界与想象世界的融合。刘敦愿曾经说过："丧葬习俗与艺术品方面出现一种互相矛盾的现象，一是魂气归于天，希望死后升天；二是形魄归于地，希望死后身体在阴间继续享受人间的贵族生活。"① 两种看似矛盾的现象在丧葬艺术中却常常和谐共存，在同一画面中出现，这种矛盾的思想指向的是对墓主人或祠主人死后生活的祝福与祈祷，因为目的相同，原本冲突的思想在实践中得到了巧妙的融合。

在墓葬壁画中，这种模糊仙凡界域的做法也经常出现，正如巫鸿在《黄泉下的美术》中所说："虽然绘画的题材丰富多样，但丰富的主体之间却缺乏内在的逻辑联系，其结果是一个在本体意义上的'多元中心'的构成。"② 仙境与模仿人间的"幸福家园"的界域之间的关系并不清楚。由此可见，墓葬艺术中古人将仙界与凡间融合，借以表达美好的愿望，将对人间秩序的强调、对富贵的渴求与升仙的欲望交织在一起，是最真实直观的汉人精神世界。

① 《美术考古与古代文明》，第 46 页。

② ［美］巫鸿著，施杰译：《黄泉下的美术——宏观中国古代墓葬》，生活·读书·新知三联书店 2016 年版，第 31—34 页。

汉代山东地区石构建筑及其雕刻中的西方因素

胡文峻

汉代是中国艺术发展剧烈转型的特殊时期，单一的王（侯）国和（秦）帝国艺术垄断系统开始瓦解，创造性的主体和活力由宫廷、官方向民间市场释放和转移，由此二者并行、引导的艺术生态有了各自合理的发展空间。最为引人注目的现象是大型石雕的异军突起和广泛普及。① 大型石雕从不被关注到突然被重视，在汉代不分阶层地相习使用，受众之广、存量之丰、内容之富，当之无愧地成为最能反映汉代社会、经济、政治、宗教和艺术精神的重要切面。说汉代艺术之特殊，还有一个不得不考量的特殊变量因素：这个时期适逢中原史无前例地开启了与西方世界频繁、直接的官方交流，即德国地理学家李希霍芬所谓“丝绸之路”的开通，中国开始了大范围、长时期的接触西方文明并受其影响的新历史之旅。与其他发达的传统墓葬艺术媒材相比，汉代大型石雕艺术的兴起与发展，似更依赖于一些外部变量因素的支持。

汉代大型石雕以石构建筑和石雕像为主，而石雕像又多围绕着石构建筑而存在，因此，石构建筑某种程度上庶可作为“大型石雕”的代言词，其所涉的外来因素，早

① 大型石雕，指不同于配饰、把件、礼器等作为陪葬品被带入墓葬的小型玉石器或小型石人偶，而是具有相当规模、尺寸、大小的石雕作品。在汉代，主要是地下石墓室建筑、地上石构祠堂、神阙、石柱和墓前石像生雕刻，以及少量宫殿里的石刻造像。

已引起关注，以笔者所见，涉及的主要议题有：1.汉代大型石雕的文化来源[①]；2.汉代崖墓和墓室中的佛教因素[②]；3.汉画像石雕刻中的外来母题[③]；4.汉代墓葬建筑中多种形式的石柱和神道柱等[④]。以上诸端，学者们的目光主要投向西方——波斯、印度，以及地中海和中亚希腊化艺术，通过对雕刻材料、形式风格和类型比较的方式，试图在一定程度上寻找并建立外来影响的逻辑解释。但这并非易事，反而吃力不讨好，在传统史学重文轻物、以文献为正统的观念看来，建立在图像系统上的比较研究易得出，并有陷入一种自说自话、捕风捉影式境况的风险——只限于假说，并不足以确证相距数万里之遥且文化根基两异的文明之间的必然联系。

但另一方面，因器物到底是由人造的，假使古代工匠在设计一种器形或建筑构件时多有其源流和逻辑的线索可循——形式的“上下文”，或背后都有一个不为人知的“故事”（所谓的造物情境）——要么因袭前人，要么改进，但无论如何，无不受技术、范式、知识、趣味等顽固的传统或固有条件和随时可能变幻的现实因素（如外来粉本的突然介入）的制约或刺激，两者互缠，其结果无不通过质地、形式、技法、结构等留下遗痕，艺术品之间的干系脉络便也或隐或显地如影随形，不过这需要研究者有对艺术作品的创作形式和语言的深层解读能力，才可能实现器物本身先在的“实物证据”之价值。基于此，建筑或艺术品本身的物质性往往比“正统”的文献更具信服力，也更鲜活地贴近具体的历史现场，如19世纪英国艺术评论家拉斯金所称：伟大民族以三部书合成其自传，记行之书、载言之书、造艺之书，欲理解其中一部必以其他两部为

① 滕固：《霍去病墓上石迹及汉代雕刻之试察》,《滕固论艺》，上海书画出版社2012年版；林梅村：《欧亚草原文化对中国石雕艺术的影响》,《古道西风——考古新发现所见中西文化交流》，生活·读书·新知三联书店2000年版；林梅村：《狮子与狻猊》,《汉唐西域与中国文明》，文物出版社1998年版；李零：《关于中国早期雕刻传统的思考》,《万变》，生活·读书·新知三联书店2016年版，第245页。

② 关于西汉时期崖墓中的印度文化因素的讨论，见［美］巫鸿著，郑岩等译《中国人对石头的发现》,《礼仪中的美术》，生活·读书·新知三联书店2016年版，第132—133页；至于东汉，佛教图像已广泛流行，案例和相关研究著录较多，略举俞伟超《东汉佛教图像考》,《文物》1980年第5期；［美］巫鸿著，郑岩等译《早期中国艺术中的佛教因素（2—3世纪）》,《礼仪中的美术》，第289—345页；［美］巫鸿《“开”与“合”的驰骋》,《美术史十议》，生活·读书·新知三联书店2016年版；何志国《汉晋佛像综合研究》，上海人民出版社2017年版；《孔望山造像研究》第一集，海洋出版社1990年版。

③ 缪哲：《汉代艺术中外来母题举例——以画像石为中心》，南京师范大学2007年博士学位论文。

④ 赵超：《中国古代石刻概论》，中华书局2019年版，第40—44页；全洪、李灶新：《南越宫苑遗址八角形石柱的海外文化因素考察》,《文物》2019年第10期，第69—78页；陈轩：《东汉束竹柱与瓦棱柱的初步研究》,《考古》2019年第5期；杨爱国：《汉代的多角石柱》,《形象史学》2017年第1期；李晨：《汉代画像石墓中的异域因素》,《南京艺术学院学报（美术与设计版）》2015年第1期。

基础，但尤以艺术之书最值得信赖。[①] 事实上，对于绝大多数的史前、先秦乃至某些中古史的考察，艺术物质材料（出土文献）的贡献更甚于文字史料，日益丰富的物质材料，在未来的研究中会释放更大的价值和潜力。

因此，本文仅意在结合以上研究成果和开放的研究视野，以形式的风格学、考古的类型学或图像学方法和造型、趣味的美术学，与传统史学的文献考据相结合，以“形象—图像史学”的综合性视角，主要针对山东地区汉代石构建筑中的某些个案所涉外来因素做一抛砖探讨，但愿对本研究领域有万一之启益，敬请方家指正。

一、石构建筑之分类

（一）石构建筑之特例“兰台石室”

目前存有一种过于笼统或化约的理解，认为在“事死如事生”“事亡若事存”的流行观念指导下，汉代墓葬建筑设计的灵感和制作，都有摹本依据，这个摹本便是亡者生前居用的木构建筑，石构建筑概莫能外，也只是对土木建筑的模仿或微缩。倒也没有引起多少争议：以肖似实物的明器代替生前所用的物品或人工服务是毋庸置疑的事实，汉代墓葬出土的陶制建筑和画像石上的建筑图像的一致性忠实地描摹出原生木建筑的形态。但实际上，虽同为墓葬类建筑艺术，汉代石构建筑与土木建筑的关系远复杂于出土陶类、平面图像上的建筑模型。盖石构建筑包含地上和地下两类，尽管材料和加工手段相似，但其形制、规模、空间、功用、风格等各有不同程度的差异。因此，讨论石构建筑与土木建筑的关系，须设一个前提，先要对石构建筑种类有个分别，不可含糊地一概而论。

汉代以前，由于建筑的体量、耗材巨大，加上铁制工具的稀缺，无论是日常居用还是用于墓葬、祭祀的建筑皆以土木建筑为主，极少用石头来构筑，难以保存良久，都早已灰飞烟灭。至汉代，这一情况有了较大改观，尤其在东汉，出现了大量墓葬礼仪之用的石构建筑，但在日常居用方面，还是延续了古老的土木之居的传统，石构建筑依然极其罕见。不仅仅是生活习惯和技术上的难题，还或与当时风靡的五行观念有关，五行属相说对汉代人的影响可谓无孔不入，对建筑的营构也产生了深刻的影响。

① 范景中：《美术史为什么重要》，《读书》2018 年第 5 期，第 3 页。

由于石、木建筑的不同属性，导致其使用功能截然相反：在五行当中，东方属木，主生，活人住的房子用木头来造；西方属金，主死，阴宅则用坚硬的砖石来造。

也有特殊例外的情况。查阅文献，目前所知汉代唯一以石材构制的实用建筑就是“兰台石室”①，这是一处专门庋藏国家重要图书秘纬的地方，大概是为了安全防火起见，特选石材为室以长久保存国家的典章文籍。据文献记载，东汉初佛教传入中原后，兰台石室还收藏了西域来的《四十二章经》。②可惜该建筑早已不存，其形制、结构如何，不得而知。不过，兰台石室的案例说明汉代人并非不懂石质建筑之安全牢固、可保永久的独特作用，只不过因石构建筑较木构建筑而言，其复杂的工艺（技术限制）、高昂的成本和低实用性的特征，使汉人早先对石室的兴趣如前人一样冷淡，必不得已才会选择用石料来加工制作大型建筑。诚如汉学家李约瑟在研究中国建筑之理念时说：“人造之物诚能保存千年，但人在百年之后谁能生存。创造怡情悦性幽静舒适之境地，卜屋而居，此亦足矣。”③这是中国人千百年来根深蒂固的态度。因之石制建筑也仅仅被用在了极端的特殊场合，如档案馆、图书室一类建筑中。

（二）地上石构祠堂建筑

除“兰台石室”的特殊案例以外，汉代石制建筑几乎都来自与陵墓和祭祀相关的材料，主要以地上祠堂（庙）建筑（包括一些与之配套的石阙、石柱、石像生等）和地下的画像石墓建筑为主。这两类建筑与木建筑之间的关系亲疏有别，难以一言蔽之或含糊化约地理解，故分开讨论。

地上建筑，按《后汉书·祭祀》云：“古不墓祭，汉诸陵皆有园寝，承秦所为也。说者认为古宗庙前制庙，后制寝，以象人之居，前有朝，后有寝也……庙以藏主，以四时祭，寝有衣冠几杖象生之具，以荐新物。秦始出寝，起于墓侧，汉因而弗改，故

① “兰台”其名称最早见于战国时的楚,《文选·宋玉〈风赋〉序》:“楚襄王游于兰台之宫，宋玉、景差侍。”汉代兰台石室具体建造的年代已无从考证，但西汉时就已存在，建于长安宫内，隶属御史（府）台，掌图籍秘书，历来为皇家所重视。[汉]班固:《汉书·高帝纪》，中华书局2007年版，第103页。又《后汉书·王允传》载:“初平元年（190），代杨彪为司徒，守尚书令如故。及董卓迁都关中，允悉收敛兰台石室图书秘纬，要者以从。既至长安，皆分别条上。又集汉朝旧事所当施用者，一皆奏之。经籍具存，允有力焉。”[南朝宋]范晔撰，[唐]李贤等注:《后汉书·陈王列传》，中华书局1965年版，第2174页。

② 《牟子理惑论》言明帝遣使者中郎蔡愔等人于大月支写佛经四十二章，藏于兰台石室第十四间。梁庆寅释译，星云总监修:《牟子理惑论》,（台湾）佛光文化事业有限公司1996年版，第88页。

③ [英]李约瑟:《中国之科学与文明》中译本第十册，台湾商务印书馆1977年版，第162页。

陵上称寝殿，起居衣服象生人之具，古寝之意也。"[①]可知先秦祭祀都集中在宗庙和寝，不在墓地。[②]寝庙二者未分，一前一后，和生前居住的寝宫和朝堂建筑无异，如《诗经》言"寝庙弈弈"，言相通也。[③]秦汉虽将寝从庙中分离了出来，并且移到了陵墓一侧，但模拟寝宫建筑以象"起居衣服象生之具"的格局并未改变。因此，无论宗庙还是陵墓前的陵寝建筑都和皇宫内的木构宫殿建筑几乎无异，是"事死如生"观念的形象注明。然而木建筑极易腐朽，终不抵日月风雨的摧蚀，难以久存，遥想这些规模宏巨的"象生之居"的陵墓木建筑应该很早就随着汉帝国的消亡而化为尘土了。

那么，在墓前构筑大型石刻建筑起于何时呢？据《古今注》对东汉历代皇陵的记载，共有五位东汉皇帝于陵前建有石殿祠堂，明帝（57—75 年在位）为先。[④]关于明帝初创的石殿祠堂建筑，目前只见于文献所记，未有确切的物质材料，对于其具体的构造样式风格和规模，我们只能依据前后文献和此后民间的祠堂材料来加以推想，或可以想见其与本土木构建筑在形式设计上的近亲关系，但建造格局和规模应不会超过或应小于木建筑。

颇有意味的是，突然选用石头来构筑陵前祠堂建筑的事件发生在明帝而不是其他皇帝在位时期，其中的原因，颇值得一探。

汉代人对大型石雕的兴趣有两个重要节点：第一次是在西汉文帝以及武帝开边、张骞凿通西域之初，出现了石椁墓和霍去病墓前石雕群，大型石刻艺术开始萌芽，但也只停留在萌芽阶段，没有继续发展；第二次是西汉末石椁墓再次抬头，东汉初的大

① 《后汉书·祭祀下》，第 3199—3200 页。此段记载可以追溯到蔡邕《独断》："宗庙之制……前制庙以象朝，后制寝以象寝。庙以藏主，列昭穆；寝有衣冠几杖象生之具……至秦始皇出寝，起之于墓侧。"不过考古发现，将寝从庙中移出，起于墓侧，可能并不是秦始皇的首创，在秦迁都咸阳后的东陵 1 号陵园，距墓穴 40 米处有建筑遗址。［东汉］蔡邕撰：《独断》，［明］程荣编《汉魏丛书》，明万历壬辰（1592）新安程氏刊本，卷十四；骊山学会：《秦东陵探查初议》，《考古与文物》1987 年第 4 期，第 89 页。

② 巫鸿认为，战国时代已存在东西两种不同的陵墓建筑体系，以中山王陵为代表的东部体系便是直接将高台享堂建筑起于墓穴之上，类似的现象在战国初的凤翔秦宫陵园亦有发现，不过当秦迁都咸阳后便废弃不用，改享堂起于墓侧。［美］巫鸿著，郑岩等译：《从"庙"到"墓"——中国古代宗教美术发展中的一个关键问题》，《礼仪中的美术》，第 562 页。

③ 《后汉书·祭祀下》，第 3199 页。

④ 东汉五座陵前建有石殿的帝陵依次为明帝的显节陵、章帝的敬陵、和帝的慎陵、安帝的恭陵、顺帝的宪陵。见《后汉书·礼仪下》，第 3149 页。另李发林曾认为西汉民间就出现了石祠建筑，如孝堂山石祠，但这一观点未得学术界认同，经过调查研究，最新出版的《孝堂山石祠》将其断为东汉早期明帝、章帝时建造。山东省石刻艺术博物馆等编，蒋英炬、杨爱国等著：《孝堂山石祠》，文物出版社 2017 年版，第 74 页。

型陵墓石雕和石墓室建筑艺术如野草般疯狂发展，引发这疯狂发展势头的关键人物，就是汉明帝。

据史籍载，明帝不但开陵前修建石祠堂的先风，还在他陵墓的建筑内首次刻画了“佛像”，正是这位皇帝求神若渴，为一睹西方之神——佛之容光，首次遣使西域求取佛法，并且在都城兴建了第一座佛教寺院，还以独特的形式在开阳城门和他的显节陵墓上作“佛像”。① 尽管此“佛像”与西域的不尽相同，但明帝与佛教的特殊关系，使我们不得不考虑他兴建石构祠堂及在显节陵上刻画“佛像”的灵感或许就与当时已为人所知的西方佛教建筑有关，如石窟、石柱、石塔以及附着其上的石刻浮雕造像。这些信息的来源或与和明帝亲情甚笃的异母弟楚王刘英有关，间接的来源是一些被楚王刘英招揽的外国僧人。据永平八年（65）诏书，楚王刘英“诵黄老之微言，尚浮屠之仁祠，洁斋三月，与神为誓，何嫌何疑，当有悔吝？其还赎，以助伊蒲塞、桑门之盛馔”②，可知，明帝不但知晓楚王尚浮图仁祠、供养外国沙门，起初还对其行为抱有好感，对优待外国僧人和佛教徒有所鼓励，显示了在楚王刘英被废之前，明帝对外来佛教的包容态度，自然给佛教艺术的传播提供了便利。巫鸿提醒，早在公元前 2 世纪至公元前 1 世纪，便“是一个中国宗教和宗教艺术的转型时期。这个时期的汉代人对佛教已经有所闻，并开始注意某些西方宗教艺术与建筑的样式——石窟与石雕是其中可能的两项，这种知识或许对汉代艺术中的崖墓与石雕的产生做出了贡献。一个世纪以后，石头在东汉宗教建筑和艺术中的使用已经非常广泛，不仅用来建墓室，也用来构筑地上的丧葬纪念建筑”。③

汉代佛像多具有半仙半佛神秘化的特点，尤其是 2 世纪以前，以早期佛教造像中的一种统一动作——无畏印式的形象出现，这意味着在汉代佛教信徒和工匠之间存在着类似的佛像粉本，这粉本毫无疑问来自当时的“西域”——印度和中亚地区（图 1），且大多出现在石构的墓室建筑或摩崖石刻中，如山东沂南北寨汉墓八角柱佛画像

① 汉末《牟子理惑论》最早提到汉明帝图画佛像：“时于洛阳城西雍门外起佛寺，于其壁画千骑万乘，绕塔三匝，于南宫清凉台及开阳城门上作佛像，明帝存时，欲修造寿陵，陵曰‘显节’，亦于其上作佛图像。”《牟子理惑论》一卷；周叔迦辑撰，周绍良新编：《牟子丛残新编》，中国书店 2001 年版，第 15 页。《后汉书》和《后汉纪》亦从其说。［东晋］袁宏撰，张烈点校：《后汉纪 · 孝明皇帝纪下》，中华书局 2002 年版，第 187 页；《后汉书 · 西域传》，第 2933 页。

② 《后汉书 · 光武十王列传》，第 1428 页。

③ ［美］巫鸿著，李清泉、郑岩译：《中国古代艺术与纪念建筑中的“纪念碑性”》，上海人民出版社 2017 年版，第 227 页。

图 1　犍陀罗石刻，佛陀与礼敬者，2—3 世纪，大都会博物馆（孙英刚、何平：《图说犍陀罗文明》，生活·读书·新知三联书店 2019 年版，第 110 页）

（图 2），江苏连云港东海昌梨水库 1 号墓前室画像（图 3）[①]、孔望山摩崖佛像（图 4、图 5），四川乐山麻浩、柿子湾崖墓（图 6），河南南阳方城县小石店镇香山北麓佛沟摩崖佛像等。[②] 还有很多出现在长江上游地区的摇钱树佛像、陶佛，也表现了一致的“无畏印”形式特征。尽管我们尚不确知明帝陵上所作“佛像”的配置是在地上的石殿享堂中，还是在地下的墓室建筑中，但民间在墓室或摩崖石刻中表现佛像，难免有明帝引进“佛像”，并于显节陵上画“佛像”之先行垂范的功劳。

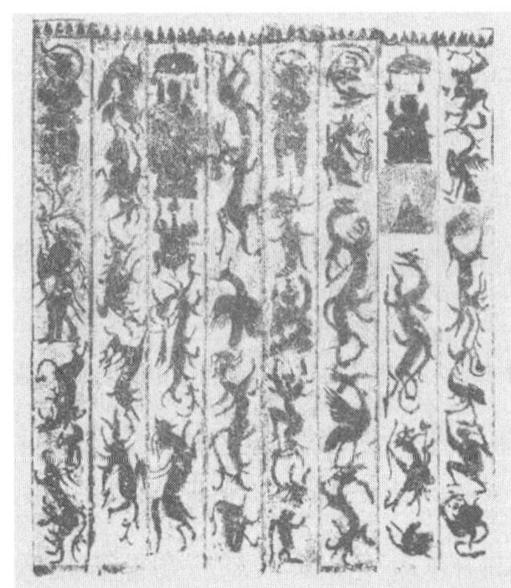

图 2　沂南北寨汉墓中室八角柱上的“形式化的仙佛”（俞伟超：《东汉佛教图像考》，《文物》1980 年第 5 期，第 38—77 页）

图 3　江苏连云港东海昌梨水库 1 号墓八角柱上佛像（南京博物院：《昌梨水库汉墓群发掘简报》，《文物参考资料》1957 年第 12 期，第 29 — 43 页）

① 该石柱上有一人物形象：左手已残，无法确认是否有执物的动作，但右手明显上举作无畏印，与沂南汉墓的“佛像”及连云港孔望山的站立佛像持无畏印动作一致，在图像学上与佛像有关。

② 石云涛：《汉代外来文明研究》，中国社会科学出版社 2017 年版，第 550 页。

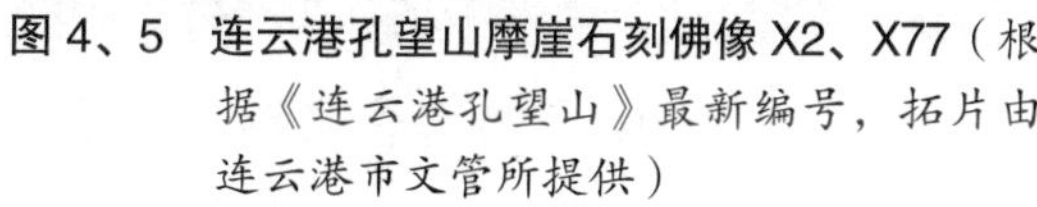

图 4、5　连云港孔望山摩崖石刻佛像 X2、X77（根据《连云港孔望山》最新编号，拓片由连云港市文管所提供）

图 6　四川乐山柿子湾、麻浩崖墓佛像

然而，谈及明帝时的“佛像”，特别需要提醒的是加引号的“佛像”，而非印度和中亚的大乘佛教意义上的外国佛像，也与上举汉末出现的各类具有犍陀罗无畏印特点的“形式化的仙佛”有异。[①] 因当时印度和中亚尚未见大乘佛像偶像，流传的还是原始佛教的象征性造像，在明帝的意识和期望中，根据传说，佛陀是一位西方神人，“身体有金色，项有日光……轻举能飞”[②]，似与民间神话信仰中的仙人、至人、化人没有太大区别，故明帝所创“佛像”，应与后来贵霜的犍陀罗佛像粉本无关，也与汉末的诸佛像案例不同，为本土神仙方术或楚文化艺术影响下的自发性的“概念性佛像”[③]，徒有“佛像”其名，并无其实。

但是半个多世纪后，明帝“画佛”的行为和传说终究引发了一场民间雕画佛像的潮流，从中我们可以得到这样的启示：中国人对佛教和佛教艺术的学习并非始于对佛教原义的理解或崇信，而是先从形式的模仿开始的，这形式除了佛像的着装、外表、动作以外，还包括雕刻佛像的材质——石头。随后落地以服务于本土的长生不死、羽化求仙的观念，将其用在死后最理想的地方——墓葬。这是汉代人对一种外来艺术或宗教产生兴趣的初衷，其目的并非像印度人或希腊人那样表达对佛教或泛希腊神话的

① “形式化的仙佛”，指东汉中后期至汉末出现的一类具有印度或中亚地区无畏印佛像特点的造像，常出现在摇钱树、画像石墓和摩崖石刻中，但徒有外来图像学上的形式特征，意涵不一定与传播佛教信仰有关，而多与西王母或仙人的信仰有关。参拙文《试论汉代佛教艺术的三个分期或类型及其根本差异性》，《形象史学》2019年第2期，第132—135页。

② ［南朝梁］僧佑著，苏晋仁、萧錬子点校：《出三藏记集》，中华书局1995年版，第242页。

③ 关于文献和史载的明帝佛像的考证和性质讨论，参拙文《试论汉代佛教艺术的三个分期或类型及其根本差异性》，《形象史学》2019年第2期，第122—132页。

本体教义崇拜，而是为了更好地完善并接近本土塑造的与仙灵、祥瑞共处，并保佑其灵体永垂不灭的理想世界；从另一层来说，汉代人糅合佛教和神仙方术以规劝、教化世俗社会的行为本身，与最早利用佛教进行文化融合和世俗统治的希腊人和贵霜人又是一致的，是多元文化涵化、共生而成的亚文化现象。这种重其形式，轻其内涵，他山之玉的实用主义价值判断，同样体现在汉代石构建筑和石雕造像蕴含的诸多其他外来文化因素中。

殆明帝创“上陵礼”和转移“酬祭礼”至墓园陵寝以还，又立遗诏只在陵前设享堂而不另立庙，坟前建祠堂便成一种新制，“士大夫仿之皆立祠堂于墓所”，与之同时兴起的还有表饰茔冢的神道石人、石兽造像（以狮子居多）、石柱等艺术形式，后广为民间所效仿，[①] 如今所见汉代的石构建筑和雕刻皆来自民间的墓葬材料。

从基本形制和功能使用上看，地面石构祠堂建筑较地下墓室石构建筑明显更近于木建筑的构造系统，主体是根据普通最简易的木构房屋的空间造型和结构所设计，可以将之与汉代高等级陶屋和画像石中的楼屋图像一起纳为木建筑系统的微缩和模拟。依据生前所居建筑进行仿制的行为，或与祠堂不完全是为逝去的死者准备有关，它更多是为满足人们祭祀祖先、家族活动、纪念行礼的半实用性功能而建，因而以仿“生器”木建筑的结构形式呈现。

图 7　济南孝堂山郭氏石祠（曾磊摄）

仅存的几例地面石构祠堂建筑集中于山东和徐州地区，如嘉祥武氏祠、金乡县朱鲔祠堂（目前此二者均为散件，只见图像复原）、济南孝堂山石祠（图 7）、徐州洪楼石祠堂，以及新近于安徽淮北洪山发现

① 清人赵翼指出，“盖又因（明帝）上陵之制，士大夫仿之皆立祠堂于墓所，庶人之家不能立祠，则祭于墓，相习成俗也”；据《礼记》“庶士庶人无庙，死曰鬼”的传统，巫鸿也指出庶民百姓皆无设立宗庙的权利，故民间多以墓祭或坟祭为主，而汉代的开国皇帝和元勋又多出于巷间，以往从未有过宗庙祭祀的特权，因此他们之前祭祀祖先的方式或为墓祭。东汉时，光武帝刘秀开始将祭祖活动向陵寝转移，至明帝行“上陵礼”，并将庙祭的“酬祭礼”彻底转移至陵寝，后立遗诏自己陵前只建享堂而不另设庙，后 160 年间，墓地成为祭祖的真正中心，此风便在东汉民间得到推广，相习成俗。[清] 赵翼：《陔余丛考》，台北世界书局 1960 年版，第 32 页；《中国古代艺术与建筑中的“纪念碑性”》，第 204—205、207 页。

的两座汉代石祠堂[①]等，其核心元素就是仿自简易的木建筑。

以孝堂山石祠最为完整和典型：该建筑坐北朝南，平面横向呈长方形，三面合围，由台基、山墙石、后壁石、中间立柱、中间三角形隔梁石、两块盖顶石组成，以正中立柱和山墙为中轴，将内部分成对称的左右两间，与普通房屋建筑布局形式基本一致，石墙内壁和山墙处雕绘满图像；最能体现其仿木结构的核心是悬山顶式的人字坡形屋顶的外观，屋面有筒瓦、瓦条脊的形状，檐口则雕刻有醒目的瓦当等木建筑特有的标志。与普通民宅建筑略有区别的是：由于前部屋顶的石板体量、跨度过大而有断塌的风险，因而在前檐下的正门口使用了三根八角柱以分担巨大房檐的压力。

此外，较特殊者有嘉祥宋山1号小祠堂（图8）、临淄“王阿命祠”[②]（图9），乍看之下，石室形制不似木结构建筑外形，两者皆为趋向平顶的方形龛盒式结构，前者有意将后半部分为坟前掩土所没，只将前半部开露于外——界于“生器”和“明器”之间（武氏祠前石室、左石室亦如此）[③]；而后者又更加特殊和微小，与常见的木建筑框架的外观大相径庭，高度只有53厘米，为一整石雕刻而成，前部设计成一长方的低矮平台，似为摆置祭品的供案，占据石刻的大部空间，后部一高高凸起的圆台，正面刻一方形浅龛室，龛内刻有墓主及其生前活动的图像，整体而言，该石刻似很难以严

图8　山东嘉祥宋山1号小祠堂示意图（郑岩绘）（郑岩：《逝者的面具：汉唐墓葬艺术研究》，北京大学出版社2013年版，第111页）

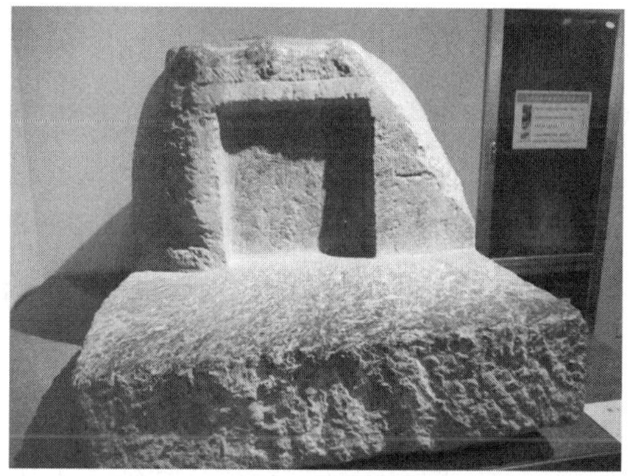

图9　山东临淄齐都镇永顺村“王阿命祠”石刻享堂（笔者摄）

① 淮北市文物局：《安徽省淮北市发现汉代画像石祠》，《东南文化》2019年第6期，第19—25页。

② “王阿命祠”为山东临淄齐故城东北城外发现的东汉一特殊形制的刻石，目前存于临淄齐文化博物馆，该石因刻有“齐郡王汉……男阿命……光和六年三月廿四日”等题记，杨爱国先生以此命名，目前较为学术界认同。杨爱国：《幽明两界：纪年汉代画像石研究》，陕西人民美术出版社2006年版，第201页。

③ 蒋英炬、吴文祺：《汉代武氏墓群石刻研究》，山东美术出版社1995年版，第50页。

格意义上的“建筑”形容之，郑岩描述其“像是今天建筑工程、战争中使用的沙盘或数字三维模型”[①]；但两者都在顶部檐口处象征性地刻有木构建筑的瓦当和椽头的纹饰，以强调其祠堂的象征性属性和祭祀的目的，[②]只是材质有所置换，形制有所出入，规模有所不及，如木构建筑的简易版。

（三）地下石构建筑

1. 大型方屋型第宅式建筑（以吴白庄汉墓为例）

与地上石构祠堂建筑出入明显的是汉代地下墓葬石构建筑，尽管也表达相似的生死观念和宗教性礼仪的意义，但由于与之前的传统地下墓圹、椁室及地上木建筑皆有很大区别，不仅葬具材质有所变化，其构造规模和结构也不可同日而语，当视为两种不同类型的造物体系。本文重点讨论的是其与木建筑的不同造物思维和特征，及其外来文化因素影响的可能性。

如前所述，木建筑外观的核心就在于鲜明的带坡的房顶特征（以陶楼模型为参）。典型者如庑殿式、悬山式、硬山式、攒尖式、歇山式等诸多类型，这类建筑通常表现为高层楼居，以重屋和重檐模式相叠向上，结构复杂、规模宏巨，若换以石头来构筑这类高大的建筑用作祠庙，工艺跨度极大，在操作上很难实现，但极简如民宅的单层人字坡形瓦屋的构造，在地上的石构祠堂建筑中则得到了明确的运用。同样选以石材，直接由木到石的“置换惯性”在规模有过之的地下墓室建筑中却几乎没有得到体现，反而出现了另外一套追求奢华的“方屋型”建筑理论和空间模式。

当然，这种现象与传统上对待祠庙建筑和埋藏于地下的墓穴建筑的心态不同有关：先秦的祠庙建筑会很自然地根据生前的寝宫来建设，但似乎从来没有过将地上生人用的一套建筑直接搬到地下去继续使用的经验，由原始、先秦时期的以棺椁为核心的竖穴墓到汉的横穴墓乃至崖墓，与地上木建筑（庙）的巨大出入都可以解释这样的固有差异。巫鸿曾经指出：“早在三代，‘庙’与‘墓’已同为祖先的崇拜中心，但二者的宗教含义和建筑形式则大相径庭。”[③]到了东汉，地下墓葬建筑突然彻底为之一变，出

① 郑岩：《山东临淄东汉王阿命刻石的形制和其他》，《逝者的面具：汉唐墓葬艺术研究》，第114页。

② 关于石祠堂上雕刻的瓦当和椽头的象征意义，郑岩有精彩的论述，参氏著《山东临淄东汉王阿命刻石的形制和其他》，《逝者的面具：汉唐墓葬艺术研究》，第113页。

③ ［美］巫鸿著，郑岩等译：《从“庙”到“墓”——中国古代宗教美术发展中的一个关键问题》，《礼仪中的美术》，第550页。

现了规模和结构不同于以往的“室墓”。不可否认这个过程是经历了由竖穴到横穴再到室墓的进化而逐步实现的，但其最终得以实现的动力却很难说与其中的各个类型有必然的内部因果导向，因为类型的进化无法解释汉代人如何在一夜之间改变了传统的墓葬观念，开始用石头来重新规划、建设一个来生继续享用的地下居室。并且，因东汉画像石墓室明显脱离了早期“棺”“椁”的呈闭合、静态的“箱式”空间定义，而具有“第宅化”多室互通、动态的空间结构倾向[①]，各个不同功能分区的墓室设计表明，墓室不但是亡者身体和精神上临时寄托的归宿，更是一个可以长久地支持墓主灵魂在里面活动，继续生活、享乐的平行空间——即使不能升仙，人依然可以在这里实现像阳间一样的正常生活。

新鲜的是，此“第宅”只延续了某种形而上的——“事死如生”的抽象理念，并未在实践中完全采用人们熟悉的汉式木建筑中的空间构造法，几乎所有具备一定规模的汉画像石墓室普遍使用的是整体的类似西方“方屋”的横梁立柱、平顶（含叠涩顶）的空间构造法，即无须像木建筑必须借助斗拱架叠于立柱和巨大的屋檐或横梁之间，木建筑的核心特征——各式的房顶结构，如悬山顶、歇山顶、硬山顶等一概未被采用，空间向平面展开，而不是向上分层。典型者如山东沂南北寨汉墓（叠涩顶）（图 10）、安丘董家庄汉墓、长清大街汉墓等，无一例外，有些还出奇地使用拱形结构的过梁和八角柱或十六角柱，立柱与拱梁相结合在墓中具有分间和扩大顶部空间的作用，营造出“厅堂化”的空间氛围，如临沂吴白庄汉墓前堂后室的结构（图 11）、莒县大沈刘庄汉墓前后室通堂结构（图 12）。整体来看，这种建筑样式既不见于汉代日常实用建筑，也不见于汉代陶屋模型或画像石图像中，显然是专为亡者而建的。似乎汉代人为了满足特殊的墓葬需要，灵感突发，专门发明了一种新式建筑，其中是否有外来因素的影响一直是吸引学人关注的问题。

图 10　沂南北寨汉墓（曾昭燏等:《沂南古画像石墓发掘报告》，文化部文物管理局 1956 年版，图版 5）

① 由于汉代的地下墓室逐渐发展为一个内部宽敞的似居室的空间，总体上具有模仿地上居室空间的形式，也含有局部木建筑的元素和特征，如门窗、斗拱等，被学者描述为“第宅化”。见吴曾德、肖亢达《就大型汉代画像石墓的形制论“汉制”》，《中原文物》1985 年第 3 期，第 55—62 页。

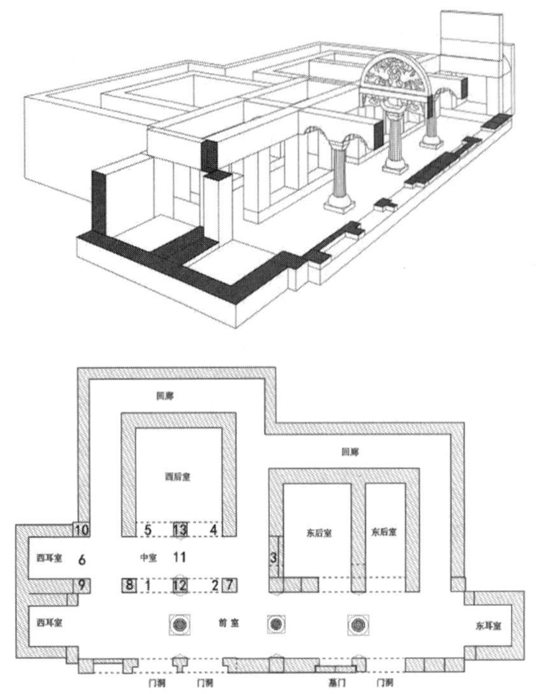

图 11　吴白庄汉墓透视图和平面效果图（临沂市博物馆:《临沂吴白庄汉画像石墓》，齐鲁书社 2018 年版，第 13、193 页）

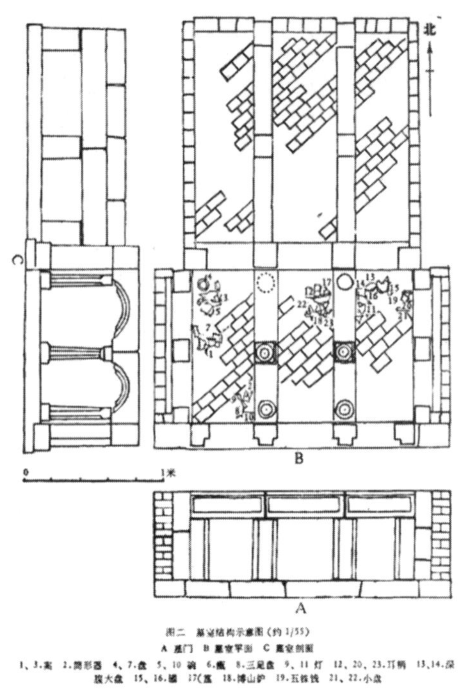

图 12　莒县大沈刘庄汉墓结构示意图（苏兆庆、张安礼:《山东莒县沈刘庄汉画像石墓》,《考古》1988 年第 9 期，第 789 页）

以临沂吴白庄汉墓为例，该墓是东汉画像石室墓登峰造极之代表性案例，规模之宏巨、装饰之繁复、保存之完整皆为汉代石墓所罕见，同时具备“第宅化”（常规室墓）和“厅堂化”特征。石墓根据不同功能和需要，划分成大小不同、形制略异的前、中、后室，回廊以及左右耳室的空间分区。有横贯的长过道（即前堂），也有被分隔的小石室，各类生活、仪式所需的随葬品一应俱全（大部早已被盗劫一空，只剩下些青瓷器、钱币、小型装饰物等）。[①] 对于曾经寄予厚望，期望死后得以安享于此的墓主人来说，整个墓室俨然就是一座完美可居的地下第宅。极为醒目的是，多种本土罕见的设计创意和构造集中涌现：如前室的两进双拱形过梁和中室的刻有狮子头的单拱过梁（图 13），十六角翼虎兽柱，透雕龙收分柱（图 14），[②] 半圆形的透雕对鸟门楣

① 《临沂吴白庄汉画像石墓》，第 24—38 页。

② 学界普遍认为该墓圆弧形过梁、多面立柱和高浮雕对狮源自地中海沿海，而高浮雕加工技术亦与之同源，或接绪于罗马、波斯，抑或间接传播于中亚的希腊化王国。《临沂吴白庄汉画像石墓》，第 257 页。

（图15），戴尖顶帽、深目隆鼻的西域人[①]，猫扑兔、羽人、双猴等高浮雕壁柱（图16）。诸多“非主流”母题，如战国以来，来自欧亚草原金属艺术的斯基泰“动物风格”——后腿翻转式的狮虎类翼兽追逐、噬咬（图17）有所表现并发生转化，被视作祥瑞或凶险的象征移植到画像石雕刻中，另有鹰啄兔[②]、胡人驯象、骑驼等西来艺术母题（图18）。

图13　吴白庄汉墓中室拱形过梁中的狮子头（《临沂吴白庄汉画像石墓》，第232—233页）

图14　吴白庄汉墓前室中间的透雕收分立柱，雕有翼龙，临沂市博物馆（笔者摄）

图15　吴白庄汉墓前室中过梁半圆形的透雕对鸟门楣

① 关于该墓所见的胡人形象，阮荣春认为他们与南方传来的佛教因素有关，是当时的“胡僧”。郑岩认为不然，虽然这是一些外国人的面孔，但所表现的是中原传统的神仙思想。阮荣春：《“佛教南方之路”北渗山东南部——论临沂、沂南画像石中的外来影响》，《故宫文物月刊》总166期（1997年1月），第78、87页；郑岩：《汉代艺术中的胡人形象》，《逝者的面具：汉唐墓葬艺术研究》，第127页。

② 关于鹰啄兔为外来母题的分析，参见缪哲《汉代艺术中外来母题举例——以画像石为中心》，南京师范大学2007年博士学位论文，第71页。

图 16　吴白庄汉墓中的羽人、胡人、猫扑兔、双猴高浮雕壁柱，临沂市博物馆（笔者摄）

图 17　吴白庄汉墓画像石中的斯基泰式“S”形前后翻转腿的动物（第二层），临沂市博物馆（笔者摄）

图 18　吴白庄汉墓画像石中的胡人与带角的鹿、骆驼、大象（笔者摄）

此外，在墓中还发现盗墓者遗留下的西方进口产品——一种可以穿戴的水晶小兽（通常被认为是狮或虎，图 19），应该是墓主人生前非常喜爱的日常装饰品。这类水晶小兽在越南、泰国多有发现（图 20），并有加工该类产品的作坊遗址，广西也有大量出土，或是从印度、泰国、越南等地进口，通过海上丝绸之路销往中国，也可能为中亚转手货，在阿富汗蒂拉丘地的疑为贵霜翕侯墓也出土有类似的兽形吊坠。

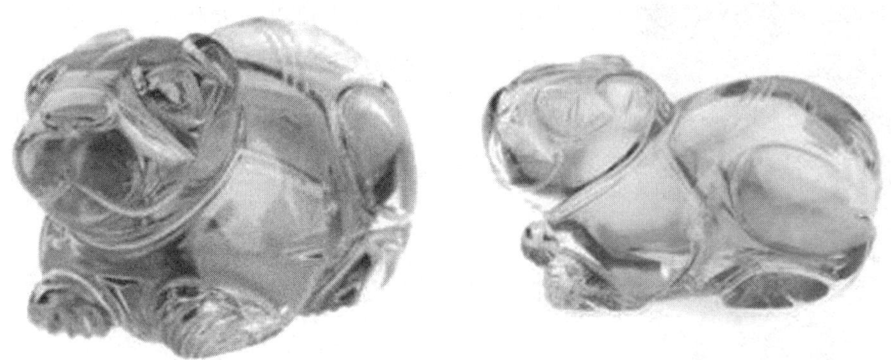

图 19　吴白庄汉墓出土水晶小兽（《临沂吴白庄汉画像石墓》，第 27 页）

图 20　红玉髓狮子，水晶、琥珀狮子，东南亚泰国海岸产，在泰国发现作坊和半成品，纽约大都会博物馆（孙志新博士 ppt）

综合来看，多元文化特色各逞其能，可谓四面来风，考虑到其中鲜有的个性因素，不能排除西方工匠或技术人员直接参与或主导了墓室的某些局部设计和制作，限于篇幅，以比较典型的前室羽人高浮雕壁柱说之（图 21）。

人像柱在汉代不是稀奇物，汉画像石图像中屡有表现，但该造像柱不同于普通的人像柱，更不像其他建筑构件如八角柱、拱梁（门）等通过简易的图样粉本或口传即可实现间接传播，必依赖工匠和技术的流动才能传播，也往往因人亡而道衰，给这种技艺和雕刻风格的普及、扩散带来极大限制，不利于大范围覆盖，因而极为稀罕。具

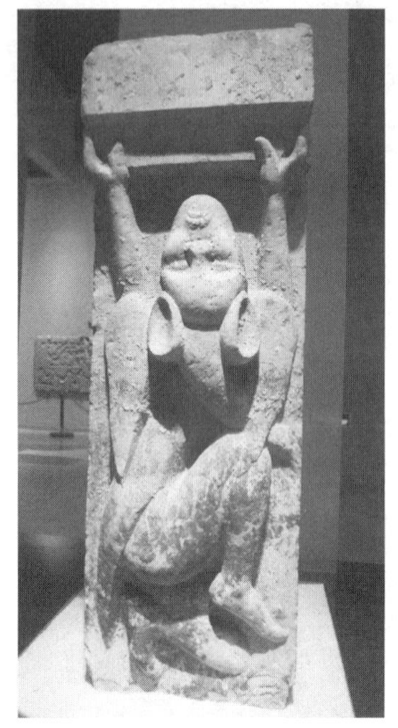
图 21　吴白庄汉墓羽人擎天壁柱，临沂市博物馆（笔者摄）

体来说，有三方面因素可以帮助我们进行判断：

第一，该壁柱刻画的羽人是以人体为表现对象的特殊案例，处理的手法几近圆雕，与同列的另五块壁柱雕刻具有一致的"圆雕感"特征——强烈的进深空间感，卓然不同于该墓中主要使用的深剔底平面线刻（同墓中室中过梁南立柱羽人浮雕即是）、平面浅阴线刻的雕刻技法，不受寻常汉画二维空间创作法的限制，有着更为复杂的圆转立体的空间造型思维，且手法相当成熟。

简单地说，整个人体彻底摒弃了依托"平面"和"线条"造型要素之"图画感"的形式，从脸形、五官、躯干到四肢，都在强调立体、真实的视知感，空间的纵深和层次感不是通过二维平面上线条的前后穿插、叠压关系来体现，而是直接以三维的体积、体量的凹凸、胀缩变化来实现，汉画中被遮挡的侧面乃至背面的空间要素皆可以伸手触及。于山东地区常规的汉画像艺术风格——如滕固所界定的"拟绘画"风格（不同于南阳地区的"拟浮雕"风格）而言[①]，显然是反其道而行之，具有相当的前卫性和独创性。由于与南阳、徐州地区粗犷、不尚修饰打磨的"拟浮雕"风格也有明显的差异（图 22），在"拟浮雕"向圆雕空间的偏向程度上又有过之，倘按滕固之风格界定原则，谓之"拟圆雕"似为贴切。以笔者对主要汉画像石分布区考察所见，此应为汉代画像石羽人艺术母题表现中的孤例，绝非当地普通工匠（惯以平面深/浅剔底、阴/阳线刻浮雕手法）所为，亦非南阳地区的外地工匠所为，应出自更加独立且更专注以"拟圆雕"形式和风格表现的一支工匠队伍之手。

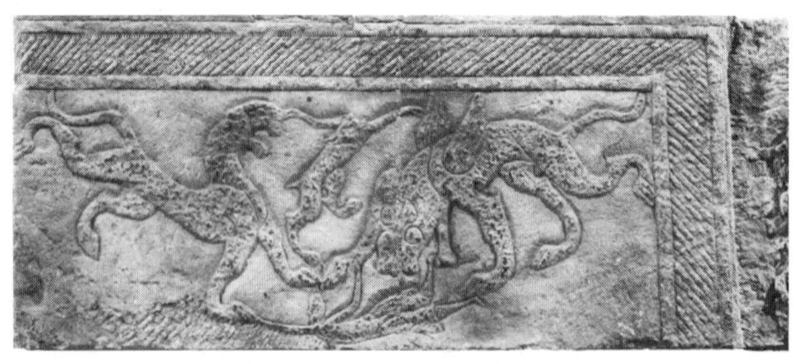
图 22　南阳汉画像石，南阳汉画馆（凌皆兵、朱青生主编：《汉画总录》17，南阳，广西师范大学出版社 2013 年版，第 163 页）

第二，写实逼真的程度超

① 滕固：《南阳汉画像石刻之历史的及风格的考察》，《腾固论艺》，第 119 页。

乎寻常，具体体现在对五官、手、脚、躯干真实形体的准确把握上（图 23）。比例十分协调，身体各部的长短粗细、大小凹凸相宜，符合人的自然身体结构关系；骨肉分明，充满活力，对骨骼、关节、皮肤乃至指甲盖、指节背上的皱褶等细节都有极精微、准确的表现。

图 23　吴白庄汉墓羽人擎天壁柱，局部手、脚（笔者摄）

毫不夸张地形容，在古代中国，石头第一次仿佛具有活着的人体的温度，人体肌肉的饱满柔软和骨骼关节的方硬坚实，破天荒地以立体石雕的形式得以明确的展示，强烈的写实再现的目的和效果一览无余，大大超越了本土所见的人物母题石雕像风格，刷新了我们对汉代人物石雕像的认识。就其艺术手腕和表现的写实风格意趣而言，堪为成功的“栩栩如生”之奇标，这不但在汉代人物石雕群像中绝无仅有，置于整个中国古代美术史观之，亦属凤毛麟角。毋庸置疑，工匠是个深谙人体结构、造型，以及精微写实再现的高手，要创作这样一件亘古未闻的写实人体雕像，绝非偶然的试探，而是相当熟习于此技法的表现。

但众所周知，中古佛教艺术传入中国之前，人体艺术或直接以人或神为偶像的行为，是被严格排斥的。春秋末，有诸侯王开始以人俑陶偶来作墓葬的陪葬物，其目的就是以虚拟的艺术形象取代活人殉葬，但这一行为为孔子所不齿，他谴责说：“始作俑者，其无后乎。”当然，孔子并不是反对葬礼本身，相反他是葬礼的热烈支持者，但他只主张因循传统使用非象形的器物随葬，他反对的是在葬礼中使用拟真的人俑。[①] 在城市最神圣的地方和核心建筑——宗庙那里，也从未见有祖先的人物形象。汉代人几乎快要忘记孔子的教训，乐此不疲地制作人像俑作陪葬物，但关于精准表现人体造型的知识和观察技巧在汉代艺术系统中依然属于忌讳和回避的东西，因为人像

① 巫鸿：《说俑——一种视觉文化传统的开端》，《礼仪中的美术》，第 588 页。

图24　西汉彩绘木俑和着衣复原图，湖南省博物馆藏

图25　上：山东曲阜陶洛出土一对拥彗、捧盾石人（《中国陵墓雕塑全集》3. 东汉三国，陕西人民美术出版社2009年版，第6—7页）；下：河南登封中岳庙二翁仲石像

俑从来不关乎神圣与偶像的崇高，只是一种经济财富和生前附庸的象征物而已，象征的意义远大于形式的逼真。

通常情况下，即使当工匠不可避免地要塑造一些人体的俑时，也只是做个框架大形了事，对人体的合理比例、骨骼的精确位置、肌肉的质感再现都不予深究，为避免直接将人体暴露在外，表面一定会再敷一层重彩的衣裳或甲衣以覆盖之（图24）。人俑在形象上采取的皆是模具化的批量制作，千人一面，并不具有对应某个具体人物的真实属性。以泥为胎的模塑尚如此，在不可复制的石、木雕上，基于人的身体结构性“生命因素”更是被人为地选择性忽略，以至于汉代人物石像平素给我们一种不像一尊具有生命温度的真实人像，而更像一挺庄严肃穆的“具有人像因素”的冰冷石碑或石柱之视感（图25）。该羽人造像的横空出世足以撼动我们的认知惯性，西方艺术中常用的“自然主义”或“写实主义”“栩栩如生”等词汇用在此处，也毫不失洽。

因此，关于人体及其造型的知识对汉代工匠来说一直都是极其陌生的，尤其在并不发达的大型石雕制作上，而该工匠不但熟稔立体雕刻的技巧，还曾对人体投以巨大的关注和兴趣，且掌握了一定的人体结构和科学的知识，这种令人信服的知识和技能的获得绝非一日之功，有赖于长久的学术指导和训练，其“教练”显然不大可能出自汉帝国本土的教育体制。正因这样的知识和技术在汉代十分稀见，传播范围极其有限，在举目皆有相似画像石粉本流传的鲁中南地区，乃至更广的汉画像石分布区，我们竟很难找到相似案例。不过，就大型人体雕塑来说，这些知识倒是曾经依稀地在秦始皇陵出土的几件陶塑“伎乐俑”身上出现过一瞬（图26），[①]但为使陵建工程绝对保密，陵墓竣工之际，秦始皇下令“尽闭工匠”[②]，这一稀罕的知识和技术便随着黄土一并埋没，旋即没了踪迹，终究它和汉代艺术家在人体方面的知识亦无交际之可能。

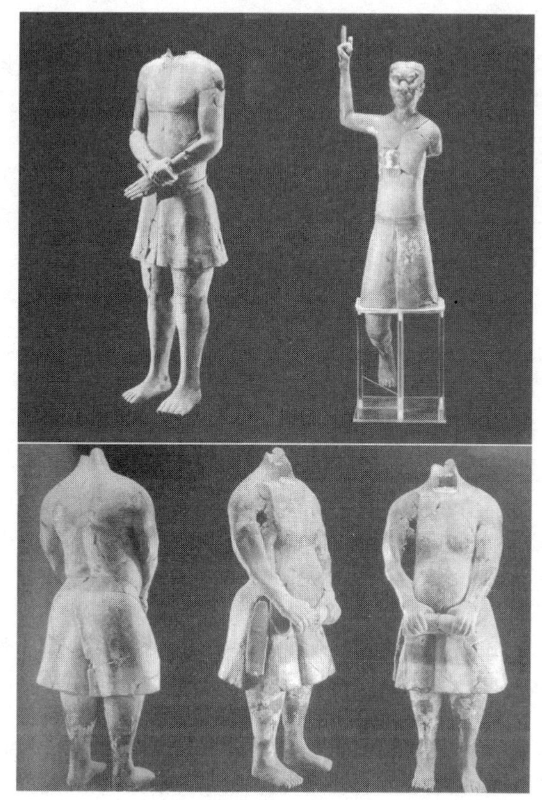

图 26　上：秦始皇陵百戏俑坑 2 号、1 号俑，陕西历史博物馆；下：5 号力士俑（《中国古代雕塑》，中国外文出版社、美国耶鲁大学出版社 2006 年版，第 55 页）

第三，汉代对羽人的想象来自人、鸟组合，与普通人不同的是，人像鸟一样生出翅膀，有了飞翔的能力。这一点同西方神话和宗教信仰里带翼的诸神、天使等没有本质的差异，但在汉人的知识里，羽人是由人进化而来的，通过修炼、食不死药到达一种不老不死的境界，更多的是仙界的一种象征，寄托着人们对不死世界和超能力的美好憧憬。而在西方，翼人通常是神和宇宙至高统治者的象征。东西方艺术中的羽人，因观念的细微差异和艺术传统的截然不同，风格也霄壤有别。

西方古代艺术中的羽人形象，如西亚巴比伦的伊斯塔尔女神（图 27），亚述四翼保护神（图 28）、波斯阿胡拉・马兹达（图 29），希腊—罗马人的胜利女神（图 30）、厄洛斯（图 31），无一不是生搬硬套地将鸟类翅膀的造型移植在人的身体上，它们普遍表现为接近三角形的块片状（翅膀的上端呈“L”形转角）、大体量、左右对开式的风格特色，翅膀本身并不体现飞翔的运动张力，通常需要配合身体的扭曲或悬空的构图，来突出离地飞翔的动感。根据鸟类羽翼的自然生理结构，上面还布满了层层细密覆羽和飞羽，写实与装饰意味兼具。这种翼人特色随着公元前 6 世纪至公元 1 世纪波

① 这几例罕见的大型人体陶俑，历来备受瞩目，其中所涉的外来因素也越来越多地被讨论。倪克鲁和段清波都有相同的观感，认为它们与秦帝国西陲的边疆和中亚希腊化文化因素有关。见［英］倪克鲁（Lukas Nickel）《亚洲视野中的秦兵马俑》，《古代墓葬美术研究》第一辑，文物出版社 2011 年版；段清波《从秦始皇陵考古看中西文化交流》，《西北大学学报（哲学社会科学版）》2015 年第 1 期，第 10 页。

② ［汉］司马迁：《史记・秦始皇本纪》，中华书局 2006 年版，第 50 页。

◀图 27　古巴比伦时期巴比伦城伊斯塔尔大门浮雕，前 1850—前 1750 年，大英博物馆（于殿利:《人性的启蒙时代》，故宫出版社 2016 年版，第 203 页）

▶图 28　亚述保护神（Winged Genie），带四翼（有时为双翼）的国王像。这种羽人形象起源于阿卡德人的阿普卡鲁（Apkallu），波斯阿契美尼德王朝开国之君居鲁士二世（前 559—前 530 年在位）也使用过这种四翼人像，将其雕刻在波斯旧都帕萨尔加德宫殿入口处的阙门上（李零:《波斯笔记》，三联书店 2019 年版，第 65 页）

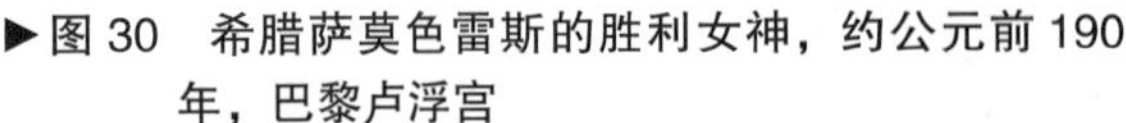

▲图 29　波斯阿契美尼德王朝大流士宫墙上的阿胡拉·马兹达双翼人像日环（梁鉴摄）（《波斯笔记》，第 265 页）

▶图 30　希腊萨莫色雷斯的胜利女神，约公元前 190 年，巴黎卢浮宫

图 31　希腊古典时期的阿芙诺狄忒和厄洛斯，约前 480—前 460 年，大英博物馆

斯文化和希腊文化的东进，深入传播到印度、广大的中亚地区乃至中国新疆西域地区。在以阿富汗（大夏—巴克特里亚）为中心的东西方十字路口，留下了大量的希腊化艺术风格的尼姬女神（图 32）、擎天神阿特拉斯（图 33）、阿芙诺狄忒和爱神厄洛斯（图 34）。希腊神话中的厄洛斯形象还被直接用于犍陀罗佛教的飞天（图 35），这些特色都鲜明区别于汉代艺术中的常规羽人形象。

图 32　贵霜胡维色迦金币反面的希腊尼姬女神（胜利女神）（朱浒：《论贵霜钱币与汉画像的宗教艺术关联》，《民族艺术》2017 年第 4 期，第 141 页）

图 33　犍陀罗的阿特拉斯，高 38.1 厘米，前 3—1 世纪，克利夫兰博物馆（《图说犍陀罗文明》，第 67 页）

通常情况下，汉代人所谓的“羽”或“翼”，并不一定直接表现为鸟的翅膀，而是一种具有“翼”的飞行功能的体毛。因此，汉代艺术中的羽人不是像西方人那样生硬地将鸟的翅膀插在身体上，而是两肩臂和大腿，乃至全身生毛，越长越长，末端渐渐细薄，轻轻呈弧线上扬，借助云气的运动，飘飘然烘托出羽人腾空的飞翔感。如西安博物馆收藏的西汉青铜羽人（图 36）、洛阳东郊出土的铜鎏金羽人器座（图 37）、沂南北寨石墓上的羽人画像（图 38）、嘉祥宋山小祠堂侧壁画像石中的西王母和羽人（图 39），以及四川地区东汉画像砖上的羽人图像（图 40、41）等，不一而足。前两者同为青铜圆雕，造型雷同，应是同一模具出的产品；后列者为平面浮雕或画像，虽动势有异，但与前两者为同一类造型，可视为汉代司空见惯的标准化羽人案例。

图 34　阿富汗蒂拉丘地出土黄金饰品，左：阿芙诺狄忒（6 号墓）、右：带翼守护女神（6 号墓）、下：厄洛斯（2 号墓），阿富汗国家博物馆（笔者摄）

图 35　犍陀罗初转法轮中的带翼飞天天使撒花庆祝佛陀第一次讲法，1—2 世纪，日本平山郁夫丝绸之路博物馆（笔者摄）

图 36　西汉青铜羽人像及身上的类云纹羽翅局部，西安博物馆（图片为“木一古美术”拍摄，转载于微信公众号“乐艺会”，《金铜羽人佛像走龙与铜镜：木一古美术分享西安博物院精品铜器》，2019-8-4）

图 37　洛阳出土东汉鎏金铜羽人，高 15.5 厘米，底径 9.5 厘米，洛阳博物馆

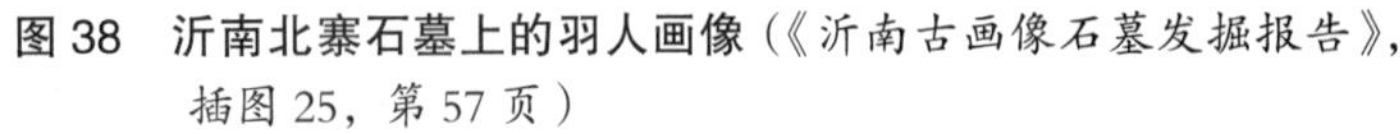

图 38　沂南北寨石墓上的羽人画像（《沂南古画像石墓发掘报告》，插图 25，第 57 页）

图 39　山东嘉祥东汉宋山小祠堂侧壁画像石中的西王母和羽人

图 40　东汉羽人与仙人骑鹿画像砖、拓片，四川省博物院（顾佳倩摄）

显然，吴白庄羽人的翅膀更像是借助了西人的思维模式，直接将两大片翅膀硬生生地插在羽人的身体两侧，对称平稳，如两块厚重的三角形平板，羽翅不再是轻灵的线状结构，而是笨重的体块结构，本身也没有体现出轻薄若舞和任何可动的视觉信息。

当然，不能否认的是，作者在制作这件羽人造像时也慎重地参考了本土常规羽人造像中的某些约定成俗的规矩，比如形象上深目长颊，头顶一对大圆耳，身体遍布毛羽，并结有双翅，动作上双手向上托举，下身作欲奋飞攀升之势，与汉代艺术图像和雕塑中的羽人没有太大差异，也非常符合道家文学中“深目而玄鬓，泪注而鸢肩，丰上而杀下”，“邛疏之双耳，出乎头巅”[①]，和《论衡·无形》中“图仙人之形，体生毛，

① 《淮南子·道应训》：“见一士焉，深目而玄鬓，泪注而鸢肩，丰上而杀下，轩轩然方迎风而舞。”［汉］《淮南子》，《诸子集成》（第七册），中华书局 1954 年版，第 204 页。［晋］葛洪《抱朴子内篇·论仙》说仙人“邛疏之双耳，出乎头巅”。王明：《抱朴子内篇校释》（增订本），中华书局 1985 年版，第 15 页。

图 41　四川新津汉画像石中的羽人形象

臂变为翼，行于云……”[①]等对仙人特征的描述。这些羽人的基本图像学要素和形式特征得以保留，自然是雕刻者为了尽可能使造像本身符合当地人对羽人形象的基本期望，不至于因其对人体的“过分关注”和超细微的表达转移人们对作品本身寄予的导引升仙、向往不死世界的美好愿望。

即便工匠很慎重地顾及并保留了常规羽人的一些符号性和叙事性因素，但不能否认在实现作品的关键技术和知识背景上的超越性和空前绝后的审美独创性，依然可以被理解为非现有的文化土壤和知识市场所能提供，而是来自域外的另一个传统。宿白总结考古发现与中西文化交流时指出：“一类东西的出现，要注意它在这个地区是否有传统，还要注意它是否以后有所继续发展。空前绝后的器物就值得怀疑了。”[②]依此思路，不得不让人思考工匠创作这件作品时的知识来源和学术背景。因此，笔者深信作者长期受到精于表现真实人体艺术和翼人母题的某西方工匠的熏陶和启教，甚或工匠本人就是常年浸淫于西方艺术系统中的杰出人才，并专为某个有特殊地位的人或家族所独享，才得以如此“较真”地制作一件与众不同的“炫技”羽人作品。

与羽人壁柱同列的，还有其他五件类似“拟圆雕”风格的壁柱，有胡人、“踞熊”，亦有稀见的“猫扑兔”“双猴”母题，这些奇特的创意都绝异于市场上提前制好的批

① 黄晖：《论衡校释 · 无形篇》，中华书局 1990 年版，第 66 页。

② 宿白：《考古发现与中西文化交流》，文物出版社 2012 年版，第 15 页。

量化、标准化、可供丧家预选——实际因样品单一，没多少可选余地——的普通石刻产品，而是赞助人另请高明，从细谋划，匠心独运，私家订制的个性化产物，绝非寻常丧家所能随意用之或工匠随意逮之。结合该墓建筑中多种雕刻技术和特殊构件纷呈（后文继续探讨拱梁／门），笔者认为至少有两支不同的工匠队伍参与了该墓室的实际制作和雕刻，其中一支深受外来艺术和知识影响，从制作者工匠的角度而言，郑岩称之为“工匠的炫技”或某作坊的“独门绝技”之作[①]；而从赞助人的角度看，不妨说亦是墓主人或赞助人标榜自我独特的超级品好——对某些外来方物（工艺和审美）之青睐——的生动反映。

2. 大型方屋型通堂式建筑（以大沈刘庄汉墓为例）

与吴白庄汉墓相似，但又独具特点的是莒县大沈刘庄汉墓（图 42），该墓为砖石结构，墓门南向，分前后两室，画像石皆分布在墓门和前室，雕刻内容、风格和技法与前者基本统一，主要用的也是深剔底平面线刻，应同为汉末画像石艺术高度发达时期所作，[②]很可能是同一支工匠队伍的作品，也包含胡人、大象、“来自欧亚草原金属艺术的斯基泰动物风格”等外来题材。不过精密繁巧的设计、豪华的“拟圆雕”壁柱、透雕龙柱、半圆形的透雕对鸟门楣等复杂构件没有出现，在画像石数量、规格及富丽的修饰上比吴白庄汉墓大有逊色，但就其建筑形制和空间格局而言，仍称得上是孑然独立，自成一格。笔者对原墓复原结构现场考察（置顶石已失），发现有以下两个新特点：1. 前室过道更频繁地采用拱门的形式，并用八角收分柱独立支撑，两相结合使用；2. 取消墓室内部隔离墙，以立柱作分间，使之互相贯通，墓室内部形成一个整体开放性的“通堂

图 42　莒县大沈刘庄汉墓内部结构（从后室拍摄），莒州博物馆（笔者摄）

① 关于郑岩 2019 年 12 月 14 日在“美研所大学堂”的发言，见练春海《美研所大学堂・艺术史与考古：〈五牛图〉、镇墓兽与画像石》，澎湃新闻《私家历史》，2020-01-03 15:36。

② 苏兆庆、张安礼：《山东莒县沈刘庄汉画像石墓》，《考古》1988 年第 9 期，第 788—799 页。

式”大空间。前者与吴白庄汉墓格局略似，再次反映出两者设计上的关联，后者为大沈刘庄汉墓微妙的独创，或为后来新发展出的。

若说因有大量隔离墙的存在，使整个地下墓室被切割成数个独立的小房间，吴白庄汉墓大部空间——（中室和后室）每个小隔离室相当于一个大椁箱，让人还迟疑于室墓与椁墓之间的暧昧关联，认为室墓不过是“箱形”椁墓在空间和数量上的扩大版，形制并未发生根本转变，是传统“箱形”椁墓影响下衍生的更高级副产品，那么大沈刘庄汉墓取消隔离墙，采用各类分间柱，建立通堂式的空间设计则不存在这样模棱两可的问题，传统小型箱椁墓的影子在“通堂式墓室”中荡然无存。墓内各室由分隔变为互通，由分散趋向整合，由静态（各自独立）转向动态（“开放空间”），这是大沈刘庄汉墓设计者的独创。

以上两个特点与汉代画像传统聚合成了一种新式的墓葬建筑，如前所述，这种集合了多种新鲜元素的建筑设计，既不见于日常木建筑，也不见于陶类模型或绘画图像中，很难说与汉代社会的日常审美相统一，其特殊之处在于：生人是不用的，而专为亡者建于地下墓葬中。回顾前面的问题：汉代人为了满足墓葬的特殊需要，而专门发明了一种新式建筑？我们当然可以用汉代人的自然发明或主动根据需要改进墓葬建筑形制的结果来说服自己，但是否只有这一种可能呢？抛开外部因素的刺激和推动，似很难彻底解释得通，在实际的技术操作上也存在诸多困难——他们可能会有要求变革的主动性构想，但现实中的技术和范式往往会是最大的限制。

众所周知，厚葬和寻求身后世界的安稳永固，以期在地下世界获得永生的欲望，是自战国诸侯，历秦皇汉武以来就极为重视的生死大事，尽管他们都很重视大型墓地工程建设，也不乏财力和雕刻石头的铁器工具，但此前大都没有注意到石头材料（文帝例外，以山为椁，但原理是将山体凿空，而非采用各类构件营组空间），更未见汉末第宅式、通堂式的煌煌石墓室，根本原因在于：仅有加工石头的物质生产力条件，但因范本因素——技术生产力的知识条件——缺位，导致设计工艺、人才、市场等相关因素迟迟未得发展，大型石雕的工程和艺术也就长久被搁置（仅用于兰台石室一类的建筑）。而一旦人们获得某些稀有的粉本和简易石构建筑的知识（比如工艺并不繁难的八角柱和拱形构件），那就再也无法对石头视而不见了。有必要强调，在物质技术并未发生巨大进步的情况下，作为技术生产力的知识因素——工艺，尤其是粉本问题，是限制一种特定艺术产品能否在短期内突然发生的关键性条件，而非工具，亦非人们主动期望的某些观念和欲望。简言之，西汉时文帝、历代楚王虽热衷于“凿山为藏”，大兴山洞石墓建设（如龟山、狮子山、南洞山、卧牛山等石洞墓葬群），民间则兴以石椁，以突破生死的界限，获得永世不朽的生机，但始终没有发展出像东汉临沂吴白庄和莒县大沈刘庄汉墓这样的煌煌石墓葬建筑，非不为，实不能也，非止于物质和工具的技术生产力，而是止于知识和粉本的技术生产力。

临沂吴白庄汉墓和莒县大沈刘庄汉墓的不拘一格如实地反映了汉代地下石构建筑创作的多样性和市场的活跃性。由于在汉帝国本土难以找到现实的范本依据和技术参照，又不能归结于凭空想象，而并非巧合的是，它们当中的诸多工艺设计特点却常见于彼时西方的埃及、希腊化—罗马神庙、波斯化的宫殿，以及印度的宗教建筑中，比如，拱形建筑早见于西亚的苏美尔、亚述、波斯，以及后来与汉同期的印度—贵霜、罗马，而且拱门的发展本身经历了漫长的由方（叠涩）入圆的曲折进化，非一出现就为规则的弧形；大量使用各种类型的石柱以营造开放式的厅堂空间，为西方宫殿和神庙建筑的普遍特征；八角柱与拱门结合的建筑风格则几乎是印度佛教石窟和窣堵波艺术的专利，类似的建筑图像也见于阿富汗北部贝格拉姆遗址出土的贵霜—印度风格象牙雕刻饰板中（下一节将详细讨论）。汉代人在极短的时间内就将如此多元化的建筑元素汇集于一处，并且选择以往被忽略的石头为材料，除了受本土的某些固有传统和目的（厚葬送死、坚固不朽的观念）驱使外，更多的现实变量因素是借鉴了当时参与欧亚大陆文明交流的各方现有的成果所致。

3. 八角石柱与拱门中的佛教因素

值得留意的是画像石墓中的八角立柱，不过单独看八角柱，很难有所判断，应该结合各地八角柱所处的具体建筑环境以及本身携带的其他因素，如与拱形过梁的结合、收分特色、刻画的佛像因素等，综合考察，或可以更清晰地窥见八角柱的外来影响，以及不同区域间的差异化表现。

瑞典学者喜仁龙曾经在 1929 年考察孝堂山石祠时，注意到该祠堂“六角中心柱”（实为八角柱）的形制和风格特征，并由此联想到“武氏祠的两个造型简单的柱顶，它们都呈正方形，四面倾斜，很像最简单的古罗马式柱顶样式”①，由于当时出土材料十分有限，喜氏无以多论，但他的说法却提醒了我们应该注意到其间或有甚至更早的外来因素的浸染（该祠堂正门左右八角立柱具有明显上下收分的特点）。

① ［瑞典］喜仁龙著，陆香等译：《中国早期艺术史》（下），广东人民出版社 2019 年版，第 463 页。

图 43　印度桑奇大塔外围栏楯中的八角望柱，前 2—前 1 世纪

图 44　阿旃陀第 10 窟，开凿于前 2 世纪（转载于微信公众号“鹿野苑盛凡”，《印度阿旃陀石窟》，2020-3-10）

图 45　印度卡尔利支提窟内部的八角列柱，前 3—2 世纪

在印度，八角柱通常早见于佛教支提石窟和窣堵波建筑中，如桑奇大塔栏楯望柱（图 43）、珀贾 Bhaja 石窟第 12 窟内列柱、阿旃陀石窟第 9、10 窟内列柱（公元前 2—1 世纪，图 44）、卡尔利支提窟内列柱（1 世纪末—2 世纪初，图 45），基本都采用了八角柱造型原理。有学者认为，八角柱较早（公元前 2 世纪）应该是从印度经由海陆贸易，首先传入中国南部沿海地区的（如广州南越王宫苑遗址八角柱），后渐向西南（四川东汉崖墓中出现的八角柱）和北方传播。①

颇耐人寻味的是，在沂南北寨汉墓和紧邻的苏北连云港东海昌梨水库 1 号墓中发现的八角柱上面都刻有早期“形式化仙佛”的图像内容（图 2、3），另在连云港孔望山摩崖石刻上也有同类案例（图 4、5），且三者所见佛像都为站立式施无畏印的姿态，这种姿态与他处常见的盘腿而坐的“形式化仙佛”不同，更富有特色，应是一种仅流传于黄淮地域的地方佛像，可以接续中亚贵霜钱币中的立佛像特征（图 46）。

① 全洪、李灶新：《南越宫苑遗址八角形石柱的海外文化因素考察》，《文物》2019 年第 10 期，第 69—78 页。

坐佛形象不再是汉地唯一的佛像类型，表现形式和风格变得丰富，而且仅见于苏北鲁南地区或非巧合，它集中反映了当地人不但对有关印度石窟建筑和佛像的某些信息有所耳闻，还有进一步的认识，这种认识强化了汉代八角石柱与印度佛教和八角柱石窟中的文化因素之间的紧密关联。

图 46　带有“释迦牟尼佛”铭文的贵霜铜圆牌背面佛像，年代 100/110—126/136［采自 Rhie Marylin Martin, *Early Buddhist Art of China and Central Asia*, Brill Leiden Boston KoIn, 1999, vol.One, Plates（Black and White）: 1.18h］

由于收分八角柱与常规的八角石柱和普通方柱相比，在实用性能方面并没有明显的优势，反因工艺更复杂、程序费工，成本也更高，若非有意为之，实无必要。据说希腊人之所以发明复杂的多立克柱式，原因在于多立克柱式的收分形式更能象征男子的阳刚健美，因此多用于供献男性（如宙斯、波塞冬等）的神庙（图 47），与柱身直上直下、寓意女性纤修柔美的爱奥尼亚式柱体有本质区分。汉代人有无如此细腻的美学兴趣无以考究，但简约常规的石柱和复杂收分的石柱间的差异是不难分辨的，且该类石柱在山东并非个例存在，而是具有一定的流行性。[①] 因此，上细下粗的柱身设计看似无用和多余，但绝非无心或偶然之作，恰恰体现了制作者的一番匠心取舍和独特的趣味考量，于朴素实用之外，兼具别样审美的双重功能，可能是为满足某类群体的特殊品味而定制的，也可能是墓主或工匠对这种形式感的刻意追求和表现。

图 47　古希腊波塞冬神庙遗址（《丝路艺术 Serindia·希腊犍陀罗》，漓江出版社 2017 年版，第 79 页）

这种趣味的成因一方面可能

① 关于汉代八角柱的统计和详细介绍，参见杨爱国《汉代的多角石柱》，《形象史学》2017 年第 1 期，第 27—31 页。

来自对自然生长的原木上细下粗收分结构的模仿，汉画像石描绘的木构建筑图像中有不少是收分结构的立柱。另一方面，因为木构建筑不同于石构建筑，木构建筑用收分柱是顺其自然的选择，无须过多人为加工，即可使用，兼收美观之效；石构建筑则不然，石头从开采的原石到轻加工的石坯料，形状多为切割后的四方形的粗条、柱状，它最顺其自然、应机的选择乃是直上直下的四方柱，四方柱也就成了汉墓石柱中最常用的柱式（如图48，长清大街汉墓委角方柱）。因此，在石刻建筑中刻意采用收分的八角柱，就不是由木到石顺其自然的置换，而是受到其他人为因素的介入、影响而催生的新趣味。

图48　长清大街汉墓所使用的委角方形立柱（笔者摄）

图49　莒县大沈刘庄汉墓内部结构，莒州博物馆（笔者摄）

那么它是从哪儿来的呢？单独看收分八角柱，还不好轻易下结论，我们再结合一个特点：八角柱所支撑的梁也发生了重大变化，常用的方条状的横梁被撤换成拱形过梁。山东莒县大沈刘庄汉墓的营造者不但放弃最常见且显得平庸的长方体横梁及立柱，还别开生面地采用八角收分柱架起拱形过梁（门）的“柱—拱”结构的分间设计（图49），类似的案例还有吴白庄汉墓，使用的是十六角柱和高浮雕壁柱支撑双拱结构的过梁（图50），这也不属于顺其自然的形式转换，而是因特定人为因素的介入所导致的形式变革。这么一来，在汉代以前就毫无先例可循了，不是本土的传统规则导致，我们只好将其放在当时欧亚交流日盛的视野里才能看得更清楚一些，它们与希腊化—印度和中亚佛教建筑设计元素的传入密切相关。

继马其顿皇帝亚历山大（前334—前323年在位）东征以后，公元前3世纪至前1世纪，希腊人没有停下征服中亚和南亚印度的脚步，希腊文化在以巴克特里亚（大夏）为代表的政权如狄奥多图斯（Diodotus，前255—前239年在位）、德米特里（Demetrios，前200—前180年在位）、欧克拉提德（Eucratides，前171—前145年在位）等皇帝的领导下，以阿姆河南岸首都蓝氏城为根据地，不断在中亚扩大影响，并向南亚的旁遮普和恒河流域扩张。①希腊人于中亚建立了诸多城邦，其中一座建于阿富汗昆都士城东北部的阿伊哈努姆希腊化宫殿遗址中（图51），第二个庭院发现四个柱廊，里面排列着60多根多立克石柱，②而此地正是张骞以及后继汉使者曾多次造访过的“大夏”故地，③也是汉帝国千方百计积极寻求发展外交关系的关键战略对象。对此，史有明述：在武帝肃清河西走廊的匈奴浑

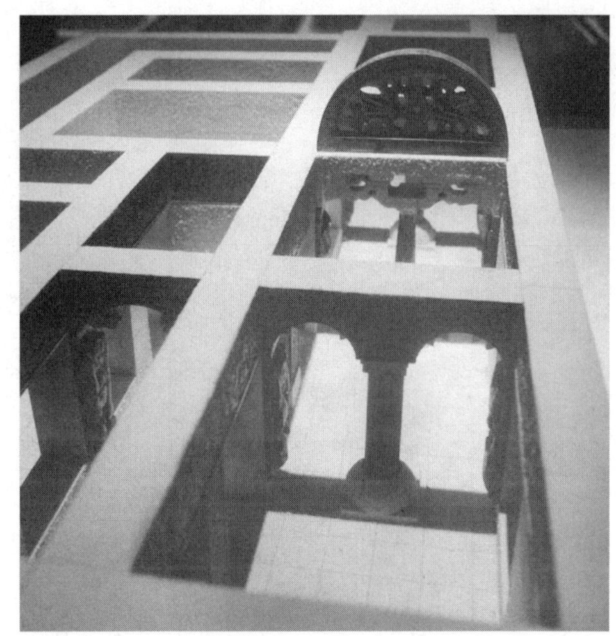

图50　吴白庄汉墓双拱建筑模型，临沂市博物馆（笔者摄）

① 希腊人对巴克特里亚的统治，大致分为三个时期：第一时期为亚历山大至塞琉古王朝时期（约前329—前250）；第二时期为约公元前250年，迪奥多图斯（Diodotus）从塞琉古王朝统治下独立，建立以兴都库什山至阿姆河以北的区域（今阿富汗）为中心的希腊化政权；第三时期为约公元前180年，大夏王德米特里（Demetrios）再度从希腊—巴克特里亚分出，重新开始希腊人对印度西北地区的征服，向孔雀王朝领地喀布尔河流域的迦毕式和犍陀罗进军，并度过了印度河，深入印度内部大陆，建立印度—巴克特里亚，根据地中心在犍陀罗，政权直至1世纪覆亡。在亚洲的希腊人开始了佛教信仰的历史进程，著名的第一位皈依佛教的大夏希腊君主米兰德（Menander Ⅰ，前165/155—前130年在位）就出现在罗马时代的希腊史家普鲁塔克的著作《道德论集》（*Moralia*）以及佛教经典如南传小部经典《弥兰陀王问经》（*Milinda Panba*）和汉传佛典《那先比丘经》中。［法］R. 格鲁塞著，常书鸿译：《从希腊到中国》，浙江人民美术出版社1985年版，第21页；《图说犍陀罗文明》，第44页。

② 《中亚文明史》第二卷，中国对外翻译出版公司、联合国教科文组织2002年版，第77页。

③ 类似这样的城市在亚洲至少有300个，其中确定名称者就有275个，主要分布在环地中海东部亚洲地区、两河流域及其以东地区。在大夏—巴克特里亚周边有19座，其中8座建于亚历山大时期，另外11座为塞琉古时期（前305—前47）。杨巨平：《阿伊哈努姆遗址与“希腊化”时期东西方诸文明的互动》，《西域研究》2007年第1期，第97—98页。关于亚洲的亚历山大城数量，另一说为70多座，考古探明达40余座。林梅村：《丝绸之路十五讲》，北京大学出版社2006年版，第78页。

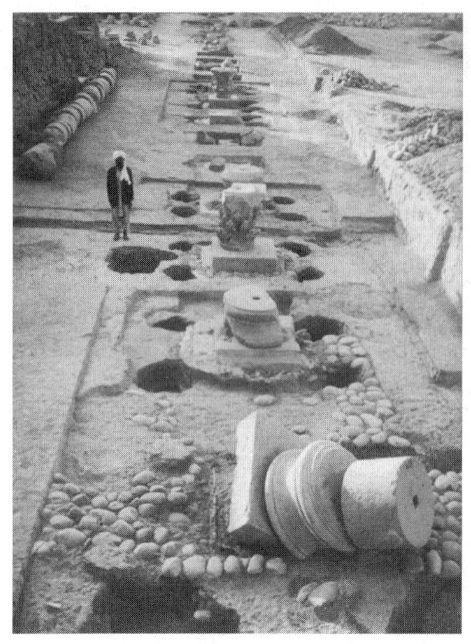

图 51 **阿富汗阿伊哈努姆希腊化城市遗址中的列柱残块**（原图为 Paul Bernard 摄，版权现属于 DAFA 法国驻阿富汗考古代表队）

邪王势力后，数次提起对大夏的兴趣，通过张骞的建议，确立通过控制乌孙，断匈奴右臂，以进一步远招大夏之属为外臣的战略意图，故有拜张骞为中郎将的第二次豪华西行，其最终目的便指向大夏、印度诸国。[①] 海路上，武帝为从西南打通印度（身毒）和大夏的道路，通滇国、西南夷，又征服岭南，下海通商，船通南海七国，远及黄支国和已程不国（王莽辅政时，黄支国来献犀牛）。已有学者考证黄支国即今印度南部的港口城市。[②] 汉朝通希腊—大夏、印度的目的非常明确，可以隐窥汉朝对西方国家的种种物产的持久兴趣，而政治和军事、外交上的努力又为文化、物质的交往提供了巨大方便，彼国之石头建筑和多立克、八角石柱的知识能得以传递，并在以后的交流中刺激了汉代人对石头建筑及石柱外观更丰富、微妙的表现欲的追求，便也可想一斑了。

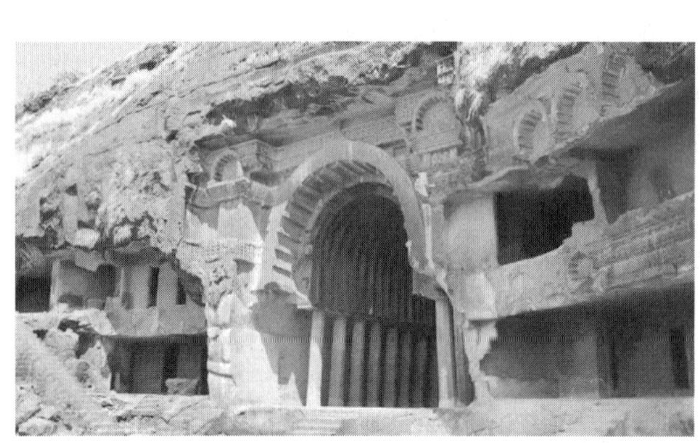

图 52 **印度巽伽时代巴贾支提窟佛殿窟门和内部的八角列柱，前 2 世纪中**（采自豆瓣“维尼大叔”《世界上佛教石窟的祖先——印度巴贾和卡尔利石窟支提堂》，2019-1-3，http://www.douban.com/group/topic/130704941/?from=tag_all）

早在印度巽伽王朝时期（约前 187—前 75）的佛教石窟中就出现了用八角列柱支撑巨型拱门（洞）的佛殿设计，不过拱门外围顶部的形状极富菩提树叶尖的醒目特点（图 52），具有无佛像时代的象征性意味。拱门（洞）是修行人进入支提窟内部进行

① 《史记・大宛列传》，第 716 页。

② 《汉书・地理志》，第 314—315 页。据日本学者藤田丰八及法国学者费琅考证，“黄支国”在印度建志补罗（Kānchīpura，今康契普腊姆 Conjeveram），位于今印度东海岸马德拉斯（Madras）以南，冯承钧据此推断汉使足迹已达南印度。冯承钧：《中国南洋交通史》，上海古籍出版社 2005 年版，第 2 页。

佛事礼拜和修行的必经之门，早期独特的菩提树叶形的拱门额设计有意使之承载了佛陀证悟或某些佛教故事的暗示，同时实用性目的又非常突出，久而久之，逐渐成为一种流行的象征性符号出现在一些建筑构件、窣堵波乃至家具装饰板上制画的佛传故事中，但有些拱门的外形并没有严格如初地保留菩提叶尖形状，而是钝化成单纯的拱形，貌似石窟中僧房门的造型。在希腊化艺术介入早期佛教偶像崇拜的时期，佛塔建筑和舍利函（大英博物馆藏毕马兰金舍利函，图53）中开始出现并流行希腊科林斯柱架起拱门的装饰设计，随着希腊化艺术影响的深入，佛教偶像制作在中亚的兴起，在大多数贵霜佛教艺术中，拱门和立柱之间通常还配置有佛像或修行人雕像（图54）。

图53　巴米扬2号佛塔中发现的毕马兰金舍利函，上有石柱和菩提叶拱门，其间佛陀和左右胁侍梵天和帝释天，1世纪，大英博物馆（[英]杰西卡·罗森著，张平译：《莲与龙：中国纹饰》，上海书画出版社2019年版，第47页）

图54　犍陀罗僧侣浮雕上的拱门与科林斯柱，2—3世纪（转载于微信公众号“英国AncientArt古董行”，《希腊式佛教艺术——犍陀罗佛像之美》2018-9-5）

因为佛像的出现，“柱—拱—佛”的图式格局在贵霜佛教雕刻中最终形成，其表现的核心乃是柱拱中间的佛像，柱拱在图式中扮演了双重角色和意义：第一，它们作为原始佛教佛殿建筑的极简元素的形式象征，意味着传统石窟佛殿修行场所；第二，它们同时还充当了图式的“界格”作用，使艺术家能够用极简的方式构图布局，将主题表达得清晰明确。这样的图式风格在犍陀罗成为一种新的潮流，其后沿着丝绸之路东传到中国的边陲新疆，以此为中转，继而又进播到汉文化发达、经济富庶的鲁南苏北地区，为方兴未艾的汉代墓室建筑的变革提供了新的灵感，该区域正是中国最早接触佛教和佛教艺术的核心地区。

新疆是大犍陀罗文明区辐射的东部边际，又是汉文化向西方渗透的桥头堡，连接汉文化、草原文化、印度—希腊文化的集中枢纽地，以贵霜（大月氏）为主力的新兴西方文明在这里有深远的影响力。新疆的楼兰佛教遗址中就发现似家具上的木刻科林斯柱与拱门结合的佛像装饰板（图 55），与之相似的建筑实例是米兰 2 号佛寺遗址的佛塔基座上亦有残留的科林斯 / 爱奥尼亚列柱（图 56），但连接列柱的上部拱门已然坍圮消失，其基本样式应与前者大致相同，它们几乎共同以复制了贵霜犍陀罗佛教艺术风格和希腊化艺术的模式诠释了贵霜佛教及其艺术在该地的影响力。

图 55 新疆楼兰遗址出土木雕佛坐像，2—3 世纪，瑞典国立民族学博物馆（巫新华主编：《丝绸之路流散国宝：新疆古代雕塑》，山东美术出版社 2013 年版，第 66 页）

图 56 米兰 2 号佛寺遗址基座（Maurice Bloomfield, "RUINS OF DESERT CATHAY PERSONAL NARRATIVE OF EXPLORATIONS IN CENTRAL ASIA AND WESTERNMOST CHINA", MACMILLAN AND CO., LIMETED ST. MARTIN'S STREET, LONDON, 1912. 图录 139）

到了东部极好神仙祠祀、鬼神信仰的汉文化区，由于与西域佛教建筑使用的性质和功用根本不同，加之汉代人刚理解和接受佛教，对某些艺术图式只知其一，不知其二，在墓葬建筑中安排强烈的外国佛教显性因素似乎还很难被人们全盘接受，因此某些外来特征很谨慎地被暂时隐略或扭曲化了：八角柱体形制有所简化，不见科林斯柱柱头上的繁复花饰，其上的佛像徒有模棱两可的外观形式（图 2、3）。拱门的意义更是为之一变，除了可增加顶部宽畅的空间，显然不具备似菩提叶意象或佛教徒修行时使用的圆弧壁龛形僧房的象征，当然也很难说有多么深刻的理想含义。大汶刘庄汉墓中的拱形过梁为素面石，除拱内顶凸起一块似作帷帐的折叠纹，其上并未发现任何叙事性的图像，更多的只是一种形式上的简单模仿，仿佛某种“为拱门而拱门”的幽默被装点到墓葬建筑中。

正如缪哲教授所言：“(汉代) 佛教艺术的输入并非出于虔诚的信仰，而是基于一种对其形式的好奇或审美的吸引，外来的形式，多是‘舶来商品’上的图案，不过审美的‘图样’而已。在形式的‘拿来’与使用上，可随心所好，乃至截取外来形式的部分特征，嫁接于本土的旧形式，也颇有可能。至于外来形式的含义，似也未随着形式一道而来；于是被汉艺术采纳的形式，就或为无含义的装饰，或被赋予新义。”①

图 57　上：吴白庄汉墓前室西过梁西面画像摹本上的西王母、仙人、玉兔、龙驭、翼兽（《临沂吴白庄汉画像石墓》，第 182—183 页）；**下：东面画像摹本上的东王公、羽人、凤鸟、蟾蜍、翼兽、云纹等**（同书第 178—179 页）

大沈刘庄汉墓的柱拱结构正系缪哲教授所说的“无含义的装饰”，而“被赋予新义”的柱拱可见于吴白庄汉墓中，它被赋予了汉代本土画像中的宗教性故事内容，比如常见的西王母、东王公、羽人、玉兔、蟾蜍、龙凤、翼兽等与神仙、祥瑞相关的题材（前室西过梁双拱结构的东西面分别用平面阴刻线的手法刻有东王公和西王母的仙界图像，图 57），② 拱门的象征意义在这里完全发生了扭曲，或演化成幻想的天门所在，其所在的高处，也成了仙界或通向仙界的象征。

约三个多世纪之后，情况发生了根本性变化，随着大量求法僧去往西域、天竺，以及外国僧人东来传法，佛教在中国获得前所未有的大好发展，地位如日中天之时，这种“柱—拱—佛”结构的建筑装饰同佛教一道，越来越多，也越来越明确地出现在中国的佛教石窟和寺庙建筑中（图 58）。

图 58　山西大同云冈石窟第 11 窟西壁第 3 层南侧佛龛波斯柱（云冈石窟文物保管所：《中国石窟》云冈石窟（二），文物出版社 2016 年版，图 83）

① 缪哲：《汉代艺术的开与合》，《从灵光殿到武梁祠——汉代帝国艺术的复原》，读书·生活·新知三联书店，第 130—131 页。

② 《临沂吴白庄汉画像石墓》，第 176—183 页。

二、汉代人西方石构建筑和雕刻的知识

如西方学者所指，亚历山大的远征使亚洲、北非和欧洲走得更近，并开启了一个其强度至今尚不为人所知的交流时期[①]，而汉武帝的西征，则明确地使连接亚欧大陆东西两端的交通大动脉在公元前2世纪正式活跃起来，当时的亚欧大陆不再是过去人们遥不可及的幻象世界（前5—前4世纪之交的希腊人克泰西亚首次提到传说中的“塞里斯人”Seres，即产丝之人[②]），而已然成为在现实中可以直接或间接到达的——互为两端的——同一个世界。据古罗马（希腊）历史地理学家斯特拉波（Strabo，约前64—23年）所记，继塞琉古王朝之后，在亚洲的希腊人，巴克特里亚（大夏）王国最为鼎盛，曾统辖着一千座城市，影响力向东远达“赛里斯”和弗林尼（Phryni，或为匈奴部落）的地方。有学者指出，斯特拉波所言的“塞里斯”已经有了很明确的指向，即巴克特里亚以东[③]，给希腊人直接或间接生产并提供丝绸的新疆西域人或中原人。[④]

在物质的流动和交换方面，希腊人、罗马人的玻璃器、葡萄酒、钱币等经过安息、贵霜人之手倒卖到新疆、河西走廊和洛阳[⑤]，经印度和东南亚到达中国南部沿海（日南徼）[⑥]；中国的丝绸、漆器、铜镜等也经过中亚（阿富汗蒂拉丘地的汉铜镜、贝格拉姆遗址的汉漆器），最终出现在罗马贵妇人的生活中（意大利庞贝古城出土壁画上身穿中国丝绸的罗马女祭司，前1世纪）；西亚的鸵鸟、狮子、骆驼，中亚的宝石、金银器、织锦，南亚的大象、织罽、文绣等物质在“丝绸之路”上源源不断地输送于

① 《亚洲视野中的秦兵马俑》,《古代墓葬美术研究》第一辑，文物出版社2011年版；Hans-Joachim Gehrke，*Alexander der Grosse*，Munchen，1996；Pedro Barcelo，*Alexander der grosse*，Damstedt，2007。

② 杨巨平:《文明的流动：从希腊到中国》,《光明日报》2013年7月4日第011版。

③ 《文明的流动：从希腊到中国》,《光明日报》2013年7月4日第011版。

④ 公元前1世纪的希腊历史学家阿波罗多罗斯（Apollodorus of Artemita）在他的帕提亚帝国史中亦有对大夏帝国的相同记载。《亚洲视野中的秦兵马俑》,《古代墓葬美术研究》第一辑，文物出版社2011年版。

⑤ 1954年，广州横枝岗出土了西汉时罗马制的前1世纪的玻璃碗；甘肃平凉市灵台县康家沟东汉墓出土有一批希腊文铅币，现藏于灵台县博物馆；河南洛阳东汉墓出土罗马缠丝纹长颈玻璃瓶，现藏于洛阳博物馆；在湄公河三角洲的吴哥发现铸有罗马皇帝马可·奥勒留·安东尼（中国史籍称“大秦王安敦”）肖像的银币，这里曾是汉日南郡关徼所辖之地，犹内地之敦煌。[日]鹤间和幸著，马彪译:《始皇帝的遗产：秦汉帝国》，广西师范大学出版社2014年版，第427、429页。

⑥ 广西出土的大量晶莹剔透的钙钠玻璃器皿，其中就有来自罗马的产品，如合浦县文昌塔汉墓出土的罗马玻璃碗等。

东西方之间。西方的国土民俗、风物特产、人文艺术等特色产品充实了汉代人的视野，深刻地影响了他们的物质生活水平和精神生活品位。

就西方石构建筑而言，史籍有明确的记载，如《汉书》言："乌秅国，王治乌秅城，去长安九千九百五十里……东北至都护治所四千八百九十二里（或到达里海的周沿）……山居，田石间。有白草。累石为室。"①《后汉书》："大秦国一名犁鞬……地方数千里，有四百余城。小国役属者数十。以石为城郭。列置邮亭，皆垩塈之。"又云："所居城邑，周圜百余里。城中有五宫，相去各十里。宫室皆以水精（水晶）为柱，食器亦然。"② 汉译《那先比丘经》亦有对希腊人于印度建立的城市及其雕刻艺术的记载："今在北方大秦国，国名舍竭……诸城门皆雕文刻镂……其国王，字弥兰，以正法治国。"③《汉书·西域传》说："罽宾……其民巧，雕文刻镂，治宫室……"④

另外，《史记·大宛列传》指出："自大宛以西至安息，国虽颇异言，然大同俗，相知言。其人皆深眼，多须髯，善市贾，争分铢。"⑤ 所谓"大宛以西"，按司马迁在《大宛列传》中的记录顺序和距离方位来看，即康居、大月氏、大夏、安息、条枝。这几个有着相似语言和人种的大城邦国，基本可以推测为典型的绿洲"居国"，具有稳定的以农业垦殖生产为主的经济来源和相应强大的军事组织，具备形成固定城邦的统治条件，在文化认同和归属感上，或深或浅地浸染于波斯、印度和希腊文化的氛围中，自然也就与游牧的草原"行国"截然不同。⑥

近年来，在中、西亚持续进行的考古发掘中出土的大量钱币、建筑遗址和石雕像等，证明这些大王国曾在相当长的时期内都有着希腊化、波斯化和印度化王国特色的文明倾向，为名副其实的世界多元文明交会的十字路口。汉武帝为取得西域天马而派李广利西征的大宛，如今基本断定为一处位于费尔干纳盆地的希腊化城邦，有学者甚至认为有可能就是亚历山大东征后建立的"最远东的亚历山大城（Alexandria

① 《汉书·西域传》，第 964 页。

② 《后汉书·西域传》，第 2919 页。关于大秦之水精柱，《魏略》也有记载：大秦国"王治滨侧河海，以石为城郭。……以水晶作宫柱及器物"。［晋］陈寿撰，［南朝宋］裴松之注：《三国志》，中华书局2006年版，第513页。

③ 《大正藏》第 32 册，第 705 页。舍竭城位于今巴基斯坦东北边境 Siakap。《丝绸之路十五讲》，第 79—80 页。

④ 《汉书·西域传》，第 965 页。

⑤ 《史记·大宛列传》，第 717 页。

⑥ 当游牧民族入主中亚绿洲时，经济生产和生活方式也随之发生了变化，摆脱原始的以帐篷为屋的散居特色，开始构筑城郭、驿站，兴起城市经济，建立了强大的具有多元文明特色的泛希腊化或泛波斯化帝国，大月氏贵霜、帕提亚安息都不外乎此。

Eschate)”[①]，即今塔吉克斯坦的苦盏市[②]，而“乌弋”也是亚历山大大帝修筑于东方的重要城市 Alexanderia Prophthasia[③]。

张骞通西域以来，在中国文明与西方文明日益频繁的交流中，罗马帝国（亚洲行省）和中亚希腊化、西亚波斯化的城市及公共场所中举目可见的石构建筑和雕刻艺术，被史家所记录，不会是空穴来风或空想的结果，而是来自旅行于丝绸之路上的东西使者所见所闻的真实报告，“这些亲身经历异域旅行，接触了中亚乃至西亚地区各国文化习俗的使节返回后，必然大力宣扬西方古文明的新鲜事物”[④]；这些建筑和雕刻艺术同时也见于多种方便流动的贵重商品，如织锦、毛毯、钱币的设计图案中，正得益于此，西方的石刻艺术终于引起了汉代人的浓厚兴趣和关注，对汉代人建立征服石材的信心，影响不可谓不大矣。

图 59　庞贝古城壁画中的镶水晶的石柱，公元 79 年以前（《庞贝古城：永恒的历史、生活和艺术》，图版 5，第 5 页）

余太山先生以为《后汉书》所记大秦帝国“水精为柱”为史家“极理想化之能事”的虚构之物，并不可信。[⑤]此言可能失之绝对。笔者认为，若以今日字面含义探之，以为“水精为柱”说的是用水晶制成的柱子，自然有夸大其词不合现实之嫌，而将其理解为镶有水晶的柱子，似乎更合理，也更合于现实。考古证据表明，《后汉书》《魏略》所记罗马帝国宫室之“水精柱”并非虚构，实有其物。如今在遥远的庞贝古城一处民宅的壁画中就发现了史籍记载的镶有玻璃水晶的柱式（图 59），据说主

① 《图说犍陀罗文明》，第 41 页。

② 余琛瑱：《巴克特里亚—贵霜的王朝旅程：来自阿富汗文物的解读》，载《丝路艺术 Serindia · 大夏》，漓江出版社 2017 年版，第 140 页。

③ 关于“乌弋山离”，简称乌弋，音译自 Alexander，此城今为何地，众说纷纭，但都同意在今阿富汗境内。［英］W.W.Tarn：《巴克特里亚和印度的希腊人》（*The Greeks in bactria and India*），Cambridge University Press，1951，p.14，347；余太山：《塞种史研究》，商务印书馆 2012 年版，第 252 页。

④ 《中国古代石刻概论》，第 126 页。

⑤ 余太山：《古代地中海和中国关系史研究》，商务印书馆 2016 年版，第 59 页。

人是当时的一位珠宝商人。[①]这个并不起眼的案例表明，对于盛产玻璃器并畅销世界各地的罗马帝国（以东方行省的埃及、叙利亚玻璃最负盛名）来说，富人在家中布置水晶柱的奢豪装饰并不奇怪，使用玻璃对他们来说，恰如丝绸之于汉代人一般（虽为贵物，尚不足为奇），这一现象为汉使或过往的商人所知所闻，也正常不过，汉使将其作为一种奇观而汇报给了朝廷，也是自然之理。不过，随着交往益深，久而久之，西方的石刻建筑和雕刻便不再稀罕，在汉代人的眼中也并不总是神秘莫测，至于当时的人们对其态度和兴趣如何，则是另一回事了。

图 60　楼兰 LK. 遗址的爱奥尼亚漩涡形的木雕栌斗柱头装饰，大英博物馆

20 世纪初，英国人斯坦因四次来到新疆塔里木盆地，在那里的楼兰、精绝国等遗址发现大量来自希腊、波斯和中亚犍陀罗风格的装饰性图案，如柯林斯 / 爱奥尼亚柱（楼兰 LK. 遗址的爱奥尼亚漩涡形的木雕栌斗柱头装饰，图 60）、希腊神像（尼雅遗址发现的佉卢文泥板文书印泥上的希腊神像，如赫尔墨斯和宙斯等，图 61）、圆花饰、叶环以及通俗化的莨菪或半棕叶卷涡纹；[②]荒弃近千年之久的敦煌莫高窟藏经洞亦同时重见天日，雕凿于北凉时期（397—460）的第 268 窟中，出现的具有犍陀罗艺术风格的佛造像、

图 61　尼雅泥板文书中的希腊赫尔墨斯神像（M.Aurel Stein, "RUINS OF DESERT CATHAY PERSONAL NARRATIVE OF EXPLORATIONS IN CENTRAL ASIA AND WESTERNMOST CHINA", MACMILLAN AND CO., LIMETED ST. MARTIN'S STREET，LONDON，1912，p.95.）

① ［意］马萨里·拉涅里·帕内塔主编，张晓雨译：《庞贝古城：永恒的历史、生活和艺术》，华中科技大学出版社 2019 年版，图版 5，第 5 页。

② 《莲与龙：中国纹饰》，第 53 页。

图 62　敦煌莫高窟第 268 窟弥勒座上的一对爱奥尼亚收分立柱壁画，北凉

佛殿、凹凸法绘画，以及正面佛龛底座上绘有的一对具有收分特征的希腊化爱奥尼亚式立柱显示出对拱形（马蹄形）佛龛的支撑（图62），更是惊人耳目；[①]1902年，日本学者伊东忠太在更晚凿就的大同云冈石窟（386—534）亦发现诸多原汁原味的希腊化建筑元素和印度佛教艺术，如 10 号窟中带涡卷的简体爱奥尼亚式的柱头，12 号窟中的柯林斯石柱，莨苕纹、花环等。[②] 我们或许有理由认为：尽管希腊人、印度人、帕提亚人、贵霜人的政权早已不存，但荟萃多重文明因子而生于斯、宏传于世的外来雕刻艺术遗产，绝不仅在汉代，在此后的数百年里依旧矗立或保存在中、西亚乃至印度的诸多城市生活用品或寺庙建筑中，成为持续影响中国艺术之生生渊薮。

对本土之外世界的各种期望和对新鲜物质的欲望，不断刺激着人们去了解和熟悉不同文明的艺术和文化，西方人如此，中国人亦如此。一个极端的后果是：原来出于稀奇而狂热追求的东西也见怪不怪了。如日人小谷仲男所说："西行之路的治安、交通情况一旦被改善，汉代社会就掀起了西域热……由于中国大量出口丝绸等特产，甚至使这些东西失去了稀有的价值。"[③]《史记・大宛列传》："使者既多，而外国益压汉币，不贵其物。"[④] 中国的丝绸渐渐失却了稀有的价值，同样，西域来的奇物也不会一直稀奇下去，而逐渐沦为寻常之物益为广大百姓所接受，亦在情理之中。通晓此理，再看汉代石构建筑和石雕艺术中采用的大量外来艺术因素，自然不足为怪了。

无论如何，汉代人对西方的石刻建筑和其他文化产品的了解和熟悉，远甚于当时文献和当下残存的物质材料所能反映的有限程度，双方交流之深广程度，亦颇难为今日学者想象之所能及。一方面，我们期待未来更多的考古发现，来弥补或修正我们局限的认知；另一方面，我们不妨将视野打开，将以往作为"中心"的汉代置于欧亚大

---

① 北凉实际统治敦煌的时间为 401—439 年，敦煌早期的"北凉三窟"，包括第 268 窟的雕凿时间应在此期间。

② 梁思成著，林洙编：《佛像的历史》（图文版），中国青年出版社 2010 年版，第 14—25 页。

③ ［日］小谷仲男著，王仲涛译：《大月氏：寻找中亚谜一样的民族》，商务印书馆 2019 年版，第 38 页。

④ 《史记・大宛列传》，第 717 页。

陆交流的开放视野中，使其回归到——只是当时“世界文明的一端”——之客观、平等的位置，对汉代艺术重新加以审视，主动发掘、研究其中的中西交流因素，并以此为窗口，给当下东西文明的交流互鉴提供有益的价值启示和路径参考。

三、结语

总之，汉代石构建筑中有来自对木构建筑模仿的元素，但并非全然如此，也不可一言蔽之。汉代人对大型石雕寄予厚望，很大的变量因素是来自西方艺术的影响，尤其于地下墓葬石室、石柱、石像生（石狮、翼兽）而言，更是如此。因此，若硬要将墓葬中的诸建筑形式与地面木建筑相联系，其中的对象应该有所选择，多数墓室石构建筑应当被视作“生器”建筑的异类而另作他论。由于中原忽略石头的传统根深蒂固，西方大型石雕的特殊性和复杂性又远甚于一般可携带的物品，导致它在中原的传播、认识、使用较为滞后，但汉代人对它们并不陌生。一旦他们逐渐熟悉石材，获得成熟的加工技术和范本，并开始尝试征服石材时，中国艺术史上的巨大变局和前所未有的大型石雕时代也由此揭幕了。

东汉，充满戏剧性的一幕——朝野上下狂热、持久的大型石雕造像和画像石墓室建筑运动的艺术史诗确实发生了，但却是表现了与西方完全不同的本土宗教信仰和生死观念，大型石雕被用在了汉代人终其一生都极为重视的表现不朽、求仙、祭祖、纪功事业的墓葬艺术和政治礼仪当中，这反映了汉代人对外国艺术始终是有选择地主动吸收，而非被动地全盘接受，抱持的心态则是：重其形式，轻其观念，“他山之石，可以攻玉”之实用主义的价值判断。应了巫鸿所说：“汉代人并不是被动地接受邻国的影响，而是积极地从外部世界寻求灵感——实际上，他们是为自己创造了一个可以为他们提供这类灵感的外部世界。”①

本文在写作过程中，曾得到山东省石刻艺术博物馆杨爱国先生、中国美术馆博士后卫恒先先生、中国社会科学院古代史研究所刘中玉先生、北京大学历史系杜世茹女史的热心帮助和指点；中国社会科学院古代史研究所曾磊先生、北京大学汉画研究所徐呈瑞先生、中国美术学院顾佳僖女史、江苏省连云港市文管所及相关网站提供了图片、素材，谨致诚挚谢意！

① 《中国古代艺术与纪念建筑中的“纪念碑性”》，第 216 页。

仙凡幽明　大象其生
——沂南北寨汉画像石墓

李　放

大约在 1900 年前，东汉辞赋家王延寿在他的《鲁灵光殿赋》中用这样的词句描绘了鲁灵光殿中的壁画：

> 神仙岳岳于栋间，玉女窥窗而下视。忽瞟眇以响像，若鬼神之仿佛。图画天地，品类群生。杂物奇怪，山神海灵。写载其状，托之丹青。千变万化，事各缪形。随色象类，曲得其情。上纪开辟，遂古之初。五龙比翼，人皇九头。伏羲鳞身，女娲蛇躯。鸿荒朴略，厥状睢盱。焕炳可观，黄帝唐虞。轩冕以庸，衣裳有殊。下及三后，淫妃乱主。忠臣孝子，烈士贞女。贤愚成败，靡不载叙。恶以诫世，善以示后。①

通过这些描写，我们可以想象当时宫殿中壁画的盛景，让人有无限遐想。可惜的是，鲁灵光殿已与所有的汉代宫殿一样，湮没在了历史长河之中，早已无影无踪，我们根据辞赋的文字只能知道壁画的内容，而不能得知其具体的视觉表现形式。幸而有与壁画类似，刻在石上的画作，能稍微弥补我们的遗憾，那就是汉代的画像石。

汉代墓室、祠堂、阙等建筑物上存有大量雕刻装饰的建筑构石，虽然其成型技术

① ［南朝梁］萧统编，［唐］李善注：《文选》卷第十一，上海古籍出版社 1986 年版，第 515—516 页。

属雕刻，但从整体形态上看则更似绘画，有些还带有彩绘，所以我们习称其为汉画像石。汉画像石内容题材广泛，从现实到历史，从真实到想象，从生活实践到伦理道德，几乎涵盖了人们能够想见的所有领域，因此极具史料价值、科学价值和艺术价值，是人们了解汉代思想文化、社会生活等诸多方面的重要资料，也是我们切身感受汉代艺术成就的丰富宝库。著名历史学家翦伯赞曾对汉画像石做出这样的评价：

> 除了古人的遗物外，再没有一种史料比绘画、雕刻更能反映出历史上的社会之具体的形象。同时，在中国历史上，也再没有一个时代比汉代更好在石板上刻出当时现实生活的形式和流行的故事来……这些石刻画像假如把它们有系统地搜辑起来，几乎可以成为一部绣像的汉代史。①

山东自古以来就是“通鱼盐之利，而人物辐辏”② 的富庶之地，孔孟儒家学说发源于此，有着悠久深厚的文化传统，同时也是全国汉代画像石遗存较多的地区之一，全省一百三十多个县域单元中，半数发现存有汉代画像石，其中以临沂、枣庄、济宁等地最为集中，其次是泰安、济南、淄博、潍坊等地。山东地区的汉画像石出现时间早，持续时间长，自汉文景时期出现，前后流行了长达三百余年，汉画像石艺术在此充分发展并达到了巅峰，沂南北寨汉画像石墓就是其中的代表之作。

1954 年，当时的华东文物工作队与山东省文物管理委员会对沂南北寨汉画像石墓进行了联合发掘，这也是我国第一次对汉画像石墓进行科学的考古发掘，从而拉开了新中国汉画像石研究的序幕，是我国汉画像石研究史上的里程碑式事件。沂南北寨汉画像石墓雕刻之精美、内容之丰富、保存之完好，迄今在所发现的汉画像石墓中仍属罕见，能与其媲美者寥寥无几。

沂南北寨汉画像石墓分前、中、后三个主室，在主室两侧又有若干侧室，整体布局严谨合理，装饰结构华丽复杂，俨然是一座豪华的地下宅邸。汉代人事死如事生，正如《荀子・礼论》中所说：“丧礼者，以生者饰死者也，大象其生以送其死也。”③ 除丰厚的陪葬品外，地下的墓室则仿照墓主生前住所，墓中的装饰内容也包含着墓主生前实际拥有和死后期望获得的生活景象。沂南北寨汉画像石墓中画像的内容包罗万象、

① 翦伯赞:《秦汉史・序》，北京大学出版社 1999 年版，第 5—6 页。

② ［汉］班固:《汉书・地理志下》，中华书局 1962 年版，第 1660 页。

③ 安小兰译注:《荀子》，中华书局 2007 年版，第 181 页。

丰富多彩，有想象中的神鬼祥瑞，也有车马出行、宾客吊唁等现实场景，有历史故事中的先贤，也有乐舞百戏的宏大场面。画像的雕刻技法也种类多样，体现了汉画像石发展成熟期工匠们的高超技艺。

总的来说，沂南北寨汉画像石墓堪称一件伟大的艺术精品，是汉代思想文化艺术的结晶。本文希望通过对这一汉代画像石代表性作品的介绍，让更多的读者领略到汉画像石的独特艺术魅力，从而更加深切地体会到我国博大精深的传统文化。

一、始露真容的“将军冢”

诸葛亮，这个等同于智慧的化身又带有传奇色彩的名字，在我国几乎是家喻户晓。“登隆山以远望，轼诸葛之故乡”，“丞相祠堂何处寻，锦官城外柏森森”，探寻“大名垂宇宙”的诸葛亮的遗迹，人们首先想到的往往是“隆中对策”的襄阳隆中和翠柏森森的成都武侯祠，而对诸葛亮的出生地阳都①人们却知之甚少。究其原因，一是诸葛亮年少时就已随叔父诸葛玄移居他处，《三国志》记载：“亮早孤，从父玄为袁术所署豫章太守，玄将亮及亮弟均之官”②，诸葛亮成名之时已在他乡；二是阳都城在晋以后的地理志中均不见确切记载，该地名也逐渐湮没在历史长河之中。

阳都之名历史悠久，最早的文献记载出现在《春秋·闵公》中，“经二年，春，王正月，齐人迁阳”③，晋人杜预注“阳”为国名。《春秋·庄公》记载，“凡邑，有宗庙先君之主曰都，无曰邑”④，据此或可推断“阳都”即阳国的国都。西汉时阳都属城阳国⑤，东汉时又属琅琊国⑥。有学者对阳都所在地及所辖区域进行了考证，认为大致与今天的沂南县相同。⑦一座曾被当地人称为“将军冢”的汉代古墓，就坐落在当年的阳都今天的沂南县的一个小村庄——北寨村中。

沂南县，今隶属于山东省临沂市，地处鲁中地区，东临莒县，西接蒙阴县，南临

① 《三国志·诸葛亮传》：“诸葛亮字孔明，琅琊阳都人也。”［晋］陈寿：《三国志·诸葛亮传》，中华书局1959年版，第911页。

② 《三国志·诸葛亮传》，第911页。

③ ［汉］郑玄等注：《十三经古注·春秋经传集解》，中华书局2014年版，第1209页。

④ 《十三经古注·春秋经传集解》，第1206页。

⑤ 《汉书·地理志下》，第1635页。

⑥ ［南朝宋］范晔：《后汉书·郡国志》，中华书局1965年版，第3459页。

⑦ 郭善勤：《根据旧方志考证诸葛亮的故乡》，《沂南文史资料》（第一辑），1984年，第54页。

临沂市区，北靠沂水县，位于汶河、沂河之间，靠近汶河汇入沂河处。北寨村在沂南县城西 4 公里处，位于一四面环山的小盆地的北部，东依团山（又名界湖山），西临汶河。界湖山是一石山，为当地提供了丰富的石材，曾经建有采石场，过去当地农民在农闲时多以采石为副业。

当地人口中的“将军冢”位于北寨村的南部，关于它的传说几乎每个年长的村民都能说上几句。传说此墓曾有高大的封土堆，犹如一座土山，顶上长着合抱粗的大树，以前山洪暴发时，封土堆上面可供数家躲避洪水。后来，因为村中人历年从封土堆上取土，最终封土被采挖殆尽。关于封土的大小，在古代礼制中也有相关规定，例如《周礼・春官・冢人》记载：“以爵等为丘封之度，与其树数”，就是说根据墓主的地位，封土的高度和植树的数量是有制度规定的。汉代的郑玄对此进行了解释：“别尊卑也。王公曰‘丘’，诸臣曰‘封’。”他认为这种制度是用来区别地位的“尊卑”的，他又引用了《汉律》中的内容来说明这点，“列侯坟高四丈，关内侯以下至庶人各有差”。[①] 根据封土堆的高度就可判断出墓主地位的高低，若“将军冢”真有高如土山的封土，其墓主的地位必然不低。

图 1　沂南汉墓博物馆正门（李放摄）

1947 年间，北寨村的村民像往常一样在“将军冢”的封土上取土之时，一座大墓突然露出了墓顶，尘封已久的古墓重见天日。发现古墓的村民不敢怠慢，立即上报了当时的民主政府。当时，沂南县政府在南寨村办公，县政府司法科、公安局等在北寨村办公。此时，国民党军队即将对山东解放区发动重点进攻[②]，为避免文物散失，县政府民主进步人士、参议员刘佛缘建议对已露墓顶的北寨村“将军冢”进行挖掘。建议得到了当时民主政府的采纳，在县政府和南寨村庄长刘乃章的组织下，动用了当时三百多个工对古墓进行挖掘。这次发掘从清理墓顶封土开始，在墓门前挖了一条东西

① ［清］阮元校刻:《十三经注疏》，中华书局 1980 年版，上册，第 786 页。

② 重点进攻，是指在解放战争期间国民党军队于 1947 年采取的战略，重点进攻的目标主要是中国共产党控制的山东和陕北。

向的大土沟，拆除了墓门两侧的砖墙。挖掘过程中发现，墓顶东南角盖石已经遗失，东北角的石块也有缺口，怀疑是盗墓贼砸开的。墓门挖开后，未见墓门石，进入墓中也没有什么更多的发现，只是在墓门里侧发现有一个陪葬用的灰色陶狗，在墓室内发现一具人骨，还有几枚五铢钱。见没有什么东西，人们又将其堵死，并且在填土前，专门定做了两块墓门石和一块盖顶石，把墓门和东北缺顶也堵上了，对这座墓的挖掘也就此告一段落。

时至1953年，“将军冢”再次进入人们的视线。当时沂南中学设在北寨村南邻的南寨村，时任沂南中学教师的周克从周围村民口中得知了流传已久的“将军冢”，他便把这个消息反映给了《文艺报》，北寨村“将军冢”的传说更加广为人知。这也引起了当时山东省文物管理会的重视，同年5月30日，山东省文物管理会派蒋宝庚、台立业前往调查。1954年春，华东文物工作队奉中央文化部社会文化事业管理局指示，与山东省文物管理会联合发掘这座古墓。同年3月3日，蒋宝庚、台立业两人从济南动身前往北寨村，3月6日早晨发掘工作正式开始，也拉开了我国第一次对汉画像石墓进行科学考古发掘的序幕。

此次发掘工作是先从墓道开始的，挖出的土从墓道而出，随后再开始清理墓室。墓室内堆积了大量淤土，并且其中混有大量碎石，墓室的清理工作花费了整整一星期。然而发掘出的遗物并不丰富，仅发现有灰陶制的残豆柄、耳杯残片、三足盘残片、器物底部残片、涂朱的案残片、涂朱的陶屋残片和少数绳纹陶残片，完整的器物只有一个内外涂朱的灰陶小盘，淤土之中发现一块有凸起花纹的残砖、一个三角锥形的铜矢簇。在发掘过程中发现墓顶曾被移动过，墓顶石被砸毁的部分落在墓室内，为了将墓顶修好，墓顶上的封土也被清理了。虽然没有太多遗物出土，但墓室内雕刻的画像却十分精美，此后的工作转为洗刷墓室，制作画像石的拓片。同时，向华东文物工作队报告，要求增派人员来协助绘图和画像石的捶拓工作。3月18日，王文林、黎忠义、张世全三人受华东文物工作队派遣前往北寨村，花费五十天时间完成了墓室的绘图和画像石拓片的制作。4月28日，华东文物工作队又派李连春到发掘现场进行了照片拍摄工作。发掘工作完成后，在沂南建设委员会的协助下，考古工作人员将墓进行了整体复原，墓顶移动的石块回归原处，并补上了缺少的墓顶石，安装了新的封门石板，墓顶及石门用石灰浆灌抹，墓道重新填土，墓顶上加盖了约1米厚的封土。以上工作至5月14日全部完成。

二、埋藏千年的地下豪宅

汉代人有着“事死如生”“事亡如存”的厚葬观念和行为，认为死亡并不代表着人生的终结，而是前往了另一个世界继续生活，汉代人幻想的地下世界十分类似于地上世界，也需要衣食住行。因此，人们并不会因为墓室埋在地下而草草了事，而是力求对墓主人的生前生活进行仿效和再现，为了能给墓主人提供一个舒适的长眠之所，墓室修建也尽量模仿其生前所居，体现出墓室建筑宅第化的特点。[①] 汉代人有时也把地下的墓葬建筑称为“舍”“宅”“室”“室宅”等，从名称上就与阳世的住宅相同，如陕西米脂东汉牛文明画像石墓有“永初元年九月十六日牛文明千万岁室”、绥德王得元墓有“永元十二年四月八日王得元室宅”、绥德四十里铺出土的徐无令乐君题记石上有“徐无令乐君永元十年造作万岁吉宅”的题铭。不仅墓室的称呼借用了阳世住宅的名称，墓室各部分的名称也是如此。如安徽淮北祁集乡常家孤堆画像石墓门楣题记“太尉府门”[②]；山东兰陵城前村墓画像石题记，后室被称作“室”，前室被称作“堂”[③]。

另一方面，汉代儒家思想学说在社会政治、思想中逐步占据了统治地位，儒家所倡导的“以孝为仁之本”的思想和“三纲五常”的伦理道德规范已被人们所广泛认同。在东汉时期尤其重视“孝悌”，甚至将“孝”作为选拔官吏的标准，用“举孝廉”入仕来引导人们行孝。而孝的一个重要体现就是对父母等先人进行厚葬，因此许多人“崇饬丧纪以言孝，盛飨宾旅以求名”[④]，也就是说厚葬先人成为一种博取孝的美名的风尚。更有甚者把修建墓祠的花费都铭刻在建筑上，生怕名声不彰，如武氏墓群石刻中的西阙上就刻有“使石工孟孚、李弟卯造此阙，直钱十五万；孙宗作师（狮）子，直四万”的字样。从西汉中期至东汉末，厚葬的风气一直存在，甚至出现了“世以厚葬为德，薄终为鄙”[⑤] 的现象。位于沂南北寨村的这座汉画像石墓就是在这种社会背景下建造的，我们也就不难理解为何这座埋于地下的墓室修造得如此富丽堂皇了。

---

① 杨爱国:《幽墓美 鬼神宁——山东沂南北寨村汉代画像石墓探析》,《美术学报》2016 年第 6 期，第 8 页。

② 高书林:《淮北汉画像石》，天津人民美术出版社 2002 年版，第 95 页。

③ 杨爱国:《幽墓美 鬼神宁——山东沂南北寨村汉代画像石墓探析》,《美术学报》2016 年第 6 期，第 9 页。

④ [汉] 王符:《潜夫论 · 务本篇》,《诸子集成》第 8 册，上海书店 1986 年版，第 9 页。

⑤《后汉书 · 光武帝纪》，第 51 页。

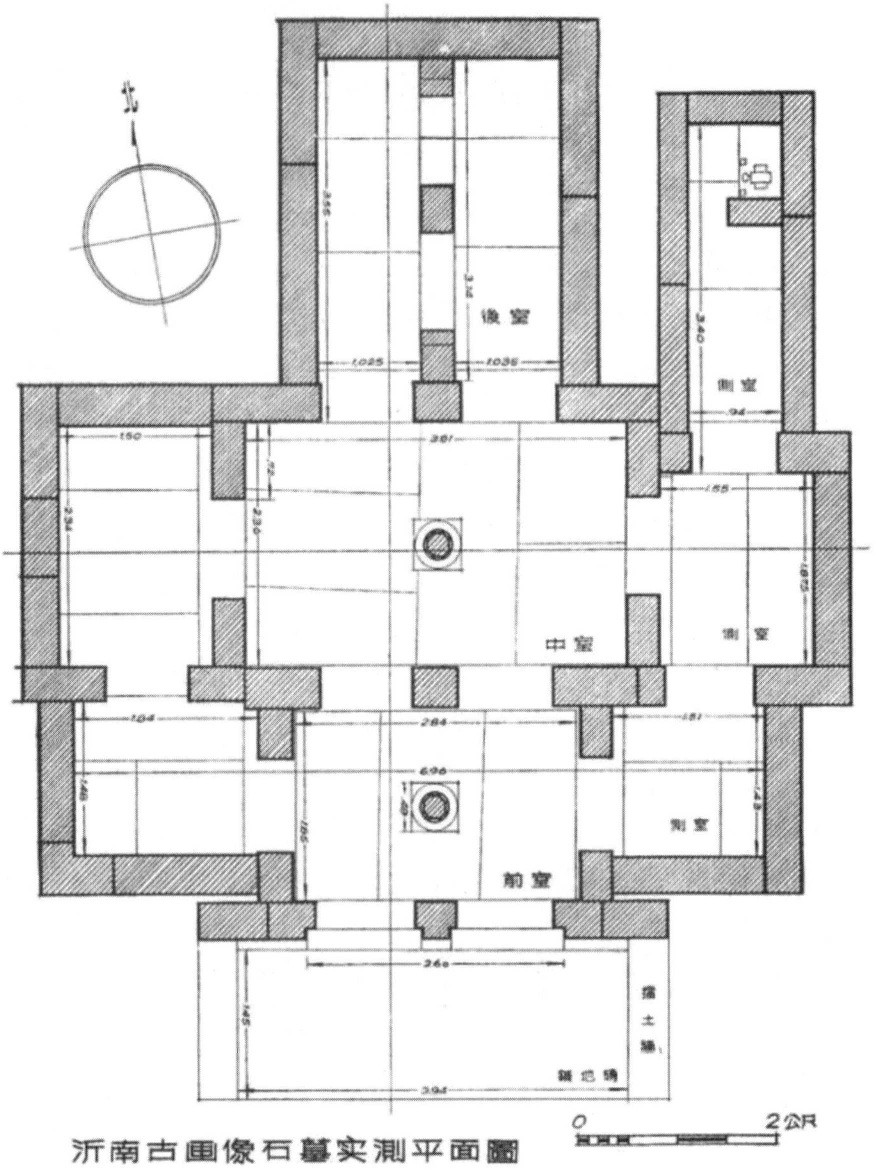

沂南古画像石墓实测平面圖

图 2　沂南北寨汉画像石墓平面图（引自《沂南古画像石墓发掘报告》）

沂南北寨村汉画像石墓主要是由石灰岩、砾岩、砂岩等石材建成，石材主要来源于村东的界湖山。山上曾经有采石场，自古至今就是石材的开采地，为画像石墓的修建提供了便利条件。墓室坐北朝南，与通常的深宅大院一致。墓室东西宽约 7.55 米，南北长约 8.7 米。大致分前、中、后三个主室，东西两侧有侧室，西面两个，东面三个，总计八室。（图 2）用现代人的眼光来看就是一套功能分区完备的四室二厅住宅，甚至东面靠北的侧室完全仿照的就是现世的厕所。（图 3）各室的布局非常平衡，各室之间都有门直通，均在一条中轴线上，显然是精心规划的。墓室地面用大小不一的长方形石块铺就，相接处严丝合缝，表面经过细致打磨，体现了墓主雄厚的财力。

墓门前铺有地砖，铺砖的区域为一长方形，长边与墓门相对，长约 3.94 米，宽约 1.45 米。铺砖地面两侧原砌有挡土墙，墓葬发掘时就已倒塌，仅剩墙基和墓门石上抹灰砌墙的痕迹。画像石墓的墓门有 1.44 米高，由三根刻有精美浮雕的支柱将其分隔为两个宽 1.14 米的门洞。墓门上有一层刻有浮雕的横额和两层门楣，从铺砖地面到墓门楣上缘高达 2.74 米。整个墓门结构刻工精良，气魄雄伟。（图 4）

图 3　墓室东北角厕所（蒲柏林摄）

图 4　沂南北寨汉画像石墓墓门（李放摄）

由墓门进入即为前室，前室东西宽 2.84 米，南北长 1.85 米，从地面到墓顶高 2.8 米，此区域相当于阳宅的院落。室中央有一八角形擎天柱，上面刻画了精美的纹饰，擎天柱上端有仿木建筑的斗拱结构。（图 5）

图 5　前室八角擎天柱上端斗拱（李放摄）

斗拱是中国建筑中特有的构件，是屋顶与屋身立面的过渡，也是中国古代木构建筑中最有特点的部分。据记载，斗拱的产生可以追溯到周代末年，但直到秦代还都只有零星记载。汉代时，斗拱应用才多了起来，成为很多建筑上的重要木构件。[①] 在沂南北寨汉画像石墓中，擎天柱上的斗拱结构虽然装饰作用大于实际作用，但也从一个侧面证明了我国汉代时就有了十分成熟的建筑技术。斗拱之上紧接着是一道南北

① 王其钧：《中国建筑图解词典》，机械工业出版社 2007 年版，第 95 页。

纵贯的过梁，过梁两侧也刻有纹饰。由于过梁的存在，前室室顶被分隔为东西两间，两间之顶都是抹角结构的藻井。（图 6）

图 6　抹角结构藻井（曾磊摄）

图 7　藻井中的八瓣莲花纹浮雕（李放摄）

藻井是古建筑高级室内天棚装修艺术构造形式，墓室可能也是模仿地上建筑的构造形式。所谓抹角结构，就是用石条构成几个方形，层层垒上，大方形四边的中点接着在上的小方形的四角。东西两间藻井中这样交错相接的方形共计有三层，然后再加盖墓顶石封顶。这样的结构可以用较短的材料获得较长的跨度，体现了汉代工匠的智慧。西间藻井正中雕刻有浮雕的八瓣莲花纹（图 7），正与东汉王延寿所作《鲁灵光殿赋》中所描述的“圆渊方井，反植荷蕖”相符，虽然墓顶只有方井，没有圆渊，但用荷花作藻井装饰却与灵光殿一致，这或许是当时豪华建筑流行的装饰纹样。东间藻井顶在墓室发掘时已残破成四块掉入墓室内，经复原可以发现上面雕刻有菱形格和圆环相互编织而成的图案，这种菱形格编环纹在汉代也是一种流行的纹饰。

图 8　中室擎天柱上端斗拱一侧的半身龙（曾磊摄）

中室与前室之间被立柱分隔为两个门，结构与前室相仿，顶高和面积略大于前室，此区域相当于阳宅的客厅。中室进门处也有一八角擎天柱，柱上斗拱结构与前室的不同，装饰有两条倒挂的半身龙。（图 8）

这两条半身龙雕工精美，龙角、龙鳞刻画细致，龙身弯曲向上连接斗拱上的过梁，不仅起到很好的装饰作用，同时也是重要的辅助支撑结构。

中室室顶也被过梁分为东西两间，室顶结构与前室不同，是叠涩结构的藻井，共有五级。叠涩结构即是四面石条层层向上挑出加盖而成，形状如方锥，但由梯级构成。东间藻井盖上刻有两个方形，南边方形内刻有汉代常见的四瓣花纹，北边方形内刻有大小方形重叠的抹角结构花纹，其中心是一个圆形花纹。西间藻井的盖已残，只存二分之一，大致可以看出是抹角结构花纹和八瓣花纹。

图 9　沂南北寨汉画像石墓后室（蒲柏林摄）

中室与后室之间也被立柱分隔为两个门。后室相当于墓主的卧室，所以设计得较为低矮，仅 1.87 米，中间被过梁、斗拱和地栿分隔。斗拱的样式与中室一致，但雕刻的半身龙不及中室的细致，整体显得更加厚重。后室室顶也是东西两间叠涩结构的藻井，共有三级。两间藻井盖都呈长方形，上面刻着三个方形，中间一个方形内都刻着八瓣花纹，花瓣尖上的涂朱历经千年尚有残留。两旁的方形内都刻着大小方形重叠的抹角结构，共计三层，其中最小的方形内刻有菱形格纹，格上涂有绿色，格边缘描有黑色，格内涂朱红色，时至今日仍可看出，可以想象当年墓室内的彩绘是何等的艳丽。

前室有东西两个侧室，室顶皆用抹角结构做法，顶盖上没有雕刻花纹。中室也有东西两个侧室，东侧室顶是三级叠涩结构，顶盖上没有雕刻花纹；西侧室顶是四级叠涩结构，顶盖上刻有菱形格子纹。在墓室东北角还有一间侧室，南面与中室东侧室北门相连，室内偏北部有一隔墙，在隔墙之后修有厕所，厕所的结构与今天的蹲式厕所几无差异。总的来说，侧室在面积、装饰细节等方面不及三个主室，这应与其功能定位有关。与沂南北寨村汉画像石墓类似的多室墓侧室有写名称的，可以让我们大致推测这些侧室所代表的功能。如河南唐河新莽时期郁平大尹冯孺久墓前室侧室题刻有“郁平大尹冯君孺久车库”字样，表明这个侧室是车库[①]；甘肃嘉峪关汉末魏晋时期 3 号壁画墓前室东壁北耳室券门上写“牛马圈”，南耳室券门上写“车庑”，西壁北耳室券门上写“炊内”，南耳室券门上写“藏内”[②]。沂南北寨村汉画像石墓中侧室的功用大致应与此类似。

① 黄运甫、闪修山：《唐河汉郁平大尹冯君孺人画象石墓》，《考古学报》1980 年第 2 期，第 239—262 页。

② 嘉峪关市文物清理小组：《嘉峪关汉画像砖墓》，《文物》1972 年第 12 期，第 24—41 页。

这座墓在施工过程中，基本上采用了预制配件，然后再进行组装的施工方法。全墓所用石材约有280块，组装时根据预先设计安排到对应的位置上，便组成了这座豪华的墓葬。这种施工方法，在工程上来讲是相当先进的技术，充分体现了古人的智慧。

三、两根八角擎天柱

柱，是我国古代木构建筑中的重要组成部分，是用来承担建筑物上部重量的建筑构件。所谓立木撑千斤，说的就是柱在建筑中的重要性。前文说到沂南北寨村汉画像石墓体现出墓室建筑宅第化的特点，其墓室中的两根八角擎天柱及其相连的仿木建筑结构就是最具代表性的部分。同时，八角柱这种独特的造型，根据学者的相关研究，认为其还受外来文化因素的影响[①]，更为这座古墓增添了神秘的色彩。

（一）前室八角擎天柱

图10　前室八角擎天柱（李放摄）

墓室中的第一根八角擎天柱位于前室的正中。（图10）柱身高1.1米，上下端直径相差约2厘米，从视觉效果上能明显感觉出来。柱身下有柱础，柱础分为上下两部分，上部为高12厘米的覆盆形，下部为方形，高也为12厘米，整体结构十分肥硕有力，为柱身提供了良好的支撑。柱身上有栌斗，栌斗在我国传统木构建筑中是斗拱与柱之间的承托件，在这里其与柱身为整块石材雕成，装饰意义就大于实用意义了。栌斗上有栱和两个散斗，两个散斗之间有一蜀柱，散斗和蜀柱的上面紧接着过梁，这一部分也是一整块石材雕成的。[②]（图11）

这根八角擎天柱除了对墓顶起到支撑作用，

① 杨爱国：《山东汉代石刻中的外来因素分析》，《中原文物》2019年第1期，第73页。

② 栱、散斗、蜀柱，都是我国传统木构建筑中的构件名称，在这座墓中，这些部件都为石质，有些甚至是整块石材雕成，实为一整体，其实际作用与木构建筑中的不完全相同，但为方便描述，仍使用这些名称。

还有极强的装饰效果。柱身及相连的斗拱、隔梁上都刻有图像和花纹，正所谓雕梁画栋，现今虽然无法判断上面千百年前是否有色彩，但其细致的雕工、设计的巧思已让人无比赞叹。

图 11　前室八角擎天柱上的栌斗、拱、散斗与蜀柱东面拓片

自上观之，我们首先看八角擎天柱上方的斗拱结构，其最上端是两个散斗。两个散斗所刻图案相同，北侧散斗的北面和南侧散斗的南面都刻有一道齿形纹和卷云纹，东西两面中间刻有两枚相叠的五铢钱，五铢钱下垂有装饰，两侧是展翅相对的两只凤鸟。两个散斗之间是蜀柱，蜀柱东西两面的图案十分相似，除装饰性的花纹不同，均为一个虎首，张口露齿，做咆哮状。

图 12　前室过梁南面拓片特写

一条栱承接着两个散斗和蜀柱，栱的东西南北四面都刻有花纹。栱南面上段刻一兽首，下段刻一神怪，虎头人身兽爪，臂生长毛，双臂上擎，做托举状。（图 12）栱北面上段也刻一兽首，张口露出舌齿，下段亦刻一神怪，长相与南面神怪相仿，双臂举过头顶，捧有一物。栱东西两面的纹饰相同，都刻着四条盘折的夔龙纹，龙身与卷云纹相接，装饰效果极佳。

栱下为栌斗，四面上段都刻有露出獠牙的兽首，东西面下段刻口衔绶带的凤鸟，南北面下段刻卷云纹。栌斗之下为八角擎天柱的柱身，八条棱将柱身分成了八幅画面。柱身采用浅浮雕技法，图案立体清晰，图像上用阴线刻画出细节。八幅画面的内容都为排成一列上下相叠的神怪、异兽、羽人。（图 13、14）异兽都生羽翼，似是皆能飞翔。神怪中人首鸟身、三头兽身的最为奇异。（图 15）

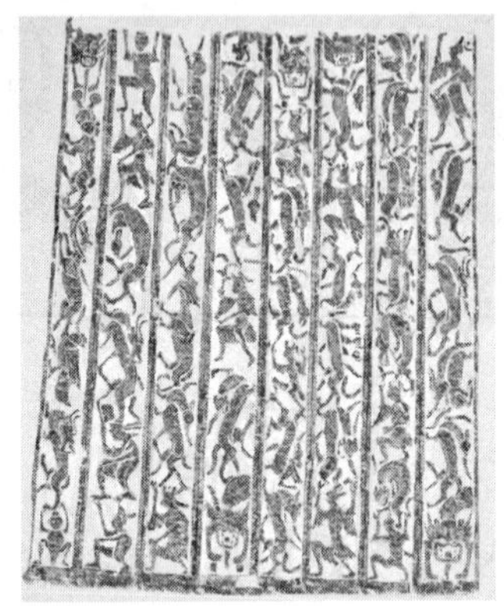

图 13　前室八角擎天柱柱身拓片

图 14 前室八角擎天柱特写（蒲柏林摄）

图 15　前室八角擎天柱西面拓片局部

柱身之下是杵础，柱础上部为覆盆形，对应东西南北四个方位，分别刻有青龙、白虎、朱雀、玄武。四神图案在汉代十分常见，但在此处为了适应柱础的形状，神兽形象都被拉得细长，显得有些怪异。柱础下部为方形，四面呈长方形，都刻有相同的卷云纹。（图 16、17、18、19）

图 16　前室八角擎天柱柱础上侧拓片（青龙图案）

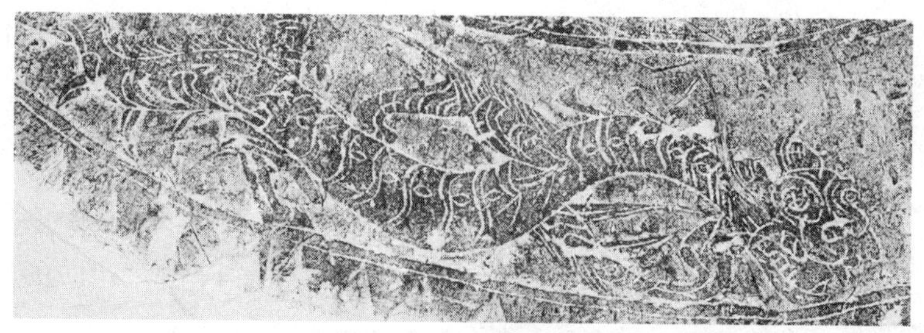

图 17　前室八角擎天柱柱础上侧拓片（白虎图案）

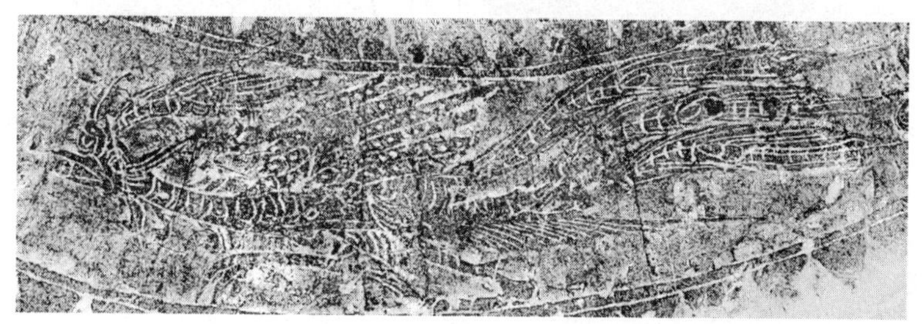

图 18　前室八角擎天柱柱础上侧拓片（朱雀图案）

图 19　前室八角擎天柱柱础上侧拓片（玄武图案）

（二）中室八角擎天柱

中室八角擎天柱与前室的八角擎天柱在同一中轴线上，位于中室的中央。柱上斗拱样式与前室略有不同，栱的长度变短，两散斗之间的距离缩短，也没有了蜀柱，但在栱的南北两侧各增加了一条倒悬的半身龙。这在效果上使栱的两端得到了延长，缩短了过梁的跨度，增加了栱的支撑力。这两条半身龙除了在结构上的作用，其本身也具有很好的装饰效果。过梁、散斗、栱和双龙虽为多个部件，但实际是一块石材雕成的。柱身垂直，高约 1.07 米，直径约 27 厘米，横截面是等边八角形，柱身下的柱础与前室的相同。（图 20）

图 20　中室八角擎天柱（李放摄）

中室八角擎天柱同样刻有各种图案、纹饰，栱旁透雕的两条半身龙使得装饰效果更加华贵。这两条龙都有角、有翼，龙鳞、羽翼等细部也用阴线刻画出来。龙张嘴露齿，以口衔栱，前爪搭在栱上，龙身弯曲向上连接过梁，显得十分矫健有力。北侧散斗东面刻有带翼白虎，西面刻有朱雀；南侧散斗东面刻有带翼青龙，西面也刻有朱雀。散斗下的栱呈“U”字形，东西两面都刻有盘折的夔龙纹，样式与前室栱身的夔龙纹相仿。栱下栌斗四面都刻有长鹿角的猛兽首，东西两面图像大致相同，都是从兽首旁伸出握有卷草的臂爪；南北两面图像也大致相同，都是从兽首旁伸出握有锤和钺的臂爪。

柱身图像为阴线刻，虽然刻画细致，但因年代久远剥蚀严重，不及前室石柱图像清晰。画面被八条棱分为八列，内容都为仙人、神怪和奇禽异兽。东面三列图像，正中一列画面的最上端刻有东王公，头顶上有华盖，背后生有羽翼，端坐仙山之上。仙山之下为一列持有各种武器的神兽。旁边两列图像都为上下相叠的奇禽异兽。西面三列图像，正中一列画面的最上端刻有西王母，端坐华盖之下、仙山之上，整体样式与东王公图相似。西王母像之下是龟、飞虎、麒麟等异兽。旁边两列图像也是上下相叠的奇禽异兽。柱身南面和北面的两个图像曾引起学者的极大关注。（图 21、22）其中南面的图像为一个带露顶帽子的人，顶上用带束发，头后有一圆圈，如佛光状。北面也有与此类似的图像，人物衣着造型与南面画像相

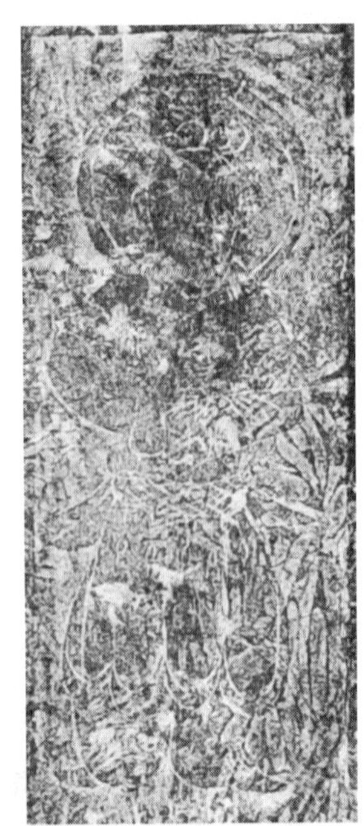

图 21　柱北面头后带佛光人像

图 22　柱南面头后带佛光人像

似，头后也带有圆圈状佛光。这两个头后有佛光的人物形象与奇禽异兽、东王公、西王母等在一处刻画，显然不会是凡人，但衣着打扮却与后世的佛陀形象大不相同，因此有学者认为这是佛教传入中国初期，佛教艺术开始在中土萌芽而产生的现象。[①]

四、古墓中的石上画卷

沂南北寨汉墓除了保存完整的墓室结构，更令人称道的是其精美的画像艺术，犹如刻在石上的画卷，其精美的雕刻和丰富的题材内容，呈现了汉代画像石艺术发展巅峰时期的面貌。下面，我们通过不同题材的内容，来欣赏沂南北寨汉墓画像之美。

（一）金戈铁马耀战功

自汉武帝出塞征讨，汉王朝与外夷的战争就持续不绝，从汉武帝到王莽，由王莽再到东汉末，这两三百年间战争少有停歇。与外族的战争，尤其是所谓的“胡汉战争”已经成为一种社会记忆，影响着汉代以及后世的艺术创作。如汉乐府诗中不乏《战城南》《十五从军征》这样描绘战争惨烈和兵役残酷的诗篇，“汉并天下”“四夷尽服”和“单于和亲”等内容的瓦当铭文反映了世人愿战火消弭的心愿。同样，“胡汉战争”、“水陆攻战”、武将、兰锜[②]、武库等与军事相关的题材也是汉画像石中的重要内容。

关于画像石中军事相关题材的内涵意义，古今中外许多学者对此都有过探讨。如描绘战争场面的图像，有的学者解读其为描写墓主生前的经历，是为了彰显他们的战功，如曾昭燏、蒋宝庚和黎忠义在沂南北寨汉画像石墓的发掘报告里，认为墓门楣上胡汉交兵画像“主题思想是写墓主生前最重要、最值得人敬仰纪念的事迹”。[③]有的学者将其解读为特定的历史事件，如李卫星认为胡汉交战图反映的是两汉时期汉王朝与北方胡人之间的关系。[④]也有学者认为画中的人物和事件都是象征性的，如日本学者林巳奈夫认为战争图反映的不是墓主的实际战功，图中描绘的打败胡人等异民族的场景反映了当时汉人的愿望；信立祥则认为胡人在中国北方，是象征阴间，胡人是阴间

① 南京博物院、山东省文物管理处编：《沂南古画像石墓发掘报告》，文化部文物管理处 1956 年版，第 66 页。

② 兰锜，古代兵器架。

③ 《沂南古画像石墓发掘报告》，第 30 页。

④ 李卫星：《论两汉与西域关系在汉画中的反映》，《考古与文物》1995 年第 5 期，第 55—62 页。

或冥界的守护者，墓主率军战胜胡人渡过桥梁则象征墓主战胜守桥冥军可往返生死两界之间，享受阳间的祭祀。[①]还有学者认为这些军事题材的内容是为了表现墓主文武兼备，符合官吏的典型，如邢义田认为画像内容中胡汉战争和其他形式的战斗图，甚至画像中常常单独或在场景中搭配出现的兵器架，都应该和用来表现墓主或祠主“文武兼备”中“武”的一面有关。[②]虽然学者们对这些军事题材内容画像石的内涵各抒己见，但不管其实际意义如何，这些军事题材内容画像石都为我们了解汉代战争场景、军队以及武器装备提供了直观的图像资料。

沂南北寨汉画像石墓最显眼的位置就是一幅描绘胡汉战争场景的图像。（图 23）这幅图像横跨整个墓门上的横额，用浅浮雕技法雕成，图像清晰明显，细节部位用阴线刻出，画面总长约 2.5 米，显得气势磅礴。再看画像内容，画面中心是一座两端有高大立柱的桥梁，桥面上有栏杆，桥下有两根立柱支撑。桥两端的立柱顶端都有一个三角形，可能是为表现牌楼的侧面。

图 23　沂南北寨汉画像石墓门楣

画面东侧的主体是一辆带盖的单驾马车，车厢前部坐着一个御者，右手执鞭，左手执辔，车厢后部坐着一人，似是这场战斗的指挥者。（图 24）马车前有两骑先导，车后有两骑随从，马上兵士皆一手执锤、一手荷长矛。马车上空的飞鸟、武器上飘扬的长缨、扬起的马蹄使得整个画面极具动感。车前导骑的前方是大队的步兵，走在步兵队伍最后的是四个持钺的士兵，其前方的步兵都是一手执盾、一手持刀。

图 24　墓门上横额原石局部（画面东侧马车）
（曾磊摄）

---

① 信立祥：《汉代画像石综合研究》，文物出版社 2000 年版，第 333 页。

② 邢义田：《画为心声：画像石、画像砖与壁画》，中华书局 2011 年版，第 389 页。

画面西侧的主体是翻越山岭而来的胡人骑兵和步兵，他们的外貌与桥东侧的人物明显不同，皆为高鼻深目，另一显著特征是头戴尖帽。（图 25）胡人队伍前端上桥的步兵有数人已被斩首，另有数人似在跪地投降。未上桥的胡人步兵正在张弓射箭，其后方也有三个骑兵在马上拉弓。骑射的胡人后方是两个一手执盾、一手持刀的骑兵，画面最西侧还有一个胡人刚刚露出头，似说明还有人马在向战场赶来。到处滚落的头颅、飞驰的骑兵，将战场上紧张的情绪渲染得淋漓尽致。而画面中桥下方又似另一个世界，一片安定和谐，描绘的是渔人打鱼的场景，水中鱼儿游动，有人用网捞，有人徒手捉，还有数人乘船划过。（图 26）

图 25　墓门上横额原石局部（胡人骑兵）（曾磊摄）

图 26　墓门上横额原石局部（桥下打鱼）（蒲柏林摄）

墓室前室南壁正中一段，即墓门中间支柱的背面，也刻有军事相关题材的内容。（图 27）画面分上下两格，上格刻画了存放兵器的武库。武库墙壁上不同位置挂有三张弩弓，武器架上插着三杆长矛和两杆戟，矛和戟的头都套在装饰有长带的弢[①]中，显得十分华丽。武器架下方还有一盔甲架，架两旁挂有两个盾牌，正中间挂着一副鱼鳞甲。盔甲架两旁立有两根装饰有纹饰的柱，柱顶都放着盔胄。武器架与盔甲架都刻有图案花纹。下格刻的主要是两个官员，两人都头戴饰有网纹的平顶帽，身着长衣，腰间佩剑，双手捧盾，相背站立于一楹柱[②]两侧。两人都蓄有长髯，胡须刻画得根根分明，栩栩如生。画面中上下两格虽然都刻画有盾，但其用途和意义却有所不同。上格武库中的盾，自然是作为武器装备，而下格官员所捧之盾却有另一层含义，它表明

① 弢，装武器的囊。

② 楹柱，厅堂前部的柱子。

图 27　前室南壁正中一段拓片

了这两名官员的身份。在《后汉书 · 逸民列传》中有这样一条记载:“(逢萌)家贫，给事县为亭长。时尉行过亭，萌候迎拜谒，既而掷盾叹曰:‘大丈夫安能为人役哉!’遂去之长安学，通春秋经。”此处唐代的李贤在注解中写道:“亭长主捕盗罪，故掷盾也。”[①]从中我们可以得到信息，汉代亭长有缉捕犯人的职责，在迎接拜谒长官时会执盾以迎。在《后汉书 · 儒林列传》中又有这样的记载:“(孙堪)尝为县令，谒府，趋步迟缓，门亭长谴堪御吏，堪便解印绶去，不之官。”[②]由此可见，府衙是有门亭长迎接拜谒的客人的。在山东曲阜发现的东汉乐安太守麃君墓前石人，其中捧盾石人身上刻有“汉故乐安太守麃君亭长”的字样，正可与文献记载相印证。[③]墓室前室南壁正中一段，正是刚进墓门的位置，相当于地上府衙庭院的进门处，在此处刻画两个捧盾的官员，其作用也就显而易见了。

(二)神鬼异兽觅仙踪

神鬼异兽、仙人祥瑞是汉画像石上十分常见的题材，其包含的内容十分庞杂，并且在不同时期体现出不同的特点。其内容主要包括谶纬学说、阴阳五行、道家的升仙等各种思想，以及由古代神话传说、巫术等发展而来的各种神鬼迷信。汉代人在墓葬建筑中刻画此类题材的画像，主要是为了祈求天地神灵保佑，去灾禳祸，辟除不祥，同时也有可能是为了满足死后升仙的愿望。在沂南北寨汉画像石墓中，此类题材的画像石数量最多，分布位置也最广，从墓门最显眼处到各种装饰构件上都有出现。

墓门东侧立柱(图 28)，上端刻有伏羲女娲像，两人均是人身蛇尾。伏羲头戴平顶帽，上身着衣，身前有一矩。女娲头上梳着髻鬟，也着上衣，身前有一规。伏羲、女娲之间有一头戴尖帽的圆脸大汉，用手臂紧紧地将伏羲、女娲抱在一起。有学者认为，这种图像组合体现了当时人对人类起源的一种想法，认为是有一个强有力的人，

① 《后汉书 · 逸民列传》，第 2759 页。

② 《后汉书 · 儒林列传》，第 2579 页。

③ 孔繁银:《曲阜的历史名人与文物》，齐鲁书社 2002 年版，第 436 页。

将人类最初的祖先，半神半人的男女，结合在一起。[①] 在墓室中刻画此种图像，其寓意是对始祖神的崇奉和祈求始祖神的护佑。下端刻画东王公和两个捣药的羽人。东王公和西王母是汉代人创造的神仙世界中最主要的两位仙人。画像中东王公头上戴胜 [②]，肩有两翼，坐于山字形高座上。有学者认为这山字形高座即为昆仑山[③]，而昆仑山正是神仙世界的象征。东王公身旁有两个羽人正在跪着捣药，其身下有一头似龙、身似虎、长有羽翼的怪兽从山字形高座中穿过。

图 28　墓门东侧立柱拓片

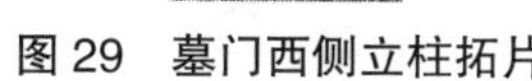

图 29　墓门西侧立柱拓片

图 30　墓门中间立柱拓片

墓门西侧立柱（图 29），上端刻有一怪兽，头似虎，耳竖立，张口露出獠牙，双臂上各生有四根长羽，似是羽翼，身体呈圆形，其上有鳞甲，尾巴从两腿之间垂下，整体做蹲坐状，右脚踏在一只虎背上。虎身向东，身上也生有羽翼，似是表明其仙界之兽的身份。翼虎之下为西王母和两只捣药的玉兔。西王母在神话传说中比东王公出现得更早。西王母最初的形象是“蓬发戴胜”“虎齿、豹尾、穴处”，主要任务是“司天之厉及五残”，是一个形象可怕的掌刑之神。大约到了西汉晚期，西王母的形象转变为美丽、慈祥、善良的神祇，传说她掌管着可使人长生不老的仙药，因此在画像中她常常与捣药的玉兔一同出现，在墓门西侧立柱的画像中就是这样。画面中西王母头上戴胜，与东侧立柱中东王公的头饰相似，肩生双翼，同样坐在山字形高座上。她两旁是两只玉兔在捣药，这可能就是传说中的不死仙药。与东侧立柱相似，山字形高座中也有一兽穿过，身形似虎而有双翼。西侧立柱上的西王母与东侧立柱上的东王公相

① 《沂南古画像石墓发掘报告》，第 43 页。

② 胜，一种发饰。

③ ［美］巫鸿著，柳杨、岑河译：《武梁祠：中国古代画像艺术的思想性》，生活 · 读书 · 新知三联书店 2015 年版，第 136 页。

对应，体现了汉代宇宙观中的阴阳观念。昆仑仙境中的西王母与东王公，以及他们身边捣着不死仙药的羽人和玉兔，体现了汉代人对升仙的迷信和美好的幻想。

墓门中间立柱（图 30），上端刻有一人口衔一支长箭，双脚踏住弩弓的背，双手用力将弩弦张开，此种图像被习称为“蹶张”。何为“蹶张”？此词最早出现于《史记·张丞相列传》中，书中记载，丞相申屠嘉“梁人，以材官蹶张从高帝击项籍”，对此裴骃注释写道：“如淳曰‘材官之多力，能脚踏强弩张之，故曰蹶张。律有蹶张士’。”[①] 通俗来讲，“蹶张”就是用脚蹬开强弩的力士。此种图像放在墓门处，有驱邪镇墓的用意。“蹶张”之下为一怪兽，外貌似虎，生有羽翼，正昂尾回顾。怪兽之下是一羽人，双手上托，右手还持有一树枝状物。立柱最下端为一怪兽的正面，只有头和前臂。怪兽头上有长毛竖立，张着血盆大口，露出獠牙，两条前臂弯成环状。这种面露凶相的怪兽图案同样也有辟除不祥、守护墓主安宁的作用。

除墓门支柱外，墓室的前室也集中刻画有大量奇禽异兽及灵异之物。如前室北壁上的横额（图 31），整幅画面都是神怪和奇禽异兽，营造出一个光怪陆离的空间。画面中各种神怪面目狰狞，形状可怖，朱雀、玄武、龙等神兽也有出现，另外还有一些虎首鱼身、人首蛇身、人首鸟身的怪物充斥其中，总之都不是凡间可见之物。同样，在前、中、后室顶部的过梁两侧，刻画的也都是此类题材，其中的奇禽异兽几乎都生有羽翼，似乎在强调这些神怪都能飞翔，他们所在的地方就是天上的神仙世界。

图 31 沂南北寨汉画像石墓前室北门楣

前室与中室之间被立柱分隔出两个门，为方便描述，由前室向这两个门看，东侧门东边墙壁的南面我们称其为前室北壁东段，西侧门西边墙壁的南面称为前室北壁西段，两门之间立柱的南面称为前室北壁正中一段。前室北壁东段上刻画一条向上飞升的龙，口中衔着仙草，草的长蔓与龙身相缠绕（图 32）。前室北壁西段与东段对称，刻画一只猛虎，周身刻有云气，似乎是表现这只猛虎也是腾空而起的。（图 33）

前室北壁正中一段（图 34），上端刻朱雀，是十分少见的正面立像。中间刻一神怪，头顶弓弩，张口露齿，左手持短戟，右手持短刀，左足夹短刀，右足夹短剑，身

① ［汉］司马迁：《史记·张丞相列传》，中华书局 1959 年版，第 2682、2683 页。

上似乎穿着鳞甲，在胯下竖立一盾牌，有不少学者认为这个神怪表现的是“方相氏”的形象。“方相氏”最早见于《周礼·夏官》记载：“大丧，先柩其墓，入圹，以戈击四隅，驱方良。”① 也就是说“方相氏”的职责是在墓室里打鬼，以驱逐鬼怪，保证墓主在墓室内不受鬼怪侵扰。在此处刻画“方相氏”的图像，也应是此种用途。下端刻有玄武，表现形式为龟与蛇相缠绕。前室北壁这几处图像共同构成了“四神”组合，即东段青龙，西段白虎，正中一段上朱雀、下玄武。“四神”观念在汉代已经十分成熟，前文在描述前室的八角擎天柱时也提到过，其柱础上对应东西南北四个方位刻有青龙、白虎、朱雀、玄武“四神”图像。除了表示方位外，“四神”图像还有辟除不祥、理顺阴阳的含义。汉代铜镜上的铭文可以很好地佐证这一点，如湖北鄂城出土的尚方四神博局镜铭文：“尚方作竟（镜）大毋伤，左龙右虎辟不羊（祥），朱鸟玄武顺阴阳，子孙备具居中央，长保二亲具富昌，如侯王”②；湖南出土东汉尚方七乳四神镜铭文：“尚方作竟（镜）大毋伤，巧工刻之成文章，左龙右虎辟不羊（祥），朱鸟玄武顺阴阳，寿敝金石乐示央，长保二亲富贵昌，子孙备具居中央，女为夫人男为卿”③。可见，“左龙右虎辟不祥，朱鸟玄武顺阴阳”应是当时一种流行的观念，所以把“四神”的形象刻画在墓室中以求辟除不祥、护佑墓主的目的就十分明显了。

图 32　前室北壁东段拓片

图 33　前室北壁西段拓片

图 34　前室北壁正中一段拓片

（三）群朋毕至享哀荣

前文已经说过，沂南北寨汉画像石墓的墓室功能分区大致是模仿墓主生前居所，

① 《四部备要》（第八册），《周礼正义》卷五十九，中华书局 1989 年版，第 656 页。

② 孔祥星：《中国铜镜图典》，文物出版社 1992 年版，第 268 页。

③ 《中国铜镜图典》，第 347 页。

墓室中的前室相当于墓主生前住宅的前部院落，因此反映墓主生前亲朋好友或下属前来吊唁祭祀的场面就集中刻画在墓室中前室的位置。

古代士大夫追求“其生也荣，其死也哀”[①]，死后的哀荣主要是通过朝廷给予的礼遇、葬礼的隆重程度以及达官显贵的吊唁祭祀等表现出来的。生活在等级社会的人，尤其是那些处于上层阶级的人，往往对自己的身份十分注重，不仅体现在生前的日常生活中，死后的丧礼也是如此，因此对有关身后事的一切都要强调与自己的身份相匹配。在汉画像石出现的年代，丧葬礼俗正处在一个变革的时期，有学者将这一时期称为由“周制到汉制的转变”[②]，在这一转变中，汉政权对丧葬礼仪做了一些新的规定，重点是强调列侯以上贵族与其以下等级的人的差别，通过这些礼制上的规定来别尊卑，明贵贱。《后汉书·礼仪志下》对这些丧葬礼制有较为详细的记载[③]，如规定了朝廷赐给丧家的物品、吊祭的规格、送葬的队伍等，这些记载让人能够清楚地感受到当时森严的等级制度。而亲朋好友的吊唁祭祀活动除了文献记载外，通过墓室中刻画的群朋毕至的吊唁祭祀图我们也能感受一二，虽然这可能仅仅是墓主所期望发生的情景，但也体现了时人举行丧葬活动的一些具体情形。

图 35　前室南壁东段拓片　图 36　前室南壁西段拓片

前室南壁东段和前室南壁西段（图 35、36），即墓门东侧立柱的背面和西侧立柱的背面，位置都位于从墓门刚进前室处，其所刻画的内容也基本一致。画面都分为上下两格，上格刻画建鼓，下格刻画拥彗门吏。建鼓又称植鼓、楹鼓或殷楹鼓。文献记载对于建鼓形制的描述基本一致，如《仪礼·大射》记载：“建鼓在阼阶西，南鼓。应鼙在其

① 《十三经古注·论语·子张》，中华书局 2014 年版，第 2033 页。

② 俞伟超：《汉代诸侯王与列侯墓葬的形制分析——兼论“周制”“汉制”与“晋制”的三阶段》，《先秦两汉考古论文集》，文物出版社 1985 年；吴曾德、肖亢达：《就大型汉代画像石墓的形制论“汉制”——兼谈我国墓葬的发展进程》，《中原文物》1985 年第 3 期，第 55—61 页。

③ 《后汉书·礼仪志下》，第 3141—3153 页。

东，南鼓。”郑玄注释：“建犹树也，以木贯而载之，树之跗也。”[①]《国语·吴语》记载：“十旌一将军，载常建鼓，挟经秉枹。”韦昭注释：“鼓，晋鼓也。《周礼》：‘将军执晋鼓。’建谓之楹而树之。”[②]根据各家对建鼓的注释，建是树、立的意思，建鼓的基本形制就是一根木柱（楹）贯穿鼓身，鼓悬空而立，这正与墓室中刻画的图像相吻合。根据学者的研究，建鼓主要应用于祭祀和丧葬。鼓与祭祀的联系，在文献中有明确的记载，如《周礼》云：“以雷鼓鼓神祀，以灵鼓鼓社稷，以路鼓鼓鬼享……凡祭祀百物之神，鼓兵舞帗舞者……救日月，则诏王鼓。大丧，则诏大仆鼓。”[③]说明不同种类的鼓用于不同的祭祀。鼓用于丧葬也见于文献记载，如《穆天子传》中载：“击鼓以行丧，举旗以劝之，击鼓以哭之，弥旗以节之。”[④]由此，我们不难理解墓室中建鼓图像的作用。拥彗门吏图像也有其内涵意义，如《史记·高祖本纪》记载：“后高祖朝，太公拥彗，迎门却行。”[⑤]《史记·孟子荀卿列传》记载：“如燕，昭王拥彗先驱，请列弟子之座而受业，筑碣石宫，身亲往师之。”[⑥]司马贞索隐解释：“彗，帚也。谓为之扫地，以衣袂拥帚而却行，恐尘埃之及长者，所以为敬也。”[⑦]根据记载我们可以得知拥彗是一种迎客的礼节，主人在客人到来之前，先将房屋院落打扫干净，以免尘土弄脏客人的衣服，再拥彗立于门口，迎接客人的到来，引领客人入屋，以此来表达对来者的尊重。当然，在富贵之家这些活动不会由主人亲力亲为，都是让仆役代劳。在前室临近墓门处刻画两个拥彗的门吏，显然是表达对来吊唁祭祀的亲朋的尊重和欢迎之意。

图 37　前室东壁上横额拓片

① ［汉］郑玄注，［唐］贾公彦疏：《仪礼注疏》，上海古籍出版社 1990 年版，第 188—189 页。

② 徐元诰撰，王树民、沈长云校：《国语集解》（修订本），中华书局 2006 年版，第 539 页。

③ ［汉］郑玄注，［唐］贾公彦疏：《周礼注疏》，上海古籍出版社 1990 年版，第 188—189 页。

④ 王根林等点校：《汉魏六朝笔记小说大观·穆天子传》，上海古籍出版社 1990 年版，第 26 页。

⑤ 《史记·高祖本纪》，第 382 页。

⑥ 《史记·孟子荀卿列传》，第 2345 页。

⑦ 《史记·孟子荀卿列传》，第 2346 页。

前室东壁上的横额，刻画的是吊唁祭祀的场景。（图 37）画面最左端，是一座曲尺形的房屋，有学者认为这是祠堂。[①] 屋前有一人拥彗，迎接前来祭祀的人。画面中来祭祀的共有十四人，分成六列站着，其中前两列各站一人拱手胸前，后四列都站三人，双手持笏板状物向前鞠躬，有多人在右耳处夹一支毛笔，这点值得注意。前室西壁上的横额，同样刻画的是吊唁祭祀图。画面右端是一座装饰豪华的大门，两扇门上都有铺首衔环，门框两侧是饰有重层菱纹的柱子，门上方是刻着小菱形格纹和带串环的菱纹的横额，横额顶上还有一只被拴着的小猴正在向前张望。门前摆放一张小几，几上放着简册状的物品。门旁一人持彗站立，其前方有两人持长梃站立。再往前一人，背对大门，双膝跪地，双手捧着简册，可能是祭祀用的祝文。其前有一人，斜对着他跪在地上，右手持笏板，左手向后招呼。有学者认为这两人是读祝文和领祭的人。[②] 紧接着是前来吊唁祭祀的人们，分为五列。前两列每列四人，都是手中捧笏板拜伏于地；第三、四列每列三人，最后一列五人，皆双手捧笏板鞠躬而立。人物队列之后还有一人单手持笏板跪在地上。画面最左端是摆放的祭品和布置祭品的仆人。

图 38　前室南壁上横额拓片

前室南壁上横额，即墓门上横额的背面，刻画了前室最大的一幅吊唁祭祀图。（图 38）从其所在的位置和大小来看，这应该体现了前室象征场所最主要的功能——迎接来访的宾客对墓主吊唁祭祀。画面的中间是一座五脊重层的祠堂，祠堂后面是几棵树木。祠堂大门微开，门上有铺首衔环，门槛正中有一圆顶平底的物件，可能为古时所称的“闑”[③]。大门两侧各有一拥彗的人，应为迎客的门吏。祠堂的两旁是宽阔的道路，路两旁长着成行的树木，树木之间有上下车马用的方石墩。根据画面内容，我们可以推断前来吊唁祭祀的人应该是乘坐马车或骑马来的，并且带来了许多祭品。马拴在祠堂旁的树上，马车停在较远的地方，或在路中间，或在路的两旁，马车上还有在等候的御者。画面的左端，有一辆轺车[④] 和一辆带篷的大车。三个戴着高冠、穿着

① 《沂南古画像石墓发掘报告》，第 13 页。

② 《沂南古画像石墓发掘报告》，第 13 页。

③ 闑，古代竖在大门中央的短木，用于止门。

④ 轺车，古代马车的一种，一般来说是由车轮、车轴、车舆和伞盖等组成的。

长衣的人正双手捧笏拜伏在地上。其中两人前面有一小几，几上面放着简册一类的东西，可能是哀祭之词，有一人鞠躬立于几前，正拱手迎着拜伏的人。拜伏的三人身旁摆放着各种祭品，其身后还有一人牵羊。画面的右端，有一辆轺车和一辆辎车[①]。有一人向着祠堂拜伏于地，其身后有两人正拱手鞠躬而立，这两人身前也有一小几，几上同样放着简册。稍远还有两人跪在地上，双手捧笏。在这两人的前面陈设着各种祭品。

（四）乐舞百戏乐未央

汉代人幻想死后前往另一个世界，当然也希望继续享受生前的荣华富贵并保有以往的身份地位，墓葬中的各种随葬品大多也体现了这种愿望。在汉画像石墓中，除了随葬品外，墓主所期望延续和拥有的锦衣玉食的奢华生活也通过石刻画像表现出来。沂南北寨汉画像石墓也不例外，在墓室中也刻画有大量墓主日常生活及享乐的场景，尤其是在中室，集中刻画了庖厨宴饮、乐舞百戏等画面。另外，在《盐铁论·散不足》中有这样的记载："今俗因人之丧以求酒肉，幸与小坐而责辨（办），歌舞俳优，连笑伎戏。"[②] 从中我们可以得知，在汉代，有的人家在举办丧礼时会设酒宴、乐舞、伎戏以娱宾客。因此，墓中画像石上的宴饮、乐舞百戏场景也可能是招待前来吊唁宾客的情形。但是，无论这些画面的实际意义如何，我们都可以据此一窥汉代钟鸣鼎食之家的理想生活。

图 39　中室东壁上横额拓片

中室东壁上横额刻画了一幅十分精彩的乐舞百戏场景（图 39），其内容之丰富、形象之生动为汉画像石中所罕见，并且其刻画的乐舞、杂技等大多在典籍中有相应的记载，为相关研究提供了直观的图像资料，因此无论从艺术欣赏的角度还是学术研究的角度，这幅画像都显得尤为珍贵。

① 辎车，古代一种有帷盖的大车。

② ［汉］桓宽撰，王利器校注：《盐铁论·散不足》，中华书局 1992 年版，第 353—354 页。

图 40　飞剑跳丸

从画面最左端起，首先是三个表演杂技的人。画面左上角，一人在表演“飞剑跳丸”，此人上身赤裸，左手持一把剑，其他三把剑被掷向空中，其身后有五个镂空的球丸跃起。关于“飞剑跳丸”之戏，汉代的文献也有记载，如东汉张衡《西京赋》“跳丸剑之挥霍，走索上而相逢”[①]，李平《平乐观赋》“飞丸跳剑，沸渭回扰”[②]。仅凭文献记载的描述，我们很难想象“飞剑跳丸”之戏具体是如何表演的，而汉画像石上的图像使抽象的文字变为了直观的画面。

其下方是一个表演“七盘舞”的人正翩翩起舞，两条长带正从袖口中甩出，系帽子的缨也向一侧飘出，人物左脚处有一面瓜形小圆鼓，是表演者用的踏鼓。其身后有两排圆盘，共计七个，这也是“七盘舞”名称的由来。汉晋诗赋中有大量关于“七盘舞”的描述，如张衡《七盘舞赋》“历七盘而屣蹑”；王粲《七释》“七盘陈于广庭，畴人俨其齐俟。揄皓袖以振策，竦并足而轩跱。邪（斜）睨鼓下，伉音赴节，安翘足以徐击，駇顿身而倾折”；卞兰《许昌宫赋》“振华足以却蹈，若将绝而复连。鼓震动而不乱，足相续而不并”。[③] 从以上所引的诗赋中，我们可以想见“七盘舞”的情形，表演时舞者身着长袖的舞衣，在地面陈设的盘与鼓上或盘与鼓间纵横腾踏，动作轻捷、灵巧，画像石上的画面正是选取了舞者最具动感的一个瞬间。

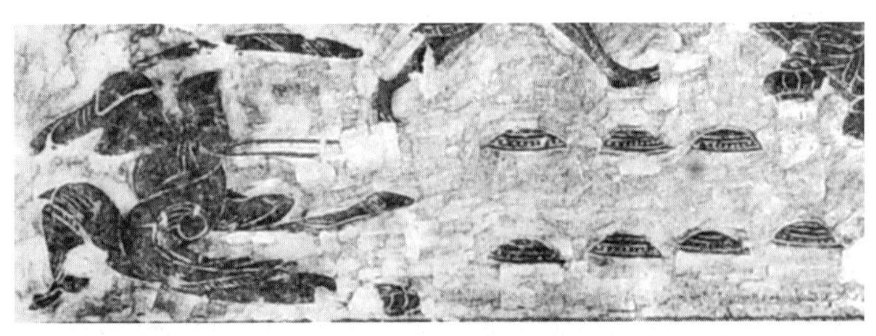

图 41　七盘舞

表演“飞剑跳丸”的人身后有一人表演“戴杆之戏”，其上身赤裸，额上顶着一根长杆，用左手扶着。长杆上部有一横杆，成十字形。在横杆的左头，有个小孩用双足钩住横杆，身子倒悬着，上身向上抬，两臂展开如翼，有长带从衣袖中飘出。在横

① ［唐］欧阳询撰，汪绍楹校：《艺文类聚》卷六十一，中华书局 1965 年版，第 1100 页。

② 《艺文类聚》卷六十三，第 1134 页。

③ ［南朝梁］萧统编，［唐］李善注：《文选》卷第十七，岳麓书社 2002 年版，第 547 页。

图 42　戴杆之戏

杆的右头，也有一个小孩，右手单手抓住横杆，左臂张开，身子悬在空中。在长杆的最顶端，有一个刻有车辐纹的圆板，有一小孩仅用腹部伏在圆板上旋转。“戴杆之戏”在文献中也有记载，在晋代被称为“额上缘橦”，时人陆翙在《邺中记》中写道：“虎（指石虎）正会，殿前作乐，高絙、龙鱼、凤凰、安息、五案之属，莫不毕备。有额上缘橦，至上鸟飞，左回右转。又以橦着口齿上，亦如之。”晋人傅玄《正都赋》云：“乃有材童妙伎，都卢迅足，缘修杆而上下，形既变而影属；忽跟挂而倒绝，若将坠而复续；虬萦龙蜿，委随纡曲；杪杆首而腹旋，承严节之繁促。”《邺中记》中的描写，表现了戴杆者将长杆顶在额上又移到口齿上的动作，画像石中虽未直接体现，但从图中戴杆者顶杆稳固的样子，能够表演这种技巧也是很有可能的。《正都赋》描写的可能只是普通寻橦之戏[①]，不一定是额上缘橦，但小孩在橦上的表演动作几乎与画像石中描绘的动作一模一样。画面中杆上横木左端倒悬的小孩子，表演的正是“忽跟挂而倒绝”，右端的小孩子正是“虬萦龙蜿”的情形，顶端的小孩子正是“杪杆首而腹旋”的情形。“额上缘橦”之戏，在汉代没有明确的文献记载，但张衡在《西京赋》中提到的“都卢寻橦”[②]可能与此有关。

表演杂技的人右侧是一支盛大的乐队。乐队大致分为上下两组。下组由三排乐师组成，乐师都坐在长席上。第一排是击鼓的女乐师，共计五人，在她们面前有四面瓜形小鼓。第二排是吹排箫的乐师，也是五人，最上端一人边吹奏排箫，边用手击铙，展示出高超的技艺。

图 43　乐队演奏

① “橦”即是杆木，“寻橦”形容杆木很高，“寻橦之戏”既在高杆上表演的杂技。

② 《文选》卷第二，第 37 页。

第三排是演奏各种管弦乐器的乐师，共计四人，最上端一人在弹琴，最下端一人在吹笙。上组由演奏鼓、钟、磬的乐师组成。最前面是一面大建鼓，竖在架子上。这面建鼓制作考究，装饰华丽，鼓腹鼓面都饰有花纹，鼓架上部饰有两层圆幢，似是丝帛制成。架顶上立着一只长尾长冠的鸟。幢的两侧，披拂着两层带节系缨的长条，这应是文献中记载的用羽毛编成的葆。鼓旁站着一个乐师，两手各举一槌，正要打鼓。其次是悬着两口带有纹饰的大钟的木架，这种悬挂钟、磬的木架被称为簴。簴旁站有一人，正扶着一根悬挂的长梃撞钟。最后是一架悬着四个磬的簴，簴旁有一个乐师正在坐着敲磬。我国古代历来重视礼乐，认为其有教化民心、移风易俗的作用，同时欣赏音乐歌舞也是当时贵族士大夫享乐的重要内容。关于乐队，在汉代典籍中有许多记载。如《汉书》中所记郊祀歌景星十二："五音六律，依韦飨昭，杂变并会，雅声远姚。空桑琴瑟结信成，四兴递代八风生，殷殷钟石羽籥鸣。"① 班固《东都赋》："尔乃食举雍彻，太师奏乐。陈金石，布丝竹。钟鼓铿鍧，管弦烨煜。"② 上述文献所描述的虽然是所谓的"天子所用乐"，但对照沂南北寨汉画像石上所刻的乐队，我们可以发现其与文献中的记载相差无几，可见文献中所载乐队的规模，正是汉代富贵之家所希望享受到的。

图 44 走索表演

画面再向右，是一组被称为"鱼龙曼衍之戏"的表演。上排左面是走索表演，有三个表演者手持道具在绳索上做各种惊险的动作，就像今天我们常见的杂技走钢丝，但画面中的表演似乎更加惊险，在绳索下还竖立了短刀、短剑，若表演者不慎落下会有性命之虞。这种表演在古代被称为履索或高絙之戏，汉代李尤《平乐观赋》"陵高履索，踊跃旋舞"③，张衡《西京赋》"走索上而相逢"④，描述的正是这种表演。

① 《汉书·礼乐志》，第 1063 页。

② 《文选》卷第一，第 21 页。

③ 《艺文类聚》卷六十三，第 1134 页。

④ 《艺文类聚》卷六十一，第 1100 页。

图 45　鱼龙曼衍之戏

走索表演下方偏左是龙戏表演。一人手持道具引导着身后的龙，龙身上站着一个羽人打扮的人，手中挥舞着一根带羽葆的长幢。龙后跟随一人，一手持鞭，一手持拨浪鼓。龙戏之后是鱼戏，有三个手举拨浪鼓的人簇拥着一条大鱼前行。鱼戏上方为豹戏，一人装扮成豹子，有尖牙利齿和长须，身披皮毛，有爪足，右手持一便面，其身前有一人在表演倒立。鱼戏的后面为雀戏，一人装成大雀，雀头上有花枝状的高冠，人的双腿露在外面让我们知道这只大雀是人扮成。雀前站着一个头戴尖帽的人，手持一株以竹为干、上缚枝叶的树，面向大雀，右手略微抬起，像是在指引大雀前行。大雀上方为奏乐者，共计三人，坐在一条长席上。“鱼龙曼衍之戏”见于汉晋史籍的不在少数，如《汉书》中记载：“设酒池肉林以飨四夷之客，作《巴俞》都卢、海中《砀极》、漫衍鱼龙、角抵之戏以观视之。”[①]《后汉书》中记载：“乙酉，罢鱼龙曼延百戏。”[②] 晋人陆翙《邺中记》记载：“虎（指石虎）正会，殿前作乐，高絙、龙鱼、凤凰、安息、五案之属，莫不毕备。”关于豹戏的记载见于张衡《西京赋》：“总会仙倡，戏豹舞罴。”大雀之戏也见于《西京赋》：“怪兽陆梁，大雀踆踆。”[③]

图 46　戏车

画面最右端是戏车和马戏。戏车在中间位置，被三条龙拉着，根据龙出现的场景

① 《汉书 · 西域传下》，第 3928 页。

② 《后汉书 · 孝安帝纪》，第 205 页。

③ 《文选》卷第二，第 37 页。

可以推测，这三条龙可能是由马装扮成的。车有饰有卷云纹的方舆[①]，中心竖有一面大建鼓，建鼓样式大致与乐队所用建鼓相同，建鼓顶端还有一块方板搭成的小平台，有一个小孩在上面表演倒立。车厢前部还立有一根高杆，杆顶部也有一块方板搭成的平台，可能也是供艺人表演用的。车厢内坐着一个驭者和四个乐师，坐在前侧的两个乐师在吹排箫，其后一个乐师在击鼓，一个在吹长管。车后跟着三人，都是右手向前伸，左手执长梃，足前各放一个瓜形小鼓，推测这三人应为击鼓的乐师。关于戏车，汉赋中有较为详细的描写，如李平《平乐观赋》："戏车高橦，驰骋百马；连翩九仞，离合上下；或以驰骋，覆车颠倒。"[②]张衡《西京赋》："尔乃建戏车，树修旃。侲僮程材，上下翩翻。突倒投而跟絓，譬陨绝而复联。百马同辔，骋足并驰。橦末之伎，态不可弥。弯弓射乎西羌，又顾发乎鲜卑。"[③]沂南北寨汉画像石中的戏车与文献记载所描述的几乎完全相同。戏车上方是两个正在表演马戏的演员，两匹马相向奔跑，左侧马上站立一个小孩，一手执鞭，一手执长曲柄的幢，右侧马上的小孩两手执戟据马背上，头向上抬起，身子腾空，双足向后翘起。马后跟随一人，上身赤裸，手中执短幢，做向前奔跑状。

图 47　中室南壁上横额东段拓片

中室南壁上横额的东段刻画了丰收和庖厨的场景，表现了墓主丰盈厚实的家底。(图 47）画面大致分为两部分，左侧一部分描绘了粮食丰收入仓的情景，右侧一部分是庖厨备餐的情形。左侧画面开始是一座五脊重层的房屋，屋顶前坡有两个天窗，屋上层正面有两个带菱格纹的窗户。下层正面有两个门，门上都有门栓，门前砌有台阶。房屋的地板从地面升起，下部有通风的空间，这种结构有较好的防潮作用，再结合屋前堆放的粮食，可以判断这座建筑应是粮仓。屋前粮堆旁边刻画了鸡、鹅等家禽。(图 48）

画面再向右刻画的是收粮食的情景。画面中间是两大堆粮食，粮堆之间是计量粮

① 舆，车厢。

② 《艺文类聚》卷六十三，第 1134 页。

③ 《文选》卷第二，第 38 页。

食的工具斗和升，下方的粮堆旁还有一个斗。粮仓和粮食堆之间有两个人相对而立，右侧一人双手张着口袋，左侧一人用斗把粮食往口袋里装。粮食堆的右侧有一人双手持扫帚在将散落在地下的粮食归堆，其身后也有一人，正手拿着箕走来，应该也是为收粮食用的。粮仓旁画面上方有一棵大树，一牛卧在树下。树右侧有两个戴高冠的人坐在长席上，面前还摆放有耳杯等器具，应为负责收粮食的管理者。这两人身后停放有三辆大车，车上满载粮食。车两辕之间还有牛轭，拉车的牛拴在车尾，两头立着，一头卧着。

图 48　粮仓图

图 49　庖厨图

画面的右半部分是庖厨的场景。（图 49）上排左端刻画了两个人用一根杠子抬着一口被绑着四蹄朝天的猪。猪的下方还有一张案子，可能是宰杀猪时用的。抬猪人的前方有一人左手牵着一头牛，右手扬着槌子正要宰牛。宰牛人身后有一个架子，架了下放一口缸，可能是用来悬挂宰杀后的牲畜的。画面最右侧有一只羊倒吊着，有一人正在剥羊皮。在羊的下方是一个用布幔围成的厨房，厨房里有两个厨师，他们面前摆放着盂、碗、耳杯等器具。布幔外的左下部有一个灶，灶上有无盖的甑蒸着饭，有一人正趴在灶前用力吹火。灶的上方有一人赤裸着上身，正在进行着某道工序。他身后有一五层架子，上面摆放着许多橄榄形的东西，可能是面团成的。灶台的左侧摆放着两个酒壶，酒壶前有一人双手端着圆盘正向身后望。他面前有一个抬牲口用的架子和两个几案。几案上摆放着鱼和兔子一类的小牲。几案前有一口井，井上架设着辘轳，辘轳上的绳垂到井里，井前还摆放着两个盛水的大缸。

（五）载驰载驱车马行

车骑出行是汉代画像石上最常见的图像之一。车骑出行的队伍不仅展示了墓主出行的排场和威仪，也是墓主身份地位的象征。[①]《后汉书·舆服志》记载："公卿以下至县三百石长导从，置门下五吏、贼曹、督盗贼功曹，皆带剑，三车导；主簿、主记，两车为从。县令以上，加导斧车。公乘安车，则前后并马立乘。长安、雒阳令及王国都县加前后兵车，亭长，设右骓，驾两。璅弩车前伍伯，公八人，中二千石、二千石、六百石皆四人，自四百石以下至二百石皆二人。黄绶，武官伍伯，文官辟车。铃下、侍閤、门兰、部署、街里走卒，皆有程品，多少随所典领。"[②]可见车骑出行的规格是有森严的等级制度的。根据学者研究，汉画像石中的车骑出行图大致可分作两类：一类表现的是墓主生前的仕途经历，另一类表现的是墓主前往祠堂接受祭祀的情形。[③]沂南北寨汉墓中的车马出行图所表现的正是第二类。墓室中室北壁上横额、西壁上横额以及南壁上横额西段上的车马出行图组合成了一支完整的车马出行队伍，向墓主受祭的祠堂前行。

图 50　中室南壁上横额西段拓片

中室南壁上横额西段，主要刻画了一座祠堂和迎接车马队伍的仪仗。画面左端是一座日字形两进院子，后院正屋前摆放一几、壶、圆盒、方盒等祭祀用品。前院正屋有两扇带铺首的门，屋前有一口设有辘轳的井。在这座院落前有双阙，在双阙与院落之间，上排有两个戴尖顶帽的人，面向院落坐着，用膝前的案子切菜，这两人应该是

① 有学者研究认为，车骑出行图如果没有榜题标明墓主身份，很难判定它与墓主身份有关。杨爱国:《幽明两界——纪年汉代画像石研究》，陕西人民美术出版社 2006 年版，第 193 页。

② 《后汉书·舆服志上》，第 3651 页。

③ 蒋英炬、杨爱国:《汉代画像石与画像砖》，文物出版社 2001 年版，第 54—55 页。

准备餐食的厨师。两人身后有个架子，上面悬挂着猪肉等食材。两人周边及架子旁边摆放着耳杯、壶、盒等器具。两人下方，有一人正手捧盾牌向外走，应该是迎宾的门吏，表现的是捧盾迎宾的礼节。阙前是广阔的大道，画面上方刻画一辆轺车①，由一马驾着，御者坐在车内。画面下方是一根柱子，上面拴着两匹马。画面再向右是四排迎宾的队伍，每排都有三人，面向画面右端，都捧笏鞠躬而立。队伍最前端一排的三人捧笏跪伏于地，面前还摆放一几。中室南壁上横额西段刻画的内容可能与中室西壁上横额的画面相连。

图 51　中室西壁上横额拓片

中室西壁上横额，整幅刻画了出行的车马仪仗，自画面右端向左端行进。画面最左端刻有两人，上方一人身上佩剑，双手捧盾，下方一人双手拥彗，两人都鞠躬而立，迎接前面来的车马出行队伍。车马队伍最前方是导行于前的车骑仪仗。对着捧盾和拥彗的人，有两个右手持管吹奏、左手荷幢的人。两人之后是两骑，马在奔跃前进。两骑之后是一辆斧车②，车无盖，在车中御者和乘车人之间竖着一把带幢的大斧，车后部斜插着两根带缨方矛，并有带缨的剑柄露出来。斧车之后是五辆有盖的轺车，车中御者都是坐在左边，手中持辔和马鞭，一位头戴进贤冠手中持笏板的官员坐在车右侧。这幅画面的最右端可能与中室北壁上横额西段相连。

图 52　中室北壁上横额西段拓片

中室北壁上横额西段，整幅刻画了出行的人和他的车马仪仗，此人可能就是墓主人，队伍也是从画面右端向左前行。队伍最前方是两辆轺车，车的形制与中室西壁上

① 轺车，由车轮、车轴、车舆和伞盖等组成。

② 斧车，起引导作用的礼仪车辆。

横额中刻画的轺车相同。车后是并排骑行的两骑，骑手都是右手持辔、左手荷戟。马后并行着两人，都是手持弩弓和箭矢。再往后又有并行两人，均为右手持便面，左手执长梃。至此，前导的仪仗结束。之后一辆轺车上乘坐的就是这整个仪仗的主人，这辆轺车也明显比画面中其他轺车要华丽，车盖的四角有交络，车輢[①]外装有车耳。这辆轺车之后为后拥的仪仗。首先是并行的两骑，上方的骑士右手持辔，左手荷一长扁圆状物，下方骑士右手持辔，左手持鞭。两骑之后为一辆轺车，形制与前导仪仗中的轺车相仿。队伍最后并立着两人，上方一人拱立着，下方一人右手扶着长梃。这整幅画面的内容与中室南壁上横额西段、中室西壁上横额的内容是相连贯的。从中室南壁上横额西段那些出来迎接的人到中室西壁上横额刻画的那些前进的仪仗，再到这幅画面中施耳轺车与其前导后拥的仪仗为止，我们或可想象墓主人出行时仪从之盛。

（六）历览前贤史为鉴

在汉代祠堂和墓室建筑装饰中，历史人物故事图像也是常见的内容。这些历史故事中的人物有帝王将相、圣人明哲、忠臣义士、刺客、孝子列女等，大多是当时传统道德观念所要宣扬的模范人物，是世人崇拜的偶像和学习的榜样。历史人物故事是汉代教化的重要内容和方式之一，如《汉书》记载：“（刘）向以为王教由内及外，自近者始。故采取《诗》《书》所载贤妃贞妇，兴国显家可法则，及孽嬖乱亡者，序次为《列女传》，凡八篇，以戒天子。”[②]这段记载说明《列女传》这部书中收集了有关美德与恶行的历史故事，是一部用以宣教道德的手册。历史人物故事除了通过书籍文字起到教化作用以外，也通过图像形式在宫殿、宗庙、祠堂和墓室等建筑中表现出来，正如东汉人王延寿《鲁灵光殿赋》所云：“恶以诫世，善以示后。”或如曹魏时何晏《景福殿赋》所说：“图像古昔，以当箴规。”另外，汉代人认为，孝可以通神明，《后汉书·列女传》记载的姜诗妻的故事中说道：“赤眉散贼经诗里，弛兵而过，曰：‘惊大孝必触鬼神。’时岁荒，贼乃遗诗米肉，受而埋之，比落蒙其安全。”[③]东汉末人曹植在写到董永的故事时也认为孝感神灵，《宋书·乐志》引曹植《灵芝篇》说：“董永遭家贫，父老财无遗。举假以供养，佣作致甘肥。责家填门至，不知何用归。天灵感至德，

① 车輢，古代车厢两旁人可以倚靠的木板。

② 《汉书·楚元王传》，第1957—1958页。

③ 《后汉书·列女传》，第2783页。

神女为秉机。”[①]因此，有的学者认为，把历史人物故事刻画在坟墓建筑中，可能会起到保护墓主灵魂安全的作用。[②]

图 53　中室南壁东段拓片

沂南北寨汉画像石墓中刻画的历史人物集中分布在中室。中室南壁东段，画面分为上下两格，皆为人物故事。（图 53）根据榜题，我们可以得知上格刻画的是“仓颉造字”的故事。（图 54）画面左侧是一株开着花朵的大树，树下坐着一人，披发长须，头生四目，身着兽皮，左手前伸，似与对面坐着的人交谈，人物下榜内题刻“苍颉”二字。对面的人也是披发，衣着与仓颉相同，同样坐在一棵花树下，手中持着一株植物，其下方有一榜，但未刻字。东汉人王充在《论衡・相骨篇》中写道：“仓颉四目，为黄帝史。”[③]对仓颉形象的描述，正与画像石上所刻的相同。而与仓颉对坐之人，有学者根据文献记载推断其为沮诵，也是黄帝的史官，与仓颉共同创造了文字。画面下格刻画了两个人物，皆戴着有旒的冕，身着长衣，衣服上饰有长带。左侧一人右手持剑，左手前伸，似与对面的人交谈。右侧一人身上佩剑，右手拄着手杖，左手放在胸前。画面左上角用带悬着一枚有纹的磬，磬两端还装饰有玉璧，最下端垂着一幢。两人物头顶都有一个未刻字的空榜。由于缺乏榜题信息，我们仅能推断出这两人为古代帝王。有学者推测，这可能是“尧舜禅让”的故事。[④]

图 54　仓颉造字

中室南壁西段，画面分为上下两格，皆为人物故事。（图 55）上格左上角刻画了

① ［南朝梁］沈约:《宋书・乐志》，中华书局 1974 年版，第 627 页。

② 《幽明两界——纪年汉代画像石研究》，第 212 页。

③ ［汉］王符:《论衡・相骨篇》,《诸子集成》第 7 册，中华书局 1986 年版，第 23 页。

④ 《沂南古画像石墓发掘报告》，第 39 页。

图 55　中室南壁西段拓片

一枚悬挂的玉璧，玉璧上还装饰有穗。玉璧旁有一人物，头戴山形冠，颌下有长髯，身着长衣，佩长剑，头上方有一榜，榜内题刻“齐桓公”三字。此人对面为一伏身在地的妇人，头上发束四散，其下方有一张席子。其上方有一个四周饰有花纹带双足的屏障，上面刻有“卫姬”二字。卫姬之后站着一人，头上戴巾，双手捧着一个方奁，方奁内放着两根笄，此人头顶上也有榜，榜内题刻“御者”二字。但按画面内容推测，此人应是卫姬的仆役，无法看出是驾车的御者。此幅画面刻画的是齐桓公将伐卫，卫姬请罪的故事。汉刘向《列女传·贤明传》中记载：“卫姬者，卫侯之女，齐桓公之夫人也。桓公好淫乐，卫姬为之不听郑卫之音。桓公用管仲宁戚，行霸道，诸侯皆朝，而卫独不至。桓公与管仲谋伐卫。罢朝入闺，卫姬望见桓公，脱簪珥，解环佩，下堂再拜，曰：‘愿请卫之罪。’桓公曰：‘吾与卫无故，姬何请耶？’对曰：‘妾闻之，人君有三色：显然喜乐容貌淫乐者，钟鼓酒食之色；寂然清静意气沉抑者，丧祸之色；忿然充满手足矜动者，攻伐之色。今妾望君举趾高，色厉音扬，意在卫也，是以请也。’桓公许诺。明日临朝，管仲趋进曰：‘君之莅朝也，恭而气下，言则徐，无伐国之志，是释卫也。’桓公曰：‘善。’乃立卫姬为夫人，号管仲为仲父。曰：‘夫人治内，管仲治外。寡人虽愚，足以立于世矣。’”[①] 画面中表现的正是卫姬摘下头上饰品，伏地向齐桓公请罪的情形。画面下格，刻画有三人。最左侧一人，头戴网纹帽子，身佩长剑，双手扶着一根长矛，上方有一榜，榜内题刻有“齐侍郎”三字。中间和右侧的人物装扮相似，都是头上梳髻，髻上戴一帽子，身着长衣，佩长剑，拱手而立。中间一人头上榜内题刻“苏武”二字，右侧一人头上榜内题刻“管叔”二字。侍郎是汉代的官职，此处的“齐侍郎”可能是指齐王的近侍。苏武是汉武帝时持节不屈的外交家，而管叔则可能是指周武王的弟弟，显然这两人是不同时代的，刻画在同一画面内用意不明。

① 《四部备要》(第四十六册),《列女传》卷二，中华书局 1989 年版，第 17 页。

中室北壁正中一段，即通往后室门的当中立柱。（图 56）画面分为上下两格，皆刻人物故事。上格左侧一人戴着有花边的圆顶帽子，身着长衣，拱手立于长席之上。此人身材矮小，似是未成年人。右侧一人头戴高冠，身佩长剑，双手举一曲柄的伞盖，罩在矮小的人头顶上。伞盖下方中间垂一磬，左右各垂一璧，璧和磬上都有纹饰。（图 57）两个人物头顶上都有榜，但均未刻字。有学者根据其他地方汉画像石中相似的图像判断，这幅画描述的是“周公辅成王”的故事[1]，头上有华盖的小孩正是年少的成王。画面下格左侧一人头戴帽子，身佩长剑，右手持笏或简册一类的东西，左手握着的似乎是一支笔。右侧一人头戴有网纹的冠，也佩有长剑，双手扶着一根戟。两人头顶上的榜也未刻字，因此我们不能明确判断出这个画面表达的是什么历史故事。

图 56　中室北壁正中一段拓片

图 57　周公辅成王

中室北壁东段，画面分为上下两格，皆刻人物故事。（图 58）上格左侧一人，头上梳着发髻，身着袖口宽大的长衣，腰间佩剑，左手持一块玉璧举在头上，其面前有一榜，榜内题刻“令相如”三字，根据画面判断，“令相如”即“蔺相如”，此处刻画的是蔺相如“完璧归赵”的故事，画面抓住了蔺相如威胁秦王，要将头与和氏璧一起撞碎的紧张瞬间。上格右侧一人，服饰与左侧一人相仿，右手伸出，左手横持一长剑，肥大的袖子随着人物的动作飘起，整个画面极富动感。右侧人头后也有一榜，榜内题刻“孟犇”二字。“孟犇”即秦国的力士

图 58　中室北壁东段拓片

图 59　蔺相如与孟贲

① 《沂南古画像石墓发掘报告》，第 39 页。

图 60　中室北壁西段拓片

“孟贲”，但根据史料记载，孟贲是秦武王时人，而蔺相如“完璧归赵”的故事发生在秦昭王时，此时孟贲已死。画面中将两人放在一起，可能是表达蔺相如要撞碎玉璧时，秦国的力士尝试去阻拦，作者便将秦国有名力士的名字题上了。（图 59）画面下格，两人皆戴网纹帽子，衣袖卷起，腰间束带。左侧一人，右手持剑横于腹前，左手五指张开搁在剑上。右侧一人腰间佩剑，左手向下，右手向上，皆五指张开。两人中间上部悬着一幢，幢下还垂有一带纹饰的璧。两人之间下方有一虎头纹盾牌，盾牌旁有一榜，榜内题刻“铁盾”二字。两人头后皆有榜，但榜内都没有字，因此我们很难推断画面描述的是什么历史故事。

中室北壁西段，画面分为上下两格，皆刻人物故事。（图 60）上格左侧一人，头上梳发髻，戴着头饰，身着长衣，衣袖卷起，右手持剑横在身前，左手伸出，张开五指，搁在剑上。右侧一人戴平顶的帽子，身着长衣，腰间挂一虎头纹佩囊，身佩长剑，左手五指张开向上，右手五指张开向后。两人头后都有榜，均未刻字。下格左侧一人，头上戴着斜顶帽子，身佩长刀，右手持笏或简册一类的东西。右侧一人须发上冲，上身左半坦露，左手举剑，右手向前伸，手中握一酒壶，脚下有一只带翼的虎，右脚踏在虎尾上。两人之间悬挂一幢，幢下垂着一璧。两人头后都有榜，但榜内都没有刻字。有学者推测上下两格的画面是“鸿门宴”的故事，上格拔剑对舞的两人是项庄和项伯；下格一手执壶、一手执剑的人是范增，而对面恭立的则是张良。[①]

图 61　中室东壁南段拓片

图 62　晋灵公欲杀赵盾

① 《沂南古画像石墓发掘报告》，第 41 页。

中室东壁南段，画面分上下两格，皆刻人物故事。（图61）上格左侧一人头戴高帽，身佩长剑，右手持弓，左手做拉弦状，似在向右侧人物射箭。其头后有榜，榜内题刻“晋灵公”三字。右侧一人服饰与左侧之人相仿，他左手持剑，右手扬袖到头上，双足跃起，做惊恐状。其头后也有一榜，但榜内无字。这人脚下有一只生有羽翼的狗正跳起来对他撕咬，狗的前方有一榜，榜内题刻“敖也”二字。这幅画面描述的是晋灵公欲杀赵盾的故事。（图62）《公羊传·宣公六年》记载：“灵公……于是伏甲于宫中，召赵盾而食之。赵盾之车右祁弥明者，国之力士也，仡然从乎赵盾而入，放乎堂下而立。赵盾已食，灵公谓盾曰：‘吾闻子之剑，盖利剑也。子以示我，吾将观焉。’赵盾起将进剑，祁弥明自下呼之曰：‘盾，食饱则出，何故拔剑于君所？’赵盾知之，躇阶而走。灵公有周狗，谓之獒。呼獒而嘱之，獒亦躇阶而从之。祁弥明逆而踆之，绝其颔。赵盾顾曰：‘君之獒，不若臣之獒也。’然而宫中甲鼓而起。有起于甲中者，抱赵盾而乘之。赵盾顾曰：‘吾何以得此于子。’曰：‘子某时所食，活我于暴桑下者也。’赵盾曰：‘子名为谁？’曰：‘吾君孰为介，子之乘矣，何问吾名？’赵盾驱而出，众无留之者。”[①] 图中晋灵公弯弓欲射赵盾，晋灵公所养，被称为獒的狗正扑向赵盾，赵盾满脸惊讶，手中正持着准备向晋灵公展示的宝剑，紧张的气氛通过画面中人物的动作充分表现出来。画面下格刻画的也是两个人物，服饰与上格人物相似。左侧一人，右手举剑，左手伸向头后，整体做跃起状。右侧一人右手持剑，左手前伸，五指张开，搁在剑上。左侧一人下方有一高冠的凤鸟，其尾如鱼尾。两人头右侧和凤鸟右侧俱有榜，但榜内均无字，因此不能确切判断故事内容。

中室西壁南段，画面分上下两格，皆刻人物故事。（图63）上格左侧一人身着长衣，腰间佩剑，在其身后有一个架子，架子上插着一根长杖，杖头作鸠形，其下缚着三层缨带，这就是古时所谓的鸠杖。《后汉书·礼仪志》记载：“年始七十者，授

图63　中室西壁南段拓片

图64　孔子见老子

① 《十三经古注·春秋公羊传》，中华书局2014年版，第1674—1675页。

图 65　中室西壁北段拓片

之以王杖，餔之糜粥。八十九十，礼有加赐。王杖长九尺，端以鸠鸟为饰。”[①]由此可见，鸠杖是长者身份的象征。右侧一人，头戴进贤冠，身佩带鞘的刀，向左侧之人拱手而立，显得十分恭敬。两人头上都有榜，但均未刻字。根据画面推断，这可能描述的是“孔子见老子”的故事，左侧身后有鸠杖之人是老子，右侧拱手而立的人是孔子。（图 64）“孔子见老子”的故事见于《史记·孔子世家》记载：“鲁君与之一乘车，两马，一竖子俱，适周问礼，盖见老子云。”[②]类似图像也见于其他汉画像石中，显著标志是老子所持的鸠杖。画面下格也刻画两人，左侧一人头戴进贤冠，右手反至背后，持一匕首，左手微伸，五指张开。右侧一人，仰头向上，须发毕张，右手伸出，张开五指，左手持剑横在身前。两人头上均有榜，但都未刻字。

中室西壁北段，画面分上下两格，皆刻人物故事。（图 65）上格刻两人相斗之状。左侧一人头上梳着髻，头上两根长缨飘舞，左手的衣袖脱出，右手持剑举过头顶，向右侧的人攻刺，赤双足，一双鞋放在右足下方。右侧人双足跳起，两臂举起，双手五指张开，做抵御状。两人头后皆有榜，但都未刻字。有学者推测，上格刻画的可能是“聂政刺侠累”的故事。[③]这个故事在《史记·刺客列传》中有记载。[④]画面下格同样刻着两人。左侧一人头戴尖顶帽子，右手持长剑，左手扶着带斗拱结构的柱子。头后有榜，但未刻字，榜下还装饰着流苏。右侧一人头上梳着发髻，绑着头带，上身赤裸，着短裤，腰间佩长刀，双手持一圆棒状物，似要向左侧的人挥舞，其下方还有一个盒子。他面前有一把带缨的匕首横穿于他与左侧人之间的柱上，头后有一个空榜，榜下垂着一个幢。下格画面有学者推测是“荆轲刺秦王”的故事。[⑤]这个故事在《史记·刺客列传》中同样有详细记载：“秦王方环柱走，卒惶急，不知所为，左右乃曰：‘王负剑！’负剑，遂拔以击荆轲，断其左股。荆轲废，乃引其匕首以擿秦王，不中，中铜

① 《后汉书·礼仪志中》，第 3124 页。
② 《史记·孔子世家》，第 1909 页。
③ 《沂南古画像石墓发掘报告》，第 41 页。
④ 《史记·刺客列传》，第 2524 页。
⑤ 《沂南古画像石墓发掘报告》，第 41 页。

柱。”[1]画面中有匕首穿柱，与记载相符，与武氏祠汉画像石中“荆轲刺秦王”的场景也相同，荆轲足下方盒与文献记载和武氏祠汉画像石中所刻的盛樊於期头的函也相似，但荆轲赤身佩刀，双手挥梃与史书和武氏祠汉画像石中的场景均不相符，由于画面榜中没有文字信息，所以具体描绘的是什么内容也不能形成定论。

在两汉至晋之时，生前预作寿藏的风气盛行，墓室中画像的内容有时由墓主人自选，如《后汉书·赵岐传》记载：“先自为寿藏，图季札、子产、晏婴、叔向四像居宾位，又自画其像居主位，皆为赞颂。敕其子曰：‘我死之日，墓中聚沙为床，布簟白衣，散发其上，覆以单被，即日便下，下讫便掩。’”[2]按照赵岐所说，其墓已是非常简陋，尚且是先营寿藏，像沂南北寨汉画像石墓这样规模宏大、建造费时的墓葬是预作寿冢的可能性更大，其中画像的题材是墓主亲自挑选的也是很有可能的，墓室中刻画的众多历史人物故事，也表现了墓主不同一般的个性和学养。

五、墓主身份之谜

沂南北寨画像石墓自进入人们视野以来就一直充满神秘色彩，从曾经高如小山的封土堆到村民口中的“将军冢”，都暗示着其主人的不凡身份。直到1954年，这座千年古墓终于重见天日。1954年3月至5月，华东文物工作队与山东省文物管理会联合发掘了这座古墓，这也是新中国成立以来第一次科学发掘画像石墓，因此引起了学术界的广泛关注。然而，在墓葬发掘后，对其修建年代进行判断时却遇到了难题，因为这座墓葬早年被盗掘过，几乎被洗劫一空，在墓室中仅残留有部分陶器、残砖和铜箭镞，没有出土任何可以确切判断墓葬年代和墓主身份的文物。不过万幸的是，墓中的画像石保存得十分完整，墓体结构受到的损坏也较少，除墓顶石部分被砸毁，其他部分基本没有遭到破坏，因此学者们可以依据画像石的内容及墓室结构对这座墓的年代进行判断。同样，正是因为缺乏一锤定音的证据，学者们对其年代的判断可谓见仁见智，围绕这个问题形成了一次热烈的学术讨论。为了更好地了解沂南北寨画像石墓，让我们来回顾一下60年前的那场大讨论。

1954年，在对沂南北寨画像石墓的田野发掘工作结束后，发掘者立即把这个重大

① 《史记·刺客列传》，第2535页。

② 《后汉书·赵岐传》，第2124页。

的考古发现整理成了发掘简报，并发表在同年8月份出版的《文物参考资料》[①]上。在这篇简报中，撰写者蒋宝庚、黎忠义认为这个墓的年代是很难断定的，因为除了遗留的建筑和画像外，出土的遗物很少。撰写者根据画像的内容，认为其中的羽人、怪兽等有许多和六朝陵墓前石刻上的图像相似，因此认为此墓的年代可能是汉代末期甚至更晚，并在简报中暂名为汉墓。这是学者们对沂南北寨画像石墓年代做出的第一个判断。1955年，安志敏发表了题为《论沂南画像石墓的年代问题》的文章，刊于《考古通讯》[②]杂志，拉开了对沂南北寨画像石墓年代问题讨论的序幕。在文章中，安先生通过将沂南北寨画像石墓与孝堂山石祠、武梁祠等有纪年的汉画像石以及高句丽石墓进行比较，认为沂南北寨墓中的画像石比这些东汉时期的画像石更为先进，更接近修建于公元357年的冬寿墓。并且根据沂南北寨画像石墓中的纹饰判断，其年代应晚于东汉而早于北魏。1956年，由曾昭燏担任总编辑的《沂南古画像石墓发掘报告》出版，在报告中用了专门的一章探讨沂南北寨画像石墓的年代问题。从墓室结构、画像石内容、墓中出土文物及墓室体现的艺术风格等方面进行了论证，最后结合相关文献史料，得出此墓可能修建于东汉末年、公元193年以前的结论。同时，在报告中也对安志敏提出的魏晋时期说进行了商榷。孙作云先生在1957年发表了两篇文章，主要是介绍《沂南古画像石墓发掘报告》和对其提出批评意见，虽未直接对沂南北寨画像石墓的修建年代发表意见，但从两篇文章的内容看是同意该墓修建于汉代的。[③]同年，李文信在《考古通讯》上发表了名为《沂南画像石古墓年代的管见》的文章，进一步推动了此次讨论。他在文中提出了与曾昭燏、安志敏都不同的看法，认为沂南北寨画像石墓的年代可能是西晋。李先生主要依据画像中有关文物制度沿革以及其他细节，引用大量魏晋文献，并参考晋代画家顾恺之的传世之作《洛神赋》中的画像和北魏石室画像，从八个方面论证了自己的观点：一是建鼓侧加小鼓，鼓上加翔鹭，是晋宋以来的制度；二是腰缀兽头革囊是晋代形成的服制，南北朝多沿袭不改；三是簪白笔是晋代新有的制度，它起源于珥笔，后又缀于笏首，隋称作毦；四是木剑是晋代的新制度，原出于櫑具剑；五是步障通行于魏晋，南北朝也不少见；六是椎斧钺吏是晋宋的仪卫制度，镗逐渐代替了它和黄钺、玄钺，成为历代的仪仗；七是俎几两端有曲栅横附的足，是

① 现改名为《文物》，是考古学界的权威期刊。

② 现改名为《考古》，是考古学界的权威期刊。

③ 孙作云：《汉代社会史料的宝库——“沂南古画像石墓发掘报告”介绍》，《史学月刊》1957年第7期，第30—32页；孙作云：《评“沂南古画像石墓发掘报告”——谦论汉人的主要迷信思想》，《考古通讯》1957年第6期，第77—87页。

魏晋以来的通行样式；八是绳拂是魏晋以来的新兴器物。作为对李文的回应，1958年曾昭燏在《考古通讯》上发表了题为《关于沂南画像石古墓年代的讨论——答李文信先生》的文章，在文中对李文信所提出的八个方面的问题一一做了解释，最终仍然坚持沂南北寨画像石墓属于东汉末年的可能性更大，曾昭燏的这篇文章也得到了胡小石、王献唐这两位学者的支持。至此，几位考古学、历史学专家的争论告一段落。在1986年出版的《中国大百科全书·考古学》卷中，考古学家俞伟超、信立祥在编写“沂南北寨画像石墓”条目时，认定此墓是东汉晚期画像石墓，这也代表了当前学术界的主流观点。

目前学界趋向认定沂南北寨画像石墓的修建年代为东汉晚期，比判断其年代更加困难的是确认其墓主人，可以说沂南北寨画像石墓的建造年代和墓主为何人，是两个研究课题。通常判断一座墓葬的墓主，比较可靠的方法是根据墓碑、墓志或者是出土的印章、带有铭文的器具等。但是，前文已经说过，沂南北寨画像石墓曾被盗掘过，因此墓中已经没有可以直接表明墓主身份的文物。在1956年出版的《沂南古画像石墓发掘报告》中，撰写者依据墓门楣的“胡汉战争”图推断墓主人可能是一位曾领兵打败外族入侵的将领，并根据墓室中的车马出行图推断其身份至少是朝廷派出的使者或县令以上的官吏。其后30余年，关于沂南北寨墓主身份问题的研究一度沉寂，直到1986年临沂市博物馆的徐淑彬先生提出了沂南北寨画像石墓的墓主为诸葛亮父亲诸葛珪的观点。其后又有学者提出了墓主为西汉阳都敬侯丁复、东汉末年阳都侯刘邈、西晋初年诸葛绪等说法。在此，将各种关于沂南北寨画像石墓主身份的观点做简要说明，以供读者参考。

（一）“诸葛珪”说

认为墓主为诸葛亮的父亲诸葛珪，此观点由徐淑彬提出，最早见于徐先生发表的《从阳都故城考古论证诸葛亮家族的新问题》① 这篇文章。在此之后，他又发表了多篇论文②，列举了许多新的证据，其主要观点是支持《沂南古画像石墓发掘报告》关于墓葬年代的判断，即墓建成于东汉末年，下限不晚于献帝初平四年（193），认为墓主为诸葛珪。其论据主要有三点：一是墓的建造地点在汉代阳都县版图以内，诸葛珪为阳都人，

① 徐淑彬：《从阳都故城考古论证诸葛亮家族的新问题》，《成都大学学报（社会科学版）》1990年第1期，第54—59页。

② 徐淑彬：《沂南北寨汉画像石墓墓主初探》，《临沂师专学报》1990年第2期，第66—70页；徐淑彬：《关于沂南北寨画像石墓年代与墓主的再讨论——兼与“西汉说”“西晋说”论者商榷》，《临沂师范学院学报》2000年第1期，第49—53页。

死后归葬家乡合情合理；二是墓的建造年代与诸葛珪的死亡年龄吻合；三是虽然诸葛珪的官职泰山郡丞年俸按汉制只有六百石，但其家族为阳都名门望族，有能力建造这座墓。

（二）"诸葛绪"说

此观点由王瑞功先生提出，见于他在1994年提交的全国第八次诸葛亮学术研讨会的参会论文《沂南北寨古画像石墓墓主考索》。王瑞功先生认为沂南北寨画像石墓的建成年代应在西晋初年，墓主是曾经参加伐蜀的诸葛绪。其观点的依据主要是《沂南古画像石墓发掘报告》中的两段内容，一是原报告中提到该墓墓主"是个大地主、大官僚而且曾对胡人作过战、并把后者打败过的人物"；二是原报告对建墓年代特殊情况的推测，"也可能在曹魏时或西晋初年，有什么武臣特别得皇帝宠爱，在他退居乡里以后，知道皇帝不会找他麻烦，便同王濬一样，大起坟墓，找着经战乱后幸存的工匠，雕成这许多画像石，虽然他没有这么多的车骑，但他故意仿古，刻成这样，这种可能性虽然极小，然而我们也不应完全抹杀它"。①王先生据此将建墓的时间下延至魏或西晋，列出在此时间段有墓主资格的人，主要是汉琅琊王刘容、刘熙，晋琅琊王司马瑾，诸葛珪、诸葛绪等人。然后从中寻找符合"对胡人作过战"条件的人，最终得出结论墓主为诸葛绪。诸葛绪，曹魏时为泰山郡守、雍州刺史。公元255年魏征东大将军毌丘俭据淮南反叛时，诸葛诞即遣时任泰山郡守的诸葛绪，迎战乘机犯魏的吴军。公元263年，魏大举伐蜀，其时已任雍州刺史的诸葛绪，即为三支伐蜀大军中一支的主帅，参与了灭蜀之战。晋时，诸葛绪官至太常卿下的太常崇礼卫尉。

（三）"丁复"说

李兴河先生持此观点，见于其论文《论沂南古画像石墓的年代及墓主》②。他主张墓建成于西汉高后五年（前183），墓主为阳都敬侯丁复。其主要依据如下：一是沂南北寨画像石墓具有西汉前期的显著建筑风格；二是画像中的故事均取材于西汉初年以前的人和事；三是画像石中的乐舞百戏图再现了西汉前期长安乐舞百戏的场面；四是墓室画像石中的神话人物、奇禽异兽是西汉前期宫殿墓室壁画的主要内容；五是丁

① 《沂南古画像石墓发掘报告》，第67页。

② 李兴河：《论沂南古画像石墓的年代及墓主》，《临沂师专学报》1998年第1期，第38—42+54页。

复生活于西汉前期，是刘邦手下大将，参加了刘邦还定三秦的战役，而三秦兵将大多是胡人，符合墓门楣上胡汉战争图中汉人打败胡人的内容；六是丁复封国在阳都，死后自然归葬阳都。丁复，西汉初年人，汉高祖刘邦即位的第六年，丁复以大司马之职封阳都侯，受封七千八百户。《史记·高祖功臣侯者年表》记载："（丁复）以赵将从起邺，至霸上，为楼烦将，入汉，定三秦，别降翟王，属悼武王，杀龙且彭城，为大司马；破羽军叶，拜为将军，忠臣，侯，七千八百户。"①

（四）"刘邈"说

此说法由王汝涛先生提出，观点见其论文《沂南北寨画像石墓年代与墓主问题平议》②。在文中他对"诸葛绪"说、"丁复"说、"诸葛珪"说这三种观点进行了分析，分别指出了这三种观点不合理的方面和证据不足之处，同时也提出了他认为更合理的墓主人选。他根据《后汉书》文献记载，推断墓主可能是东汉末年阳都侯、九江太守刘邈。王汝涛先生考证，刘邈任九江太守的时间应在初平元年（190）至初平四年（193）之间，而且很有可能是在任上病故并归葬封国阳都，这样其病故的时间与《沂南古画像石墓发掘报告》所推断的建墓时间就极为接近了。同时，墓室中高规格的车马出行图也与刘邈帝室之胄、二千石的太守身份相符。在《后汉书·光武十王列传》中有这样的记载："初，邈至长安，盛称东郡太守曹操忠诚于帝，操以此德于邈。"③ 王汝涛先生据此认为，即使曹操部下公元 194 年二征陶谦在阳都大肆杀戮，由于刘邈曾赞扬过曹操，其墓室因此未遭到破坏也是有可能的。除上述几点，王汝涛先生还举出了一个旁证，1994 年在距北寨村一号墓（沂南北寨画像石墓）、二号墓约 100 米处又发现了一座古墓，在此墓中出土了一枚"刘洪"铜质龟纽印章。根据学者前期的研究，北寨诸墓应是一处家族墓葬群，这样沂南北寨画像石墓墓主姓刘的可能性就很大了，从而有力地支持了沂南北寨画像石墓墓主为刘邈的观点。

时至今日，沂南北寨画像石墓的墓主身份仍未有确切答案，这个谜可能会长时间无法解开。一座规模宏大、建筑精美的古墓和身份未解的墓主人，这两个元素结合在一起，不禁引起人们的无限遐想，这也正是沂南北寨画像石墓的魅力所在。

① 《史记·高祖功臣侯者年表》，第 904 页。

② 王汝涛：《沂南北寨画像石墓年代与墓主问题平议》，《临沂师范学院学报》2001 年第 1 期，第 109—113 页。

③ 《后汉书·光武十王列传》，第 1452 页。

从拓片到原境

蒲柏林

图 1　微山地区宴饮图原石（本人摄于微山县文管所，2019 年 7 月 18 日）

学者分两种，一类潜心书斋，一类热爱行走。前者曲肱半亩方塘，亦能神游大千世界。后者依热衷的地方不同，也能分作两类：或喜爱旧迹荡然无存的纪念性场地，想象历史现场，获得崇高体验；或喜爱调研实物，在残碑断简中寻求连接遥远时空的契机。读书人渴求知行合一，“读万卷书，行万里路”，但囿于现实因素，取径各殊，遂各有偏重。多媒体极大拓宽了人们的视野，实地考察还有什么用呢？作为访古爱好者，我希望通过此文告诉大家，亲临原境考察汉画的收获。

一、媒材：拓片与原境

我们为什么要实地调研？这应从人们接触汉画像石的媒介谈起。简单说，调研实现了从“拓片”到“原境”（Context）① 的媒材转换，从而获得更多有价值的信息。拓

① 由芝加哥大学巫鸿教授提倡，详参氏著《中国古代艺术与建筑中的“纪念碑性”》（李清泉译，上海人民出版社 2017 年版）。简言之，所谓“历史物质性”，是指一件艺术品首先是一个实物，有其物质形态，我们在研究的时候要重视其物质性，而现存的艺术品实物大多都是脱离其原初环境的，因此，我们需要将之放回其历史原境之中，重构艺术品与建筑环境、观看方式、使用方式等等的关系。

片是人们平时观看汉代画像的主要媒介。精美的古拓法帖往往被收藏家赞许为“下真迹一等”，意谓艺术感染力仅次于真迹，如下例：

> 此《秘阁续帖》……刻右军书精妙至此，真所谓下真迹一等，虽唐双钩，亦不能过耳。[①]
>
> 惟南宫芜湖学记及章吉老墓表，龙跳虎卧，郑重书丹，仅下真迹一等。[②]
>
> 《怀素自叙帖》传世三本，空青老人论之详矣。此明嘉靖文氏寿承刻石，神采飞动，蝉翼初拓，与世传《圣母帖》《藏真帖》《苦笋帖》同一超妙……此所谓下真迹一等者，视永州绿天庵刻本，不啻倍蓰尔。[③]

然而，尽管良好的拓本已然能够传达原石神韵，但它终归下了“一等”，意即在媒材转换过程中丢失了部分信息。徐崇立所撰《宋拓礼器碑跋》在肯定这一拓本“下真迹一等”的同时也表达了对原物信息损耗的遗憾：

> 纸光墨色虽不逮原拓，而神采未失，矩矱具存。此苏斋所谓“下真迹一等也”。惜行间朱印、石印均不显，使观者非见原本不能窥全豹也。[④]

就汉代画像石而言，不啻朱印、石印这类法帖中的“副文本”信息不显，原石刻画的细节也会在这一转换过程中隐匿。巴柔曾说，现实中方正或者矩形的桌子是“真实的”，而通过透视法创作后成为绘画中的菱形的桌子也是真实的。[⑤] 拓片、照片反映的信息属于后者，读者理应感谢它提供的便利，但了解现实中的真实自然也是很有必要的。汉代画像石的雕刻方式约略包含单线阴刻、减地平雕（或兼阴线）、浅浮雕、高浮雕、沉雕等五种，而拓片只能体现二维信息，远非原貌。近年出版的画像石墓考古报告已有并列呈现拓片、线描、原石照片的尝试，比如本次考察包括的吴白庄汉画像

① ［清］王文治：《快雨堂题跋》卷一《秘阁续帖》，浙江人民美术出版社 2016 年版，第 4 页。

② ［清］叶昌炽撰，柯昌泗评，陈公柔、张明善点校：《语石；语石异同评》卷二《安徽二则》，中华书局 1994 年版，第 115 页。

③ 徐树钧：《宝鸭斋题跋》卷下《明刻怀素自叙帖》，岳麓书社 2011 年版，第 429—430 页。

④ 徐崇立：《瓻翁题跋》卷一《宋拓礼器碑跋》，岳麓书社 2011 年版，第 543 页。

⑤ ［法］达尼埃尔－亨利·巴柔著，蒯轶萍译：《形象学理论研究：从文学史到诗学》，孟华主编《比较文学形象学》，北京大学出版社 2001 年版，第 214 页。

石墓报告[①]，然而未及精心整理的汉画像石资料仍浩如烟海，何况高浮雕画像石需要多角度观察，平视的原石照片终究不如亲临。正如邢义田新近出版的《画外之意：汉代孔子见老子画像研究》中所说，“查访原石，拍摄照片，可以确认存佚和保存现况，查看石质、色泽和雕刻技法，可以得知许多拓本无法看出的画面细节和原石背面或边侧存在的建筑构件特征”。[②]以吴白庄汉画像石墓前室东过梁北立柱为例，该墓报告对此石的描述是“画面上刻一虎，头向下，做奔跑状，两前爪正捉一兔”[③]，临沂市博物馆则将此石定名为“猫捉兔”。

a

b

c

d

图 2　吴白庄汉墓前室东过梁北立柱照片

（a.《临沂吴白庄汉画像石墓》，图一八八，第 154 页；b—d. 本人摄于临沂市博物馆，2019 年 7 月 19 日）

虎、猫同属猫科动物，形象仿佛，加之汉代雕刻工匠的再现技术未臻成熟，故易致含混。今人一般认为虎较猫更为凶猛，事实上猫也能捕杀兔子，从与兔子的体型对比来看，在不考虑夸张手法的情况下，释读为体量更小的猫也更符合再现客体。猫与虎面部特征的最大区别在于嘴部所占比例以及脸型方、圆，这便与打光方向、观察角度密切相关。图 2a 为吴白庄汉墓报告中的“标准照”，在自然光下，嘴部笼罩在阴影之中，细节被弱化，阴阳分界线使面部棱角分明，“凶残”的面部特征更趋近于人们心目中的虎；图 2c、2d 是在临沂市博物馆展厅内分别从左、右方向拍摄的照片，顶部打光加重了眉骨、鼻梁的轮廓线，嘴部细节几乎难以辨识；图 2b 则是加上一道垂直于画

① 详参临沂市博物馆编《临沂吴白庄汉画像石墓》，齐鲁书社 2018 年版。

② 邢义田：《画外之意：汉代孔子见老子画像研究》，生活 · 读书 · 新知三联书店 2020 年版。

③ 《临沂吴白庄汉画像石墓》，第 155 页。

像石方向的光源后拍摄的照片，嘴型及吐舌动作得以清晰呈现，嘴部比例及面部特征则趋近于现代人心目中的猫。至于此图像究竟是猫是虎，还需以类型学的方法广泛深入地调研，而本次考察过程中尚未关注到相似案例。二者必有一非，虽然难以定夺，但这一歧指案例十分典型地展示了场景对图像信息提取的干扰。因此，美术史研究必然要求将所有图像单元置于原境中讨论，在更加完整的语境中提高判断的准确度。

汉画像石的原境包含两个层次：一是单石的原境，二是建筑环境的原境。后者须具备更加完整的保存样态——在本次考察过程中，沂南北寨汉画像石墓、孝堂山石祠以及能够复原的嘉祥武氏祠等便满足条件。汉代建筑距今两千余载，宫阙楼台早已湮灭，鲁中南这三处完整保留的汉画像石墓、石祠已有汗牛充栋的研究成果。例如，扬之水在《沂南画像石墓所见汉故事》一文中纠正了发掘者对“祭祀图”等图像的解读，画中名物一一得以落实。正是在建筑环境的整体框架下思考，才能解读出“表现一生业绩和荣耀的画传”，发现“传舍图之后接续庖厨与宴饮，中间四壁横额正好构成脉络大体清晰的完整故事”。①但是，读者倘若不根据发掘报告中的鸟瞰图建立起立体的空间模型，并将文中提到的中室南壁西段所绘“传舍”（即日字形院落）、东段所绘庖厨宴饮图及西壁和北壁的车马出行图对应到图4照片中的A、B、C点，便难以在脑海中串联起连续流畅的故事。考察则让这一串思维反应变得直接而迅速，来到沂南汉墓，置身其中，参观者能直观感受到这一组图像在四周游动。又如提出“原

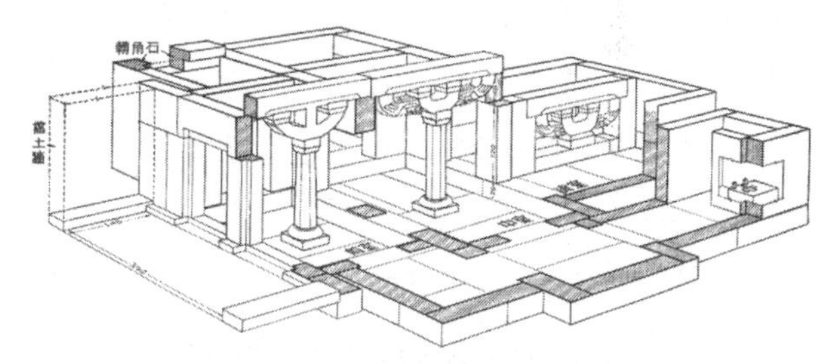

图3　沂南北寨汉画像石墓鸟瞰（《沂南古画像石墓发掘报告》，文化部文物管理局1956年版，插图3）

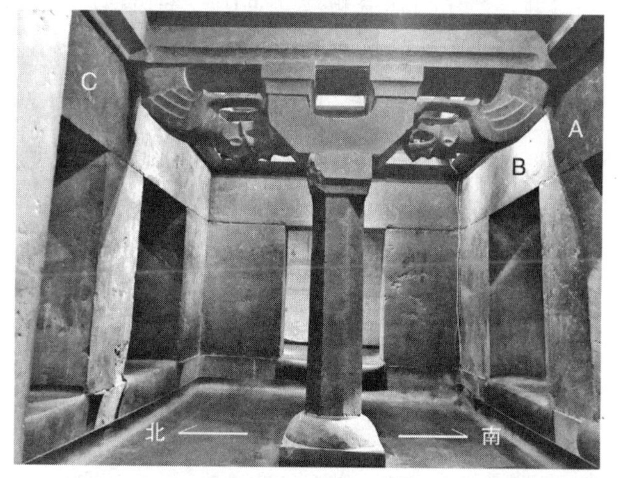

图4　沂南北寨汉画像石墓中室照片（本人摄于沂南汉墓博物馆，2019年7月19日）

① 扬之水：《沂南画像石墓所见汉故事》，《棔柿楼集》卷八《藏身于物的风俗故事》，人民美术出版社2016年版，第21—22页。

境”概念的巫鸿本人所撰《武梁祠：中国古代画像艺术的思想性》在“全书的结论部分以反思祠堂礼仪的‘原境’而结束”[①]，这是建立在还原了建筑环境、观看方式、使用方式之后进一步反思社会制度背景的历史语境的尝试。

然而，我们当下可以见到的画像石大都零散，难以还原其在建筑环境中的位置乃至礼仪制度中的意义。如此，则不宜讨论宏观层面的“原境”，而应当落实到单石具体的“原境”，这也正是下一节要讨论的话题。

二、风格：点线与空间

相比于对保存样态有严格要求的宏观层面的原境，单石原境的讨论可以落实到每一块画像石。考察单石原境，应重点关注石料加工情况并由此还原雕刻技法，这是透过拓片难以准确获知的。而通过“超细读”得来的技法信息正是讨论“风格”（Style）的必要条件。

风格是广泛应用于艺术、考古、文学领域的概念，各学科具体表述有别，一般指艺术作品在整体上呈现的有代表性的面貌。海因里希·沃尔夫林（Heinrich Wölfflin）在他的经典著作《美术史的基本概念：后期艺术风格发展的问题》中系统阐述了风格问题并示范了风格分析法，书中“把风格主要理解为表现，是一个时代的表现，一个民族气质的表现，也是个人性情的表现”[②]，也由此区别为个人风格、时代风格、民族风格。在风格分析法的影响下，方闻等中国艺术史学者的研究也在风格问题上灌注了颇多心血。谢柏轲（Jerome Silbergeld）《中国画之风格：媒材、技法与形式原理》一书很好地示范了如何通过媒材、技法、构图等因素分析风格的成因，该书导言提到，“诗人写作，不必将思路受制于平仄与标点，但这些却又缺一不可；画家作画，不必全神贯注于韵律与质感、构图与远近，然后他们无时无刻不在谋求对他们的表现”[③]，可见其对形式要素的重视。范景中为高居翰论文集所作序中提到，“美术史与其他史学分支的最大区别在于它的中心问题是围绕风格展开的，所以美术史的中心任务，按照罗

① ［美］巫鸿著，柳扬、岑河译：《武梁祠：中国古代画像艺术的思想性》，生活·读书·新知三联书店 2015 年版，第 7 页。

② ［瑞士］海因里希·沃尔夫林著，洪天富、范景中译：《美术史的基本概念：后期艺术风格发展的问题》，中国美术学院出版社 2015 年版，第 27 页。

③ ［美］谢柏轲著，柴梦原译：《中国画之风格：媒材、技法与形式原理》，北京大学出版社 2020 年版，第 5 页。

樾的说法，就是根据风格史来确定美术史”，并强调高居翰“风格也是观念”假说的重要意义。①

无独有偶，在中国诗歌史的研究中，风格同样是核心要素。按照石守谦的说法，也应通过选择“基准作品”建立“风格系谱”。② 站在文学史研习者的立场上阅读美术史著作能体会到一点不易：传世的早期美术作品极少且真伪、临摹问题夹缠不清，流传的偶然性更大（不完全以经典化为原则筛选），论者由此陷入个体风格与时代风格的循环论证，汉画研究更是如此。在古代诗话材料中，“风格”常以“体”这一概念表达，它同样指向形式与技法两个层面：前者是体裁，即五七言、律绝之别；后者如“荆公体”“山谷体”“昌黎体”，即个人风格。但是，个人风格并不意味着创作者的全部面向，甚至并非主体面貌，往往只取最有代表性的一个方面，如昌黎体对应的奇崛险怪风格作品只在诗集中占一小部分，只因其巨大的后代影响力而成为代表风格。③“体”的描述往往是抽象的，但是，风格问题一定是可以落实到技巧的。比如，谈及黄庭坚诗歌“瘦硬”，必然要具体到句法、用典、声韵的讨论。但是，这一问题放到汉画像石研究中讨论则时常令笔者感到疑惑：例如，“武梁祠风格”以具体场地命名，本应指向个体风格，但汉画像石研究著作也常常将其作为山东汉画像石地域风格乃至汉画像石时代风格的典范。如此，本应以“求异”为导向的风格要素归纳便面临范围界定的难题。落实于技法，汉画研究者引以界定风格的标准却往往停留在线刻、减地、浮雕、沉雕等形式类别而未作更细致的区分、讨论。本次调研期间，在与榆林汉画像石博物馆赵延梅老师的交流中发现实践经验丰富的研究者自然可以细致区分雕刻技法，但这些经验未能普遍地形诸笔墨，殊为憾事。④ 有鉴于此，笔者试从个人视角列举部分调研所见单石加以分析，聊作参考。为方便讨论，在此绘制了数种画像石中常见的以点、线构成的平面图例（如图 5 所示）。

图示点、线形态各异，离不开种类丰富的加工工具，所谓“工欲善其事，必先利其器”。向赵延梅老师请教后得知目前能确证的出土实物不多，并有几幅疑似描绘刻

---

① 范景中：《他山之石：跋高居翰中国绘画史文集》，《风格与观念：高居翰中国绘画史文集》序一，中国美术学院出版社 2011 年版，第 1—2 页。

② 详参石守谦《从风格到画意——反思中国美术史》，生活 · 读书 · 新知三联书店 2015 年版，第 6—8 页。

③ 详参莫砺锋《论韩愈诗的平易倾向》，《莫砺锋文集》卷二《古典文学论集（上）》，凤凰出版社 2019 年版，第 458—486 页。

④ 就笔者所见，徐永斌、王斐主编《南阳汉画装饰艺术》（河南大学出版社 2014 年版）已从雕刻技法及艺术效果方面讨论了南阳地区的汉画像石。

	P 点阵	S 直线	C 曲线	M 复合
I				
II				
III				

图 5　画像石点线构面图例（本人绘制）

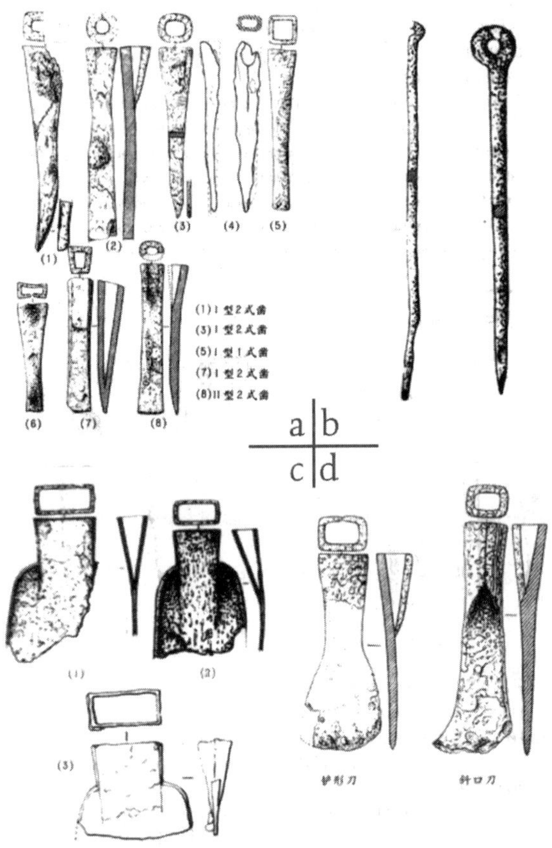

图 6　汉代钢铁刀具（a. 铁凿，b. 铁锥，c. 铁铲，d. 钢刀，见《南阳汉画像石艺术》，第 55—56 页）

石场面的汉画。《南阳汉画像石艺术》一书列举了多种疑似可作雕刻工具的汉代钢铁刀具实物（图 6），并指出此乃根据石匠艺人习惯推测而得，“不排除每一位石匠艺人可能有些特制的工具”[①]，诚为中肯之见。可以肯定的是，汉代工匠已经具备使用能刻凿多种线条刀具的物质条件。这将有助于后文展开单石原境分析。

在这些工具中，铁凿类似于版画中的平刀、斜口刀，既可勾勒较粗轮廓，又可作沿轮廓减地用；铁锥与锤子组合能刻画较细的阴线；铁铲、钢刀则在浮雕、透雕中发挥作用。与同行的胡文峻学友讨论后认为，部分画像石的平行线条可能是由耙齿类工具加工而成。此外，后期汉画像石表面平整，应当还有打磨工具。

经典的风格分析法包含五组对立概念：线描（Linearen）——涂绘（Malerischen）、平面（Flächen-haften）——纵深（Tiefenhaften）、封闭形式（Dergeschlossenen Form）——开放形式（Offenen Form）、多样性（Vielheitlichen）——统一性（Einheitlichen）、主题的绝对清晰（absolute Klarheit）——相对清晰（relative Klarheit）。[②] 沃尔夫林虽然归纳的是巴洛克艺

① 徐永斌主编:《南阳汉画像石艺术》，河南大学出版社 2007 年版，第 53 页。

② 《美术史的基本概念：后期艺术风格发展的问题》，第 29—31 页。按：译者以短语形式译出，笔者对两组概念的德语原文做了切割。

术的革新，但这体现出了人类造型艺术向再现发展的共同规律，对中国早期造型艺术也有一定的适用性。后四组概念皆以线描、涂绘为根基，汉画像石艺术则更接近前者。而这五组概念绝非截然对立，正如素描也可以表现光影质感，汉画像石虽以线刻为主，但已经有了综合运用线条变化向涂绘、纵深发展的萌芽。涂绘的实例有神木大保当墓出土的彩色画像石，纵深则以浅浮雕、高浮雕为代表。

第一，部分山东地区画像石已具备通过点和线打造不同风格平面以反映物体表面质感的再现能力。在图 7 所示西汉武士对练画像中，工匠对人物的衣纹（a）和皮肤（b）做了区分处理：衣纹采用刀径约一厘米宽且有锯齿的工具打磨，每次刻下的长度不过两厘米，从而形成 M–II 型平面，艺术效果近似于后代绘画中的“小斧劈皴”，它有助于再现武士盔甲鳞片的形态。腿部采用 S–I 型平行线，与衣料相较则显得光滑，有助于塑造武士腿部健硕的肌肉。与之形成对照的是，滕州汉画像石馆里一块出土于 2003 年的画像石[①]（图 8）也有类似加工，不过处理方式恰好相反：腿部处理成了较为粗糙的 M–I 型平面，衣纹采用流畅的平行线条组成两块 C–II 型平面，如此处理可以突出衣料的纤薄质感与飘逸之美，犹如后代人物造像中所谓的“吴带当风”。

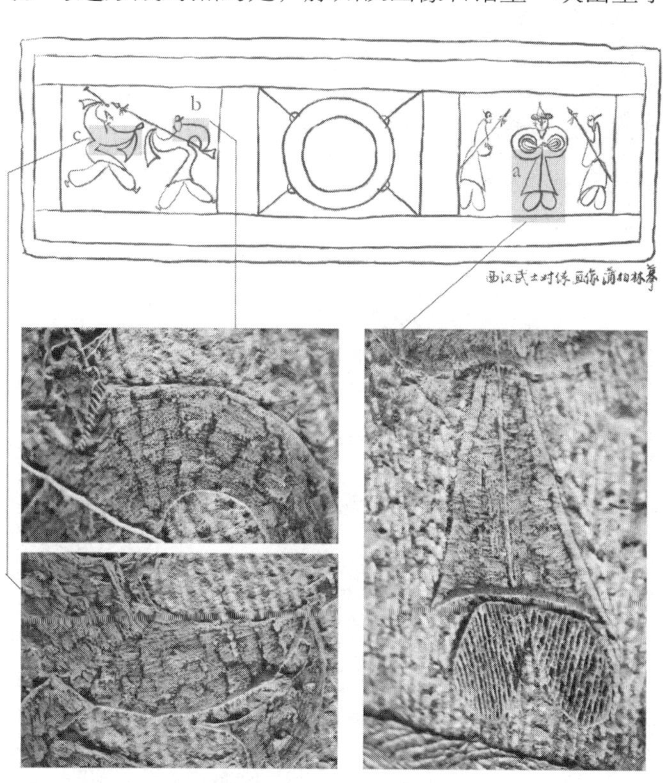

图 7　西汉武士对练画像局部（全乡县香城堌出土，山东省石刻艺术博物馆藏，本人摄于山东博物馆并作线描草图，2019 年 7 月 21 日）

微山、曲阜等地区也存在纯以点阵组合表现物体质感的风格。图 9、10 所在汉画像石皆藏于微山县文管所。前者造型较为夸张，体现出较为低阶的雕刻工艺，通过区分点、线及留白表现不同质感。其中，西

① 按，展馆内此块画像石没有展牌，与讲解员沟通后得知其出土于 2003 年，但地点信息未能获得，尚需进一步验证。

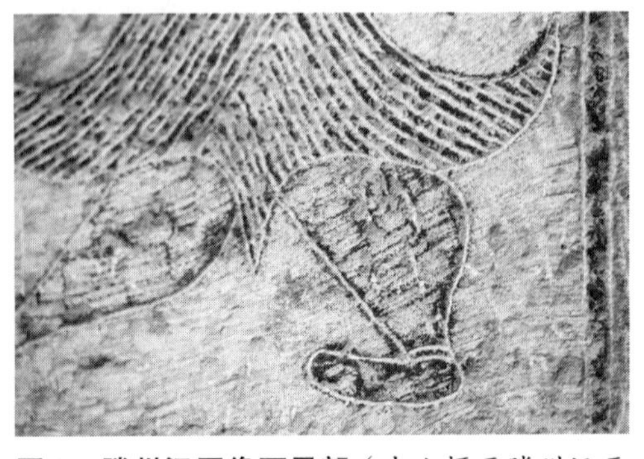

图 8 滕州汉画像石局部（本人摄于滕州汉画像石馆，2019 年 7 月 18 日）

王母及仕女的上衣都以 P-I 型不规则点阵表现。图 10 的造像相比而言精美许多，同样是以密集的点表现衣物，这块汉画像石的石匠所凿点显得十分有规律，他们随物赋形，很好地表现出了立体感。相似的处理办法还可见于东安汉里画像，如图 11 所示。不同的是，东安汉里画像中密集的点阵（P-III）不仅限于衣物，建鼓、棋盘乃至人脸都以此表现。例如，图 11A 左部的建鼓图中，密集的点随鼓身轮廓层层排布，有效表现出椭球表面的空间感。

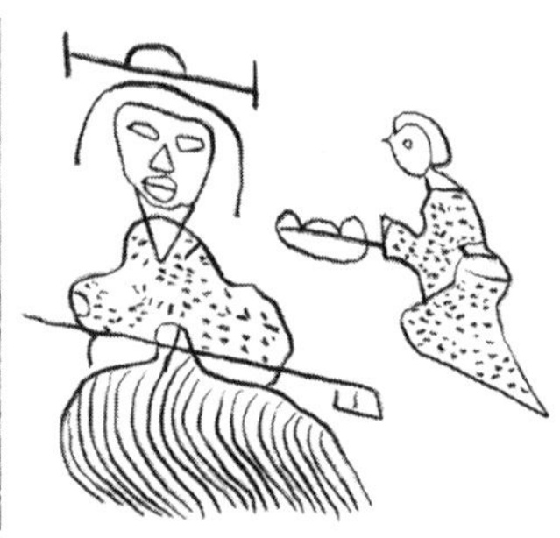

图 9 微山地区人物汉画像石局部（本人摄于微山县文管所并绘制线描稿，2019 年 7 月 18 日，因场地限制拍摄角度不正，存在畸变）

此外，线条也能表现无形之物。图 12 所示风伯图中，风师鼓风的形态用放射状线条表示，化无形为有形。朱锡禄将它描述为“口中喷出一些东西，可能是水”①，实际上是错会了图像设计者的用意。《周礼》中便有风伯、雨师的记载，这一图像也常见于汉画。为何口中吐出的是无形的风而不是有形的水呢？除了以线条表现流动的风之外，其他事物

图 10 微山地区人物汉画像石局部（本人摄于微山县文管所并绘制线描稿，2019 年 7 月 18 日）

① 朱锡禄：《嘉祥汉画像石》，山东美术出版社 1992 年版，第 107 页。

也通过表现风的效果来配合再现客体的阐释。图 12A、B 两图有繁简之别，其共同点是通过掀翻的屋顶、摧折的柱子和飘扬的头发来表现风之迅猛。在《风赋》中，宋玉答楚襄王之问描述“庶人之风”为“塕然起于穷巷之间，堀堁扬尘。勃郁烦冤，冲孔袭门。动沙堁，吹死灰，骇溷浊，扬腐余。邪薄入瓮牖，至于室庐”，也是就风的破坏效果极力铺陈，画面中描绘的场景显然也并非“起于青蘋之末”的“大王雄风”了。①

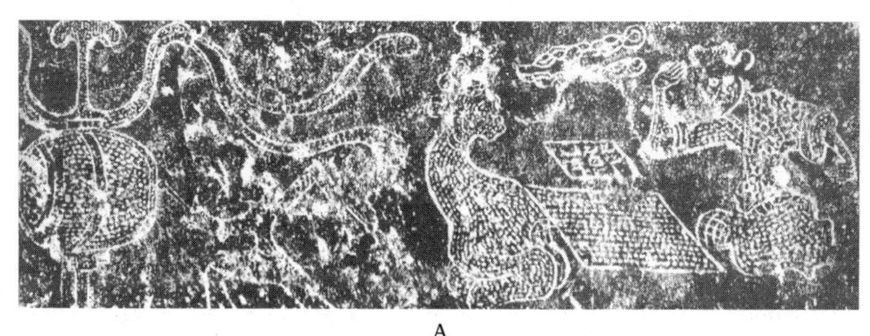

A

B

图 11　东安汉里画像拓片（傅惜华、陈志农编:《山东汉画像石汇编》，山东画报出版社 2012 年版，第 59、62 页）

第二，饰纹反映出雕凿工艺渐臻成熟，地域差异明显。图 13 所示两例菱形纹分别代表两汉时期的加工水平：右图是图 7 武士对练画像所在画像石纹饰的局部，一般认为是西汉作品，左图则是东汉画像石中的常见纹饰。它们有什么区别呢？两例纹样均采用平行线交织组成菱形纹。但显而易见的是，左图画像石在平整石料的技术上已经有了巨大进步，表面平整，线条排列整饬，呈 S–II 型平面；右图则因石料本身不够平整、雕凿工具较为原始而表现为 S–I 型平面。由此推想，右图更可能是由工匠采用铁凿一条条雕凿而成，技艺再精湛，也难以做到完全平行。时至东汉，辅助作直线的尺子及耙齿类刀具或已成熟，菱形的边长也正反映出刀径宽度。

① ［梁］萧统编，［唐］李善注:《文选》卷十三，上海古籍出版社 1986 年版，第二册，第 582—584 页。

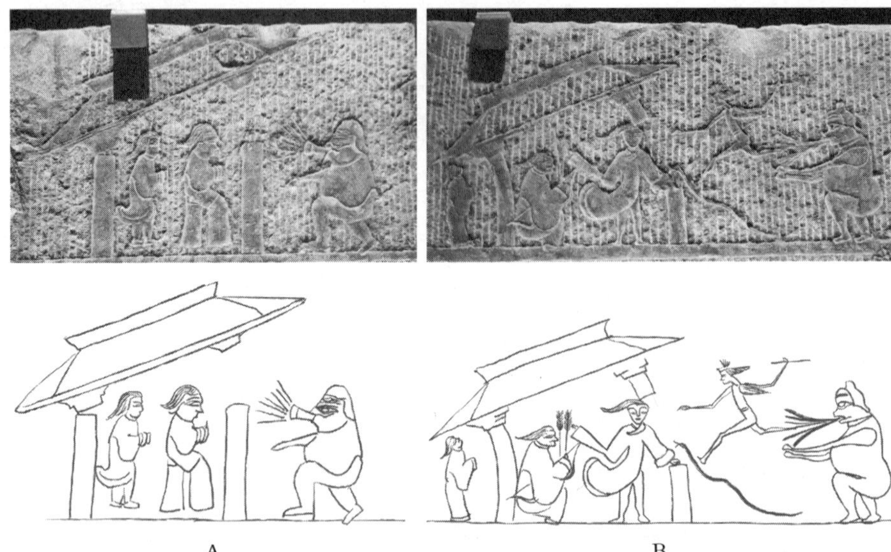

图 12　风伯图局部（嘉祥县五老洼出土，本人摄于山东博物馆并绘制线描稿，2019 年 7 月 21 日）

图 13　汉画像石菱形纹局部（本人摄于山东博物馆，2019 年 7 月 21 日）

图 14　肥城楼阁人物画像石纹饰局部（1956 年肥城县栾镇出土，本人摄于山东博物馆，2019 年 7 月 21 日）

上述案例反映的是历时性差异，图 14 所示肥城楼阁人物画像石纹饰和图 15 所示滕州泰山君画像则体现出共时性差异。题材与造型差异固然是认定不同工匠集团的重要指标，并以此推测粉本系统的差别。但是，雕凿技法的系统性差异会更加显而易见地作用于作品所呈现的风格类型。肥城楼阁人物画像石的垂幛纹上采用了 P−II 型点阵平面，观察可知每一点的作用方向及深度都有差异，应当是以凿、锥等刀口锐利的工具借锤子的外力敲打而成。而上方菱形纹的线条有更加细腻的装饰效果，不同于常见的 S−II 型平行线，应当使用了某种特别的工具。滕州泰山君画像则一概以极细而均匀的线条刻成，全部使用了尖锐的凿具或锥具：a 处菱形纹线条笔直、平行、等距，亦当与上文提到的耙齿类刀具或其他辅助作平行线的工具相关，细腻的刀法则与图 13 所举菱形纹形成鲜明的对比；b 处车上的棋盘方格形纹路的阴部也由细刀涂刻而成；车轴处有小点，经赵延梅老师提示，可知车轮的圆形乃以 c 点为圆心由规具制成。这些雕刻技法的系统性差异不啻技艺发展问题，更关乎地域工匠集团差别。邢义田谓此石“雕刻风格和构图都极具特色”①，正是体现在这些雕刻细节之中。

图 15　滕州孔子见老子小祠堂右壁画像石局部（泰山君）（1958 年出土于桑村镇西户口村，本人摄于滕州汉画像石馆，2019 年 7 月 18 日）

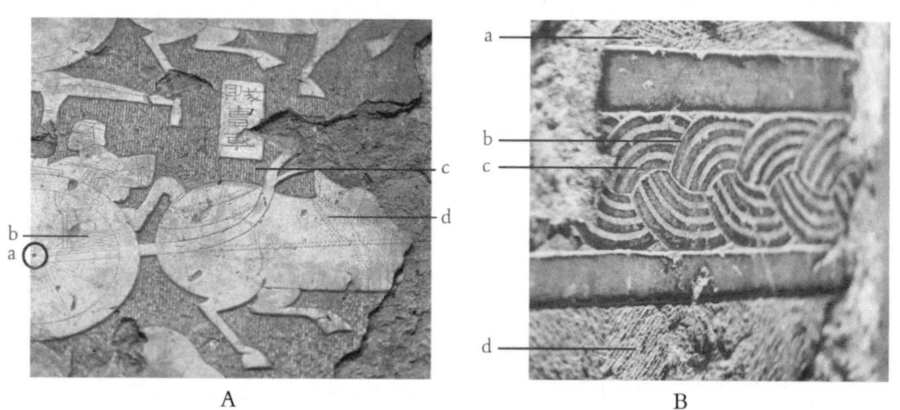

图 16　嘉祥武氏祠画像石图例（A.“贼曹车”，B. 饰纹。本人摄于武氏墓群石刻博物馆，2019 年 7 月 17 日）

① 《画外之意：汉代孔子见老子画像研究》，第 275 页。

作为汉画像艺术典范，东汉晚期的武氏祠画像在雕刻上可谓集大成者。在本次考察所涉调研对象中，武氏祠画像石面之平整、线条之流畅、线形之丰富，堪称独步。且以图 16 所示两张局部照片为例：A 包含车马主体，B 代表纹饰。在 A 中，a 点也是作车轮圆形的规矩落脚点，b 处交叉斜纹干净、均匀、流畅，可突出坚硬平滑的表面，马驾绳索以虚线 d 刻画，从而表现绳索质感，这也是超越其他画像石的精细之处。值得注意的是，武氏祠画像石在减地后，对阴部也做了平整处理并刻出密集的平行线 c 以形成 S-I 型平面。此类做法在其他画像石中虽司空见惯，线条如此细腻规整则实属罕见。这一例可以说明，建造武氏祠的石匠已有非常成熟的尺规、凿刻刀具。B 中包括三种常见的纹饰，体现出雕凿工具的丰富性。菱形纹 a 是上文提到的常见几何纹，此处不论。画面中间是几何化的二龙交尾纹（M-III）。值得注意的是，b 和 c 刀径不一，切口也有 U 形与 V 形的差异：b 刀径较细，V 形深切，类似于木刻版画中的三角刀，石匠或以铁凿雕刻；c 刀径较宽，切面呈 U 形，类似于木刻版画中的圆刀，石匠或以小铲刀刻画。纹样 d 初看属于波浪纹。实际上，建立模型如图 17 所示。细致解析这一纹样可知：它是以一组平行的自由 S 形曲线组成的 *x* 区域为基本图像单位，沿 ***m*** 轴做轴对称变换得到 *y* 区，从而重复拼贴、延展成带状纹饰。因此，雕凿这一纹饰的要义仍然是稳定生产平行的自由曲线，这也再次证明至东汉后期可能已有耙齿状刀具或其他能辅助雕刻稳定、笔直平行线的工具。

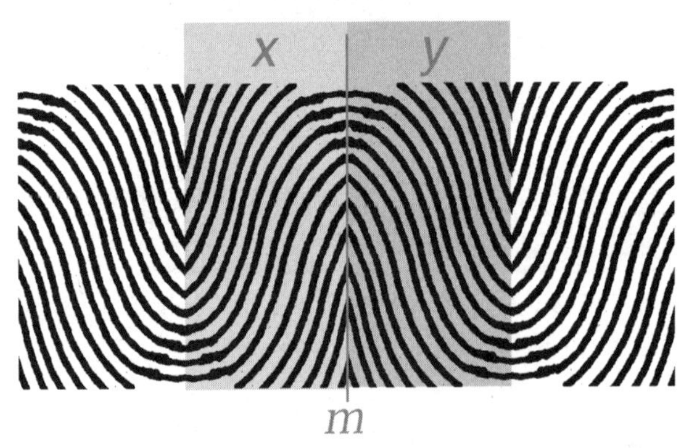

图 17　C-III 型纹样图解（本人绘制）

第三，部分典型的单石通过原境分析可以判断石匠运刀方向。他们的处理方式或出于偶然，但客观上呈现出了特殊艺术效果。图 18 所示画像石当属西汉末或东汉早期①，采用沉雕，主题图像做剔地处理。仔细观察刀痕，可知此石是先在表面铺上了一层 S-II 型平面线作为背景，再勾勒轮廓，边缘处以尖锐的凿刀（效果类似于木刻中的斜口刀）塑形，最后以平刀剔除剩余部分。观察图中圆圈内的马腿细节可知，剔地部分深浅不一，刀具沿箭头方向运作。这样处理石面，客观上再现了马的动势。图 19 所

① 朱锡禄：《嘉祥五老洼发现的一批汉画像石》，《文物》1982 年第 5 期，第 71—78 页。

示沂南北寨汉画像石线条精美细腻，但它的减地方式与武氏祠画像石十分不同，它并没有平整表面、铺上平行线这一步。仔细观察可以确切地认定它是由小铲刀刻成的，运刀方向杂乱，大体沿主体轮廓散开。这样的刀法使背景变得模糊，主体则显得十分清晰，这正如现代摄影中的景深效果。

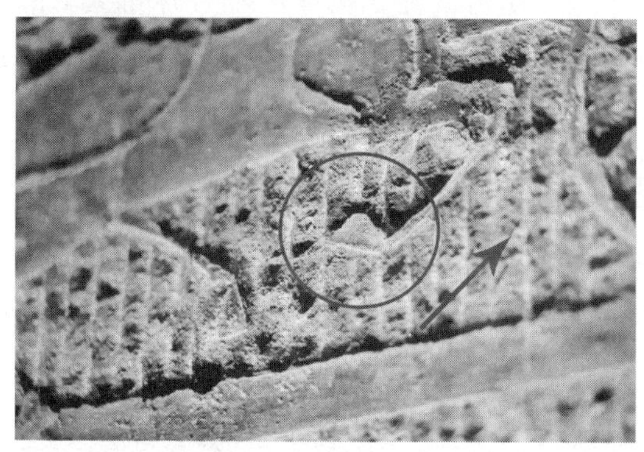

图 18　嘉祥五老洼车马图局部（本人摄于山东博物馆，2019 年 7 月 21 日）

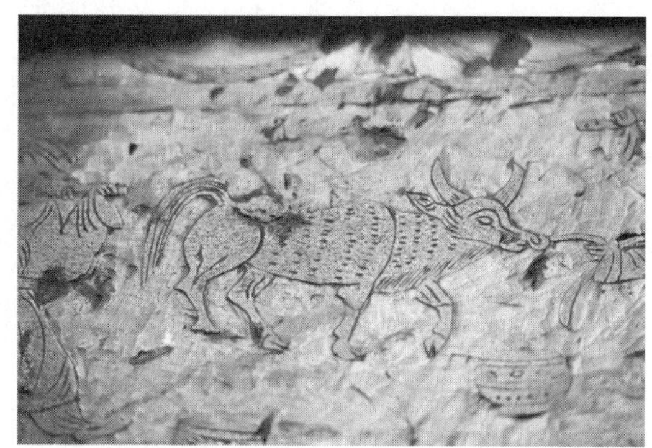

图 19　沂南北寨汉画像石墓耕牛图局部（本人摄于沂南汉墓博物馆，2019 年 7 月 19 日）

第四，在考察单石原境的过程中还应注意客观看待工匠的瑕疵。笔者虽极力强调汉画像石中已有更高阶段艺术形式的萌芽，但不可否认的是，汉画像石整体尚处于早期阶段。首先，在尝试表现物体的立体结构时，工匠往往并未准确掌握焦点透视法。如图 20 所示东汉画像石上的车马图中，线条加工均已达到前文所说的精美标准，且十分难得地表现出了马车的立体结构。但我们若延长工匠所绘的三条在现实空间中平行的线段，直线 a、b、c 看似平行，实则 a、b 相交于画面外，b、c 相交于画面内，违背了“近大远小”的科学透视规律。

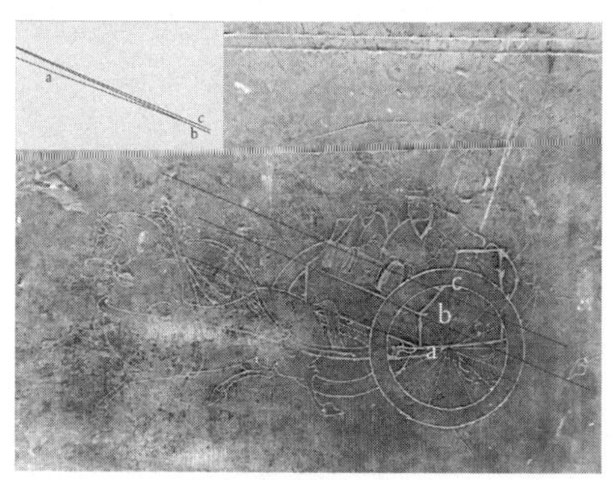

图 20　车马出行图画像石（烟台市福山县东留村出土，本人摄于山东博物馆并绘制线描图，2019 年 7 月 21 日）

其次，值得一提的是，汉画中尝试以焦点透视法表现事物的空间形态的失败并不意味着武氏祠风格的落后。拙文《时空转换与体用之辨——从建筑题材看汉晋时期的赋画关系》[①]已对几幅桂树枝条的缠绕方式（图 21 至 24）做出较为详细的分析，并赞同巫鸿复古主义的认定。简单说，观众不应将思维局限于接近再现到超越再现的西方艺术史观。中国后代也一直没有发展出绝对准确的焦点透视法表现传统，方闻等多位书画史研究者都揭示了中国造型艺术中对"道"的强调。如此，武氏祠风格的剪影更像是承载神圣寓意的图像符号。

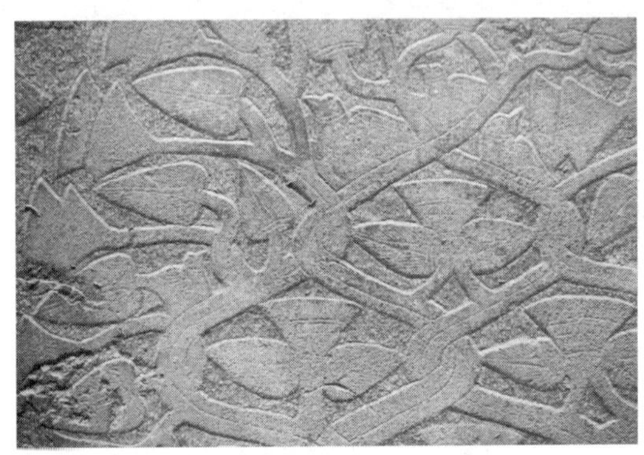

图 21　嘉祥武氏祠射爵图桂树局部（本人摄于武氏墓群石刻博物馆，2019 年 7 月 17 日）

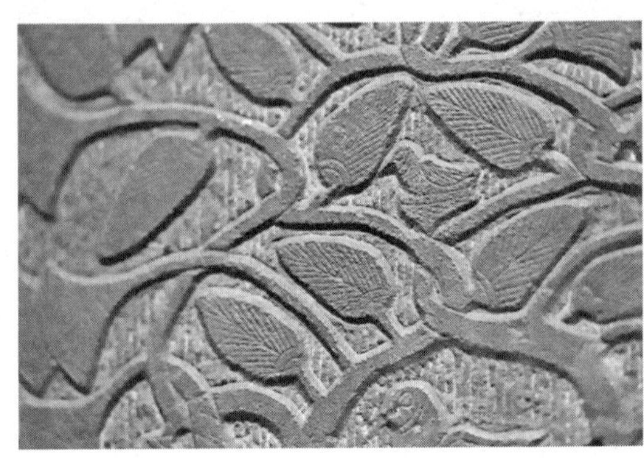

图 22　嘉祥宋山射爵图桂树局部（本人摄于山东博物馆，2019 年 7 月 21 日）

图 23　嘉祥宋山汉画像石桂树局部（本人摄于山东博物馆，2019 年 7 月 21 日）

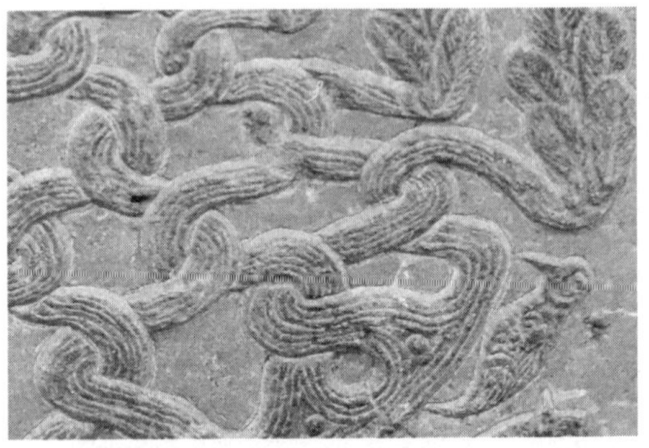

图 24　微山地区射爵图桂树局部（本人摄于微山县文管所，2019 年 7 月 18 日）

此外，学徒技艺不够精湛也是产生瑕疵的重要因素。我们今天看到的画像石不可能全部出自熟练工之手，匠人的技艺总是从生疏到精湛的。经观察认为，大街汉墓中部分画像石刀工存在明显瑕疵：

① 详参《形象史学》第十五辑，社会科学文献出版社 2020 年版，第 226—227 页。

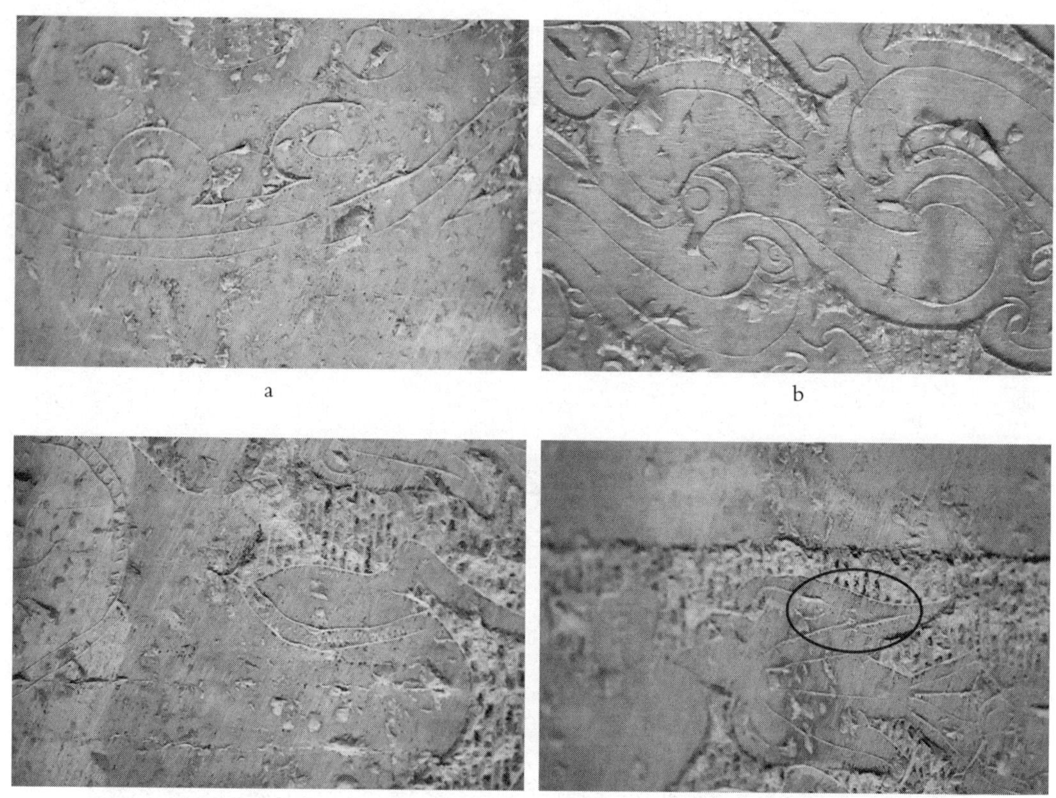

a b c d

图 25 大街汉墓画像石局部（本人摄于山东博物馆，2019 年 7 月 21 日）

图 25a 所示云纹的刀法十分稚嫩，工匠用力明显不均，多处存在断裂、续刻的情况。这虽与石质不均匀有关，工匠经验值不足也是显而易见的。图 25b 中包含相似的线条，经比对可以发现，此处技法娴熟、线条流畅。图 25c、图 25d 所示马、鸟局部图也是同样的情况。这些石材表面较为光滑、平整，并非物质条件不足，极可能缘于工匠手艺生疏。顺便一提，图 25d 鸟翅圈内所示两根线收尾暴露出该工匠所用刀口为 V 形凹槽，而这正是考察单石原境的收获。生疏的技艺将更多图像生产的背景信息暴露于历史现场，后人回到原境，破解秘方，也未尝不是一件有意义的事。

相似的案例还有图26所示收藏于临沂市博物馆的这块石碑①。馆方工作人员指出，它的两边有同样一行字，但并未对齐，右边紧凑而左边疏朗，可能缘于刻工不打草稿，第一遍章法布置失当，第二遍有经验后便合理布局。可见，刻工勒石或如庖丁解牛一

① 按，临沂市博物馆所藏单石多缺乏出土信息标识，故笔者难以给出准确称谓，尚需进一步调查。下文临沂地区石刻出土信息缺失者原因同，不再另行说明。

般成竹在胸，存在即兴刻写的情况，未必都有精心准备。观察具体笔画，我们还能得到一些佐证——图 26b 所示“人”字捺处有补笔的情况。刻工在第一笔该加重时突然收住，这也应当归咎于工匠尚不熟悉雕凿技艺。“馬”字的横折竖则表现得更加明显：就书法而论，它理应横轻竖重，折笔应当藏锋；而这里，折笔处明显打滑。有过印章篆刻经验的人都知道，石料若不均匀，技艺若不娴熟，走刀极易失误。与四川渠县沈府君阙上的字体比较，它们具备共同的时代风格。但是沈府君阙上的字刻画成熟，临沂这块碑折射出民间刻工的情况——雕凿者甚至可能并不识字，仅仅是依葫芦画瓢地“画”出了这几个汉字。

a

b

图 26　临沂地区石刻（a. 整体；b. 局部。本人摄于临沂市博物馆，2019 年 7 月 19 日）

总之，运用不同的雕刻技法，点与线在不同地区的汉画像石上构成了不同风格的图像空间。作为一个相对抽象的理论范畴，若不能落实到技术细节，风格的讨论便会流于空疏浮泛。通过具体考察分析单石原境中的加工技艺，我们可以获得更加丰富的历史信息，从而准确地认识不同地区或工匠集团的特点。

三、阐释：形象与寓意

风格分析是为了更好地解释形象。皮尔斯将符号划出了三个层次，包括图像符号、指所符号、象征符号。过往的汉画研究常常胶着于图像程式意义，但如果用三分法的图像符号观念来看待这些问题，情况或许有所不同。且以鲁中南地区大量出现的“双鱼图”为例。

图 27A、B、C 皆出自滕州地区，我们可以看到“双鱼”的三种排列方式：并列关系、前后关系、对称关系。这样的排列方式表现出构图上的考量：图 27A、B 出自同一块画像石，即图 27D；图 27B 位于画像的中心，图 27A 与其对称的图像分属两侧。除了一前一后的双鱼，这块画像石上还有其他灵兽，它们相向而行，指向画面中心，富于装饰性。倘若要探讨其寓意，整体构图至关重要。

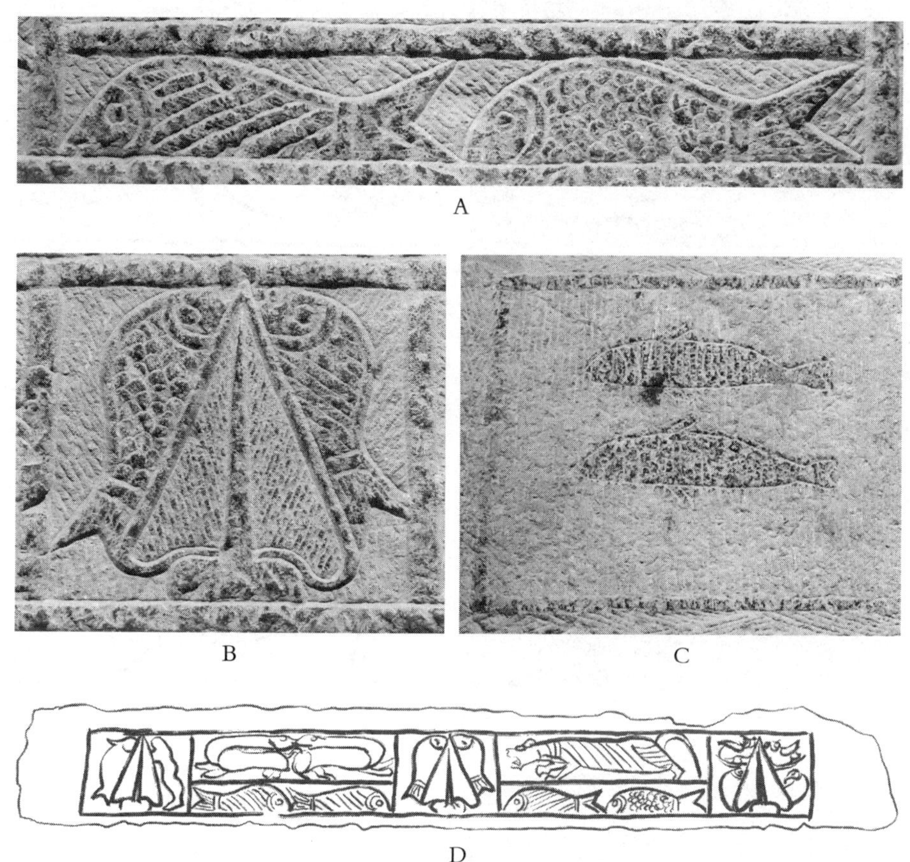

图 27　滕州地区汉画像石中的双鱼图样（本人摄于滕州汉画像石馆并绘制线描图，2019 年 7 月 18 日）

图 28 所示水榭垂钓图在滕州地区大量存在，水榭等建筑也昭示着当时鲁南地区独特的地理环境，水榭垂钓图也成为独特的图像程式。但这三块画像石上鱼的数量及排列方式不尽相同，以复数形式存在的鱼群或许仅仅表现为数量的多寡，具体数目则具有偶然性。又如微山县文管所藏有一块水榭垂钓图残石（图 29），画面上共有六条鱼，其中三条被钓起，另外三条在构图上共享一颗鱼头，较为特别。此图下层则是表现水鸟食鱼的画面。这一水榭垂钓图中的鱼以三为基数，并非双鱼，但仍应和前列滕

州地区的垂钓图属于同一母题，食鱼图也应与水榭垂钓图联系起来理解。因此，此处的“双鱼”存在仅仅是反映当地生活场景的可能。

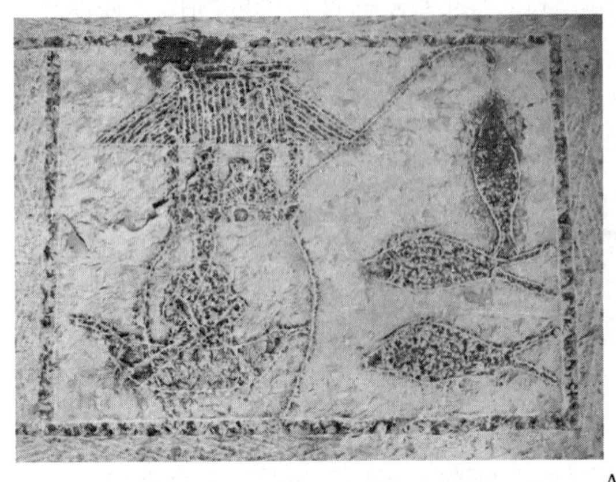
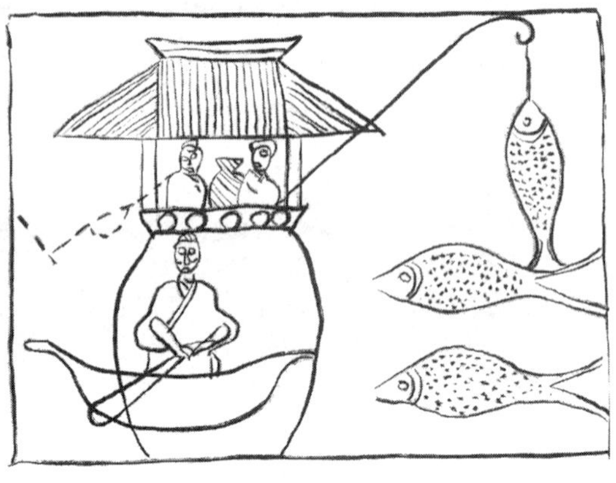

A

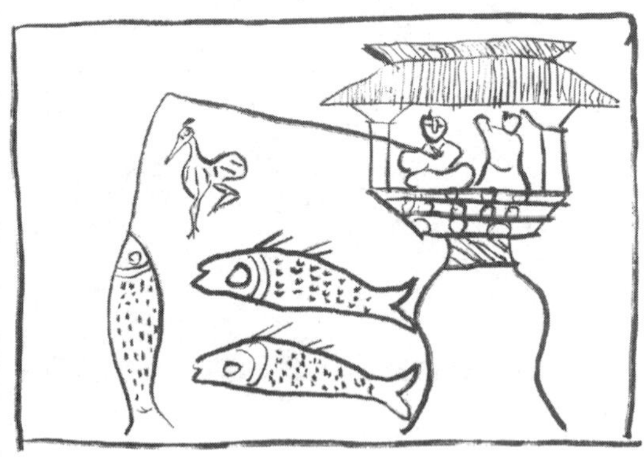

B

C

图 28　滕州地区水榭垂钓图（本人摄于滕州汉画像石馆并绘制线描图，2019 年 7 月 18 日）

图 29 水榭垂钓图(残)(本人摄于微山县文管所并绘制线描稿，2019 年 7 月 18 日)

图 30A、B 都是临沂地区庖厨图中的双鱼形象，它们或悬挂，或入盘，属于庖厨场景的一部分，其功能本质是食物应无疑议。图 31 则是临沂地区画像石中的鱼车出行图，这一图像程式也常见于其他地区的汉画像石，功能为驱动河伯等水神的车驾。陆上出行靠马，河伯出行自然仰仗在水中飞快游动的鱼。这三幅图中双鱼的排列方式也是并列关系，但相同的排列方式在不同的图像单元组合中被赋予了不同意义。

A

B

图 30 临沂地区庖厨图(本人摄于临沂市博物馆，2019 年 7 月 19 日)

那么鱼本身有何含义呢？闻一多先生《说鱼》一文已给出影响颇大的说法：鱼因其强大的繁殖能力而有“多子多福”的含义，如“烹鱼”喻合欢或结配，“钓鱼”亦是求偶的隐语，“鱼戏莲叶”也有男女相爱的意味。[①] 但是，这并不能简单地套用在汉画像石上，如认为图 28 所示水榭垂钓图有求子之意，便有过度阐释之嫌。我们不妨将目光转移到其他同时

图 31 临沂地区鱼车出行图(本人摄于临沂市博物馆，2019 年 7 月 19 日)

① 详参闻一多《说鱼》,《神话与诗》，上海人民出版社 2006 年版，第 98—116 页。

图 32　汉双鱼洗（本人摄于济南博物馆，2019 年 7 月 21 日）

期的器物上看：调研期间所阅济南博物馆汉双鱼洗十分常见，如图 32 所示。清人端方《陶斋吉金录》中著录了大量汉洗，不少具备鱼的形象（图 33）。其中，a 有铭文曰“君宜子孙”，b 有铭文曰“长宜子孙”，自可全然对应于闻一多的解说，寓意十分明确；而 c 是三公洗，d 为大吉王洗，都有身份的象征，d 左侧物象并非鱼类，笔者经验有限，尚难以判定。若着眼于传世文献，“双鱼”则还有别的含义。如《饮马长城窟》有“客从远方来，遗我双鲤鱼。呼儿烹鲤鱼，中有尺素书”，吕向注云：“鱼者，深隐之物，不令漏泄之意耳。命家童杀而开之，中遂得夫书也”①；《枯鱼过河泣》有“作书与鲂鱮”②；《史记·陈涉世家》更有著名的鱼腹传书故

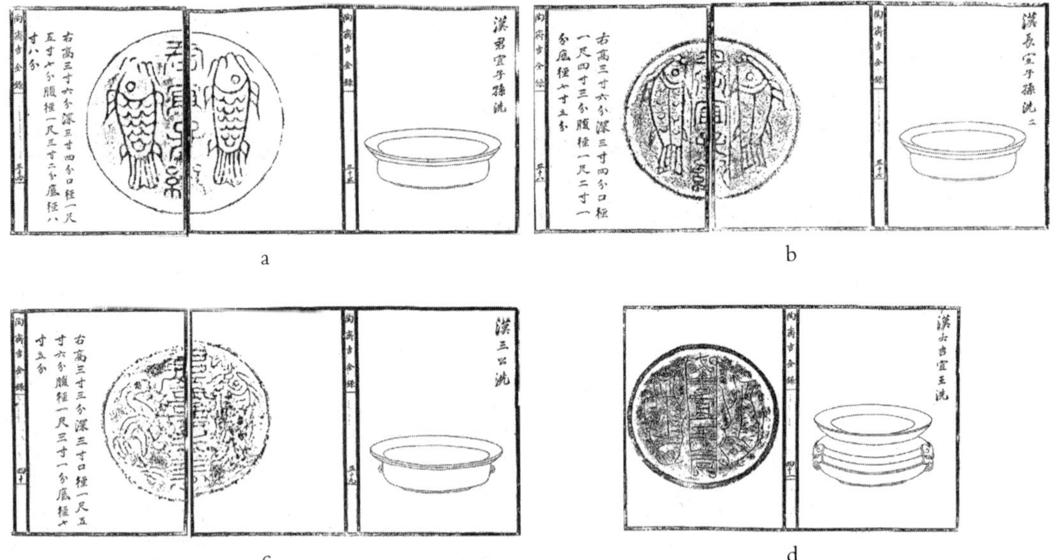

图 33 《陶斋吉金录》著录汉洗（a.“君宜子孙”洗，b.“长宜子孙”洗，c.“三公”洗，d. 大吉王洗。引自［清］端方《陶斋吉金录》卷六，光绪三十四年石印本）

① ［南朝梁］萧统选编，［唐］吕延济、刘良、张铣、吕向、李周翰、李善注：《日本足利学校藏宋刊明州本六臣注文选》卷二十七《乐府上》，人民文学出版社 2008 年版，第 421 页 1684。

② ［宋］郭茂倩编：《乐府诗集》卷第七十四《杂曲歌辞》，中华书局 1979 年版，第 1044 页。

事——“乃丹书帛曰‘陈胜王’，置人所罾鱼腹中。卒买鱼烹食，得鱼腹中书，固以怪之矣”[①]。在这些材料中，“鱼”成了传递书信的载体，“双鱼”的含义便与“君宜子孙”相去甚远。“鱼腹传书”故事中的“鱼”更被赋予了表露天机的神圣性。以上种种，都引导我们思考：形象与寓意是否完全对应？意义是否会发生变化？笔者恐怕难以在短时间内给出圆满的回答，但希望各位同仁在研究图像程式含义时不妨追问：这一图像一定有这样的寓意吗？我们是否求之过深？

邢义田指出，今人应“尽可能放下自己的眼镜，透过例如汉画像石、画像砖、壁画之类的视觉性材料和传世或出土的文字，设身处地，将心比心地去参透古人内心的所信所思所感”。[②]然而，诚如张光直所言，“用文献来佐证古人的真实判断未必总是站得住的理由，因为话不是被说出来而是被用文字记下来，难免会有一些偏颇”。[③]考察的目的是要一一确认历史的碎片，努力复原本初的面貌。在碎片不足以大体还原完整形象的情况下，先行在脑海中想象出一个模样则是危险的。笔者学力有限，谨将上述想法公之于众，抛砖引玉，留待方家指正。

① ［汉］司马迁撰，［南朝宋］裴骃集解，［唐］司马贞索隐，［唐］张守节正义：《史记》卷四十八《陈涉世家》，中华书局1982年版，第1950页。

② 《画外之意：汉代孔子见老子画像研究》，第141页。

③ 张光直：《考古学：关于其若干基本概念和理论的再思考》，生活·读书·新知三联书店2013年版，第117页。

观像有感

——以鲁中南地区汉画为中心

王传明

今年盛夏，在《形象史学》、出土文献与中国古代文明研究协同创新中心历史所分中心的召集下，我们一行二十余人在鲁中南地区进行了为时七天的汉画调研活动。实地考察的所经之地和行程安排，调研活动结束后主办方发布的《考察记》中已有非常详细的报道，此不赘述。此调研报告原为略显轻松的杂记，后应主办方的要求改为此学术论文，但文章的主线并未改变，仍是循着自己这七天的所见、所感和所想写就，只不过略去一些主观的看法、增添了一点内容而已。

实地考察所到的博物馆或文管所，其内画像石的陈列多无玻璃橱窗所隔，有的虽有警戒绳，人不能入内，但仍可探身观看其细部特征。原来所看多为书中的拓片或照片，并不似看画像石本身这么直观，此次得以一观原石，对过去一些问题的认识有了不同程度的提升，也意识到了几点过去没有注意到的问题。因此，在调研活动最后一天的研讨环节中，我以《汉画调研随想三则》为题，就实地考察过程中所见鲁中南地区汉画中的动物正面形象、界框与越界以及石椁画像的原境复原三个问题进行了汇报。虽然当时也对其他画像题材或问题进行了关注，时至今日也未能进行系统的梳理，尚不能形成有效的文字，故本文仍主要围绕着上述三题展开。

一、动物正面（背面）像的呈现

笔者对动物正面或背面像的关注，缘起于早些时候读到的郑岩先生《说马三题》一文[①]，文中有一题为“正面的马　背面的马”。先生在该题中写道：“在考古发现的墓室彩绘壁画、画像石、画像砖中，诸如出行、交兵、谒见、马厩、升仙等题材的画像，都有马的形象。这些马绝大多数是侧面的形象。但在山东汉画像石中，偶尔也可以看到一些正面的，甚至是背面的马。”这确实是非常有意思的话题，恰好读完先生之文后不久便去参观了山东博物馆，并找到了陈列于馆内的雕刻有正面或背面马画像的原石。其他正面或背面马画像，则由于分散于其他市县，不得一观。确定参加此次调研活动后，这个有意思的问题又浮现于笔者脑海，成为最先被确定的关注点。

巫鸿先生在其《武梁祠：中国古代画像艺术的思想性》一书中将正面和对称构图的西王母或东王公像称作“偶像型”，而把其他全侧面或四分之三侧面画像称为“情节型”。[②]纵览两汉时期的墓室绘画，绝大部分画像均以全侧身或四分之三侧面呈现，只有那些占据主神或主人位置的人物才为正面像。但是从郑岩先生书中来看，偏偏就有这些骑吏或车马以正面像示人，而马或车上之人有的显然并不是墓主人。不仅如此，有的骑吏或车马被置于其他侧身骑吏或车马之中，参与构建的是一个更大规模的情节型构图。如此，这些虽有着“偶像型”构图，但却无偶像崇拜之实的动物画像便显得格外特别了。因为早先所读郑岩先生的文章是以马为题，所以考察之前所预想的也只是留意正面或背面的马画像，却不承想不仅发现了另外一种侧身正面马的构图，还发现了其他动物如虎、龙、凤鸟（或朱雀）等的正面画像。这些动物正面像的呈现方式多样，且不同动物所侧重的表现方式亦不相同。面对这些别出心裁的动物正面或背面画像，不禁会使人想象：到底是什么原因驱使工匠们花费心思去设计这些造型独特但却并无偶像崇拜意味的动物正面形象呢？既然由马入题，那就先从正面或背面马来看吧。

---

① 郑岩：《说马三题》，《看见美好》，人民美术出版社 2017 年版，第 50—76 页。

② ［美］巫鸿著，柳扬、岑河译：《武梁祠：中国古代画像艺术的思想性》，生活·读书·新知三联书店 2006 年版，第 149—157 页。

1. 此马非马

郑岩先生的书中列举了发现于山东济宁、邹城、嘉祥和安丘四地的正面或背面马的画像。这些画像石上的马确实为正面或背面的形象，但是它们并非独立的个体，而是与骑吏或车组合在一起的“拼图”画像。从视觉成像的角度来看，正面而立的马，马的前半身和马头会对其后半身形成遮挡，从而看不到后半身的情形；背身而立的马，其后半身虽不会遮挡住前半身，但却无法看到马的面部，有失其神韵。单纯的正面或背面马是非常难以绘制的，于是我们看到了古人以马与骑吏或车相组合的方式完成了正面或背面之马的描绘。伴随而来的问题是，这样的马已非严格意义上的完整的马，它们身体的部分被骑吏或车所取代，如此便有了本节题目“此马非马”的由来。除了先生书中所列，笔者实地考察和翻阅相关资料又发现有其他正面或背面马画像，与先生所列一起按其载体的不同进行介绍。

鲁中南地区的正面或背面马画像主要见于石椁墓和画像石墓或祠堂，画像石椁出现的时代要早一些，在西汉早期便已开始出现，而画像石墓或祠堂的流行时代要晚。对载体的区分，有助于我们观察不同时代正面或背面马形象表现的侧重与演变。画像石椁上的正面马画像主要发现于微山、滕州、济宁和邹城四地，已发表的材料有微山县两城乡出土的一石椁挡板上的双阙骑吏画像[①]，滕州马王村汉墓的石椁一挡板刻双阙骑吏、马车画像[②]，济宁师专M4石椁一侧板右格内的双阙厅堂骑吏画像，师专M10石椁一挡板上的双阙骑吏画像[③]，邹城卧虎山汉墓M2南石椁一侧板内侧左格内的双阙门吏、骑吏画像和该侧板外侧左格内的厅堂门吏、马车画像[④]（图1）。此次调查过程中也有所发现，微山县文管所藏一石椁档板的厅堂下方有二骑吏画像，滕州马王村出土的一石椁侧板左格刻双阙门吏、骑吏画像（图2）。初步可知，与骑吏组合的正面马画像通常与双阙共同出现，骑吏的数量有一、二之别，但是他们的手中都持有戟。与骑吏组合的正面马出现时代稍早，大约在西汉中期稍晚的时候，而与车组合的正面马和与骑吏组合的背面马出现的时代要晚，可至东汉早期。虽言正面或背面马，但是并非所有画像中的人与马都呈全正面或背面，有的人或马的头部是偏向一侧的。与这种正面

① 马汉国主编：《微山县画像石选集》，文物出版社2003年版，第50—51页。

② 山东省博物馆、山东省文物考古研究所：《山东汉画像石选集》，齐鲁书社1982年版，第36页图330。

③ 济宁市博物馆：《山东济宁师专西汉墓群清理简报》，《文物》1992年第9期，第22—36页。

④ 邹城市文物管理局：《山东邹城市卧虎山汉画像石墓》，《考古》1999年第6期，第43—51页。

马的造型不同，微山县还发现有一种侧身正面马画像。已发表的材料有微山岛乡出土的一石椁侧板右格内的侧身正面马画像①。此外，笔者还在微山县文管所内看到同样的画像，其中一石椁挡板上刻侧身正面马，一石椁侧板中格双层楼阁的右下有一侧身正面马（图3）。

图1　鲁中南地区画像石椁上的正面马画像

1. 微山县两城乡出土的一石椁挡板；2. 滕州马王村汉墓的石椁一挡板；3. 济宁师专 M10 石椁一挡板；4. 济宁师专 M4 石椁一侧板；5. 邹城卧虎山汉墓 M2 南石椁一侧板内侧；6. 邹城卧虎山汉墓 M2 南石椁一侧板外侧。

如果暂且不论背面马画像，会发现西汉中晚期的古人对正面马的呈现从两个方向做了尝试，一个方向为在全侧身之马的基础上将马首扭转为正面；另一方向为将马与骑吏或车组合在一起，以它们来表示因遮挡关系而无法描绘的马后半身的存在。两种尝试与全侧身之马画像的对比可知，如果说第一种尝试只是全侧身之马基础之上的微调整的话，那么后一种尝试则可谓是一种破题而生的创制。侧身正面马虽然在一定程度上实现了正面马的表现，但是这种技法下的马颈部变得粗短，与身体的其他部分不甚协调，马的

1

2

图2　实地考察所见石椁之上正面马画像

1. 微山县文管所藏一石椁挡板；2. 滕州马王村出土的一石椁侧板（局部）。

① 《微山县画像石选集》，第72—73页。

1

2

3

图 3 鲁中南地区侧身正面马画像

1. 微山岛乡出土的一石椁侧板；2. 微山县文管所藏一石椁侧板；3. 微山县文管所藏一石椁挡板。

神韵尽失。不仅如此，此技法下的侧身正面马难以刻画多马并行的场面，原本可以刻画多匹马侧身并行的空间只能容纳下一侧身正面马。所以，这种侧身正面马均为一马单独出现，不见有二马和多马共存者。反观与骑吏或车组合的正面马画像，古人以此很好地解决了正视状态下的马二维呈现问题，实为透视构图之法的一种别样跨越。另外，这种正面马所占据的空间并不多于全侧身之马，甚至比侧身之马更小，且对并行之马的表现也不逊于侧身之马。因此，无论从马的形象优化，还是石材空间的有效利用来看，侧身正面马都不算是一种成功的尝试。估计古人也发现了这种侧身正面马的构图缺陷，于是它仅于西汉中晚期在微山地区昙花一现便消失了，此后再也未出现。而与骑吏或车组合的正面马画像，在东汉时期的画像石墓中仍可发现，显示出它的先进性。至于背面马画像，虽然它在画像石椁上的出现时代略晚于正面马画像，且也非独立的构图，而是与正面马组合出现，形成一正一反的对比性差异，但是背面马画像在西汉时期其他载体上出现的时代要早很多。长沙城北发现的马王堆三号汉墓的内棺西壁张挂有一幅帛画《车马仪仗图》（或称《军阵送葬图》），帛画中部下方是一个威武的骑兵方阵，计一百骑，其中纵十四列，每列六骑，均为骑吏与马组合的背面马形象。骑吏多正视前方，也有头部偏向一侧者①（图 4）。这说明古人对背面马形象的构想与描绘并不晚于正面马。

① 湖南省博物馆、湖南省文物考古研究所：《长沙马王堆二、三号汉墓》，文物出版社 2004 年版，第 109—114 页。

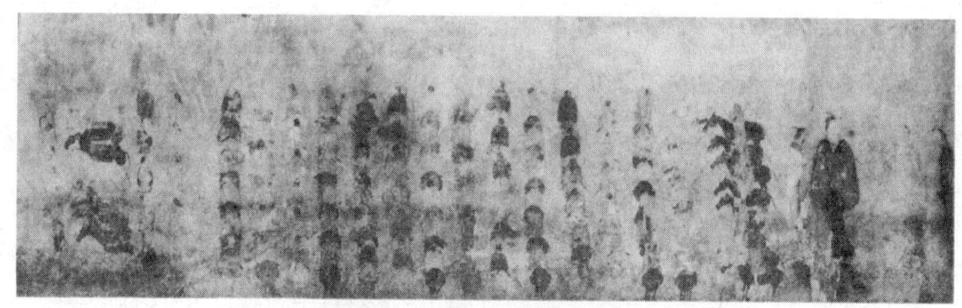

图4　马王堆三号汉墓《军阵送葬图》(局部)

东汉时期的画像石和祠堂上也见有正面或背面马画像，它们均为与骑吏或车相组合的正面或背面马形象。正面马画像的发现较多，其中嘉祥县武氏阙西阙子阙的阙身背后最下格有二骑吏，二人的头部均偏向内侧[①]；武氏祠左石室后壁下部小龛西壁的最下格有一骑吏，人与马的头部均偏向右侧[②]；宋山祠堂右壁最下格有一骑吏，人与马的头部均右偏[③]；宋山村出土一石的最下格也有一骑吏，人与马的头部亦右偏[④]；而该村出土的另一石的最下格同样有一骑吏，只是仅仅人的头部偏向左[⑤]；微山县两城乡出土一石的厅堂下方有二骑吏[⑥]，梁山县城关公社茶庄出土一石柱的侧面有一骑吏，人与马的头部均偏向右[⑦]；梁山镇后集村出土一石柱的侧面有一骑吏，人与马的头部均偏向左[⑧]。与车组合的正面马画像均与骑吏共出，嘉祥县五老洼出土一石最下方的双阙间二骑吏和一车，骑吏的人与马均为正面，车前四匹马的中间二马亦为正面，两旁二马则为全侧身[⑨]；该县吴家庄观音堂画像石最下方的双阙间和两旁有四骑吏和一车，骑吏的人与马均为正面像，车前四匹马的中间二马亦为正面，两旁二马则为全侧身，与上不同的是此二马的前足做腾空状[⑩]；该县纸坊镇敬老院出土一石的下部中间有二骑吏和一车，骑吏的人与马均为正面像，车前四匹马的中间二马亦为正面，而两旁二马的头部偏向外侧[⑪]。

---

① 蒋英炬、吴文祺:《汉代武氏墓群石刻研究(修订本)》，人民美术出版社2014年版，第10、24页。

② 《汉代武氏墓群石刻研究(修订本)》，第102　103、153页。

③ 《山东汉画像石选集》，第27页图189。

④ 《山东汉画像石选集》，第27页图188。

⑤ 《山东汉画像石选集》，第26页图185。

⑥ 《微山县画像石选集》，第138—139页。

⑦ 《山东汉画像石选集》，第45页图454。

⑧ 中国画像石全集编辑委员会:《中国画像石全集》(第2卷)，山东美术出版社2000年版，第12页图37。

⑨ 朱锡禄:《嘉祥五老洼发现一批汉画像石》,《文物》1982年第5期，第71—78页。

⑩ 《中国画像石全集》(第2卷)，第45页图129。

⑪ 嘉祥县文管所:《山东嘉祥纸坊画像石墓》,《文物》1986年第5期，第31—41页。

也有背面马与正面马共出的画像，邹城大闫庄出土一石的双层楼阁下方柱间有四骑吏，左二为正面像，马首偏向外侧，右二为背面像，马首偏向内侧①；安丘董家庄汉墓中室南壁横梁右石有二骑吏，左一为正面像，右一为背面像，人与马的头部均偏向左侧②（图5）。不与正面马共出的背面马画像也有发现，武氏祠前石室后壁下部小龛西壁第三格有一骑吏，人与马的头部均偏向左侧③；滕州西户口出土一石的下格最左有二骑吏，马首偏向内侧④；莒县东莞出土2号石背面第六格有一骑吏，马首偏向左侧⑤；泰安旧县村出土一石的最左有一骑吏，马首同样偏向左侧⑥（图6）。

图5　鲁中地区画像石上的正面马画像

1. 嘉祥县武氏阙西阙子阙；2. 武氏祠左石室后壁下部小龛；3. 宋山祠堂右壁；4. 宋山村出土一石；5. 宋山村出土另一石；6. 微山县两城乡出土一石；7. 梁山县茶庄出土一石柱；8. 梁山镇后集村出土一石柱；9. 嘉祥县五老洼出土一石；10. 嘉祥县吴家庄观音堂画像石；11. 嘉祥县纸坊镇敬老院出土一石；12. 邹城大闫庄出土一石；13. 安丘董家庄汉墓中室南壁横梁右石。

如此，我们基本上完成了对鲁中南地区正面或背面马画像的梳理。由这些发现可知，古人对非全侧身之马在石材上的刻画是从正面马开始的，并且从侧身正面和全正面两个方向进行了尝试。而后，基于两种构图技法的优劣性，当地的工匠抛弃了表现

① 《山东汉画像石选集》，第22页图133。

② 安丘县文化局、安丘县博物馆:《安丘董家庄汉画像石墓》，济南出版社1992年版，第13页图版18。

③ 《汉代武氏墓群石刻研究（修订本）》，第96、136页。

④ 《山东汉画像石选集》，第30页图224。

⑤ 刘云涛:《山东莒县东莞出土汉画像石》,《文物》2005年第3期，第81—87页。

⑥ 中国画像石全集编辑委员会:《中国画像石全集》（第3卷），山东美术出版社2000年版，第70页图206。

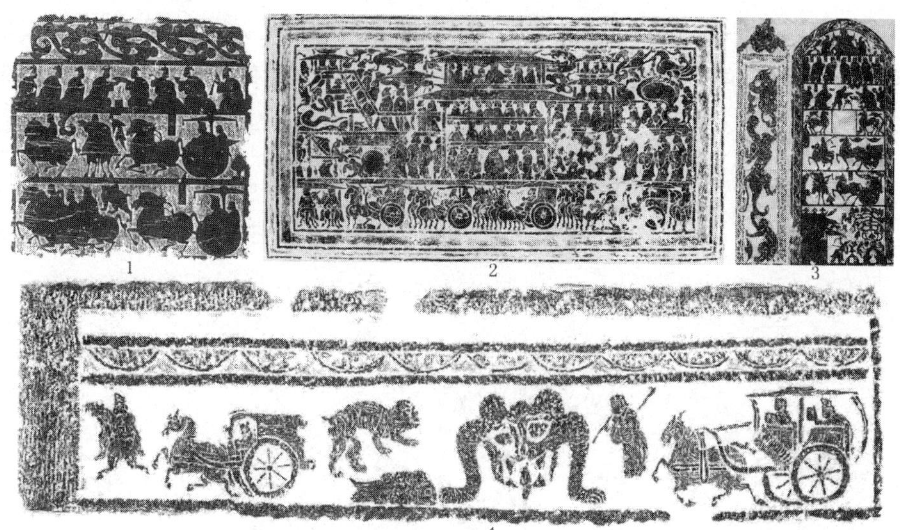

图6 鲁中南地区背面马画像

1. 武氏祠前石室后壁下部小龛西壁；2. 滕州西户口出土一石；3. 莒县东莞出土2号石；4. 泰安旧县村出土一石。

力和实用性均较差的侧身正面马构图技法。背面马最初是以与正面马共存的形式出现的，形成正反对比的差异，东汉中晚期方脱离正面马以独立的形式出现。这种独立性只是相对而言，因为不管是背面马，还是正面马（侧身正面马除外），它们都并非单独构图，而是被置于数量多寡不一的马或车之间，为常见的画像题材车马出行图的一部分。上述二十余例正面或背面马画像与侧身之马的数量比起来，不及其万一。这种悬殊的对比更促使笔者去思考一个问题，是什么原因诱使工匠们做着这种尝试，让他们心甘情愿地设计出正面或背面马的构图，并精心雕刻于石材之上。

巫鸿先生认为，大量证据表明（全侧面或四分之三侧面的）情节型构图是东周以来创作早期中国人物画的传统方式，而（正面和对称构图的）偶像型构图则是一种新方法，只是到公元1世纪才开始流行[①]。先生对于人物形象构图方式发展历程的推断也适用于古人对于马的不同造型的刻画，只不过时间上略有不同。美国弗利尔美术馆藏的一件春秋晚期或战国早期狩猎纹铜鉴的外壁刻有狩猎纹，其中一车上有二人，一御者驾车向前，另一人手持一长矛，朝后与一兽斗。驾车的四匹马，近端的二匹为正常的侧身像，而稍远的二匹马则背部朝下，四足朝上[②]。古人欲表现的是四匹马拉车前行，但是由于当时透视构图方法的不成熟，只能用这种相互之间无遮挡的方式来表现，

① 《武梁祠：中国古代画像艺术的思想性》，第150页。

② 中国青铜器全集编辑委员会:《中国青铜器全集》(第8卷)，文物出版社1995年版，图97。

以致造成了二匹马四足朝上的脱离现实的构图。限于透视构图方法的不成熟，这种相似构图的马车画像在战国中期以前一直存在。战国早期的平山三汲刻纹铜鉴的内壁见有二组马车，其中一车上仅御者一人，拉车的三马，近端一马为侧身而立的正常状态，其余二马则四足朝天。另一车上也仅有御者一人，拉车的四马，近端二马侧身而立，远端二马四足朝上，相互之间无遮挡[①]（图7）。战国早、中期的长岛王沟刻纹铜鉴的内部也见有一车，车上有二人，一御者正驾车，车上一人持弓和箭，拉车的三马，近端二马侧身而立，余一马四足朝天[②]。在战国中期以前的刻纹铜器之上，我们不仅看到了全侧身之马，还看到了透视构图方法的不成熟，使得时人无法更好地表现具有前后遮挡关系的多匹侧身马的画像。但是，这种情况在战国晚期发生了变化，新的媒材之上的马车画像宣告古人终于寻得了对并行之马侧身像的极佳处理方式。战国晚期的包山二号楚墓出土的一件妆奁盖上有彩绘漆画，画中共有四组车马，马的数量不一，有二、三之别，其上人物亦多寡不同。四组车马均为侧身像，且每车的马之间有着遮挡关系[③]（图8）。我们可以看到工匠很好地处理了并行之马的这种遮挡关系，东周刻纹铜器之上间隔距离很大、部分马四足朝天的画像不复存在，而是以先进的底线斜透视构图法将马的并行之姿很好地描绘出来。秦都咸阳第三号宫殿第四间东壁上的三组车马壁画上的马也运用了相同的构图技法，北组和中组均为并行的四马拉车，南组仅存三马[④]。

图7　平山三汲刻纹铜鉴内壁画像（局部）

① 河北省文物研究所：《河北平山三汲古城调查与墓葬发掘》，《考古学集刊》（第5集），文物出版社1987年版，第157—193页。

② 烟台市文物管理委员会：《山东长岛王沟东周墓群》，《考古学报》1993年第1期，第57—87页。

③ 湖北省荆沙铁路考古队：《包山楚墓》，文物出版社1991年版，第144—146页。

④ 咸阳市文管会、咸阳市博物馆、咸阳地区文管会：《秦都咸阳第三号宫殿建筑遗址发掘简报》，《考古与文物》1980年第2期，第34—35页。

图 8　包山二号楚墓妆奁盖上彩绘漆画（局部）

从东周刻纹铜器到战国晚期漆器和宫室壁画上的马车行列，古人完成了从面对侧身并行之马描绘的无所适从到得心应手地完美呈现的构图技法的巨大飞跃。这种构图技法的出现完美地解决了遮挡关系下的人与物的呈现问题，并引领了此后秦汉四百余年的风潮。信立祥先生曾对汉画像石的空间透视法进行过总结，先生认为存在着等距离散点透视构图法和焦点透视构图法两种空间透视构图方法，其中等距离散点透视构图法又有着底线横列法、底线斜透视法、等距离鸟瞰斜侧面透视法和上远下近的等距离鸟瞰透视法等至少四种表现形式①。车马行列最常见的构图方法便是底线斜透视法和等距离鸟瞰斜侧面透视法，而在它们中间明显可以看到战国晚期漆器和宫室壁画上车马的影子。或许正是有感于这种全侧面并行之马构图技法的高超和无法超越，汉代的工匠们只好另辟蹊径，尝试将马儿以正面或背面的姿态呈现出来。西汉早期马王堆三号墓帛画中的背面马如此，西汉中期至东汉晚期石椁和画像石上的正面或背面马亦是如此。无论是从时代的早晚关系，还是南疆长沙和鲁中南地区的相隔千里而言，这些画像的制作工匠肯定并非同一人或集团，但他们却选用了相差无几的构图方法，这种跨越时空的共鸣也算是心有灵犀吧。

至此，本文基本上完成了鲁中南地区正面或背面马画像的梳理。由于对这类题材的关注，在实地调查过程中还注意到正面虎的画像，其中造型最为奇特的是一种一首双身形象的虎画像。这种构图技法同样吸引了笔者的目光，这也是接下来要谈的话题。

2. 虎亦非虎

对正面虎画像的关注，是因为在实地考察的第二日于微山县文管所一楼库房内看到几幅一首双身虎的画像。当时只是惊讶于此类画像的构图方式，并未注意到这类虎基本为建鼓的底座。在实地考察结束后的研讨环节中，与北京大学历史系杜世茹博士交流后，方认识到它们基本为建鼓的底座，故有此节“虎亦非虎”的命名。

鲁中南地区的虎座建鼓画像也主要见于石椁墓和画像石墓或祠堂，同样按其载体

① 信立祥:《汉代画像石综合研究》，文物出版社 2000 年版，第 47—56 页。

进行介绍和分析。见于画像石椁上的建鼓画像，其底座有方座、十字形座、圆座和虎座等类型，如微山县微山岛沟南村出土的一石椁侧板中格左侧的建鼓[①]、兖州农机学校出土的一画像石椁侧板右格的建鼓（图 9）[②]、鱼台武唐村出土的一石椁侧板中格的建鼓和郯城县文管所藏杨集乡出土的一石椁侧板左格的建鼓[③]均为方座，滕州马王村出土的一石椁侧板左格所刻建鼓为十字形座[④]，曲阜“东安汉里”石椁墓隔板东侧面中部所刻建鼓为圆座[⑤]，但是最多的还是虎座建鼓。目前所见的虎座建鼓画像主要见于微山、邹城、滕州和济宁四地，虎座的形制亦有所不同，有全侧身、侧身正面或一首双身三种。其中全侧身形象的虎座有微山县文管所藏一石椁侧板的左格所刻的建鼓，旁有二人执桴击鼓；该文管所藏另一石椁侧板的右格的虎座建鼓，旁有二人执桴击鼓；邹城北宿镇南落陵村收集的一石椁侧板左格上部所刻虎座建鼓，旁有四人起舞[⑥]；滕州汉画像石馆藏马王村出土的一石椁侧板右格内的虎座建鼓画像，旁有二人执桴击鼓；济宁师专 M10 石椁西侧板左格所刻虎座建鼓，旁有二人执桴击鼓[⑦]（图 10）。侧身正面虎座见于微山县文管所藏一石椁侧板的右格和另一石椁侧板的左格，虎座侧身而正面，旁有二人执桴击鼓（图 11）。一首双身虎座见于邹城郭里镇卧虎山汉墓 M2 南石椁一侧板内侧中格上方的建鼓，虎伏于地，旁有二人执桴击鼓[⑧]；邹城北宿镇南落陵村收集一石椁右格的建鼓，旁有二人执桴击鼓[⑨]（图 12）。另外，邹城羊场村出土的一石椁侧板中格所刻建鼓的底座可能为一侧身背面虎[⑩]，但是不能确定。

图 9　兖州农机学校出土的一画像石椁侧板

① 《山东汉画像石选集》，第 17 页图 49。

② 《中国画像石全集》（第 2 卷），第 9 页图 26。

③ 冯沂等：《临沂汉画像石》，山东美术出版社 2002 年版，图 265。

④ 《山东汉画像石选集》，第 36 页图 329。

⑤ 中国画像石全集编辑委员会：《中国画像石全集》（第 1 卷），山东美术出版社 2000 年版，第 37 页图 112。

⑥ 胡新立：《邹城汉画像石》，文物出版社 2008 年版，第 75 页图 207—208。

⑦ 济宁市博物馆：《山东济宁师专西汉墓群清理简报》，《文物》1992 年第 9 期，第 22—36 页。

⑧ 邹城市文物管理局：《山东邹城市卧虎山汉画像石墓》，《考古》1999 年第 6 期，第 699—709 页；《邹城汉画像石》，第 1 页图 1、3。

⑨ 《邹城汉画像石》，第 76—77 页图 211、214。

⑩ 《中国画像石全集》（第 2 卷），第 29 页图 85；《邹城汉画像石》，第 73 页图 201—202。

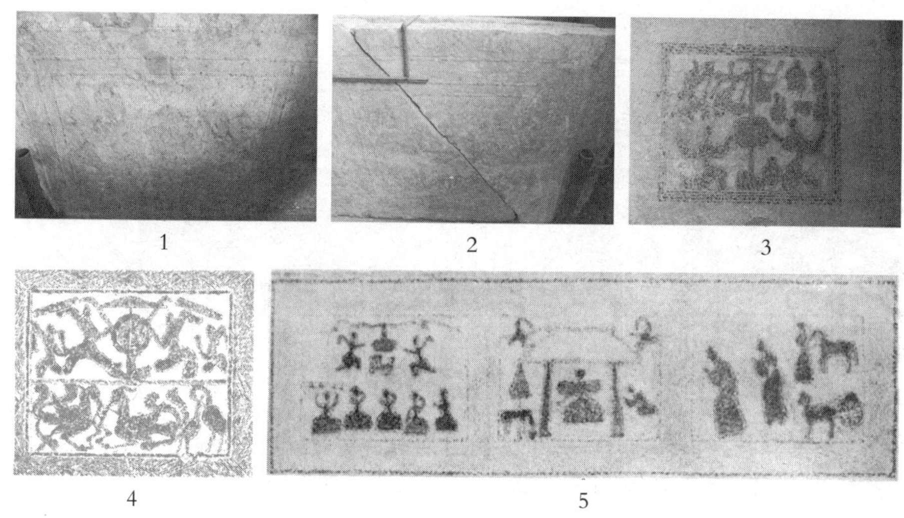

图 10　鲁中南地区画像石椁上的全侧身虎座建鼓

1. 微山县文管所藏一石椁侧板；2. 微山县文管所藏另一石椁侧板；3. 滕州汉画像石馆藏马王村出土的一石椁侧板；4. 邹城北宿镇南落陵村收集的一石椁侧板；5. 济宁师专 M10 石椁西侧板。

图 11　鲁中南地区画像石椁上的侧身正面虎座建鼓

1. 微山县文管所藏一石椁侧板；2. 微山县文管所藏另一石椁侧板。

画像石上的建鼓底座造型更加多样，除了前述石椁上可见的方座、十字形座和虎座外，还有三角形座、羊座及不可辨者。方座建鼓发现于微山县两城镇出土的一画像石①和肥城栾镇村出土一画像石中部的厅堂下方②。十字形座建鼓见于沂南北寨村汉墓

① 《中国画像石全集》(第 2 卷)，第 16 页图 48;《山东汉画像石选集》，第 15 页图 24。

② 王思礼:《山东肥城汉画象石墓调查》,《文物参考资料》1958 年第 4 期，第 34—36 页。

图 12　鲁中南地区画像石椁上的一首双身虎座建鼓

1. 邹城卧虎山汉墓 M2 南石椁一侧板内侧；2. 邹城北宿镇南落陵村收集一石椁。

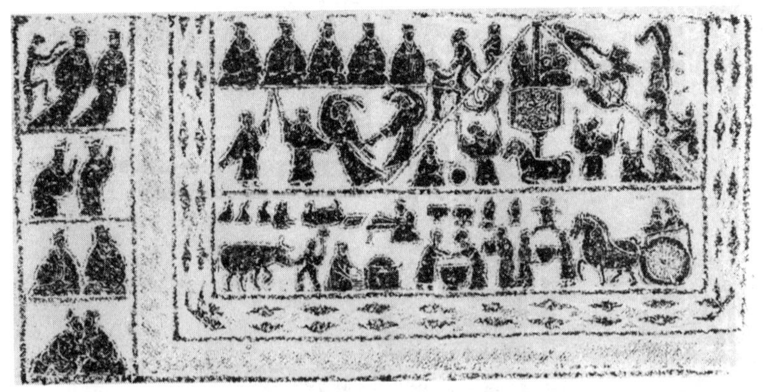

图 13　邹城师范学校附近出土的一画像石

前室南壁和中室东壁横额之上[①]。三角形座建鼓见于东平宿城乡王村出土的一画像石中上部[②]。羊座建鼓发现于邹城师范学校附近出土的一画像石的右上部[③]（图 13）。另有一些建鼓画像因为漫漶不清，其底座形制不可辨，有嘉祥高庙出土的一画像石[④]、滕州龙阳店镇出土的一画像石[⑤]、临沂平邑县皇圣卿阙东阙南面和功曹阙西面[⑥]所刻的建鼓。而发现数量最多的还是虎座建鼓画像，分布于微山、邹城、滕州、济宁、嘉祥、枣庄、长清等地。至于虎座之造型，仍可见全侧面、侧身正面和一首双身式三种类型。其中全侧身虎座建

① 南京博物院、山东省文物管理处：《沂南古画像石墓发掘报告》，文化部文物管理局 1956 年版，第 13—14、18—20 页。

② 《中国画像石全集》（第 3 卷），第 78 页图 226。

③ 《中国画像石全集》（第 2 卷），第 31 页图 92；《山东汉画像石选集》，第 20 页图 114。

④ 朱锡禄：《嘉祥汉画像石》，山东美术出版社 1992 年版，第 111 页图 20。

⑤ 《山东汉画像石选集》，第 32 页图 276。

⑥ 王相臣、唐仕英：《山东平邑县皇圣卿阙、功曹阙》，《华夏考古》2003 年第 3 期，第 15—19 转 24 页。

鼓发现有滕州汉画像石馆藏滕州西户口出土的一祠堂右壁石下部[①]、山东博物馆藏西户口出土的一画像石中部[②]、上海博物馆藏西户口出土的一祠堂左壁石中上部所刻建鼓[③]，滕州汉画像石馆藏大郭村出土一祠堂右壁石的下部[④]、另一祠堂右壁石的下部[⑤]、一祠堂左壁石的下部所刻建鼓[⑥]，嘉祥纸坊镇敬老院出土的一石的中部偏左[⑦]、另一石的第三格中部[⑧]、城西十里铺出土的一石的中部偏右[⑨]、城西南隋家庄出土的一石的下部[⑩]、五老洼出土的一石的第二格[⑪]、焦城村出土的一石的中上部所刻建鼓[⑫]，长清孝堂山石祠东壁四区南组所刻建鼓画像[⑬]（图 14）。

侧身正面的虎座建鼓画像见于山东博物馆藏滕州龙阳店出土一石的中上部[⑭]、后台村出土一石的中部[⑮]、枣庄市山亭区鹧峪村出土一石的中部偏下位置[⑯]。另有山东博物馆藏滕州西户口出土的一画像石下部所刻建鼓为一侧身正面的人首兽身座[⑰]，甚为奇特。不过若通览该石上的画像，便会发现其上所有画像都比较抽象乃至扭曲，不似其他画像石那般写实逼真。因此，该石上侧身正面的人首兽身座可看作侧身正面虎座的一种变体，故也述于此（图 15）。

一首双身虎座建鼓画像主要发现于微山、邹城、滕州和济宁四地，以微山和邹城的发现为多。微山地区的发现有三例，均出自两城乡。其中一石的下格中部刻建鼓，底座为一首双身虎，二人骑坐于虎身，执桴击鼓[⑱]；另一石的下部中央刻一建鼓，底座

① 《山东汉画像石选集》，第 30 页图 232。
② 《中国画像石全集》（第 2 卷），第 76 页图 229。
③ 《山东汉画像石选集》，第 30 页图 228。
④ 《山东汉画像石选集》，第 33 页图 283。
⑤ 《山东汉画像石选集》，第 33 页图 284。
⑥ 《山东汉画像石选集》，第 33 页图 279。
⑦ 《中国画像石全集》（第 2 卷），第 41 页图 117。
⑧ 《中国画像石全集》（第 2 卷），第 42 页图 118。
⑨ 《中国画像石全集》（第 2 卷），第 43 页图 121。
⑩ 《中国画像石全集》（第 2 卷），第 45 页图 128。
⑪ 朱锡禄：《嘉祥五老洼发现一批汉画像石》，《文物》1982 年第 5 期，第 71—78 页。
⑫ 《嘉祥汉画像石》，第 108 页图 4。
⑬ 山东省石刻艺术博物馆、山东省文物考古研究所：《孝堂山石祠》，文物出版社 2017 年版，第 29—33 页。
⑭ 《山东汉画像石选集》，第 31 页图 257。
⑮ 《山东汉画像石选集》，第 35 页图 318。
⑯ 《中国画像石全集》（第 2 卷），第 50 页图 143。
⑰ 《山东汉画像石选集》，第 30 页图 229。
⑱ 《山东汉画像石选集》，第 14 页图 2。

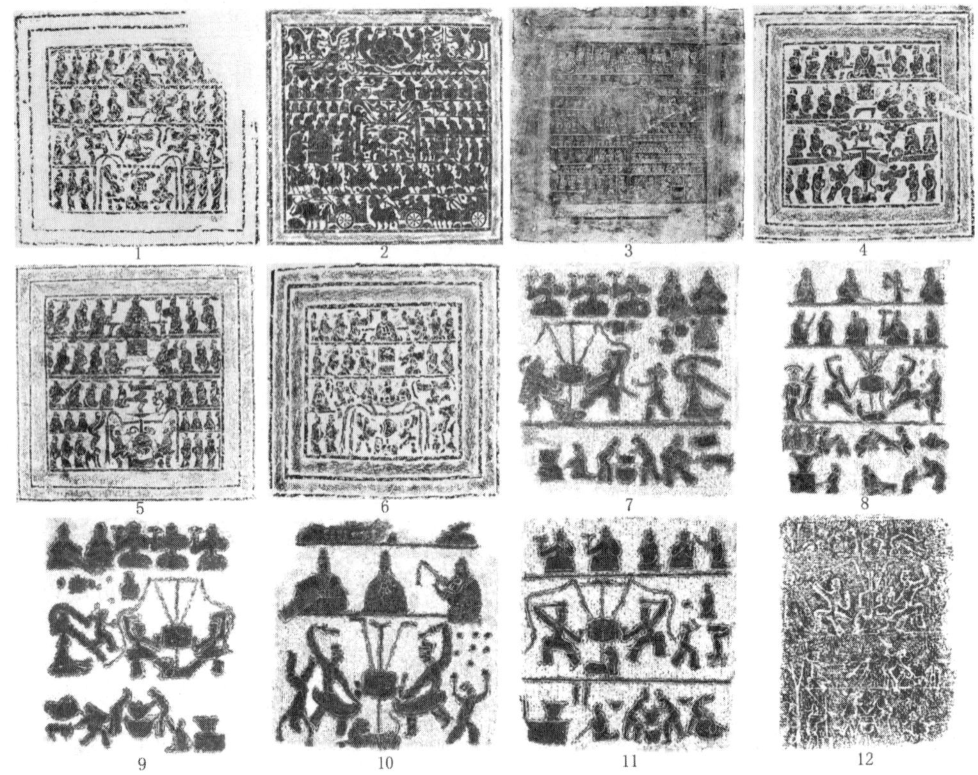

图 14　鲁中南地区画像石上的全侧身虎座建鼓

1. 滕州西户口出土一祠堂右壁石；2. 西户口出土一画像石；3. 西户口出土一祠堂左壁石；4. 大郭村出土一祠堂右壁石；5. 大郭村出土另一祠堂右壁石；6. 大郭村出土一祠堂左壁石；7. 嘉祥纸坊镇敬老院出土一石；8. 纸坊镇敬老院出土另一石；9. 城西十里铺出土一石；10. 城西南隋家庄出土一石；11. 嘉祥五老洼出土一石；12. 嘉祥焦城村出土一石。

和击鼓之人与上同①；再一石的下部中央亦刻一底座为一首双身虎的建鼓，击鼓之人亦骑坐于虎身上②。邹城地区的发现有三例，其中高庄乡金斗山出丄一石中部偏左处刻一首双身虎座建鼓，与上不同的是击鼓之人为站立之态，未骑坐于虎上③；郭里乡高李村出土一石的中部偏左处亦刻一底座为一首双身虎的建鼓，二人骑于虎身，执桴击鼓④；郭里乡黄路屯村出土一石的中下部偏右处刻一建鼓，一首双身虎座，旁有二人执桴击

① 《山东汉画像石选集》，第 16 页图 34。

② 《山东汉画像石选集》，第 16 页图 42；《微山汉画像石选集》，第 192—193 页。

③ 《中国画像石全集》（第 2 卷），第 28 页图 82；《山东汉画像石选集》，第 21 页图 125；《邹城汉画像石》，第 41 页图 114。前二书所书该石的发现地为高庄乡（公社）金斗山，而后一书则为看庄镇金山村。虽所书地点不同，但实为一石。

④ 《中国画像石全集》（第 2 卷），第 21 页图 61。

图 15　鲁中南地区画像石上的侧身正面虎座建鼓

1. 滕州龙阳店出土一石；2. 滕州后台村出土一石；3. 枣庄市山亭区鹧峪村出土一石；4. 滕州西户口出土一石。

鼓①。滕州大岩头出土一石的中下部刻一首双身虎座建鼓，旁有二人起舞②。济宁地区的发现有两例，其中城南出土一石的左下刻一首双身虎座建鼓，二人骑于虎身，执桴击鼓③；城南张出土一石的第二格刻一建鼓，二人骑于一首双身虎上，执桴击鼓④（图16）。除上述发现外，微山县文管所藏一画像石的最下格中部也刻有一首双身虎画像，且有二人骑于虎身，与以上诸发现所不同的是该虎的上方并无建鼓（图 17）。

① 《中国画像石全集》（第 2 卷），第 30 页图 88;《山东汉画像石选集》，第 17 页图 55。

② 《山东汉画像石选集》，第 37 页图 338。

③ 《中国画像石全集》（第 2 卷），第 7 页图 21。

④ 《山东汉画像石选集》，第 22 页图 140。

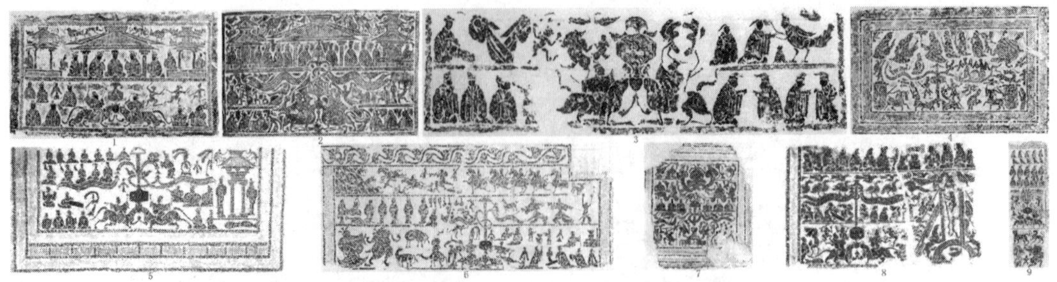

图 16　鲁中南地区画像石上的一首双身虎座建鼓

1. 微山两城乡出土一石；2. 两城乡出土另一石；3. 两城乡出土再一石；4. 邹城高庄乡金斗山出土一石；5. 郭里乡高李村出土一石；6. 郭里乡黄路屯村出土一石；7. 滕州大岩头出土一石；8. 济宁城南出土一石；9. 济宁城南张出土一石。

图 17　微山县文管所藏一画像石（局部）（李放拍摄）

从目前的发现可知，西汉晚期鲁中南地区开始出现一种建鼓画像。它们基本位于画像石椁墓的侧板之上，仅曲阜的“东安汉里”石椁墓刻于隔板之上。其底座形制多样，有方座、十字形座、圆座和虎座等，其中虎座按照虎造型的不同又可分为全侧面、侧身正面、一首双身乃至侧身背面虎。虽然这一时期建鼓之座的形制多样，但以全侧身虎座最为常见。此外，一首双身虎仅为建鼓的底座，它与建鼓两旁的击鼓之人是不相干的，并不能为他们所骑乘。这种情况在东汉时期发生了变化，先是东汉早期侧身正面虎座变得流行起来，而到了东汉中晚期又变化为一首双身虎座最为流行。在这些变化间，一首双身虎座自身也发生了重要变化，虽然我们仍可见西汉晚期虎与击鼓之人相对独立的一首双身虎座，但是绝大部分虎座变身为可以让人骑乘的“真”虎。我们从西汉时期的发现可知，一首双身虎并非真的虎，且虎座的数量为一，其一首双身的造型不过是古人为了表现正面虎的形象而设计出的一种构图方法。这一创作初衷和构图理念在虎座和击鼓之人相对“独立”的关系中表达得非常清楚，只是这种理念似乎为东汉中晚期的人们所忽略或忘却，所产生的可供人骑乘的虎俨然成了真正的虎。更有甚者如微山之石连建鼓上部的鼓也舍弃，虎完全脱离了原为鼓座的束缚，成为可以让人骑乘的虎。至此，这类题材的画像彻底沦为程式化的构图，其原意尽失了。

据上可知，汉代古人对建鼓画像中的正面虎形象采用了侧身正面和一首双身两种表现方式。现实世界中的虎座之鼓在先秦时期便已习见，春秋战国时期楚地颇为流行一种虎座凤鸟架鼓，虎座系用木头雕刻而成，表面髹漆，上有彩绘。这种虎座与雕琢于石材表面的画像有着非常大的差别，前者只需参照现实中的虎或其他工匠制作的虎座"照猫画虎"便可，无须考虑三维实物向二维画像的转化问题和正面成像的透视关系问题。因此，即便春秋战国时期的古人拥有着非常高超的木质虎座的雕刻工艺和经验，但是将它搬到二维媒材表面仍经历了很长的时间。西汉早期的马王堆三号汉墓出土的《军阵送葬图》左下绘有一建鼓，但是它好像是直接竖立在泥土中的，并没有底座。这种设计不免让人产生头重脚轻之感，仿佛轻轻一推，甚至不用人去推，只一阵风来，建鼓便会倒下。至于它缘何没有鼓座，我们不得而知。我们所知道的只是在西汉晚期的石椁画像上才看到了有各种造型虎座的建鼓画像。从春秋战国时期的漆木器，到西汉早期的帛画，再到西汉晚期的石刻，虎座完成了从三维圆雕向二维画像的跨越。

如工匠在正面马画像上所做的尝试一样，建鼓虎座的创作也经历了全侧身向正面像的探索。但是与侧身正面马画像的缺陷与转瞬即逝不同，侧身正面虎座建鼓画像自西汉晚期出现后，至东汉末年一直都存在，且在东汉早期一度颇为流行。至于一首双身式虎座，若从整幅画像来看的话，它也为侧身正面像，因为双身均为侧身。但是，它所要表现的却是一虎的正面像，工匠以此巧妙地解决了虎的后半身会被头部遮挡而无法看见的问题。因此，一首双身虎座是一种独特而独立的正面虎形象，不似正面马一般借助骑吏或车共同构建。从这种意义而言，如果说侧身正面虎座是全侧身虎座形象微调的产物的话，那么一首双身虎座则是一种"改头换面"式的再造。其实，这种一首双身虎的形象早在商代时期就已经出现。1957 年在安徽阜南发现一件龙虎尊，尊的腹部饰三组虎食人纹样，其中的虎便为一首双身，其虎首突出于器表，立体感十足[①]。无独有偶，四川广汉三星堆遗址一号祭祀坑也出土有一件龙虎尊（编号 K1：158），其腹部也饰三组虎食人纹样，食人之虎也为一首双身[②]（图 18）。这说明，殷商时期的古人已经较好地掌握了一首双身虎形象的范刻技术。这似乎是比二维石材表面雕琢更具复杂性的一种技法，因为它还要考虑虎首突出于双身的立体性表现问题。不

① 葛介屏：《安徽阜南发现殷商时代的青铜器》，《文物》1959 年第 1 期，第 1 页。

② 四川省文物考古研究院、三星堆博物馆、三星堆研究院：《三星堆出土文物全记录》，天地出版社 2009 年版，第 264—266 页。

图 18　三星堆遗址一号祭祀坑出土龙虎尊（局部）

论如何，汉代的工匠以一首双身式的构图完成了虎座的正面表现，我们或可看作他们与古人心有灵犀的相通之作，不过细细想来，确实也无更好的表现方式了。

《韩非子》一书中有则关于画之难易的问答故事[①]，可供我们品读。书云：

> 客有为齐王画者，齐王问曰："画，孰最难者？"曰："犬马最难。""孰最易者？"曰："鬼魅最易。夫犬马，人所知也，旦暮罄于前，不可类之，故难。鬼魅无形者，不罄于前，故易之也。"

日常所见之物最难画，因为要显其"真"，否则不免会为人所识破。汉代工匠在追求其所雕刻之物"真"的同时，还求其变，欲将不同视觉角度下的"犬马"形象移植到二维平面之上，可谓难上加难。若说没有巨大诱因的驱动，实在让人难以想象何至于此。除了上述正面马和虎座，鲁中南地区的画像中还见有其他动物的正面或背面像，简列于下。

3. 其他动物

鲁中南地区画像中的其他动物正面像可见有龙、虎、凤鸟（或朱雀）的正面像，构图方法有一首双身式或全正面像。一般而言，龙和虎多一首双身，而凤鸟则基本为全正面像。

滕州东寺院出土的一石上格见有一首双身的龙、虎形象，龙位于左侧，而虎居最右；东寺院出土的另一石上格则刻有一首三身虎[②]；另一出土地点不明的画像石下部刻有一首双身虎（图 19）。

---

① ［清］王先慎撰、钟哲点校：《韩非子集解》卷第十一《外储说左上》，中华书局 2003 年版，第 270—271 页。

② 《中国画像石全集》（第 2 卷），第 58 页图 170。

图 19 鲁中南地区画像石上的龙虎画像

1. 滕州东寺院出土一石；2. 东寺院出土另一石；3. 滕州出土一画像石。

正面的凤鸟（或朱雀）形象则都见于临沂地区，其中五里堡出土一石的上格刻一正面而立的凤鸟，羽翼横张①；金雀山出土一石的上格刻一凤鸟，正面展翅而立②；费县潘家疃画像石墓前室东壁中立柱的上格刻一正面而立的凤鸟，头有二冠，羽翼张开③；沂南北寨村汉墓的前室北壁中段的上格刻一朱雀，正面而立，头有三冠，羽翼齐张，甚是威武④（图 20）。此外，北寨村汉墓还见有一些正面的物象，但它们多为神怪之属，并非严格意义上的动物形象，故不述于此。

图 20 临沂地区正面凤鸟画像

1. 五里堡出土一石；2. 金雀山出土一石；3. 费县潘家疃画像石墓前室东壁中立柱；4 沂南北寨村汉墓的前室北壁中段石。

以上大致就是两汉时期鲁中南地区动物正面或背面像的发现情况，在此节的最后我们想谈一下制作它们的工匠的身份问题。从这些发现可知，工匠对正面或背面马和正面建鼓虎座的尝试性创作都是从微山、滕州和邹城地区开始，并渐向鲁南和鲁中地区传播的。而微山、滕州和邹城三地确切地说正是

① 《临沂汉画像石》，第 42 页图 66。

② 《临沂汉画像石》，第 53 页图 88。

③ 《临沂汉画像石》，第 160 页图 274；山东博物馆、费县博物馆：《山东费县刘家疃汉画像石墓发掘简报》，《文物》2018 年第 9 期，第 74—93 转 96 页。该墓原来一直命名为潘家疃汉画像石墓，最新发表的材料称为刘家疃汉画像石墓，实为同一墓葬。

④ 《沂南古画像石墓发掘报告》，第 12 页；《临沂汉画像石》，第 104 页图 179。

东汉高平国辖治之地，如杨爱国先生在《固守家园与远走他乡——汉代石刻艺人的活动区域》一文中所写："在一些人固守家园的同时，也有不少人会远走他乡……东汉时期，属于良匠卫改一派的高平国一带的工匠还来到阳谷、东阿、梁山、东平、肥城、平阴、长清、济南、济阳、莒县等地做同样的事情"①，所以我们有理由相信正是高平国一带工匠的开创性实践，才将正面或背面动物的形象移植到石材之上。他们的声名也借此远播，成为民众口中所称的"名工""良匠"之流，他们所收到的丧家的聘请和费用也会相应增多。上文我们提及工匠进行正面或背面动物形象尝试的诱因，这也许正是其中之一。动物正面或背面画像在鲁中南地区的流行大多与高平国一带的工匠活动有关，但可能也不乏"偷师学艺"之举，如凤鸟正面画像便仅见于临沂地区。当然，不同地区的工匠彼此间也可能存在着交流和互动，效仿名工、良匠的作品以提升自身的技艺和声名，也是人之常情。

如果说此节所讨论的是工匠试图将不同视觉角度下的三维动物转化为二维画像所做的尝试的话，那么接下来要介绍的则是工匠在雕刻画像过程中的一些意外之失和补救之举。

二、界框与破界

如上所述，笔者对此节问题的关注和思考都是在滕州汉画像石馆内观看滨湖镇西古村出土的一祠堂后壁石时产生的（图 21）。在此之前虽翻看过不少汉画像石的发掘报告、图录及著作，但从未注意到这个问题。这正是观看原石和拓片的不同，原石给予观者的视觉冲击更加直观和有力，凹凸有致的画像会使观者注意到更多细节性的东西，而拓片的表现力则要差很多。

图 21　滕州汉画像石馆藏滨湖镇西古村出土祠堂后壁石

① 杨爱国：《固守家园与远走他乡——汉代石刻艺人的活动区域》，《齐鲁文化研究》（总第四辑），齐鲁书社 2005 年版，第 163—169 页。

这也是为什么虽然笔者在去往滕州路上还翻看了《滕州汉画像石精品集》一书，但却未注意到书中收录的该石存在着画像打破界框现象的原因所在。同时，这也证明了实地考察和观看实物的重要性，“纸上得来终觉浅”一诗也与此情此景有几分契合吧。

界框，顾名思义为工匠雕刻于画像周围的外框，用以框定其内的画像，其内部又可用一条或多条横向或竖向的线划分为数量不一的画像单元。因此，一般而言每个画像单元都有着自己的界框，画像位于界框之内。诸多学者都认为两汉时期的工匠手中有着制作画像石的粉本，能否成功地将手中粉本之上细小的画像放大数倍到石材之上，成为考验工匠技艺水平高低的试金石。通常技艺高超的工匠可以将画像布局合理且细致逼真地雕刻于石材之上，而一般的工匠则或许不能兼顾这两方面。当然，所有的工匠都难免会有犯错的时候，名工、良匠也是如此。

让笔者意识到界框与破界问题的滕州汉画像石馆藏滨湖镇西古村出土的一祠堂后壁石便是这样一幅雕刻精致但却布局有失的画像。该石四周刻双重边框，外围边框和内部边框之间的区域凿有密密的斜线，内边框的内部浅浮雕有许多画像。这些画像均为东汉时期鲁中南地区最为常见的画像题材，如画面中部的建鼓、两旁的击鼓之人和抚琴之人组成的乐舞表演，倒立和抛丸之人组成的杂技表演，还有羽人和珍禽瑞兽等。这些画像的雕刻也可谓精致逼真，说它是一幅非常出色的画像也不为过。但是，当站立在这一画像石前时，最吸引笔者目光的不是这些雕刻精致的画像，而是石头右上角打破内边框而出的一组画像——羽人和凤鸟。因此，在后来的实地考察过程中笔者特别关注了这类打破界框的画像，也发现了一些存在这种现象的画像石。调研活动结束之后，也试着去翻看了相关的报告和图录，但是观看拓片真的很难有所发现，故放弃了这种寻找其他破界画像的企图。当然，本文也无意于搜罗出全部的破界画像，只是想指出这种打破界框现象的存在，以及我们可以从这些画像中获得的信息。

此节还是按照载体的不同对破界画像进行介绍，上文有述的微山县文管所藏微山岛乡出土的石椁侧板右格所刻的一侧身正面马的右前和左后足均打破下部界框而出，滕州汉画像石馆藏官桥郑庄出土的一石椁侧板中格所刻轺车之马的右前腿伸出界框之外，该馆藏马王村出土的一石椁侧板右格所刻伏羲和女娲手中所持规矩及女娲头上所戴之冠均打破界框，该馆藏征集的一石椁挡板所刻的凤鸟衔星画像的凤鸟尾羽稍微打破右边框，临沂市博物馆藏庆云山汉墓出土的石椁挡板所刻相向而立的二武士的佩剑均打破界框而出（图 22）。

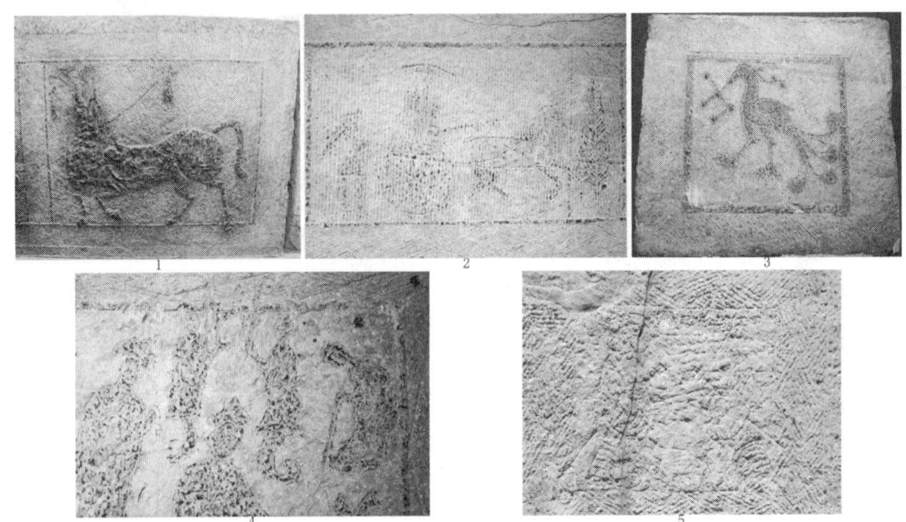

图 22　鲁中南地区画像石椁上的破界画像

1. 微山县微山岛乡出土一石椁侧板（局部）；2. 滕州官桥郑庄出土一石椁侧板（局部）；3. 滕州汉画像石馆藏一石椁挡板；4. 滕州马王村出土一石椁侧板（局部）；5. 临沂庆云山汉墓出土一石椁挡板（局部）。

画像石墓、祠堂和石阙上均见有打破界框的现象，其中微山县文管所藏微山县南阳镇出土一残石下格所刻车马出行图中二持钺导骑的右侧骑吏手中所持之钺打破上边框。滕州汉画像石馆藏不知何处所出的一门楣石的左侧所刻人虎相斗图的虎尾和左前足均打破界框而出、持棒之人的头部打破上边框而出，右侧所刻龙的尾巴和左前足也打破界框而出。山东博物馆藏滕州黄安岭出土的一画像石上格右侧所刻龙车的左侧之龙的前足和左后足均打破界框，且左前足和左后足破框而出，下格左侧所刻翼虎的尾巴打破上边框而出；该馆藏滕州冯卯万庄出土的一画像石下格所刻车马出行图中车轮和大部分马的四足都打破下边框；该馆藏嘉祥五老洼出土的一画像石的下格所刻胡汉交战图的左上角汉卒手中所持之钺（或斧）打破上边框而出，右上角胡兵所持之弓打破上边框；该馆藏五老洼出土的另一画像石的第三格所刻兵器架上的二钺（或斧）打破上边框而出；该馆藏五老洼出土的再一画像石的第二格所刻车马出行图的二车车轮均打破下边框；该馆藏隋家庄出土的一石中部偏左所刻轺车的车轮打破下边框；该馆藏隋家庄出土的另一画像石的上格所刻抚琴之人的琴和吹竽之人的下半身均打破下边框而出；该馆藏满硐乡宋山出土的一画像石的第二格右上所刻一飞鸟的翅膀打破上边框，第二格所刻管仲射小白画面中的鲍叔牙和管仲头上所戴之冠以及管仲手中所持之弓均打破上边框；该馆藏洪家庙出土的一画像石的下格所刻之车的车轮打破下边框。

临沂吴白庄汉墓也有几处打破界框的画像，其中前室东耳室北立柱中格所刻一头上长角异兽的左前足打破下边框，尾巴更是打破上边框而出；前室北壁西立柱东面第二格所刻羽人的右足打破下边框，左手打破上边框而出；东一立柱第二格所刻麒麟头上的角和羽人的头部都打破上边框。沂南北寨村汉墓前室北壁下层所刻珍禽异兽神怪之属的足多有打破下边框，上层也偶有打破上边框者。临淄齐文化博物馆藏谭家庙村画像石墓的墓门左门柱上所刻门吏的手部打破右边框而出。

长清孝堂山石祠后壁上区所刻车马出行图的下层骑吏或车马的马足有打破下边框者，下区最下所刻车马出行图也有这种现象。嘉祥武氏墓群的西阙之上有多处打破界框的画像，其中母阙的阙身北面上格所刻的导骑的马头打破左边框，軿车的车盖打破右边框而出，母阙的阙身南面最下格所刻轺车的车盖打破上边框和右边框，母阙的阙身东面上部所刻人首蛇身人物的头部和尾部打破界框而出，中部所刻龙的右前足打破右边框，下部所刻捧盾之人手中的盾打破左边框。东阙打破界框的画像较少，仅母阙蜀柱的南面所刻之龙的尾巴打破右边框而出（图 23）。

此外，鲁中南地区画像石墓的门楣石上多刻有浮雕羊头或卧鹿，羊头或卧鹿的体积较大，常常跨越多重边框。虽然这一设计是工匠有意为之，但是仔细观察会发现，同一门楣石上的不同浮雕羊头占压边框的情况并不完全相同。这种差异性是否也可以视为一种对边框的别样打破，值得我们去思考。

从西汉早期的临沂庆云山石椁墓到东汉晚期的画像石墓、祠堂和石阙，可以说破界现象在两汉四百余年间一直有所存在。如果说西汉早中期古人的失误是由于石刻工艺还处于摸索阶段的话，那么东汉中晚期的工匠技艺水平已普遍较高，为何破界的失误还是屡见不鲜呢？难道工匠技艺的进步无助于降低这类失误产生的概率么？答案是否定的。因为在这四百余年中，石椁墓向画像石墓的转变使得墓葬自身的规模和石材的尺寸都变大数倍不止，相应地，石材上画像的尺寸和数量数倍乃至数十倍于前，这都向工匠提出了新的挑战。对画像整体布局和某个画像体积设计的失控，都会导致破界现象的产生。

仔细观察这些破界画像，笔者不禁思考，除了这种框定与打破关系，我们还能得到什么信息呢？从现实可见或添加了古人想象因素之人或物到工匠手中的粉本，工匠在实现了三维之物向二维画像转化的同时，也完成了对它们的微缩处理。粉本之上的画像经过最优化处理，各个画像被合理地配置于界框之内。当工匠将它们以数倍或数十倍的比例放大到石材之上时，这些画像之间便有了顺序的先后之分。最先被雕刻的画像所面对的是整个空白的“画布”，而后刻者的空间则会逐渐减少，直至所有空白

图 23　鲁中地区画像石上的破界画像

1. 微山县南阳镇出土一残石；2. 滕州黄安岭出土一石；3. 嘉祥五老洼出土一石；4. 嘉祥隋家庄出土另一石；5. 滕州汉画像石馆藏画像石；6. 滕州冯卯万庄出土一石；7. 嘉祥满硐乡宋山出土一石；8. 临沂吴白庄汉墓前室东耳室北立柱；9. 吴白庄汉墓前室北壁西立柱；10. 吴白庄汉墓前室北壁东一立柱；11. 沂南北寨村汉墓前室北壁（局部）；12. 嘉祥武氏墓群西阙北面；13. 嘉祥武氏墓群西阙南面；14. 嘉祥武氏墓群西阙东面。

都被画像填满。当最后的空白不足以容纳既定画像时，破界就产生了。

透过这些破界画像，小的方面我们可以发现单个画像不同部位的雕刻顺序以及破界而出画像与界框外物象雕刻的早晚关系。以嘉祥宋山出土画像石上的管仲射小白画像为例（图 24），管仲和鲍叔牙头上所戴之冠打破上边框，而其他人物的头部则多低于边框。这表明管鲍二人雕刻并非从头部开始的，若从冠开始则不会打破上边框。从二人的形态来看，我们推测管仲的刻画极有可能是从肩部开始的，然后向下雕刻出身体，最后才是头部。如此，上部的预留空间不足以雕刻下管仲的头部，遂打破了上边框。从庆云山汉墓石椁挡板所刻二武士的长剑与界框外菱形纹来看，明显为长剑打破了菱形纹（见图22.5）。这充分说明界框内二武士及其佩剑的雕刻时间要晚于界框外的菱形纹。大的方面可以对整块石材上画像的雕刻顺序和影响关系进行推定。如笔者最先注意到破界现象的滕州西古村出土的祠堂后壁石（图21），根据其上物象之间的关系，推测该石的制作过程为：首先，工匠在石材上雕刻出内、外两重边框，以确定雕刻画像区域的范围。其次，工匠在石材的中部雕刻出建鼓和两旁击鼓之人。如此，空白空间被分割为两个相对独立的构图单元。我们之所以认为建鼓和击鼓之人是最先被雕刻的，不仅是因为它们体形巨大，还在于它们虽然相互接触但却宽松的布局。这说明雕刻时工匠所面对的是大面积的空白，其心理上的建构还是相对宽松的状态。再次，工匠对建鼓和击鼓之人两旁的物象进行雕刻。明显可以看出，这两个构图单元内的画像体形变小，且它们之间的间距也变小，给人一种略显局促的感觉。这两个构图单元雕刻的先后顺序已不太好判断，但每个单元内画像的雕刻顺序是基本可以确定的。以存在破界画像羽人饲凤所在单元为例，它们的雕刻顺序是自下而上的。右下角的一对格斗羽人虽然有些“见缝插针”的感觉，但他们还是被雕刻在了界框之内。并且，仔细观察这对格斗羽人，还会发现左侧羽人左脚尖明显打破了其左击鼓之人的右腿，这也可以说明建鼓和击鼓之人是最先被雕刻的。右侧羽人高高举起的右手和手中之剑增加了他们所占用的空间，而这一高度差不多正好与羽人饲凤高出内界框的高度相当。换句话说，正是由于格斗羽人占用空白区域在高度上的增加，造成了其上大树的上移、树下猿猴的无枝可攀和羽人饲凤画像的破界而出。最后，工匠在内、外边框间的区域凿刻出密密的斜线以减地。至此，该画像石的制作完成。羽人饲凤画像破界而出部分的浅浮雕造型表明这是内外边框之间的区域还未做减地处理，这些密密的斜线是最晚被刻划的。

图24　嘉祥宋山出土画像石上的管仲射小白画像

综览鲁中南地区这些破界画像，我们会发现其上画像并无明确的“自上而下”或“由左及右”的雕刻顺序，不同的工匠有着不同的雕刻习惯和变通方法。并且，由嘉祥宋山祠堂“募使名工高平王叔、王坚、江胡、栾石”①、东阿芗他君祠堂“使师操义、山阳瑕丘荣保、画师高平代盛、邵强生等十余人”② 等题记可知，画像石的制作并非由一个人，而是由多个工匠一起完成的。这都会对粉本之上画像在石材上的呈现效果产生影响。最为重要的是，工匠的每一次刻划都会在石材表面产生不可逆的痕迹，他们只能按部就班地顺势而为，即便错了，也只能将错就错。其中，有的破了界，为我们所发现；有的仍在界框之内，但也不代表它没有失误，只不过还需要时间和精力去斟酌罢了。

本来还打算谈一下画像石椁墓及其上画像的原境复原问题，因为早期的报告或研究都是按照石椁构件的不同而对画像进行介绍的，我们所看到的都是一幅幅的画像，不利于观察整个石椁画像之间的空间位置和画像组合关系。因此，笔者希望以一种方式将整个石椁及其上画像重新组合到一起，以更好地认识上述关系。所幸石椁本身的结构并不复杂，多为由底板、挡板、侧板和顶板构成的简单石椁，稍复杂者中有隔板，形成双室石椁。且石椁画像也多刻于侧板、挡板和隔板，底板和顶板上甚少。如此，我们只需将石椁构建起来，以上帝视角在高处审视，并用上帝之手翻动椁板，使有画像的一面朝上便好了。具体的拼合情况，可查看本人的小文《苏鲁豫皖地区汉代画像石椁墓研究》③。这样想来，似乎也就没什么好讲的了。

三、结语

经历了西汉早期画像石椁在雕刻技术和画像题材上的摸索与发展，鲁中南地区的名工、良匠们试图将现实所见或添加了想象因素的一些动物以正面或背面形象呈现于石材之上，因动物自身形象或功用的不同，工匠选择了不同的呈现方式。如正面马画像，虽然古人从侧身正面和正面两个方向做了尝试，但衡量之后他们还是选择了更好的与骑吏或车组合的正面马形象，而正面虎座画像则呈侧身正面和一首双身并行发展之态，且在不同阶段各领风骚，正面凤鸟（或朱雀）画像则基本为正面而立之姿。这

① 济宁地区文物组、嘉祥县文管所：《山东嘉祥宋山 1980 年出土的汉画像石》，《文物》1982 年第 5 期，第 60—70 页。

② 罗福颐：《芗他君石祠堂题字解释》，《故宫博物院院刊》1960 年，第 178—180 页。

③ 王传明：《苏鲁豫皖地区汉代画像石椁墓研究》，《形象史学》2019 年第 2 期，第 86—107 页。

些有别于常见的动物侧面像的独特画像，或许会助力名工、良匠更加被追捧，以获得更多的聘请和费用。考量工匠是否为名工、良匠的标准，有无其他工匠所没有的独特视觉呈现的画像也许只是其一，还要看他们能否将粉本之上的画像放大到石材之上，并完美地雕刻于界框之内，乃至面对不经意的失误所造成的不可逆的破坏，能否将错就错地完成补救。这便是笔者此次鲁中南地区汉画调研活动中所关注的几点问题和感想，随想随写，难免会有疏漏和错误之处，敬请方家批评指正。

鬼神所在，祭祀之处

——鲁中南祠堂画像石考察记

王海玉

2019年盛夏，我有幸参加了“形象史学精品课程·汉画调研班”，利用六天时间深入“好儒备礼”的鲁中南六地市，在其中的长清、嘉祥、微山、滕州、临沂、沂南、昌乐、临淄等八个地区进行汉代画像石刻实地考察。惭愧的是，身为山东人，又在山东省石刻艺术博物馆工作，我与山东汉画像石纸上见面交流不少，却因种种原因，极少有机会到实地一睹原址原石风采，这次调研于我而言是一次难得的机遇，既有见到实物的兴奋，也有发现新问题的疑惑，在此做个简单梳理，内容主要是随着考察的思路而来！

这次考察之行，所见汉画像石所属形制门类较多，基本涵盖了画像石所在的墓葬建筑所有的载体，如有主要流行于西汉时期的画像石椁墓，此行的微山县文物管理所、滕州市汉画像石馆、临沂市博物馆等都收藏有大量精美的石椁画像石；有大型石室墓，如临沂吴白庄汉画像石墓、沂南北寨村汉画像石墓等；还有画像石祠堂、画像石阙等，如矗立在原地的著名国保单位长清孝堂山石祠、嘉祥汉代武氏墓群画像石刻（除武氏三祠外，还有石祠前的石狮、精美的东西子母阙，并首次见到两阙间的石门槛等）；有被整体搬进博物馆复原的画像石椁墓；有被宋代人拆解再利用的石室墓，等等。以下我想主要从祠堂画像石切入，谈一下此行的一些收获。

一、关于祠堂画像石

众所周知，在汉代画像石的四大分布区中，山东及苏北、皖北一带是目前唯一发现有明确祠堂画像石的地区①。此次调研的鲁中南地区是祠堂画像石出土尤为集中的区域。

（一）画像石祠堂形制

信立祥先生将目前发现的画像石祠堂按照形制划分为四类②（《汉代画像石与画像砖》一书中也采纳了此种分类）：一种是单开间平顶房屋式祠堂，一种是单开间悬山顶房屋式祠堂，一种是双开间单檐悬山顶房屋式祠堂，一种是后壁带有龛室的双开间单檐悬山顶房屋式祠堂，这四种祠堂形制是渐趋复杂的。鲁中南地区的画像石祠堂形制涵盖了这四种类型。

单开间平顶房屋式祠堂是目前所见数量最多的类型，以我馆所藏的嘉祥宋山小祠堂为代表，蒋英炬先生根据 20 世纪 80 年代发现的两批宋山画像石祠构件，复原了四座小祠堂③，分别由基石、三壁面石、屋顶石等构成，面宽约 1.9 米，总高 1.7 米。其画像配置一般为：后壁为楼阁人物拜谒，东西壁上部分别为东王公、西王母等神仙瑞兽世界，下部多配置历史故事、乐舞、庖厨及车马出行图等，画像多采用凿纹减地平面线刻的技法（图 1）。此外，我们调研的微山、滕州等地也发现有不

图 1　山东博物馆展厅复原的嘉祥宋山小祠堂

① 蒋英炬、杨爱国:《汉代画像石与画像砖》，文物出版社 2001 年版，第 83 页。

② 信立祥:《汉代画像石综合研究》，文物出版社 2000 年版，第 75—83 页。

③ 蒋英炬:《汉代的小祠堂——嘉祥宋山汉画像石的建筑复原》，《考古》1983 年第 8 期，第 741—751 页。

少这类小石祠画像石，如在微山县文物管理所所见两城镇出土的有纪年题记的永和二年（137）、永和四年（139）、永和六年（141）祠堂画像石，此类祠堂画像石采用浅浮雕技法，画面一般不分层，三壁画像基本配置为：后壁为楼阁人物图，西壁为西王母，东壁为人物射鸟图像。从画面配置和雕刻技法看，明显与宋山小祠堂风格不同。陈秀慧博士曾将今滕州及周围地区出土的祠堂画像石进行空间配置和风格分析①，文中她将微山两城地区与周边邹城地区及滕州西北的岗头地区等出土的祠堂画像石归为两城—邹城样式。滕州地区经其配置复原的祠堂多为单开间平顶房屋式，在其内部她又根据题材内容、画像风格及装饰纹样等，分为滕州—桑村样式、两城—邹城样式、东戈样式、滕南样式等，这四类样式的画像石我们在滕州汉画像石馆及山东博物馆的汉画像石展厅都能看到。通过画像石构件配置复原和画像风格划分，我们明显可以看到单开间平顶式祠堂有着丰富而多元的风格。而从体量上看，目前发现的单开间平顶房屋式祠堂大多为小祠堂，但也存在少量大型单开间平顶房屋式祠堂，如陈秀慧复原的滕州宏道院祠堂就属于此类，其中有地域风格的差别，应该也有时代早晚的问题，需要我们进一步注意分析。

第二类单开间悬山顶房屋式祠堂以著名的嘉祥武梁祠为代表，其两侧壁山墙呈锐顶状，屋顶由两面坡组成，顶外刻瓦垄，前面敞开无门扉（图2），现存后壁、两侧壁（即东西山墙）、屋顶前后坡及残的东壁前立柱。画像同样采用了凿纹减地平面阴线刻技法，画面布局为：屋顶两坡刻有各种祥瑞图像，且均有榜题介绍（现存画面多漫漶不清，但清代金石文献《金石索》等多有复原介绍）；东西壁锐顶部分为东王公、西王母及各神禽异兽，下部为贯穿东西壁及后壁的大量有榜题历史故事；后壁下部中央还刻有楼阁人物图。祥瑞图像及三壁上配置的历史故事，每一例都有详尽的榜题介绍，历史故事更是涵盖了古代帝王、贤臣、孝子、列女、义士等内容，数量达40余幅，这在目前发现的所有祠堂画像石中是绝无仅有的。巫鸿先生在其《武梁祠》②一书中，认为祠主武梁生前参与了祠堂的设计，祠堂画像布局和图像设计采用了司马迁《史记》的历史叙事方式，由古及今，由远而近布局，武梁精心选择图像主题而描绘设计的这座祠堂，反映了其本人的史学观。而且，根据武梁碑文记载，我们得知武梁去世于元

① 陈秀慧：《滕州祠堂画像石空间配置复原及其地域子传统（上）》，《中国汉画研究》第三卷，广西师范大学出版社2010年版，第228—367页；陈秀慧：《滕州祠堂画像石空间配置复原及其地域子传统（下）》，《中国汉画研究》第四卷，广西师范大学出版社2011年版，第197—358页。

② ［美］巫鸿著，柳扬、岑河译：《武梁祠：中国古代画像艺术的思想性》，生活·读书·新知三联书店2006年版，第227—231页。

嘉元年（151），因而武梁祠建造年代大约也是公元151年或稍后。本次考察区域的其他祠堂画像石未见明确为这类形制的，但临近的徐州青山泉白集祠堂画像石据报道也为这种形制，雕刻技法为浅浮雕，时代为东汉晚期①；另外，还有皖北的宿州褚兰两座祠堂也属此形制，均采用剔地浅浮雕，其中2号墓祠堂后壁有建宁四年（171）题记，由此可以确定石祠的年代即为建宁四年②。

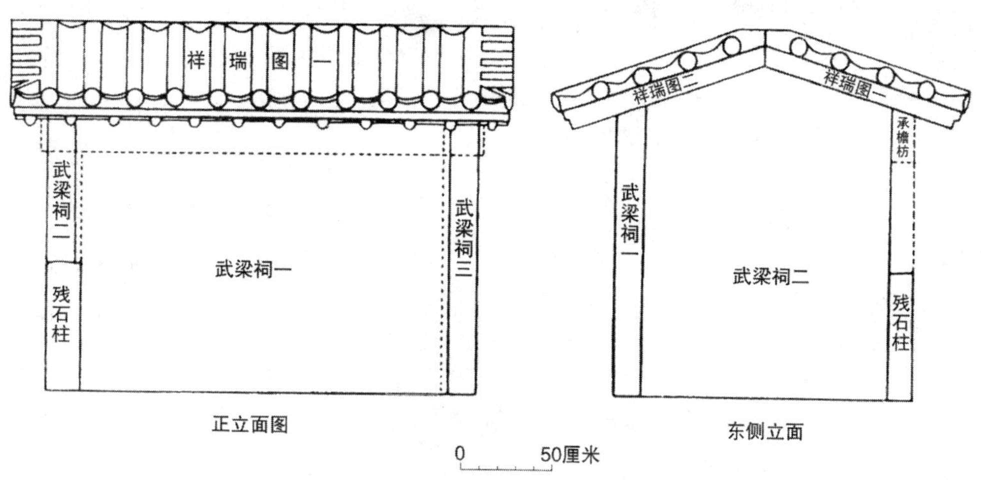

图2　武梁祠建筑结构图（采自《汉代武氏墓群石刻研究》）

第三类双开间单檐悬山顶房屋式祠堂以长清孝堂山石祠为代表，这是中国现存最早的地面式建筑。其基本结构为单檐悬山顶，东西壁为锐顶山墙，中部三角隔梁石将石祠隔为两间，后壁由东西两石组成，前面正中立八角形立柱，立柱上有横枋石，两侧壁前面各有一立柱，屋顶刻出瓦垄及瓦当连檐形状（图3），石祠内部铺有基石，后壁下置祭案石。其画像主要采用了磨面阴线刻技法。屋顶无画像，三面墙壁、隔梁石及八角石柱上刻有画像，东西山墙锐顶部分刻伏羲、女娲、风伯、雷神、雨师、西王母等仙人神怪、云气等；顶部之下为横贯三壁的"大王车"出行图；再往下，西壁为人物故事、胡汉战争、狩猎等，东壁为历史故事、庖厨、百戏等，北壁中央为三组楼阁人物拜谒图，其下部为孔子见老子画像。相同形制的还有现存我馆的济宁金乡朱鲔石室画像石，可惜石祠屋顶石、隔梁石及地面基石等皆已佚失，但根据法国学者沙畹1907年拍摄的照片来看（图4），朱鲔石室的屋顶应该是由呈长条状的石板并列覆盖其上，石板内侧可能存在半圆的椽形棱，以便扣合在凹槽内，使屋顶石牢固，这与孝

① 尤振尧:《徐州青山泉白集东汉画像石墓》,《考古》1981年第2期，第137—150页。

② 王步毅:《安徽宿县褚兰汉画像石墓》,《考古学报》1993年第4期，第515—549页。

图 3 长清孝堂山石祠外观

图 4 沙畹 1907 年拍摄的朱鲔石室外观

堂山、武梁祠等屋顶由整石构成明显不同。徐州铜山县洪楼祠堂也是该形制的代表①。从建筑体量上来看，目前发现的这三座石祠体量相对较大，孝堂山石祠室内面阔约 3.81 米，进深 2.08 米，高 1.4 米，算上三角隔梁石的高度是 2.18 米；洪楼祠堂室内面阔 5.74 米，进深 2.24 米，高约 2.67 米；朱鲔石室室内面阔 3.96 米，进深约 3.3 米，高 3 米，室外面阔 4.36 米，高约 3.4 米（含屋顶石和脊石的厚度）。前二者体量明显小于朱鲔石室，从考古发现来看，朱鲔石室应是目前已发现并保存下来的体量最大的东汉石祠堂②。

第四类后壁带小龛的双开间单檐悬山顶房屋式祠堂，主要以目前发现的嘉祥武氏前石室和左石室为代表（见图 5、6），二者形制、体量及画像布局都十分相似。画像雕刻技法与武梁祠相同，画像基本布局是：屋顶为神仙异兽、云气等，东西山墙锐顶为东王公、西王母及周围羽人异兽等，锐顶下部为贯穿三壁的孔门弟子及孔子见老子画像，再往下为车骑出行、历史故事、乐舞、庖厨等，西壁下部配置七女为父报仇的故事，后壁小龛中的画像配置也基本相同，即小龛后壁刻楼阁人物拜谒图，小龛侧壁及外侧的祠堂后壁多刻画历史故事。二者明显是同一批工匠的作品。

① 《滕州祠堂画像石空间配置复原及其地域子系统（上）》,《中国汉画研究》第三卷，第 253—266 页。

② 根据《水经注》等文献的记载推测，汉代应该存在一类比朱鲔石室体量更为高大的石祠堂，只是未得以保存下来。如《水经注》卷八载："黄水东南流，水南有汉荆州刺史李刚墓。刚字叔毅，山阳高平人，熹平元年卒。见其碑。有石阙、祠堂、石室三间，椽架高丈余，镂石作椽，瓦屋施平天造，方井侧荷梁柱……作制工丽，不甚伤毁。"［北魏］郦道元著，陈桥驿校证：《水经注校证》，中华书局 2013 年版，第 206 页。

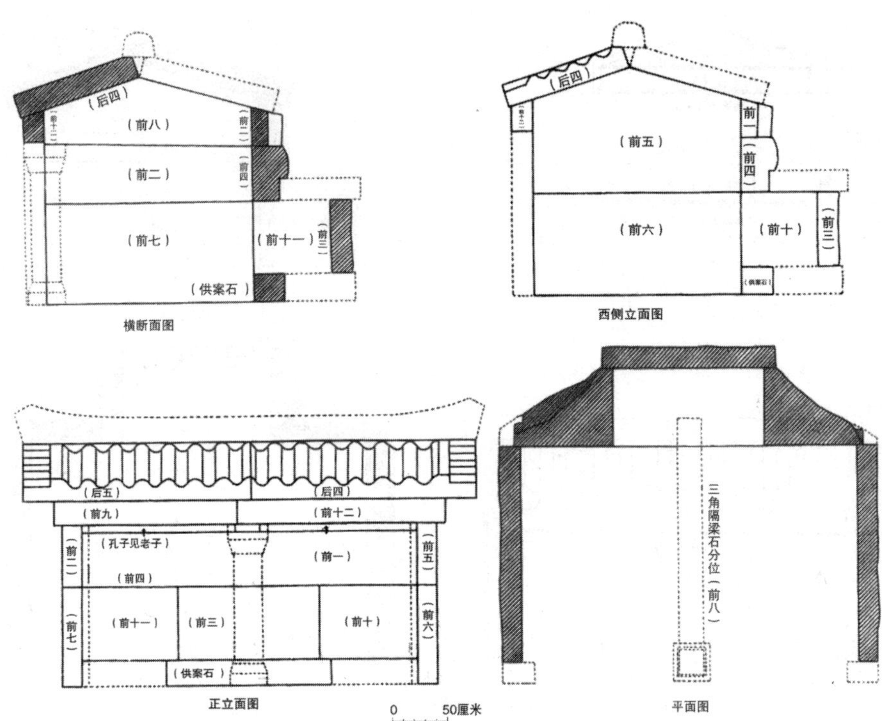

图5　武氏前石室建筑结构图（采自《汉代武氏墓群石刻研究》）

结合这次考察和目前掌握的信息，我也注意到，就祠堂形制而言，目前发现的画像石祠堂除信立祥先生划分的这常规四类之外，至少还有两类其他形制的小祠堂。一类是苏北、皖北等地发现的抱鼓石形祠堂，学界亦有关注①，其两侧山墙呈“抱鼓石形”，屋顶一般为平顶，体量上与第一类平顶小祠堂相近，一般由屋顶顶盖石、两侧壁、后壁、基石组成，目前发现的多为石祠山墙部位的散件。可喜的是，2019与2020年在安徽淮北市洪山和邓山接连发现三座可复原的此形制祠堂②，其中以洪山石祠C1结构最为完整（图7），为首次发现，前室后龛，呈“凸”字形结构，由前后盖顶石、左右两块抱鼓石形侧壁石、后龛左右侧壁石、后壁石以及两块基石组成，其内部最宽1.52米，最高0.78米，占地约1.48平方米，与C2和邓山画像石祠形制基本相同，都属于小石祠。目前还没有能证明墓主身份的倾向性材料，发掘者根据雕刻技法和画像题材判断年代约为东汉早期。

① 武利华:《徐州汉画像石通论》，文化艺术出版社2017年版，第63—67页；朱永德:《皖北“抱鼓石”形汉代画像石祠堂》,《大汉雄风——中国汉画学会第十一届年会论文集》，高等教育出版社2008年版。

② 淮北市文物局:《安徽省淮北市发现汉代画像石祠》,《东南文化》2019年第6期，第19—25页；淮北市文物局:《安徽省淮北市烈山区烈山镇邓山东汉早期画像石祠堂》,《东南文化》2020年第6期。

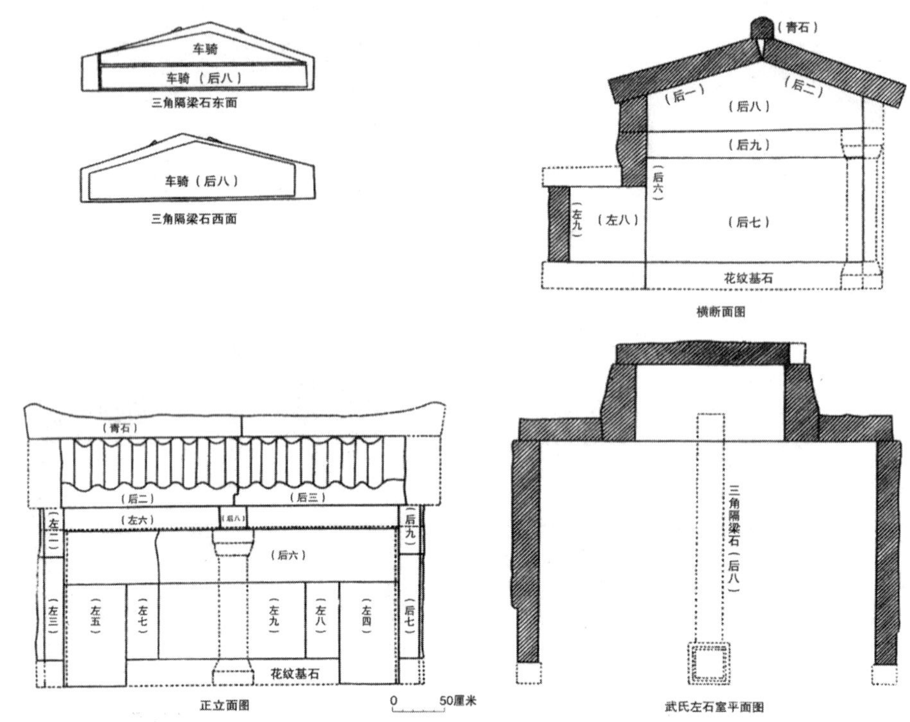

图 6 武氏左石室建筑结构图（采自《汉代武氏墓群石刻研究》）

图 7 淮北洪山抱鼓石形石祠 C1 复原图（采自《东南文化》2019 年第 6 期）

还有一类形制，以收藏在临淄齐文化博物院的王阿命石祠[①]（图 8）为例，说明牌称为“殿宇式享堂”，早年出土于临淄齐都镇永顺村，它由整石雕造而成，总长 1.42 米，高 0.78 米，前低后高，前为低矮的平台，后为规整的圆丘状，圆丘与平台的连接处是一垂直的立面，立面中央浅凿一内凹的方龛，龛宽 0.38 米，高 0.4 米，后圆部分为圆弧顶，顶部有圆形平台，顶前檐刻三道瓦垄。前面的方形平台应

① 对这块石刻的定性存在争议，有学者认为是石龛造像，杨爱国、郑岩等都认为是小石祠，我也认为是祠堂。参见郑岩《山东临淄东汉王阿命刻石的形制及其他》，《从考古学到美术史——郑岩自选集》，上海人民出版社 2012 年版，第 1—28 页。

为祭台，圆丘部分表现的应为祠堂，这种形制的小石祠目前仅发现此一例。方龛内有阴线刻的图像，线条粗率，内容大致为一儿童端坐在有围屏的榻上观看游戏。龛外右侧有题记两行“齐郎王汉特之男阿命四岁，光和六年三月廿四日物故，痛哉”，由此可知祠主应为不幸早夭的四岁男童王阿命。由于是孤例，我们目前对其渊源等认知有限。

图 8　临淄王阿命石祠及龛内画像线描图（线图采自郑岩文章）

除了上述形制较为完整和可以复原的部分画像石祠堂外，考古发现的大多是祠堂画像石的残件，对于其形制我们或许可以通过测量其尺寸大小、分析其图像风格等与已知形制的祠堂进行类比，得到一些线索。

另外，根据文献记载我们也可以知道，可能还有一类体量更大、形制更复杂的祠堂存在，如前述《水经注·济水》篇提到的汉荆州刺史李刚墓前，即有建造华丽的三开间石祠堂。相信随着以后考古发现越来越多，我们对祠堂形制会有更新更详细的认识。

（二）祠堂画像石风格

祠堂画像石在各自的形制类别内，往往还可以划分许多不同的风格样式。这里我以嘉祥地区为例[①]。陈秀慧博士根据画像雕刻技法、画像题材布局、边框纹饰等对滕州祠堂画像石进行空间配置复原并分析其地域风格，她用同样的方法对周边嘉祥等地区的祠堂画像石也进行了风格分析，认为除了嘉祥武氏祠以外，嘉祥其他地区发现的画像石祠堂构件多属于平顶式小祠堂，这些小祠堂根据雕刻技法分为两大样式，前者以

① 关于嘉祥地区出土画像石介绍，可以参考朱锡禄《嘉祥汉画像石》（山东美术出版社 1992 年版）以及《中国画像石全集》第 2 卷（山东美术出版社 2000 年版）等有关部分。

图 9　嘉祥宋山小石祠西壁画像

图 10　嘉祥五老洼石祠侧壁画像

减地平面线刻技法为主，以宋山、南武山、齐山、旬子村等地画像石为代表（图 9），它们与武氏祠采用了相同的雕刻技法，因而陈秀慧将其命名为“武氏祠样式”；后者以嘉祥五老洼发现的凿纹地凹面线刻画像石为代表（图 10），另有宋山画像石部分，吴家村、焦城村、洪福院、纸坊镇敬老院、十里铺、蔡氏园等地的祠堂画像石也属于此类，命名为“五老洼样式”，这个样式根据画像布局等又细分为三个类型[①]（在此不细述），通观目前嘉祥地区发现的祠堂画像石，这一风格在数量上占有明显优势。

此外，我认为嘉祥地区祠堂画像石可能还有一类风格样式，即采用磨面阴线刻技法的画像石，目前发现很少，主要以 1954 年发现于嘉祥洪山村的洪山村画像第 1 石（图 11）为例。原石现存国家博物馆，纵 57 厘米，横 94 厘米，画面分三层，第一层刻戴胜西王母，周围有玉兔捣药、蟾蜍、鸡首人身者、三青鸟、九尾狐等；第二层左段为人物制车轮画面，右段为人物酿酒画面；第三层为胡汉交战的场面。该石应为祠堂西壁。此画像雕刻技法与长清孝堂山石祠、肥城桃源区西里村永平年间祠堂后壁画像石、肥城栾镇村祠堂后壁画像石、平阴县实验中学晋墓中的 1、2、3 号画像石等基本相同[②]。特别是从画像具体内容看，洪山

图 11　嘉祥洪山村小石祠西壁画像

① 《滕州祠堂画像石空间配置复原及其地域子系统（上）》，《中国汉画研究》第三卷，第 304—310 页。

② 程少奎：《山东肥城发现“永平”纪年画像石》，《文物》1990 年第 2 期，第 92—93 页；王思礼：《山东肥城汉画像石墓调查》，《文物参考资料》1958 年第 4 期，第 35 页；平阴县博物馆：《山东平阴县实验中学出土汉画像石》，《华夏考古》2008 年第 3 期，第 32—36 页。

村画像第一层中的西王母及两侧跪地捧物侍者和第三层胡汉战争图中的胡人首领形象，与孝堂山石祠西壁上的同类形象刻画极为相似（图12、13），而洪山村画像又有明显横栏分层，孝堂山石祠画像虽有明显的分层，但未见分层线。学者根据画像内容和雕刻技法的详细比对，认为孝堂山石祠的画像石似乎比肥城两处画像石更为成熟丰富，石祠的年代应与肥城栾镇村建初八年石祠的时代相近或略晚，应为公元1世纪东汉早期章帝时期的作品[①]，而嘉祥洪山村1号画像石在风格和画像内容上与孝堂山极为相似，前者似乎略晚一些，且不在磨面阴线刻的主要分布区[②]，可能是由来自长清、肥城一带擅长阴线刻的石工远赴嘉祥带来的作品，随之也给嘉祥一带带来了此类画像石的雕刻技法。当然，也不排除直接作为商品从主产区订购而来的可能，时代应同样为东汉早期。

图12　孝堂山石祠西壁上的西王母

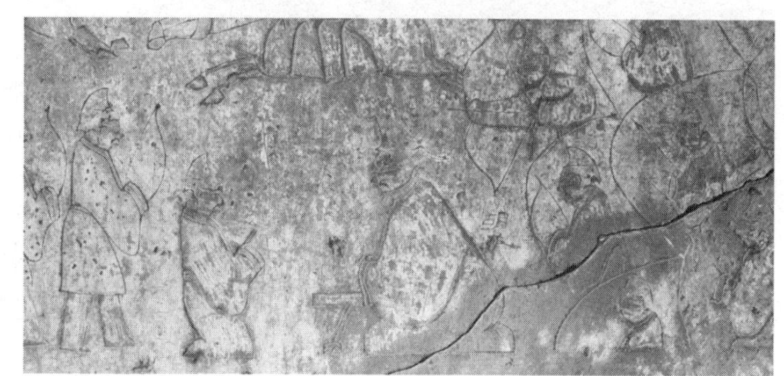

图13　孝堂山石祠西壁上的“胡王”

同时，我也注意到，同样作为祠堂后壁画像（图14—16），平阴县实验中学的三块画像石与孝堂山石祠、肥城两处祠堂后壁画像石在边栏纹饰和画像楼阁人物等

图14　孝堂山石祠后壁画像

① 蒋英炬、杨爱国等:《孝堂山石祠》，文物出版社2017年版，第73—86页。

② 《孝堂山石祠》一书中认为主要分布区在今长清、肥城一带。

图 15　肥城栾镇村建初八年石祠后壁画像

图 16　平阴实验中学 1 号石画像摹本（采自邢义田文章线摹图）

图 17　汶上天凤三年路公食堂画像

方面极为相似（只不过孝堂山石祠后壁是极为少见的并列三幅楼阁人物图），尤其是与肥城永平十一年和建初八年祠堂画像石在画像布局和题材内容上，以及边栏纹饰（基本都是斜线菱格纹和穿璧纹）上都极为相近，但体量上明显比孝堂山石祠要小，属于小石祠，极有可能是这一区域同一时代、同一工匠集团的一批作品。考虑到长清、平阴、肥城这三个相邻县区在东汉同属于济北国[①]，有相同的文化风俗和技艺流传那就顺理成章了，有学者将其归纳为肥城—平阴类型祠堂[②]。只是很可惜，除了长清孝堂山石祠，其他石祠仅残留部分构件，我们无法复原其整体形制与画像风貌。

陈秀慧文中认为以凿纹地凹面线刻技法为主流的祠堂画像石是嘉祥地区的原生风格。对此，我有些疑问，据目前考古发现所知，采用凿纹地凹面线刻技法的祠堂画像石，时代较早的如汶上县天凤三年（16）路公食堂画像（图 17），画像内容主要是

① 谭其骧主编:《中国历史地图集》(第二册)，中国地图出版社 1982 年版，第 44—45 页。

② 肖贵田、滕卫:《汉代“水陆神灵交战图”识读——兼谈东汉祠堂画像的空间位置变化》,《东方考古》第 12 集，科学出版社 2016 年版，第 55—71 页。

车骑出行，画面左侧有纪年题记“……天凤三年立食堂，路公治严氏春秋……”；还有平邑县八埠顶发现的元和三年（86）皇圣卿阙与章和元年（87）功曹阙，画像同样采用了此雕刻技法[①]。据此，在嘉祥地区没有发现时代更早的该风格画像石之前，我们很难判定其为嘉祥地区的原生风格，而很有可能是受了更早的汶上等地区的影响或技术传播而产生的，并渐次发展成了嘉祥地区较为重要的画像石风格。

再回到以嘉祥武氏祠和宋山小祠堂为代表的减地平面线刻画像风格。根据宋山永寿三年许卒史安国祠堂题记中提到的“募使名工高平王叔、王坚、江胡、栾石、连车，采石县西南小山阳山。琢砺磨治，规矩施张……”，我们可以确定宋山小石祠和武氏三祠应都是招募来自高平的名工建造的，据此，杨爱国先生认为武氏阙铭中提到的“石工孟孚、李弟卯”和武梁碑文中提到的“良匠卫改”应同样是来自高平一带（今山东邹城西南部、微山东北地区）的工匠，并将其称为“良匠卫改”一派，隋家庄、南武山、齐山、甸子村等地的画像石都是这一派在嘉祥地区的作品。而根据东阿芗他君石祠石柱上的题记“使师操□、山阳瑕丘荣保、画师高平代盛、邵强生等十余人，假钱二万五千，朝莫侍师，不敢失欢心……”的内容，及其残存的石柱画像风格与武氏祠一致，可以看出其同样是良匠卫改一派的佳作，他们在东汉晚期应该是十分活跃的一派工匠，其活动空间在《幽明两界》一书中有详细的分析，作者认为这一派的活动范围主要以嘉祥为中心，西北到东阿、阳谷，东北到济阳，最东可达莒县[②]。

但实际上，东汉时期高平一带的石工应远不止良匠卫改这一派。我们看近年发现的邹城北龙河汉安元年文通祠堂（图 18），其上有现今发现的字数最多（达 606 字）的祠堂题记，其中提到“食堂以汉安元年六月七日甲寅毕成，石工高平□、高平□□、直（值）五万”，可见该祠堂同样延请了高平名工，但其使用的是平面浅浮雕的技法，因而浅浮雕应该是高平石工的另一派风格[③]。据此，我推测临近的微山两城地区发现的浅浮雕祠堂画像石可能就是这一派工匠的作品，尤其是其中一些题记中提到的永和年间的祠堂画像石，与文通祠堂时代相近，极有可能二者是一脉相承的，如两城地区修建永和元年王成母食堂的石工严申、修建永和二年画像石祠堂的石工刑续和□昭等，

① 傅惜华：《汉代画像全集》初编，巴黎大学汉学研究所 1950 年版，图 129；刘敦桢：《山东平邑县汉阙》，《文物参考资料》1954 年第 5 期，第 29—32 页；王相臣、唐仕英：《山东平邑县皇圣卿阙、功曹阙》，《华夏考古》2003 年第 3 期，第 15—19 转 24 页。

② 杨爱国：《幽明两界——纪年汉代画像石研究》，陕西人民美术出版社 2006 年版，第 132—144 页。

③ 胡新立：《邹城新发现汉安元年文通祠堂题记及图像释读》，《文物》2017 年第 1 期，第 76—85 页。

很有可能就是当时高平地区的有名工匠。另外，从时间上看，良匠卫改一派主要流行于东汉桓、灵帝之际，似晚于文通祠堂一派。

图 18　邹城汉安元年文通祠堂画像（采自《文物》2017 年第 1 期）

（三）关于祠主的身份

我们知道，祠堂形制除了一定程度上受到时代风俗的影响外，主要还是由墓主身份、社会地位及财富多寡决定的。时代相近的情况下，祠堂体量越大，一般墓主身份越高。反过来，如何通过画像石祠堂或者祠堂画像石构件判断墓主身份，最直接的证据就是祠堂画像石题记和相关的墓碑等文字性材料，据此判断相对较为准确，可惜这一类材料发现较少，据统计有十余座[①]。以下我对其中标记了祠主职官身份的祠堂进行了初步统计（表 1）。

表 1　汉代祠堂画像石题记所见祠主官职统计

名称	年代	祠主	费用	工匠	身份
铜山汉王乡东沿村元和三年祠堂	元和三年（86）	世子豪父	冢石室□万五千	未知	可能为列侯
曲阜阳三老祠堂	延平元年（106）	阳三老			县或乡三老
邹城北龙河文通祠堂画像石	汉安元（142）	文通	五万	高平□□、高平□□	县掾类属官
鱼台文叔阳食堂画像石	建康元年（144）	文叔阳	万七		府文学掾
东阿芗他君祠堂石柱	永兴二年（154）	芗他君	二万五千	操□、荣保、代盛、邵强生等	诸曹、市掾、主簿、功曹（属郡佐官或属吏）
嘉祥宋山许卒史安国祠堂画像石	永寿三年（157）	许安国	二万七千	王叔、王坚、江胡、栾石、连车	百石卒史（属县佐官或属吏）
安徽宿县宝光寺邓季皇祠堂[②]	熹平三年（174）	邓季皇			三、四百石的县属官

① 《幽明两界——纪年汉代画像石研究》一书中作者统计有十余座，第 165 页。

② 王化民：《宿县宝光寺汉墓石祠画像石》，《文物研究》第 8 辑，1993 年，第 64—70 页。该石祠后壁长 1.61 米，高 0.98 米，属于单开间悬山顶房屋式祠堂。

从表格中可以看出，提及祠主官职身份的这些祠堂多为单开间平顶或悬山顶小祠堂，祠主官职一般为不超过四百石的郡县佐官和属吏。其他题记中未提及官职的祠主应为无官职但有一定财力的小地主或社会平民，有男性，也有妇人或儿童，如肥城栾镇村建初八年张文思父祠堂、枣庄齐村镇王山头延光三年朱作纪母祠堂、微山永和六年桓孨祠堂、滕州姜屯元嘉三年赵寅祠堂、安徽宿县褚兰建宁四年胡元壬祠堂、临淄光和六年王阿命石祠等。而对于没有题记等证据的小祠堂，如淮北洪山画像石祠，其祠主身份经研究推测为小官吏或当地的中小地主①。

目前发现的相对体量高大、形制复杂的双开间祠堂一般未见到明确指向性题记和榜题，仅有部分可以根据画像石中一些特殊的画像内容推测墓主身份。如长清孝堂山石祠，学者多根据祠堂后壁下层刻有榜题“二千石”的车马出行图，以及横贯三壁上层的“大王车”出行图中迎驾人员榜题中的“相”“令”等信息，推测祠主可能曾出任过诸侯国的相、傅等二千石级别的官职②。学界也多认可根据武荣碑文记录的武荣生平，结合前石室车骑出行画像中“为督邮时”“君为市掾时”“君为郎中时”“此丞卿车”等榜题，推测武氏前石室祠主为武荣，他生前做过执金吾丞，官秩比千石或六百石；而左石室形制与前石室基本相同，画像内容也十分相似，只是刻画比前石室稍显粗糙，据此学界多倾向于推测祠主为武荣的父亲武开明，生前曾官至吴郡府丞，官秩约六百石③。

而与孝堂山石祠形制相同、雕刻技法相似的金乡朱鲔石室，时代约为东汉晚期，建筑体量大于孝堂山石祠，有独特的画像布局，即以横贯三壁的人物宴饮场面为画像主题，还有在石室内部雕刻出凸起的仿木结构的斗拱、立柱和横枋等建筑构件的做法，也是迄今所见的汉代画像石祠堂中绝无仅有的，再加上精美流畅的磨面阴线刻技法，我们有理由推测祠主身份非富即贵，或者是东汉晚期一位至少两千石级别的中高级官吏，或者是当地的豪强地主，可惜缺乏明确的指向性。

二、个案分析——嘉祥宋山永寿三年石祠画像石题记

画像石题记是汉代人留给我们考证汉画内容和窥探汉代文化的宝贵遗产，在墓

① 淮北市文物局：《安徽省淮北市发现汉代画像石祠》，《东南文化》2019年第6期，第19—25页。

② 蒋英炬：《孝堂山石祠管见》，载南阳汉代画像石学术研讨会办公室编《汉代画像石研究》，文物出版社1987年版，第204—218页。

③ 蒋英炬、吴文祺：《汉代武氏墓群石刻研究（修订本）》，人民美术出版社2014年版，第167—171页。

室、墓阙和墓上祠堂中都有发现，尤以墓上祠堂所见最多。正如前面提到的，祠堂画像石题记对我们解读墓主身份具有至关重要的作用，除此之外，内容丰富的题记还是我们了解汉代人的思想观念，尤其是儒家孝悌文化观念的一个重要窗口，我们以嘉祥宋山永寿三年（157）祠堂画像石题记为例。

该石1980年出土于嘉祥宋山，现藏山东省石刻艺术博物馆，采用铲地平面线刻，石面纵68厘米，横108厘米，画面四周刻宽边栏，图像主体是朝向四方的八瓣莲花，莲花瓣上刻连笔井字纹，井字四角和中心皆刻圆点，八个莲瓣间隔处刻有六条鱼两两相对，两人头鸟相对。画像左侧刻有10行隶书题记，共462字，右侧1行28字隶书题记。（图19）关于左侧10行题记学界多有较完整释读，因存在个别异体字和字体刻写不规范的现象，导致少部分文字解读有歧义[①]，但主体内容皆无异议，通篇先是叙述祠主许安国的短暂人生经历，最后染疫病而亡，再讲述其死后父母、三个兄弟如何为其举哀、办理丧事，修筑丧葬建筑，依礼祭祀；接着细致描绘了画像内容，最后是告诫语和颂词。右侧一行，记载了许安国的两个幼子，皆年幼早夭随父而葬。

图19　嘉祥宋山永寿三年祠堂画像（采自《中国汉画像石全集》第2卷）

巫鸿先生认为，汉代丧葬礼仪活动，包括修建丧葬建筑和书写丧葬文字，是祠主的兄弟、孝子贤孙扬名的绝好机会，尤其到东汉中晚期逐渐发展成为他们对孝行的“狂热宣示”[②]。这点我们从宋山永寿三年祠堂题记内容中可窥一二。

首先是对许安国三兄弟恭敬守礼致哀，表孝悌之心的直接描述：

① 济宁地区文物组、嘉祥县文管所:《山东嘉祥宋山1980年出土的汉画像石》,《文物》1982年第5期，第60—70页；李发林:《嘉祥宋山出土永寿三年石刻题记简释》,《山东汉画像石研究》，齐鲁书社1982年版，第101—108页；赵超:《山东嘉祥出土东汉永寿三年画像石题记补考》,《文物》1990年第9期；刘道广:《山东嘉祥宋山汉永寿三年石刻题记注释》,《艺术百家》2009年第2期，第93—99页。

② ［美］巫鸿著，李清泉、郑岩等译:《中国古代艺术与建筑中的“纪念碑性”》，上海人民出版社2009年版，第252—264页。

……悲哀思慕，不离冢侧，草庐因容，负土成坟，徐养凌柏，朝暮祭祠，甘珍滋味兼设，随时进纳，省定若生时……

表现安国三个弟弟极尽哀思，住在冢侧草庐中守孝，早晚祭祀，如生前一样晨昏省定，“甘珍滋味”随时进献，孝悌之心可见一斑。

其次是用较长篇幅叙述祠堂建造过程，描绘祠堂画像石的画像内容：

……以其余财，造立此堂。募使名工，高平王叔、王坚、江胡、栾石、连车，采石县西南小山阳山。琢砺磨治，规矩施张。褰帷及月，各有文章，雕文刻画，交龙委蛇……猛虎延视，玄猿登高，狮熊嗥戏，众禽群聚，万狩云布，台阁参差，大兴舆驾。上有云气与仙人，下有孝友贤仁。尊者俨然，从者肃侍，煌煌濡濡……作治连月，功夫无极，价钱二万七千。父母三弟莫不竭思……

祠主安国的父母、三个弟弟用家中余财，竭尽心思，招募来自高平的名工王叔等人，费心选材，精心刻画，建造数月，用功夫无数，花费二万七千钱，才建造出了图像精美、建筑精巧的墓上祠堂，足以证明家人之用心。无论是“竭家所有”、费心选材，还是延请良匠名工精心侍奉，抑或是对漫长用时和精美画像的介绍，足见祠主家人对丧葬事宜的重视，时人认为这是值得记录和炫耀乡里的事，而这一系列过程正是对孝行的绝佳展示[①]。因而将其行为和名工姓名用文字细致刻画在祠堂中，以供往来诸观者与后人欣赏关注。

有学者曾对画像石题记中提到的石工和造价进行过研究[②]，记录石工和造价的目的不排除宣传其作品的可能性，但更主要可能是对出资建造者（即丧家）孝心的夸示。不论官员或是平民，都不遗余力花费重金延请名工（如高平石工、画师），修造墓地祠堂和墓室，花费动辄上万，可谓竭尽所有向世人展示其孝义，以求显名于世。这与汉代社会厚葬奢侈之风盛行有关。如《盐铁论·散不足》里就提到这种现象：“今生不能致其爱敬，死以奢侈相高，虽无哀戚之心，而厚葬重币者则称以为孝，显名立于世，

① 郑岩：《关于汉代丧葬画像观者问题的思考》，朱青生主编：《中国汉画研究》第二卷，广西师范大学出版社2006年版，第39—55页。

② 《幽明两界——纪年汉代画像石研究》，第132—139页；邢义田：《汉碑、汉画和石工的关系》,《画为心声：画像石、画像砖与壁画》，中华书局2011年版，第47—68页；欧阳摩一：《汉画像石题记中堂、阙、墓造价探析》,《四川文物》2009年第1期，第76—79页。

光荣著于俗，故黎民相慕效，至于发屋卖业。”[①]

我们先回到祠堂题记的载体——墓地祠堂本身。建造祠堂是由于“思念父母，弟兄悲哀”，“乃治冢作食堂传孙子”[②]，以“冀二亲魂零（灵）有所依止”[③]，“俟魂神往来休息”，而这一切皆是由于“孝之然也”[④]。除了供子孙亲友、门生故吏前来缅怀和祭拜，墓上祠堂作为开放的、可观瞻的地上公共纪念性建筑，是丧家宣扬孝行的绝佳场所，刻画图像、题刻文字，图文并茂可以更直观更明白地向往来诸观者展示祠主品行事迹、子孙孝行，为子孙家人博取美好的名声，为其举孝廉入仕等获取机会，武氏家族中武开明、武斑父子就是因为举孝廉而入仕的[⑤]。

这类丧葬活动的背后，体现的是汉代社会思想文化和政治制度的影响。西汉武帝时期，儒家文化逐渐成为社会主流思想，孝是儒家三纲五常伦理道德的一个重要核心，汉代提倡以孝治天下，汉武帝元光元年“初令郡国举孝廉各一人”[⑥]，自此察举孝廉成为汉代选拔官吏的重要制度。“故汉制使天下诵《孝经》，选吏举孝廉。”[⑦]《孝经》成为社会上备受推崇而广泛应用的儒家经典，成为民众入学的必修科目。如嘉祥武荣碑的碑文里提到武荣其人“……治《鲁诗经》韦君章句，阙帻传讲《孝经》《论语》《汉书》《史记》《左氏》《国语》，广学甄微，靡不贯综……”[⑧]《孝经》不仅教化民众生前的言行，也是其举行丧葬事宜的重要参考，如徐州大庙村祠堂画像石第二石侧面题记中就提道：“起石室口直五万二千，《孝经》曰：‘卜其宅兆，而安措之，为家庙以鬼神飨之。’”[⑨]这些举措都对孝文化的推广起到很好的引导作用。社会上形成了崇尚忠孝的风气和孝风盛行的景象。事死如事生，厚葬的社会风气从西汉到东汉几乎有增无减。

人们在精心筹办丧葬事宜的过程中，绝不会放过任何宣示孝行的机会，把丧葬艺术作为行孝的重要手段[⑩]，竭尽心力在丧葬建筑、随葬品、祭祀礼仪等各个丧葬环节表

① ［汉］桓宽撰，王利器校注:《盐铁论校注》，中华书局1992年版，第354页。

② 傅惜华:《汉代画像全集》初编，图32。

③ 罗福颐:《芗他君石祠堂题字解释》,《故宫博物院院刊》总二号，1960年。

④ 取自邹城汉安元年文通祠堂题记。

⑤ 《汉代武氏墓群石刻研究（修订本）》，第48—49页。

⑥ ［汉］班固:《汉书》卷六《武帝纪》，中华书局1962年版，第160页。

⑦ ［南朝宋］范晔:《后汉书》卷六十二《荀韩钟陈列传》，中华书局1965年版，第2050页。

⑧ 《汉代武氏墓群石刻研究（修订本）》，第50页。

⑨ 该题记中所引《孝经》内容与我们现今看到的《孝经・丧亲章》“卜其宅兆，而安措之。为之宗庙，以鬼享之”，记载略有不同。参见李学勤主编《十三经注疏・孝经注疏》，北京大学出版社1999年版，第59页。

⑩ 《武梁祠：中国古代画像艺术的思想性》，第196—201页。

达孝心，题记文字更是一种直观的表达。

三、个案分析——由滕州西户口祠堂侧壁画像石所见河伯与泰山君

在滕州市汉画像石馆的“滕州汉画像石精品陈列”展厅，展示着一块1958年出土于滕州桑村镇西户口村（今属枣庄市山亭区）的祠堂画像石（图20），属于祠堂侧壁，采用磨面阴线刻，画面分上下十层，可以看到“孔子”“老子”“东王父”“泰山君”“河伯”等清晰榜题，各榜题从书体和刻法来看较为一致，应为汉代原刻。结合榜题观察画像内容，一层为两鹿、三人首兽身者左向行；二层为孔子见老子画像；三层为手执便面的东王父及执笏侍者；四层画面分左右两格，左格为泰山君乘鹿车右向出行，前有骑鹿导骑，右格为河伯乘鱼车左向出行，前有骑鱼者和游鱼等；五层为狩猎图；六层为群山及其中探头的马匹；七层至九层为人物执笏拜谒；十层为三组人物乘舟钓鱼或叉鱼。

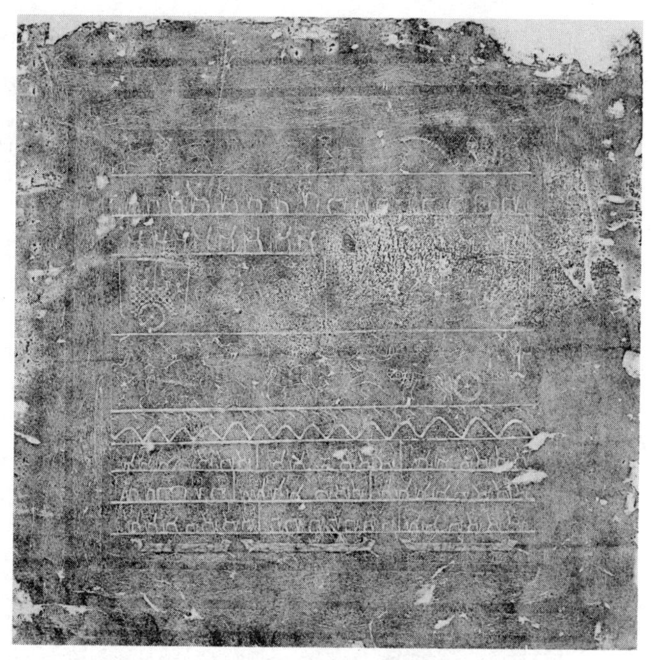

图20　滕州西户口祠堂东壁画像（滕州市汉画像石馆拓片）

该石最早著录于山东省博物馆、山东省文物考古研究所编的《山东汉画像石选集》（齐鲁书社1982年版，图230，图版一〇〇）。有东王公形象的祠堂画像石一般位于祠堂东壁，陈秀慧据其画像内容和原石形制，部分复原了该石祠[①]。她将现存上海博物馆的一块西王母建鼓杂技画像石（见《山东汉画像石选集》图228，图版九八）配置为其西壁，与其左右对称，该石画像同样分为上下十层，采用阴线刻，第一层西王

① 《滕州祠堂画像石空间配置复原及其地域子传统（下）》，《中国汉画研究》第四卷，第197—358页。

母凭几而坐，有榜题“西王母”，两侧有鸟首人身、兽首人身者及九尾狐等，下面各层以建鼓为中心，两侧有人物乐舞、杂技、宴饮、庖厨、六博等。她还将现存滕州市汉画像石馆的一件人物战斗画像石复原为石祠的顶盖石，其画面位于顶盖石前侧面，该石两端略残，残横160厘米，残宽66厘米，画面内容博物馆说明牌为“胡汉战争图”，但从人物服饰、车马形制来看，应都是汉人，未见胡汉人物之分，与常见的胡汉战争图明显不同，可称为人物交战图。

还是回到榜题“东王父”的石祠东壁，该石画像中我观察到几个值得注意的地方，一个是二层的孔子见老子画像（图21）。在这幅画像中，孔子与老子相对拱手居于画面中部，左上各有榜题“孔子”“老子”，二人中间没有此类画像中常见的小儿项橐的形象，其身后各有七个拱手捧简的弟子，人物皆刻画为侧面半身立像。这与以往见到的大部分孔子见老子画像明显不同，若没有榜题，可能大多数人倾向于认可《山东汉画像石选集》中描述的“儒生授经”内容。但实地观察原石，结合榜题我们认为是孔子见老子画像无疑，可惜早期拓本不清晰，著录中并未提到榜题内容，以至于画像释读有偏差，这点在邢义田先生的《画外之意》一书中有详细阐述①。

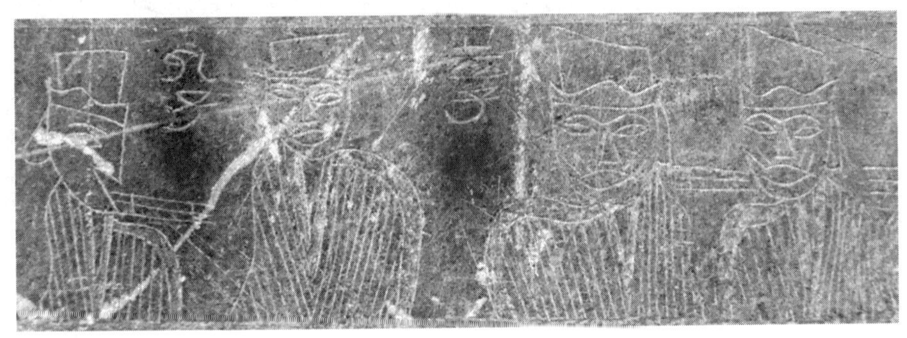

图21　西户口祠堂孔子见老子画像局部

一个是第三层的“东王父”画像（图22）。东王父即东王公，多是出现在与西王母相对位置的对偶神，但是在此东王公却未配置在常见的第一层，而且东王父本身形象为冠服执便面正面立，两侧各有数人冠服执笏面其恭立，与西王母身边神兽环绕的仙界景象完全不同，若无榜题，我们极有可能认为是一般的人物拜谒场面。我推测可能是西王母信仰中，东王公与其配对还不那么固定的时段，人们图像刻画还没有特别规范一致的粉本，也可能是这座祠堂画像配置的特例或是另一种模式，可见画像旁的

① 邢义田:《画外之意——汉代孔子见老子画像研究》，三民书局2018年版，第51、281—289页。

图 22　西户口祠堂东王父画像局部

榜题绝对是我们正确理解画像内容和性质的重要证据，其重要性可见一斑。

再有，在第四层画像中，右格刻画的是河伯左向出行画像①。画面中二人戴进贤冠坐于三鱼驾的车上，御者执鞭驾车，乘者手执便面，车旁有榜题“河伯”，鱼车前有游鱼、鳖、螃蟹、水蛇等，前方有荷戟骑鱼者做前导（图 23）。这是一幅内容较为完整的河伯出行画像。这也是汉画像石中首次发现有确定榜题的“河伯”形象。早年在河南新野发现一“天公行出”画像镜②，铜镜外缘有神人坐在三鱼拉的车上，旁有铭文“何伯”（古代“何”通“河”），与前面乘龙车的“天公”一起出巡天河，这应是较早的一幅没有争议的河伯出行图。

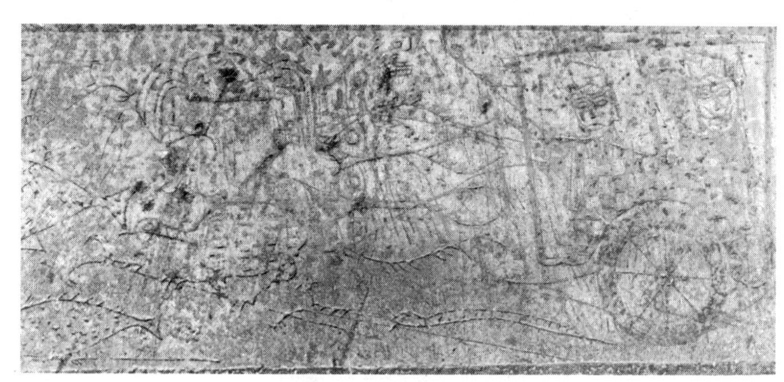

图 23　西户口祠堂河伯出行画像（图片经反相处理）

根据这两个有明确榜题和清晰画面的河伯出行图，再结合汉画像中存在的格套原则，我们可以将目前汉画（画像石和壁画等）中发现的此类乘鱼车出行的画像人物身份推测为河伯（当然，不排除特殊情境下有乘者非河伯的情况），有学者③统计有 30 余幅。例如，同样是本次考察重要一站的嘉祥武氏祠，其左石室屋顶后坡东段画像（图 24）第一层画面，表现神人冠服乘鱼车右向出行，《中国画像石全集》第 1 卷和

① 据滕州市汉画像石馆张晓慧老师介绍，右侧画面早年被污物遮挡，画像模糊不清，新近清理出完整画像，才发现“河伯”榜题。

② 刘绍明：《“天公行出”镜》，《中国文物报》第 486 期，1996 年 5 月 26 日第 3 版。

③ 李晓彤：《汉画像石中的“鱼车”图像》，南京大学 2016 年硕士学位论文。在这篇论文中，作者将汉画像石中目前发现的鱼车画像做了较为全面的统计梳理。王煜：《也论汉代壁画和画像中的鱼车出行》，《考古与文物》2013 年第 3 期，第 67—72 页。

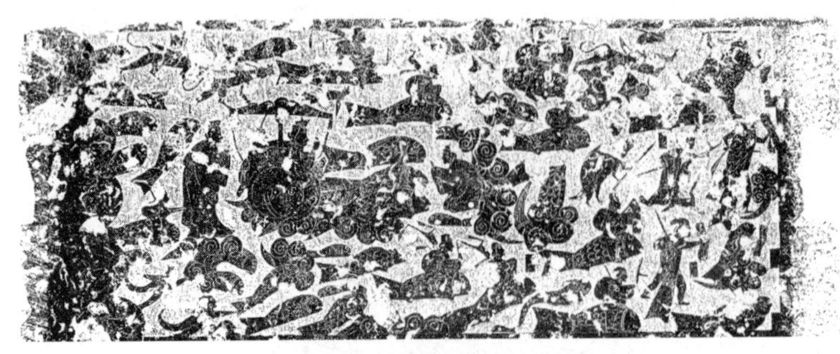

图 24　武氏祠左石室屋顶后坡东段画像

《汉代武氏墓群石刻研究》等书中都将其称为“海灵出行图”，现在看来称河伯出行图应更为合适。画面中鱼车下绕有卷云，车前有跪迎者，后有躬送者，车左右有骑鱼随从、翼龙等，车前有蟾蜍、灵龟、人身鱼尾者手持武器呈迎战状态，车后有波浪和游鱼等，结合其在祠堂屋顶的位置，以及前坡东段配置的东王公、西王母，西段配置的雷公、电母、雨师等神灵画像，此画面表现的应该是河伯等神明在天河中的景象。在武氏墓地周围稍晚时候发现的蔡题一石（图 25），同样是祠堂屋顶石，其画面与左石室屋顶后坡东段第一层的所谓海灵出行图较为相似，虽然左侧画面有残泐，但据周围场景看应是二羽人乘坐四鱼拉的云车，前有一前导云车，周围有骑鱼随从和羽人等，此画面表现的应是河伯在天界出行的场景。

图 25　蔡题一石画像

在这 30 余幅画像中，虽然画面所出现的位置和画面组合场景不尽相同，如有的位于祠堂侧壁或盖顶石或墓室室顶，有的在墓室门楣、门额或门扉上部，有的在石椁侧板等；有的在西王母的昆仑仙界场景中，有的周围有风伯、雷公等自然神，有的似在天界星空中，有的与龙、鹿、羽人、大象、有翼神兽等在一起，也有的与胡汉交战场面配置在一层①。但总体来看，河伯画像所在的位置多在墓葬建筑的顶部或者上半部，这些位置一般都是刻画一些表现天界和仙界内容的画像，从其伴出画面来看，也的确如此。

河伯即水神，在汉代一些文献中又称之为“冯夷”，如司马相如的《大人赋》有

① 陈成玉：《汉画像石“鱼车”图像研究》，《首届中国高校美术与设计论坛论文集》，中国美术出版社 2011 年版，第 62—72 页。王煜在其《也论汉代壁画和画像中的鱼车出行》一文中，有关于所谓鱼车出行的详细场景分析。

载："奄息总极泛滥水嬉兮，使灵娲鼓瑟而舞冯夷（《汉书音义》曰：灵娲，女娲也。冯夷，河伯字也。）。时若薆薆将混浊兮，召屏翳（《正义》应劭曰："屏翳，天神使也。"韦云："雷师也。"）诛风伯而刑雨师。西望昆仑之轧沕洸忽兮，直径驰乎三危。"[①]《淮南子·原道》："冯夷，大丙之御也，乘云车，入云蜺。"[②]《孝经援神契》："河者水之伯，上应天汉。"[③]从中可以看出，在司马相如等人看来，河伯是与女娲、雷公等神人在一起的，属于天河之神，是人们去往昆仑升仙路上的助力。所以，汉画像中河伯的座驾多刻画为鱼拉的云车，即为水神在天界中的写照。

同时，我们注意到在滕州西户口祠堂东壁画像石的第四层，与河伯画像相对的左格画面中是泰山君出行画像，图中同样是二人头戴进贤冠坐于鹿车上右向行，车上御者执鞭驾车，乘者手执便面、腰配长剑，旁有榜题"泰山君"，车旁一鹿卧地回首，车前一人骑鹿做前导（图 26）。这是汉画像中首次发现有明确榜题的"泰山君"的形象，结合这一图像人物特征及榜题，我们可以尝试对其他地区无榜题的类似画像做一些人物身份解读，在此暂不展开。

图 26　西户口祠堂泰山君出行画像

泰山君即泰山神，这与我国先秦以来的泰山信仰密不可分，自先秦以来中国就有祭祀和封禅泰山的传统。汉代人认为泰山居东方，是万物之始，阴阳交代之处。如《风俗通义》卷十提道："东方泰山……尊曰岱宗，岱者长也，万物之始，阴阳交代。"[④]《孝经援神契》有云："泰山天帝孙也，主召人魂，东方万物始成，故知人生命之长短。"[⑤]因而，学者认为泰山主管人的生死，是神仙鬼神交汇之地，是汉代人想象中神

① ［汉］司马迁：《史记》卷一百一十七《司马相如列传》，中华书局 1959 年版，第 3060—3061 页。

② ［汉］刘安等编著：《淮南子》，上海古籍出版社 1989 年版，第 6 页。

③ ［日］安居香山、中村璋八辑：《纬书集成（中册）》，河北人民出版社 1994 年版，第 961 页。

④ ［汉］应劭著，王利器校注：《风俗通义校注》，中华书局 1981 年版，第 447 页。

⑤ 《纬书集成（中册）》，第 961 页。

仙世界的通路，也是死亡世界的都城，具有天堂和地狱的双重属性[①]。汉武帝封禅泰山，就是受到齐人方士李少君等的游说前来求仙。

两汉社会，不仅官方和社会上层极为认可泰山的神圣地位，民间同样对其有各种美好的想象和诉求。如《金索》[②]所记汉代太山仙人镜有铭文："上太山，见仙人，食玉英，饮澧泉，驾蛟龙，乘浮云，白虎引兮，直上天，受长命，寿万年，宜官秩，保子孙。"汉代镇墓文中也常提及"生人属西长安，死人属东太山"[③]。《后汉书·方术列传》中提到时人生病去泰山"请命"的故事："许曼者……自云少尝笃病，三年不愈，乃谒太山请命。"[④]可见，泰山不仅能掌管人的生死，还被民间人格化为生命及前途的保护神，生前向其祈求长命富贵，死后祈求升仙和子孙繁昌。因而，在汉代人心目中，去往泰山之境与前往昆仑之墟同样都可以升仙长寿。如此，在汉画像的天界神祇中出现泰山君也就顺理成章了。学者也指出，古代山川祭祀中，泰山与黄河并举[⑤]，因而汉画像中泰山君与河伯（河伯多被认为是黄河之神）同在也就可以理解了，表达的是墓主死后可以在河伯、风伯、雷公、雨师及泰山君护佑引领下，去往仙界而升仙。

通过与西户口祠堂画像石中河伯与泰山君的画像进行类比，我统计目前发现的河伯与泰山君同在的汉画像石至少有 8 例（表 2）。这些图像大多表现的是河伯与泰山君同在仙界，与各路神灵在一起，二者多呈相向而行的状态。也有少部分呈现出从相向而行到对峙交战的局面。相向而行者以长清孝堂山石祠（图 27）和滕州西户口石祠（图 28）为例，二者所见河伯与泰山君形象最为相似，皆位于祠堂东壁，河伯与泰山君同样冠服乘坐四维轺车，二者周边随从配置也较为相似，体现了二者在画像风格上的相近性。到东汉晚期，以长清大街村汉墓 M1"水陆神灵交战图"为例（图 29），开始出现河伯与泰山君两方对峙交战的场面，交战双方为乘鹿车的泰山君与乘鱼车的河伯及其随从。受此启发，肖贵田认为嘉祥武氏左石室缺失的屋顶后坡西段画像，极有可能是与东段河伯画像对应的泰山君及随从画像，两者呈对峙状态；他还认为，武氏墓地周围发现的蔡题一石（河伯出行画像）与武氏祠南道旁画像（泰山君出行画像，见图 30），或是同一祠堂屋顶的两段，或是相同画像配置的两个祠堂的屋顶石。他认

① 刘增贵：《天堂与地狱：汉代的泰山信仰》，《大陆杂志》1997 年第 5 期，第 1—13 页。文中对汉代泰山信仰的双重含义有详尽的论述。

② ［清］冯云鹏、冯云鹓：《金石索》之《金索六·镜鉴之属》，道光双桐书屋藏板，第 443—444 页。

③ 吴荣曾：《镇墓文中所见到的东汉道巫关系》，《文物》1981 年第 3 期，第 56—63 页。

④ 《后汉书》卷八十二下《方术列传》，第 2731 页。

⑤ 刘增贵：《天堂与地狱：汉代的泰山信仰》，《大陆杂志》1997 年第 5 期，第 1—13 页。

为这是东汉晚期这一区域除武梁祠屋顶祥瑞图之外，另一种祠堂屋顶的画像配置模式[①]。我非常赞同他提出的这种可能性。

表 2　汉画像石中河伯与泰山君同在的画像统计

序号	出土地点及单位	时代	位置	图像场景及组合	出处
1	山东肥城栾镇村画像石	建初八年（83）	石祠后壁上部	胡汉交战、车马、鱼车、鹿车、羽人	《文物参考资料》1958 年第 4 期
2	山东长清孝堂山石祠	东汉章帝时期	东壁中下部	鱼车、骑鱼者、鹿车、骑鹿者	《中国画像石全集》第 1 卷，图四二
3	山东平阴实验中学 1 号画像石	东汉章、和帝时期	石祠后壁	泰山君在一层，周围有雷公、电母、胡汉战争图；河伯在二层，周围有伏羲女娲、玉兔捣药、楼阁人物	《华夏考古》2008 年第 3 期，第 32—36 页
4	山东滕州西户口画像石	东汉早期?	石祠东壁中部	鱼车及骑鱼随从、鹿车及骑鹿随从相对而行	滕州市汉画像石馆藏
5	山东长清大街村汉画像石墓 M1	东汉晚期	前室第一小室东横梁	鹿驾车队列与鱼驾车队列交战	《东方考古》第 12 集，第 55—71 页
6	徐州铜山县吕梁乡画像石	东汉晚期?	不详	右有鱼、龙、鹿等拉的云车，左有风伯、蟾蜍，两侧有人首蛇身者	《四川文物》，2008 年第 2 期，第 62—68 页
7	徐州铜山县洪楼画像石	东汉晚期	祠堂顶部后坡、三角隔梁石	顶部后坡有鱼车、龙车、大象、神人等；隔梁石有鹿车、骑鹿者	《考古通讯》1957 年第 4 期
8	安徽淮北宿县曹村出土画像石	东汉	祠堂后壁第一层	鹿车、鱼车	《淮北汉画像石》，天津人民美术出版社 2002 年版，第 20 页

至于东汉中晚期之后，为何汉画像中出现了河伯与泰山君对峙甚至激烈交战的场面，我认为可能与泰山的神性改变有关。随着谶纬学说发展、早期道教兴起以及佛教传入等因素，泰山治鬼论和冥府之都的说法渐兴，泰山在人们的心目中渐成幽冥恐惧之地的指代[②]。或许方术思想盛行的齐鲁之地，对泰山神性的转变感知尤为明显，认识到泰山君所代表的势力渐成死后灵魂升仙的阻碍，所以河伯代表的天神一方与其展开

① 肖贵田：《武氏祠石室屋顶后坡画像的配置》，《中国国家博物馆馆刊》2014 年第 12 期，第 77—86 页；《汉代“水陆神灵交战图”识读——兼谈东汉祠堂画像的空间位置变化》，《东方考古》第 12 集，第 55—71 页。

② 《日知录》卷三十“泰山治鬼”条有详细的分析。[清]顾炎武著，黄汝成集释，栾保群、吕宗力校点：《日知录集释（全校本）》，上海古籍出版社 2006 年版，第 1718—1719 页。刘增贵的《天堂与地狱：汉代的泰山信仰》延续此说法并做了进一步分析。

斗争，以扫除升仙的阻力，这与墓主在河伯、雷公、风伯等神灵引导西行升仙路上，需要经过胡汉交战（正义美好战胜邪恶阴暗）具有一样的用意，希望死后克服险阻，顺利进入昆仑仙界[①]。而这一需求可能对处在黄淮下游、泰山周围的民众尤为迫切，因为这一带的泰山信仰尤为显著。基于汉代泰山信仰的双重性，通过汉画像的刻画，我们可以看出他们既追求上泰山，见神仙；后期也害怕灵魂被泰山冥府牵绊，无法升仙，所以出现了一些与泰山君一方势力斗争的场面。

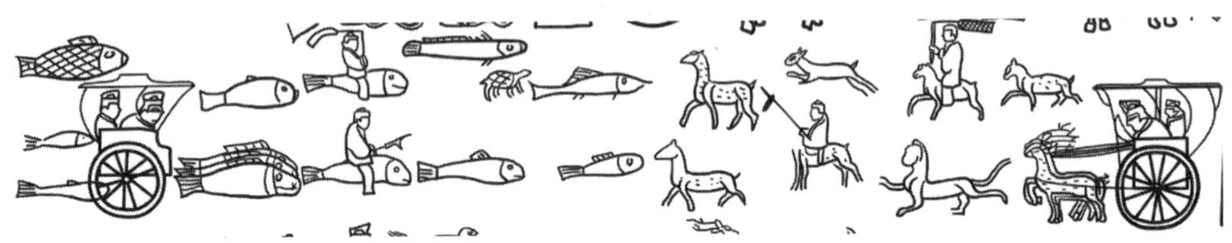

图 27　孝堂山石祠东壁上的泰山君与河伯画像

图 28　西户口祠堂东壁上的泰山君与河伯画像

图 29　长清大街村 M1“水陆神灵交战图”（取自肖贵田《汉代“水陆神灵交战图”识读》）

综上分析，我认为河伯出行图应与墓主祈求登昆仑或泰山进而升仙有关（前引文中邢义田、王煜等人都有类似观点）。借助河伯、泰山君等神灵的护佑或者想象墓主可以像神人一样乘鱼车或鹿车巡游仙界而升仙。不过，至于泰山君的神性形象我们还是应该据时代和具体情形分而视之。当然，以上是我根据滕州西户口祠堂画像石中有榜题的“河伯”与“泰山君”形象，在前人基础上做的初步梳理与分析，但不能就此

① 邢义田：《汉代画像胡汉战争图的构成、类型与意义》，《画为心声：画像石、画像砖与壁画》，第 315—397 页。

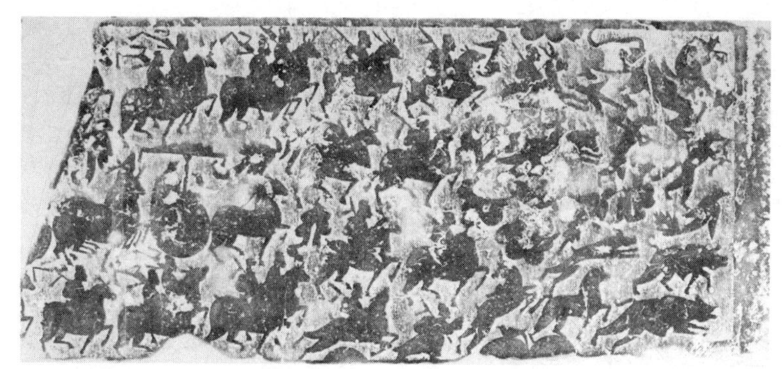

图 30　武氏祠南道旁画像（采自《汉代武氏墓群石刻研究》）

肯定所有此类鱼车或鹿车出行图都可作河伯[1]或泰山君一种解释，有时还需视具体情况而定。

此外，考察中我有一个深刻的感受就是“纸上得来终觉浅，绝知此事要躬行”。对于这种物质图像类的文物材料，光靠看图谱和拓本等二次加工的资料是远远不够的，必须尽可能看到实物，才能对文物本身有更直观、立体的感受和更深刻的印象。比如，在嘉祥武氏墓群石刻博物馆看到的武梁祠、武氏前石室、左石室以及蔡题一石、二石等祠堂屋顶石的实物，我切实了解了屋顶石内侧与外侧的画像布局和建筑结构，尤其是前坡与后坡、屋顶石与隔梁石如何建构，这是必须到现场才能体会到的生动印象。还有一例，就是在临淄齐文化博物馆看到的一件汉画像石屏风（图 31），长 190 厘米，宽 115 厘米，底部配套两个石插座，看说明牌得知出自临淄稷下街道商王村东汉墓中，屏风采用磨面阴线刻，周边饰菱形穿璧纹，画像分两层，上层是人物宴饮图，下层是车骑出行图[2]。此画像配置内容与我们见到的鲁中南祠堂画像石后壁极为相似，如果未到现场观看实物出土的真实情境，或者充分了解其出土背景，仅凭其本身的外观与图形，我或许会想当然地认为是一般的祠堂画像石后壁。这也提醒我以后看文物材料必须先关注

图 31　临淄商王村汉墓石屏风（胡文峻摄）

① 关于河伯，有学者因未见到新发现的“河伯”榜题而认为乘坐鱼车的应为墓主本人，如前引李晓彤的文章以及宋艳萍《汉画像石中的“鱼车图”》(《四川文物》2010 年第 6 期，第 51—56 页)。

② 淄博市博物馆、齐故城博物馆:《临淄商王墓地》，齐鲁书社 1997 年版，图版七三。

其发现背景，不能盲目轻易地下结论。

四、小结

以上是我结合此次考察，以鲁中南地区祠堂画像石为主要材料展开的一个梳理，对其中画像石祠堂形制、画像风格、石祠墓主身份、祠堂题记的“孝”文化内涵等进行了初步的思考和分析；接下来尝试具体分析了滕州西户口出土的一件祠堂东壁画像石，以其中榜题为“河伯”“泰山君”的画像为例，尝试了解并解读汉画像鱼车及鹿车图中的主人是河伯与泰山君的可能，并对其内涵进行初步分析，再次印证了榜题的重要性。

考察中还有很多零零散散、一闪而过的想法，容待以后结合其他材料再丰富我的思考。千言万语汇成一句话，还是要多走出去，观察实物，那会使我们收获良多！

画中有话

——山东汉画像寻访录

张朋兵

文化史家库尔特·塔科尔斯基曾就民族志研究中的“图像转向（pictorial turn）”现象提出过一句经典的论譬，他说：“一幅画所说的话何止千言万语。”① 从文化史料学角度讲，图像作为对过往历史的“记录”，或多或少地“言说”着过去的文化印迹，加上图像本身所具有的视觉性和在场感，它可以使逝去的历史更加“逼真”地再现出来，客观上成为历史考察与研究中不可或缺的“证据”。

无独有偶，这种文化学研究的视野同样适用于古代中国汉画艺术。中国汉画像艺术蔚然大观，汉画像因多保存于地下墓室、祠堂等地，较少受到外部因素的直接介入和干扰，最大限度地保存了“历史原貌”，同时它以栩栩如生的“图像语言”记录着古代中国人的日常生活与思想世界，透过图像我们或许可以“观看”以往的历史，借此到达“历史现场”。综合来看，此次山东汉画调研之旅，三大类型的画像分布较为广泛，向我们集中展示了齐鲁之地汉画艺术的多重风貌，也传递着相应的历史故事与思想观念。

一、祥瑞应物与祯祥观念

清人赵翼在《廿二史札记》中尝言“两汉多凤凰”，并指出西汉宣帝和东汉章帝

① 转引自彼得·伯克著，杨豫译《图像证史》（第二版），北京大学出版社 2018 年版，第 1 页。

时最甚。缘何凤凰在汉时多有显现并被大加载录？原来，凤凰在古时是传说中有名的瑞鸟，为羽虫中最美丽者，它的外形吸收了鸿前麟后、蛇颈鱼尾、鹳额鸳腮、龙纹龟背等一系列优长，故有“百鸟之王”的称号。在传统文艺美术与历史典籍中，凤凰经常被圣化为一种祥瑞，它五色具备，飞时百鸟相随，见则天下安宁。加上两汉谶纬观念流行，凤凰经常被当作天下清晏、政治圣明的征兆，例如纬书《礼含文嘉》言：“舜损己以安百姓，致鸟兽，鸧鸧凤凰来仪。”[①]就将凤凰等神异动物作为政治盛衰的表征。因此，世界上本不存在、被虚构出来的凤凰也就顺理成章地成了一种祥瑞文化的象征。

当然，汉代图像中出现的祥瑞之物不止凤凰一种，汉代画像砖、石中出现频率较高的祥瑞之物还有羊、鹿、雀、鱼等，这在齐鲁之地比较多见。先拿祥瑞动物——羊来说，出现频率极高，一个比较固定的主题是在门楣上刻画一只或三只羊角。例如山东省博物馆藏石墓门横额上的羊角画像（图 1），羊角总体上呈对称排列、内旋蜷缩状。齐文化博物馆藏吉祥双兽图门楣（图 2）亦是如此，图像最上部占据显赫位置的是一只羊头，两只大羊角内旋，底下作为辅助的是雀鸟和双鱼祥瑞。从装饰学来看，三角为“三（羊）阳开泰”之寓意。这种文化意义由来已久，甲骨文中“美”字写作𦍌，即“羊大为美”，用大角之羊形寓意生活美好。汉时“羊”也读“祥”，“吉羊”就是“吉祥”。汉代青铜镜铭亦有类似的例证，比如中平六年镜铭：“中平六年正月丙午日，吾作明竟（镜）。幽湅三羊，自有已，除去不羊。”[②]“除去不羊”就是“除去不祥”。东汉许慎《说文解字》：“羊，祥也。”古人把羊作为生活美满的象征，这也许与羊的形体肥美、性情温顺、叫声婉转等特征有关。用羊之物象指代生活吉祥美好，在

图 1　羊角汉画像石墓门楣（朋兵摄）

图 2　吉祥双兽图门楣（朋兵摄）

① 安居香山、中村璋八辑：《纬书集成》，河北人民出版社 1994 年版，第 495 页。

② 罗振玉：《汉两京以来镜铭集录》，罗继祖编：《罗振玉学术论著集》，上海古籍出版社 2013 年版，第 21 页。

古代器物等造型艺术中也有显现。古代宫廷中有一种小车也多为羊车，取其“吉祥”之义，便是这种吉祥观念的反映。综合来看，墓室门楣上用羊角指示美好寓意的观念也应由此而来，墓主人希冀借此图像传达子孙得到祖宗保佑、祈求生活美满的愿望。

灵兽动物——鹿也是山东汉画像中不可或缺的主题之一。图 3 为昌乐县博物馆藏羊角和鹿形汉画像门楣，上层为对称状羊角，下层为两只卧鹿，羊角代表的“吉祥”寓意与鹿形暗示的“禄”之意相得益彰。另一块（图 4）为一幅独立的卧鹿汉画浮雕，鹿头回视正前方，姿态悠闲。鹿在中国早期文化中通常作为一种灵兽出现，尤其是被人称为“四不像”的麒麟，即从鹿演化而来。《说文》释“麒麟”为“仁兽也”，又“麒，大牡鹿也”，因此鹿为麒麟原形。毛传说：“麟信而应礼。”这里的自然动物——鹿就和政治之德音相关联，自然它也就成了人们心中象征道德仁善的神兽了。而在读音上，因“鹿”与“禄”谐音，因此在一些吉祥图案中，又以鹿表示当官享受富贵与福气的意思，汉画像中出现的卧鹿浮雕、骑士射鹿图等，想必正是传递着普通世人渴望福禄、希求美好的世俗寄托。

图 3　羊角和鹿形汉画像门楣（朋兵摄）

图 4　鹿形汉画像（朋兵摄）

另外，树形与鸟雀的组合也是一个比较常见的搭配。以微山县文管所藏树形和鸟雀汉画像为例，一般情况下，大树被绘制于图像的中央，占据着画像的大部分空间。以前有人认为这树是扶桑树，例如费慰梅（Wilma Fairbank）就认为这些程式化的神树是“样式化的树”[①]，是撑天用的神树，《山海经》《淮南子》里也称之为榑木。《海外东

① Wilma Fairbank, “A Structural Key to Han Mural Art,” *Harvard Journal of Asian Studies*, Vol.7, No.1 (Apr., 1994), pp.52-88.

经》说："汤谷上有扶桑，十日所浴，在黑齿北。居水中，有大木，九日居下枝，一日居上枝。"[①] 这里的"扶桑"就是具有通天之用的神树，在长沙子弹库战国楚帛书上也可看到神树的印记。不过随着研究的深入，确切地说，它们应该是射侯射爵图，以前也有人叫它"树木射鸟图"。比如图 5，左下方一人持弓搭箭，朝树上的鸟雀射去，而雀在汉代与"爵"相通，在文献上多有印证。《陈留耆旧传》载："雀者爵命之祥，其鸣即复也。"[②] 又《礼记・射义》："射侯者，射为诸侯也。射中则得为诸侯，射不中则不得为诸侯。"[③] 又如图 6，大致也是如此，不过分为上、下两层，可能是为了迎合某种特定的创作隔套而设：上层是日常生活场景，图中人物好像在相互交谈着什么，呈左右对称分布；下层树形图像几乎占了画面的大半空间，周围雀鸟翻飞，传达着汉人对世俗爵位功名的渴望，树下有乘坐高头大马的官吏，进一步暗含子孙皆能加官晋爵、拜相封侯的寓意。射侯射爵汉画像目前分布比较广泛，在今山东嘉祥、莒县，四川新津、彭州等地都曾出土过这种类型的汉画。

图 5　射侯射雀图（朋兵摄）

图 6　射侯射雀图（朋兵摄）

此外，微山县文管所保存的一部分汉画像还透露出与湖、渔猎、楼台等江南系列元素有关的情节。图 7 为一残缺漫漶汉画像，但依然可以看到有人在水榭垂钓，水中嬉戏的鱼群朝鱼钩咬去，渔线以浅划痕显示；另外三条鱼则相向而对，或是在竞食嬉

① 佚名著，李润英、陈焕良注译：《山海经（图文珍藏本）》，岳麓书社 2006 年版，第 291 页。

② 欧阳询撰，汪绍楹校：《艺文类聚》卷九二，上海古籍出版社 1982 年版，第 1594 页。

③ 郑玄注，孔颖达疏：《礼记正义》，李学勤主编：《十三经注疏》，北京大学出版社 1999 年版，第 1648 页。

戏，静态摹刻中凸显动态乐趣，图像最下部还有鹤捕鱼的画面，进一步显示了图画所要传达的含义。虽然从地理分布上看微山并不属于南方，但不可否认，这里有方圆 1000 余平方米的微山湖，流域内河网密布，渔业发达，苇荡交错，不似江南却胜似江南。微山汉画像中的江南渔猎图景的确让我们看到自然生态环境对汉画制作的巨大影响，可以想见的是，当地石工在刻画画像时也是从他们所熟知的日常生活场景着手，理所当然，水榭、垂钓、渔猎就成了与他们生活息息相关的百姓寻常故事，所以才显示了独具特色的渔猎系列汉画图像。

图 7　渔猎画像残石（朋兵摄）

至于微山县文管所为何多藏渔猎、楼台、水榭等汉画像，另外一个可能的解释是，在中国文化中鱼是一种寓意着吉祥文化的瑞物，这种文化渊源有自。《汉书·五行志中》："秦始皇八年（前 239），河鱼大上。刘向以为近鱼孽也。"①《晋书》："魏齐王嘉平四年（252）五月，有二鱼集于武库屋上，此鱼孽也。"②这里都提及一种事象——"鱼孽"，其实就是用它来预示吉凶。古人常会把鱼的某些异常现象附会若干人事，这源自古老的原始物占，自然鱼也就平添了一份神秘色彩。后来，在吉祥祈福文化里，因"年年有余"之"余"和"鱼"谐音，而鱼又是南方民族普遍的日常食物来源，故后世流传的年画、版画均会刻画鱼的形象，以此寓意财富盈余，生活富有。例如图 8 所展示的羊角和双鱼形汉画像门楣，便是如此。双鱼之形既有对称美观的隔套意义，当然更多的是指向生活富贵有余的美好寓意。因此，微山湖地区出现的鱼系列汉画像应该受到来自这两方面的影响。

图 8　羊角和双鱼汉画像门楣（朋兵摄）

除了以上所列几种比较常见的动物瑞兽汉画题材外，齐鲁有些地方出土的汉画像则完全不同于我们常见的主题风格，有类似于西方雕塑那样的人物场景，更准确地说

① 班固撰，颜师古注：《汉书》，中华书局 1964 年版，第 1430 页。

② 房玄龄等撰：《晋书》，中华书局 1974 年版，第 880 页。

图 9　镂空祥瑞神兽（朋兵摄）

不是常见浅浮雕线刻而是更类似于实物雕塑，这不由令人感到诧异。例如临沂市博物馆藏的镂空状祥瑞神兽（图 9），它被塑造在一个半圆形拱顶上。图像虽然在内容题材上依然是常见的凤凰类神异动物，但在雕刻技法上迥异于平常所见的线刻汉画，雕刻技法更接近于西洋雕塑风格，而且还有中原地区较少出现的兔子形象（图 10），这些印记都让人觉得它们与西方草原民族有着千丝万缕的关联。

图 10　神仙兽形立柱（朋兵摄）

要想解释这种另类风格，就不得不结合临沂地区的地缘和文化环境。临沂之地自古以来被沂水和沭水环抱，东接黄海，古时属于东夷民族。在古山东话里，“夷”与“人”同音，指“一人负弓”，表明他们最早是聚族打猎的游牧生活状态，实与草原民族习俗无二。东夷风俗不同于中原各国，“《王制》云：‘东方曰夷。’夷者，柢也，言仁而好生，万物柢地而出。故天性柔顺，易以道御，至有君子、不死之国焉”。[①] 这句话其实包含三层意思：一是东方主生。按照古人四时五行观念，东方司生长，对应春季，其神曰句芒。《礼记・月令》孔疏云：“谓自古以来，主春立功之臣，其祀以为神。是句芒者，主木之官，木初生之时，句屈而有芒角，故云句芒。”[②] 又季春之月言：“是月也，生气方盛，阳气发泄，句者毕出，萌者尽达。”郑玄注曰：“句，屈生者。芒而直曰萌。”[③] 古者芒、萌音同。《左传・昭公二十九年》有“木正曰句芒”，杜注云：“取木生句曲而有芒角者也。”[④] 春天大地回暖，万物萌发，香草百树冒尖生芽，寓意新生命的到来。故此，人们理所当然就把春的意义等同为生，故曰“春生”。《韩非子・解老》说：“柢

① 范晔撰，李贤等注：《后汉书》卷八五，中华书局 1965 年版，第 2807 页。

② 《礼记正义》，《十三经注疏》，第 446 页。

③ 《礼记正义》，《十三经注疏》，第 483—484 页。

④ 左丘明传，杜预注，孔颖达正义：《春秋左传正义》，李学勤主编：《十三经注疏》，北京大学出版社 1999 年版，第 1506 页。

也者，木之所以建生也。”[①] 这其实已经表明草木的萌发生芽、动物的繁衍生息与他们信仰崇拜之间的某些关系，对春季的崇敬其实就是对生命繁衍的崇拜。二是齐气和缓柔顺，秉持造化，也就是原文所谓“天性柔顺，易以道御”。这可能与齐地是黄老道术的发源地有关。据《史记·曹相国世家》载：“闻胶西有盖公，善治黄老言，使人厚币请之。既见盖公，盖公为言治道贵清净而民自定，推此类具言之。”[②] 黄老之学讲究无为而治，顺势而为，曹参入相时将其引入汉庭并推行于全国，黄老之学开始盛行起来。汉初信奉黄老无为之术，统治者大多来自齐地或有黄老背景的地方。陈寅恪曾指出，滨海地域与道家之关系尤甚[③]，当不是虚言。而且古人认为无为是秉持道化、顺从天命的长久之道。《道德经》云：“是谓深根固柢，长生久视之道。”[④] 只有顺生而坚持本心才是秉持王化长久之道的表现。三是不死之信仰。齐地濒海，可能致使齐人长于幻想之术。齐威王、齐宣王时邹衍行“五德终始说”，齐人上言神怪者数万，这些都吸引了君王的注意。《史记·孟子荀卿列传》言：“邹衍之术迂大而闳辩；奭也文具难施；淳于髡久与处，时有得善言。故齐人颂曰：‘谈天衍，雕龙奭，炙毂过髡。’”后人也经常说：“汉世齐学，杂以燕齐方式怪迂之谈，乃阴阳家之变。”[⑤] 确实，阴阳迂怪之学是齐学的一大特色，最重要者为邹忌、邹衍和邹奭三人。《汉书·艺文志》诸子略阴阳家著录《邹子》四十九篇、《邹奭子》十二篇，又有《邹子终始》五十六篇。《史记·孟子荀卿列传》载：“齐有三邹子。其前邹忌，以鼓琴干威王，因及国政，封为成侯而受相印，先孟子。其次邹衍，后孟子。邹衍睹有国者益淫侈，不能尚德，若《大雅》整之于身，施及黎庶矣。乃深观阴阳消息而作怪迂之变，《终始》《大圣》之篇十余万言。其语闳大不经，必先验小物，推而大之，至于无垠。先序今以上至黄帝，学者所共术，大并世盛衰……邹奭者，齐诸邹子，亦颇采邹衍之术以纪文。”[⑥] 这种善谈迂怪鬼神的阴阳之学，均不同程度地影响了秦汉帝王的求仙问药及不死信仰，以致秦汉时帝王多信奉长生不老之术，多次遣方士到海中寻访。《史记·封禅书》说：“及秦帝而齐人奏之，故始皇采用之。而宋毋忌、正伯侨、充尚、羡门高最后皆燕人，为方仙道，形解销化，依于鬼神之事。邹衍以阴阳主运显于诸侯，而燕齐海上之方士

① 王先谦撰，钟哲点校：《韩非子集解》卷六，中华书局1998年版，第150页。
② 司马迁：《史记》卷五四，中华书局1959年版，第2029页。
③ 陈寅恪：《金明馆丛稿初编》，《陈寅恪集》，生活·读书·新知三联书店2015年版，第1页。
④ 陈鼓应注译：《庄子今注今译》，商务印书馆2003年版，第288页。
⑤ 章太炎：《自述学术次第》，载《章炳麟传记汇编》，大东图书公司1978年版，第255页。
⑥ 《史记》卷七四，第2344—2347页。

传其术不能通，然则怪迂阿谀苟合之徒自此兴，不可胜数也。”[①] 另一个是对“八神”的崇拜，这八位神灵依次是：一曰天主，祠天齐（天齐，也叫天脐，即临菑南郊山下之渊水）；二曰地主，祠泰山梁父，在泰山下；三曰兵主，拜蚩尤；四曰阴主，祠三山（今东莱曲成参山）；五曰阳主，祠之罘；六曰月主，祠莱山；七曰日主，祠成山；八曰四时主，祠琅邪。以上八神所居之地，皆在齐，齐地理所当然就成了帝王、方士等往来候神、祭祀之所。秦始皇当政第三年，便派遣童男童女入海寻找蓬莱、方丈、瀛洲三神山。尤其重要的是秦始皇、汉武帝对泰山的封禅祭祀，使东岳泰山的意义上升到国家礼仪祀典层面，但主观目的之一还是候神。当然，也有人认为齐地的长生不死信仰来源于西方秦地[②]，不过这是另一个问题，此不赘言。另外，还可以从语言文字层面解释“齐”。齐，古通“脐”，而脐则是“中”的意思，比如《列子·黄帝》:“不知斯齐国几千万里。”[③] 古人认为齐国乃天下之中，为天脐所在，而天下之中则是能绝地天通的神圣之域，这种认识或多或少地影响乃至建构着齐人的信仰世界。顺理成章，齐地崇神、好长生之术的风俗，也在一定程度上形塑了其在文化艺术方面的发展。

以上三个方面的梳理，进一步启示我们临沂汉画像所显示的这种“异域风情”或“异国情调”，与齐国所处地理、信仰、风俗有着千丝万缕的关系。今天我们无从判断临沂汉画像特殊之处的源头为何，但它的异域风情确让我们相信，不同于中原及鲁文化的汉画造型，是必有其另外来源的。

二、圣哲、孝子、列士与汉人的社会历史观

众所周知，历史是对一定时间、空间内人、事、物等的书面叙事，但这是文字的历史。今天，图像考古学蔚然兴起，也出土了数以万计的画像砖、石等，通过它们我们是否可以描绘出一部图像的历史呢？就秦汉社会这一阶段而言，这种设想已经成为现实，历史学家翦伯赞曾说:“除了古人遗物以外，再没有一种史料比绘画雕塑更能反映出历史上的社会之具体的形象。同时，在中国历史上，也再没有一个时代比汉代更

① 《史记》卷二十八，第1368—1369页。

② 闻一多:《神话与诗》，江西教育出版社2018年版，第93页。

③ 杨伯峻撰:《列子集释》，中华书局2013年版，第43页。

好在石板上刻出当时现实生活的形式和流行的故事来。”[①] 结合齐鲁汉画图像来说，驰名中外的嘉祥县武梁祠历史人物图像就为我们提供了这样一种通过图像认识和理解历史的契机，它可以说是真正意义上的“图像的历史”。

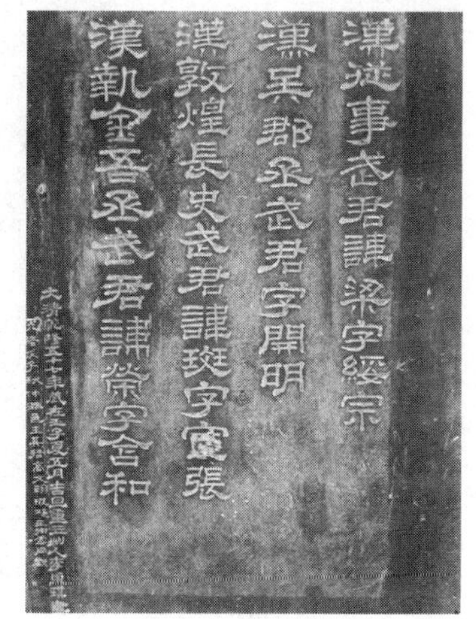

图 11　汉武氏祠碑记（朋兵摄）

据武氏碑记、石阙等记载（图 11），武氏祠约建造于东汉桓灵之时[②]，由石工孟孚、李弟卯、孙宗等人监刻，并由“良匠卫改雕文刻画”而成，可见当时并非一次性整体营造，而且图像本身经历了墓主人主观筛选，这可从武氏汉画像的一组历史人物谈起。以古帝王系列画像为例（图 12），古帝王一共十一位，除了伏羲、女娲被合刻以外，其余诸位皆呈四分之三侧面像单刻。伏羲、女娲尾部交缠，中间携一孩童，意谓人类历史是从他们那里繁衍肇始的。关于此，历史文献资料中多有提及，有说他们是夫妻的，也有说是兄妹的，但其尾部相交的外形基本是固定的，例如滕州汉画像石馆收藏的两件铺首（图 13），伏羲、女娲交尾的外形与铺首衔环交织于一体，传递着阴阳交合与某种稳定社会秩序之间联系的意义。伏羲、女娲的对立或交尾形象在汉画像里普遍存在，因此其形象、内容、指示意义都非常容易辨识和理解。

图 12　武氏祠历史人物系列画像

紧接伏羲、女娲的是祝融与神农两位，他们共同组成三皇系列。第四至八位分别是黄帝、颛项、帝喾、舜、尧，共五位人物，属于五帝系列。[③] 剩下的夏桀、禹组成

① 翦伯赞:《秦汉史》，北京大学出版社 1983 年版，第 5 页。

② 蒋英炬、吴文祺:《汉代武氏墓群石刻研究（修订本）》，人民美术出版社 2013 年版，第 3 页。

③ 关于五帝说，主要有四：一是《国语・鲁语》、《帝系》、《五帝德》、秦末《世本》、《史记・五帝本纪》所谓黄帝—颛顼—帝喾—尧—舜五帝说；二是《礼记・月令》《吕览・十二纪》所谓大皞—炎帝—少皞—黄帝—颛顼五帝说；三是孔安国《尚书序》之少皞—颛顼—高辛—唐尧—虞舜五帝说；四是《纬书》五帝说，主要在第一种说法基础上加了少昊，使得五帝说名五实六；到东汉郑玄《尚书纬・中候・敕省图》，又以黄帝、金天氏、高阳氏、高辛氏、陶唐氏、有虞氏为五帝。（详见冷德熙《超越神话——纬书政治神话研究》，东方出版社 1996 年版，第 92 页）

图 13　铺首衔环　伏羲女娲画像（朋兵摄）

人王系列，统归于上古三代历史之中。纵观这十一位先王圣贤，均是墓主人有意选择并刻录上去的[①]，那为什么会是这样一种选择呢？

首先，从人物衣饰、所戴冠冕来看，除却伏羲、女娲外，三皇中其他二位皆戴巾束发，穿着粗布短衣；五帝人物皆褒衣博带，着冠冕黼黻。很明显，黄帝在这里就是一个具有转折性或标志性的关键人物了。《周易·系辞》说："黄帝、尧、舜垂衣裳而天下治。"[②]武梁文字榜题也说："多所改作，造兵井田，制衣裳，立宫宅。"[③]这表明墓主人想通过人物穿着或服饰来区别三皇、五帝所处的不同时代以及他们对人类文明所做出的重要贡献。而可视化的人物衣裳就成了区别古人阶层、身份、地位等最好的象征指示符号，所以《后汉书》言："天子、三公、九卿、特进侯、侍祠侯，祀天地明堂，皆冠旒冕，衣裳玄上纁下。乘舆备文，日月星辰十二章，三公、诸侯用山龙九章，九卿以下用华虫七章。"[④]在古代中国，名物典章制度层面的规制极其严格，有一整套相应的礼仪，不同阶层人物着不同衣裳，衣物是区别和规范历史文明、社会等级秩序最重要的表征之一，因此武梁画面才出现了不同时代帝王着不同衣裳的情况。由此来看，墓主人将衣物看作划分历史和时代的重要标志，显然是非常符合历史实情的。

其次，从人物行进姿势来看，多数人物面向同一方向迈进，各时间段的开创人物如伏羲、女娲、黄帝、夏禹皆朝后看，似在对后来者述说某种历史教训或前车之鉴，而且他们所处的都是某一个历史阶段的首位，这再次凸显了他们作为某阶段开创者或先驱者的伟大形象。再次，从人物所持工具来看，伏羲、女娲手持规与矩，神农持耒，禹拿铲或锹，他们均是他们那个时代的"文化英雄"——即为人类获取或首次制作各

① 巫鸿先生也是将十一位历史人物图像分为三组，而且从衣物服饰、行进姿势、手持工具三个层面阐释，本文遵循此说。（详见巫鸿著，柳扬、岑河译《武梁祠：中国古代画像艺术的思想性》，生活·读书·新知三联书店 2015 年版，第 174 页）

② 王弼注，孔颖达疏：《周易正义》，李学勤主编：《十三经注疏》，北京大学出版社 1999 年版，第 300 页。

③ 冯云鹏、冯云鹓：《金石索》，书目文献出版社 1996 年版，第 1266 页。

④ 《后汉书》卷三〇，第 3663 页。

类器物、工具、技术或设立某种社会规范或制度的神话人物。《周易·系辞》载:“包牺氏没,神农氏作,斫木为耜,揉木为耒,耒耨之利,以教天下,盖取诸《益》。日中为市,致天下之民,聚天下之货,交易而退,各得其所,盖取诸《噬嗑》。”[①]武梁画像中被选择性图录的历史人物其实担任的正是这种文化英雄的角色,甚至在后代的纬书系统里,他们也是如此。[②]例如《春秋纬》引《春秋内事》说:“伏羲氏以木德王天下。天下之人,未有室宅,未有水火之和,于是乃仰观天文,俯察地理,始画八卦,定天地之位,分阴阳之数,推列三光,建分八节,以文应气,凡二十四气。消息祸福,以制吉凶。”[③]伏羲具有建造屋宇、发明二十四节气的神性功能,这当然是就他作为文化英雄的重要功绩而言的,其他三皇五帝亦如此类。不过,这里还有一个反例,即夏桀。在武梁汉画像里,夏桀是坐在人车上的,表示对臣工百姓的奴役。《后汉书·逸民·井丹传》载:“丹笑曰:‘吾闻桀驾人车,岂此邪?’”[④]夏桀的画像与文献可以印证,暗示他作为暴君的形象以及图画所带来的道德隐喻意义。

如此来看,武梁古帝王人物画像均是墓主人有意识选择的产物,因为图像空间十分有限,不可能刻画所有的历史人物,那是不被允许也不明智的,因此只能有选择性地图录部分以填充墓主人所理解的历史和建构的未来,而观图者正是借助这种有秩序、有选择、从前到后的观看顺序去继续追寻和理解墓主人的社会历史观。这种解读历史的方法背后所折射的乃是秦汉之际流行的两种社会历史观:第一种是以物质文化作为看待和解读历史的重要依据,撰作于东汉时代的《越绝书》说:“轩辕、神农、赫胥之时,以石为兵,断树木为宫室……至黄帝之时,以玉为兵,以伐树木为宫室……禹穴之时,以铜为兵,以凿伊阙、通龙门……当此之时,作铁兵,威服三军,天下闻之,莫敢不服。”[⑤]在这里,三皇、五帝、人王、当今不同时代分别以石器、玉器、青铜器、铁器作为划分历史与文化的重要标志,物质生产资料成为衡量历史文化进步与否的重要标准。另一种是从社会制度与生产关系角度来辨析历史文化的演进秩序的。根据资料显示,伏羲、女娲发明了婚姻制度与渔猎;神农氏发明了农业生产关系,播五谷;大禹和桀代表禅让的结束,世袭制的开始。用今天的知识和理论来解读的话,其实就是马克思所谓生产力与生产关系的二元辩证法,但是在那个时代,人们并没有把两者

① 《周易正义》,《十三经注疏》,第298—299页。

② 《超越神话:纬书政治神话研究》,第126页。

③ 李昉等撰:《太平御览》卷七八,中华书局1960年版,第364页。

④ 《后汉书》卷七三,第2765页。

⑤ 袁康编,吴庆峰点校:《越绝书》卷一一,齐鲁书社1998年版,第59页。

有机结合起来加以解读，而是各自对应着一套相应的系统。通过观察武梁祠墓主人的画像及内容，可以发现，所有的证据都指向衣物服饰、工具、姿势等物质文化层面，因此墓主人是以第一种社会史观来认识和体察上古时期历史与社会的。

有了对上古三代历史的追认，那么武梁又如何理解和看待三代以下及其当朝的历史呢？这可以通过武梁祠的另外几组画像窥得（图 14）：一是列女，二是孝子义士，三是忠臣。详见下表：

道德类型	人物（故事）
列女	梁高行　鲁秋胡妻　鲁义姑姊　楚昭贞姜 梁节姑姊　齐义继母　京师节女　钟离春
孝子义士	曾子　闵子骞　莱子　丁兰　伯瑜　邢渠　董永　蒋章训　朱明 李善　金日磾　三州孝人　羊公　魏汤　颜乌　赵徇　原穀
忠臣	蔺相如 范雎

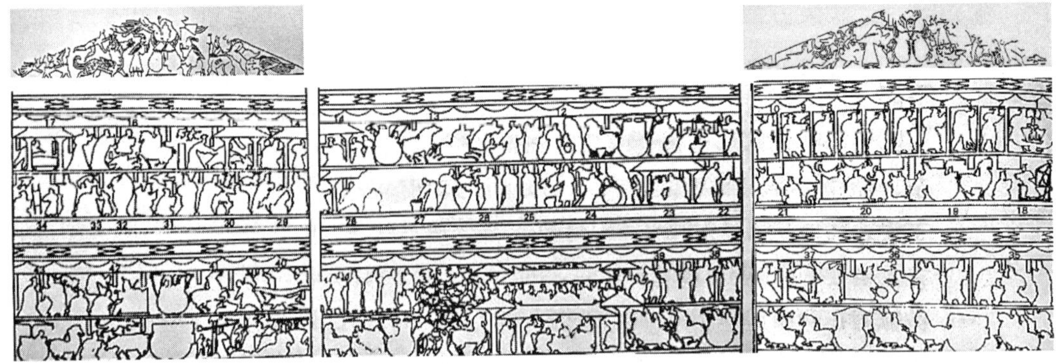

图 14　武梁汉画像

武梁列女人物图像一共七幅，分布于后壁及左壁第一层，文本全部取自西汉刘向所编《列女传》。根据《汉书·楚元王传》载："向以为王教由内及外，自近者始。故采取《诗》《书》所载贤妃贞妇，兴国显家可法则，及孽嬖乱亡者，序次为《列女传》，凡八篇，以戒天子。"① 也就是说，刘向有感于后宫嫔妃乱德败政的历史教训，取材古代典籍中美德与恶行的古事，为天子乃至汉代宫廷编写了一部道德手册，而这部书的最初形式是图文并茂的。武梁在营建家族祠堂时，也是以此为鉴，但取材则全是善行类，主要出自《列女传》的《贞顺》《节义》两章，这也暗示了武梁对于汉代妇女人物德行的一般认识：即节妇是他所看重的，这与汉代流行的贞节伦理观念密不

① 《汉书》卷三六，第 1957—1958 页。

可分。

以贞顺和节义为旨趣的贞节观是秦汉以来社会对妇女道德伦理规范的基本要求，张衡《东京赋》说："执谊顾主，夫怀贞节。"秦始皇首倡贞节观念，尊巴清为"贞妇"，建怀清台。汉宣帝时赐贞妇以缣帛，汉安帝元初六年二月，又诏赐"贞妇有节义十斛，甄表门闾，旌显厥行"。[①] 有研究指出，贞顺、节义观作为东汉以来妇女道德伦理的普遍诉求，在整个社会中被日益强化了。[②] 以当时出现的一些旨在劝导女子教育的家训著述为例，除了刘向《列女传》外，专门性的女诫作品层出不穷，班昭、杜笃作《女诫》，蔡邕书《女训》、地方官吏赵宣妻杜泰姬撰《戒诸女及妇》、杨元珍女杨礼珪作《敕二妇》等，民间宣传妇女贞顺的图像文本作品更是不胜枚举，这都表明妇女顺德观念对一般著述文化的影响。

武梁祠上部装饰区域第二层中的十七幅画像则又延伸出以孝悌、友爱等美德为主题的图画寓意，这一组主要是汉代孝思想的道德模范人物。汉以"孝"治天下，无论民间还是官方，对孝的重视无以复加，《孝经》成为生活伦理典范，它首章就开宗明义讲："夫孝，德之本也，教之所由生也。"[③]《孝经》一度超越其他儒家经典，成为影响最大的经书之一。相应地，在世俗社会层面，武梁汉画像中出现篇幅巨大的"孝"主题的系列图像，也就很好理解了。在孝子义士系列画像中，最重要的五幅图像刻画的是曾子至孝、莱子事亲、伯瑜伤亲、丁兰和颜乌的故事，与《孝经》所规定的五种孝行——"居则致其敬，养则致其乐，病则致其忧，丧则致其哀，祭则致其严"[④]——基本对应，表明图像和文字载录在某种程度上的一致性。"列女""孝子义士"之后的部分则是"忠臣"图像，主要以蔺相如和范雎两个人物故事呈现，他们是汉代忠君爱国思想的典范。

综观以上忠臣、孝子义士、列女三类图像，其实是汉代流行的"三纲"观念的完美再现。换句话说，每一类人物群像分别对应了"三纲"中 纲的内容，图像文本是"三纲"的进一步演绎。班固《白虎通》云："三纲者，何谓也？谓君臣、父子、夫妇也。"[⑤] 武梁祠图像化的三类历史人物反映了墓主人对"三纲"观念所规定的某

① 《后汉书》卷五，第 230 页。

② T. T. Chu's（瞿同祖），*Han Social Structure*，ed. J. L. Dull，Seattle：University of Washington Press，1972；pp.33–49.

③ 李隆基注、邢昺疏：《孝经注疏》，李学勤主编：《十三经注疏》，北京大学出版社 1999 年版，第 3 页。

④ 胡平生：《孝经译注》，中华书局 1999 年版，第 25 页。

⑤ 陈立撰，吴则虞点校：《白虎通疏证》，中华书局 1994 年版，第 373 页。

种道德伦理关系的推崇与认可，武梁正是借助历史上的圣贤帝王、列女义士、忠臣良将、孝子模范等图像人物的选择与绘制，从而建构起他所认为的图像历史和社会演进秩序，也正是在这个框架内，图像制作者将历史记载转化为道德教训，一幅接一幅的汉画像，好比一个接一个活生生的历史故事，而从前到后、按照一定次序去“观看”这些汉画群像，仿佛是打开了历史的大门，借助图像我们或可到达“历史现场”。

三、车马仪仗、拜谒、乐舞百戏与“事死如事生”

研究古代墓葬及墓室图像的人应该都比较熟悉这样一个概念，即“事死如事生”，此语在早期典籍如《荀子》《左传》《中庸》中多有载录，俨然已成了古代研究丧葬礼仪与艺术的不二法门与高度概括。殊不知，这种把死后世界大肆营造得与墓主人生前场景一样的做法，目的其实并不是为了满足死者享乐之用，而是生者借这种繁复的礼仪与图像装饰以实现自己对忠孝仁义的追求，向外界和世人宣示自己的道德威仪，同时也希望得到冥灵世界的死者福佑。《荀子・礼论》说的很明白，“所以优生也”，想必这才是汉人特重丧葬之俗的根源。这里，我们借山东地区汉代墓葬画像中出现频率较高的三组汉画群像场景来加以说明：

一是车马仪仗。车马仪仗出行是汉画中最精彩、最典型的部分之一，也是彰显汉人社会身份的主要依据。《后汉书・舆服志》曾对车马等级之用有严格规定，天子群臣、公卿大夫及普通士人所乘车马皆有差异，以此区别身份、等级、贵贱。东汉以后，厚葬之风盛行，墓葬多有奢华逾礼的现象发生，车马出行也被引入汉人死后世界的图像体系当中，墓主人生前的权力与富贵生活在这里再次得以呈现。此次汉画考察中，沂南北寨汉墓博物馆（图 15）保存的车马出行群像最具系统性，图绘也最为精彩，它曾多次入选初高中历史教材和邮票，驰名海内外。

图 15　沂南北寨汉墓博物馆（朋兵摄）

沂南北寨汉墓群主要由三部分组成（图 16）：1、2 号墓和石刻汉画长廊，出现车马仪仗图画最多者为1号墓。1号墓汉画像表面看起来似乎有点杂乱无章，分散于墓室的前、中、后室，但是仔细观看，就会发现其内在的嵌套关联以及各组成部分之间的逻辑统一关系。墓室门楣处主要以水陆攻战图画为主（图17），展示墓主人生前的荣耀与征战经历，是对生前成就的诉说；前室东、西、南主要以祭祀场景为主，表现对祖宗、历史的虔诚与追认，希冀得到上天的福佑，长宜子孙；中室四壁（图18）是车马出行、宴饮、乐舞百戏等，画面内容占据了墓室大部分空间，俨然是墓主人竭力想要呈现的部分，它似乎在告诉墓主人死后世界也应该像生前一样精彩。

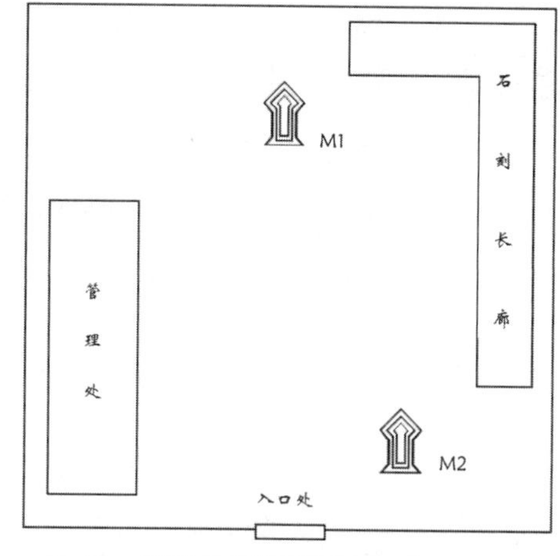

图16　沂南北寨墓群平面图（朋兵绘）

图17　沂南北寨1号墓门楣（朋兵摄）

图18　沂南北寨1号墓中室（朋兵摄）

中室南壁横额西段和西北壁中依稀可以看见车马仪仗的队伍绵延数里（图19），行进队伍浩浩荡荡，彰显着墓主人生前尊贵的仕宦经历和迎宾受礼的场面。画面中众多亲朋好友在院宅、双阙前恭迎庞大的车骑队伍，车骑队伍之后没有送者，表明是在迎接车马出游归来。队列由主车、副车、导骑、护骑、步卒等组成，多块壁画构成完整、流动的仪仗行进画面，线条简洁明了，寥寥数笔就将墓主人生前安逸享乐、富贵奢华的生活全部在狭如斗室的空间里再现出来，它似乎在告诉观者，这就是墓主人所梦寐以求、为之眷恋的奢靡光景。而且可以想象的是，图中车马仪仗应该仅是墓主人生活场景的一个缩影，现实生活远比此更加雍容华贵。

后室是棺椁所在地，也就是墓主人及其配偶的寝室，四壁上无画像，画像集中于承过梁的墙壁上。在这样一个幽冥空间里，生前的欢愉纵然值得留恋，死后的归冥登仙亦值得期许，生与死只不过是相互转换，生命的不朽在这里又得以延续。墓主人正是通过前、中、后三室一系列画像，将其一生从生到死的场景展示出来，所以是有目的、有意图的创作，而非无序漫画。

图 19　沂南北寨车马出行仪仗图（线摹图）

二是拜谒。中心阁楼拜谒场景是汉画艺术研究中非常重要的组成部分。例如微山县文管所所藏两幅汉画，便是这类图画中的典型。拜谒场景通常在精美阁楼的主厅进行，图像线刻强调建筑物的整体轮廓，图像左右人物皆头戴进贤冠，朝图中央的人行礼揖拜，显示了作为中心人物的尊贵地位。一般而言，图像中心人物坐在亭子中央，他有可能是墓主人，也有可能是其他某个重要人物，具体要结合墓葬规格和人物身份来定。亭榭顶部都有相似的祥瑞之物装饰，例如图 20、21 都有翻飞的雀鸟、带翅膀的羽人、大象等神兽，暗示拜谒场景在一派天地祥和协洽的气氛中进行。

图 20　拜谒图像（朋兵摄）

图 21 拜谒图像（朋兵摄）

但在武梁祠的摹绘中，中心阁楼则被建构成双层楼榭（见图 14 后壁下层），每层均有拜谒场景：上层拜谒场景以其中一坐在榻上的贵人为中心，此人被图绘得很大，几乎可以够到天花板；另一层周围有妇女，可能是嫔妃婢女之类，还有手持笏板的官吏，展示的场面可能是某次朝会。在图像风格设计上，可能是为了避免图画的重复，故用不同的隔套与款式，不过众人围绕中心人物揖礼拜谒的主要情节没有太大改变，这也是我们称它为“拜谒”图景的主要依据。综上，武梁祠中心接受拜谒的人物应该是君王，因为与之相近的图景常在《周礼》《尔雅》《三辅黄图》以及其他著作中出现，而两侧带阙的阁楼更像是帝王的宫殿，朝向中心的人都持笏板，只有汉代高官才会有此行为，这些特征都支持我们认为中心接受拜谒的人物不是武梁本人，同时其装饰的空间位置、尺寸、装潢之精美都显示出中心人物对于整个画像的统摄主导意义。

三是乐舞百戏。宋人郭茂倩《乐府诗集》说：“自汉以后，乐舞浸盛。”[①]乐舞百戏是汉画中较为常见的场景，是展示汉人祭仪文化、音乐舞蹈、百戏与生活等的重要媒介，山东地区乐舞百戏汉画像以滕州汉画博物馆藏比较丰富。滕州汉画像石馆保存汉画 800 多块，画像石馆分一层和地下一层，藏品富饶，题材多样。画像雕刻技法以浅浮雕、高浮雕为主，内容包括车马出行、胡汉交战、西王母、东王公、六博图等。单就乐舞百戏场景本身而言，图 22 做了很好的展示。图中间所立便是建鼓，经常在汉人仪仗或百戏中提及。乐舞演出时两人相对而立，同时锤击鼓面，场面异常震撼。建鼓鼓身一般以流苏羽葆为饰，汉代张衡《东京赋》“鼖鼓路鼗，树羽幢幢”[②]便是明证。路鼗就是建鼓，饰以羽葆流苏，敲打时鼓动旋转，颇有风姿。图中建鼓周围还有倒立、投石、斗剑、角逐等各种现场表演，似乎正在举办一场百戏乐舞演出，这与汉代《西京赋》记述平乐观前的“扛鼎”“钻圈”“缘杆”“走索”“跳丸剑”“硬气功”等一系列百戏表演可呼应，不过一个是平面性的图像空间叙事，一个是历时性的线性叙事，总体而言图文之间存在一个互相阐释关系。

图 22 建鼓乐舞百戏图像（朋兵摄）

① 郭茂倩编：《乐府诗集》卷五二《舞曲歌辞一》，中华书局 1979 年版，第 753 页。

② 萧统编，李善注：《文选》，中华书局 1977 年版，第 61 页。

另一处全方位展示汉代流行的乐舞百戏场景的汉画像来自前文所述沂南北寨 1 号墓中室东壁横额（图 23）：图像左起第一是飞剑跳丸之戏，一人两手掷剑，身后有五丸，似在跳跃时两足迭次受丸而抛掷；左二是戴竿，伎人头顶烛状竹竿以舞蹈，或顶在口齿上，要求平衡不落为佳；左三是历史典籍和汉画像中多次出现的建鼓表演，一人手持鼓槌相次击打；与之相接的是三排琴瑟演奏乐队，两边配之以钟、鼎等打击乐器，无疑是为百戏伴奏的；紧接着是一系列的绳技，包括走索或高絙之戏；次之为鱼龙曼衍之戏，艺伎装扮成鱼、龙之形以曼衍游戏；继而是车马戏，车上有幢形装饰等，还有人在弯弓射箭。通观整幅图画，墓主人在有限的画面中几乎囊括了生前所见的所有嬉戏娱乐，雕刻线条亦栩栩如生，其生活的安逸富贵也在百戏乐舞表演中得到进一步演绎。

图 23　沂南北寨 1 号墓中室东壁乐舞百戏图（线摹图）

一般情况下，乐舞百戏侧重于宏观场面的整体描述，不过有时候也会有偏重侧面或细节描写的，并非仅限于常见程式化的隔套规矩。图 24 汉画拓本源自沂南北寨单独成像的一个建鼓，右上角有凤凰翔集于树梢，好似说明这场乐舞表演精彩纷呈，连凤凰都下来助阵，正所谓“凤凰来仪”。图中一戴进贤冠的人似是在某个乐舞场景中双手挥鼓槌敲鼓，鼓身装饰着各种华丽的丝穗与飘带，鼓幢分若干层，最上层是鸟形装饰，这里的鼓座已演变成一个十字形木质脚架，不同于滕州的石制底座，唯一缺少的是周遭没有其他百戏乐舞表演与之呼应，可能只是为了突出鼓身而省略了其他次要的部件。

图 24　沂南北寨汉墓建鼓[①]

① 南京博物院、山东省文物管理处:《沂南古画像石墓发掘报告》，文化部文物管理局 1956 年版，图版 88。

总之，对山东出土的描述场景的汉画像而言，车马仪仗出行、拜谒和乐舞百戏是三组最为精彩的类型，这三类都有一个重要的宗旨，即它是死者生前权力与富贵生活的某种再现，抑或是延续，通过对墓室这样一个彼岸空间的营建，使隔绝幽闭的死后世界不再那么狰狞恐怖，墓主人长乐未央的“不死”理想也在这里充分实现，生者通过这样一系列的场景布列，展示自己对儒家所规定的一整套世俗丧葬礼仪的奉行和实践，这恐怕才是汉人所谓“事死如事生”的最终愿景。

四、几点思考

以上以此次考察途中多见的三类汉画像为例，分析了山东地区汉画像中所包含的一般历史知识、文化信仰、思想观念等，但综观这几日的调研，一些似有似无的问题不断在脑际浮现，对这些问题的思考也有助于我们开展对汉画的保护、利用与研究工作。

第一，墓主身份与主题选择问题。此次所访汉画像，基本是中等以上的贵族墓室，没有下层墓室。例如沂南北寨汉墓，虽然经多次盗掘，墓主人不详，但从墓葬规格以及所图绘的汉画数量、出行场面看，最起码是二千石以上的官吏，否则享受不了如此高的丧葬规制。再比如长清孝堂山郭氏祠（图 25），从榜题看墓主人最起码也是郡国之相，俸禄在“两千石”左右。郭氏祠的问题比较复杂，历来有许多争议，尚需细说，主要集中在以下三个方面：

图 25　长清孝堂山郭氏祠（朋兵摄）

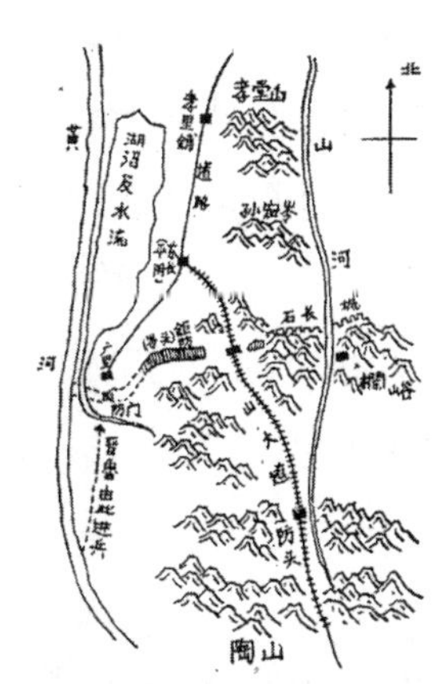

图 26　孝堂山与齐长城示意图①

① 王献唐：《山东周代的齐国长城》，《社会科学战线》1979 年第 4 期，第 196 页。

一是山名。孝堂山原称巫山，至于为何有此称谓已无从查考，早在战国之世这里就是齐国西境著名的险隘（图 26），它南接平阴及齐石长城，西临黄河，东接山河，地理位置十分优越，易守难攻，是兵家必争之地。巫山的称呼一直到北魏都没有变过，郦道元《水经注》记载说："今巫山之上有石室，耆老言，郭巨葬母处，世谓之孝子堂。"① 但从这以后，巫山之名却悄然发生了改变，至迟在北宋时已改称孝堂山，据《太平御览》载：

巫山一名孝堂山。《左传》曰："齐侯登巫山，以望晋师。"即此山也。山上有石室，俗传云郭巨葬母之所，因名孝堂山焉。在平阴县。②

这段文字也被收录进乐史的《太平寰宇记》中。而在北魏至宋的这段时间，由于史料缺漏，我们已经无从考证巫山改称孝堂山的具体原因了，但毫无疑问，孝堂山之名在这之前已经坐拥其实，并最终取代了原先的巫山之名，一直到今天还在使用。

二是墓主人身份。此墓传为西汉名孝郭巨墓，但还有很多疑问。郭巨之名最早见于刘向《孝子传图》，但目前还没有出土实物可与《孝子传图》参考。而且郭巨是河南隆虑（今河南林州）人，怎么会来山东？另有人说郭巨为温人，但也没有发现记载其来过济南郡的任何史料。另外，根据祠堂内充满贵族气息的出游场面以及祠堂墙壁所刻"相""令""两千石"等榜题文字看，墓主人至少担任过王国或郡县的相或令，可以断定与以孝著名的郭巨身份不符，所以有人认为它或许是汉代济北王墓或两千石以上官吏墓冢。还有其他材料也可以证明此墓的主人不是郭巨，例如东汉人就不认为此墓是郭巨墓，而是称之为"此堂"。从现存的碑刻文字看，东汉顺帝永建四年（129）邵善来过此地并撰录文字："平原湿阴邵善君以永建四年四月廿四日来过此堂叩头谢贤明"③，他也以"此堂"称之，没有说这就是郭巨墓。

到了北魏时期，随着山名的改变，此堂的归属也发生了变化。郦道元《水经注》称之为"孝子堂"，北齐时人沿用其名，比如以下几条碑刻：

① 郦道元注，杨守敬、熊会贞疏，段熙仲点校，陈桥驿复校：《水经注疏》卷八，江苏古籍出版社 1989 年版，第 736 页。

② 《太平御览》卷四二引晏谟《齐地记》，第 203—204 页。

③ 蒋英炬、杨爱国等：《孝堂山石祠》，文物出版社 2016 年版，第 64 页。

太和三年（479）三月廿五日山茌县人王天明王群王定虏三人等在此行到孝堂造此字。

景明二年（501）二月二日吴□□古来至此孝子堂。

天保九年（558）山茌县人四月廿七日刘贵刘章兄弟二人回阡过孝堂观使愿愿从心。[①]

而真正将郭巨与“此堂”联系起来并“名正言顺”地认定此祠就是郭巨之墓的依据大概就是刻于西壁上的《陇东王孝感颂》了。陇东王胡长仁于北齐武平元年（570）出任齐州刺史路过此地，并登临拜访了此祠，他看到此祠有感而发就作了这篇颂。颂文一开头就说“郭巨之墓，马鬣交阡；孝子之堂，鸟翅衔阜”[②]，并且直接把郭巨由河内人改成了齐国人。更为惊诧的是在干宝的《搜神记》里，郭巨进一步成了孝感的典型。故事说郭巨为了奉养双亲，不惜凿地埋儿以减少口馔，后被皇天所感，得黄金一釜，这才作罢。鲁迅在其《二十四孝图》中对此大加抨击鞭挞，其言：“我最初实在替这孩子捏一把汗，待到掘出黄金一釜，这才觉得轻松。然而我已经不但自己不敢再想做孝子，并且怕我父亲去做孝子了。”[③]这可真称得上史上最“狠心”孝子了。自此以后，郭巨就成了这里真正的“主人”，尤其是元代以后，郭巨成功迈入二十四孝之列，尽管不乏有人怀疑此墓主人的身份，但都赶不上国家主流意识推行孝道的强烈声音，至于那个两千石、不知其名的“相”也就逐渐湮没在历史的尘埃里了。

三是颂与图的关系问题。根据汉代传、颂、图制作的一般知识、经验及流程，是先有传及图，后有颂的，颂依图生，比如刘向列女传、图、颂便是如此。刘向在编成传后，又将其题写在了一面四堵屏风上，并绘之以系统的、与传文配套出现的图，《七略别录》说的很清楚：“臣向与黄门侍郎歆所校《列女传》，种类相从为七篇，以著祸福荣辱之效，是非得失之分，画之于屏风四堵。”[④]这种图应该也是选择了其中的一种或几种绘制而成，因为屏风空间有限，不可能将全部一百余位女性都图绘其上，而且后世流传的北魏司马金龙屏风、《女史箴图》等都可以作为旁证。那么《孝感颂》估计也是这样，先有郭氏孝感故事在汉魏六朝时代的流传，并且配备了相应的人物故事图

---

① 《孝堂山石祠》，第58—63页。

② 《孝堂山石祠》，第108页。

③ 鲁迅：《朝花夕拾・二十四孝图》，《鲁迅全集》（第2卷），人民文学出版社1958年版，第237页。

④ 徐坚等：《初学记》卷二五，中华书局1962年版，第599页。

画，到了北齐才有颂出现，北宋赵明诚《金石录》对此有记载。

要之，郭巨埋儿的故事告诉我们，我们所讲述的历史，换句话说也就是口耳相传或记录在案的“历史”，其实并非历史真实本身，而是我们为了阐释当下或论证当下合理性重新“编造”的历史，这应该是我们认识郭巨故事文本演变的一个基本依据。纵观郭巨故事的变化发展及张冠李戴，先不论墓主身份真假，留给我们的思考应该是，今人如何解读郭巨孝感故事，需要回到历史语境中加以解决，不能光从文本故事层面断章取义。孝堂山石祠本来是一座并不显眼和知名的汉代普通石室，却因后人的不间断“造神”运动和树立模范典型的政治需要，把本来位于河南的郭巨硬拉到山东来，这种被创造出来的“伪史”文本值得我们深思。因此，今天我们无论是研读文字还是图像，都应该抱着知识考古学的理论与方法，对其“层累的历史”进行仔细剖析和小心解读，分析其存在背后的合理性问题，以及造成文本的本质原因，这当是我们解读汉画像故事应有的态度。

另外，汉代墓室画像题材一般取材广泛，有飞升仙物、珍禽瑞兽、历史人物、车马出行、庖厨宴饮等，死后世界完全是按照生前图式进行刻画和形塑的，将汉人事死如生的观念体现得淋漓尽致。在主题选择上，由于墓室空间有限，汉画像内容、情节大多是有选择性的图录，而且工匠都是当地有名的能工巧匠，雕刻技法娴熟精湛，例如嘉祥武梁祠就是这种情况。在题材选择上，既会考虑当时流行的历史故事、绘画隔套、流行款式、粉本等因素，也会考虑墓主人自己生前的意愿与想法。当然，还要结合墓葬本身的大小、墓主人的知识背景和社会关系加以甄别，不能全部用普遍经验判断具体个案。

第二，地域风格问题。众所周知，汉画像会有明显的地域风格，比如四川的西王母和东王公经常凌驾于龙虎座上，而山东等其他地区的往往相对立或交尾出现，经常位于墓室东、西方侧壁。另外，一省之内也有明显的地域差别，比如临沂市博物馆所藏汉画浮雕大多是高浮雕刻划，与齐鲁地区流行的浅浮雕截然不同。地区差异既受其本身的文化因素和制作传统影响，同时也会受外来因素的影响。再比如微山县文管所汉画像中经常会看到水榭、楼台及鱼（或“渔”）的形象，这都昭示了汉画像在遵循一定的格套、粉本的同时，地域、自然环境和当地风俗也是制约其创造性的重要因素。另外，从载体来源看，鲁中南地区多丘陵，以石山为主，这就为汉画像的制作提供了材料来源，而且工匠的手艺一般都是世代相承的，也为知识、经验、故事的积累与传播提供了重要渠道。所以，我们在解读汉画像时，既要考虑其内容本身，也不能忽略地区自然因素施加于题材本身所产生的形塑作用，这当是我们解读汉画像时需要注意的。

第三，文字记述与图像描摹之间的差异问题。大家都知道，文字和图像是汉代历史故事传播的两种主要途径，著录介质本身的差异性会造成文本表现上的记述之别，但某些外在因素也会导致文本形态上的不同呈现。比如武梁孝子人物与《后汉书》《东观汉记》所载孝子言行就差异巨大，这显示了主流意识形态推行的官方孝道与地方性的一般孝道上下有别，民间画工、石匠在制作孝子人物画像时依据的并不是官方历史文献的记述，而是更多服膺于丧家的要求以及自己耳熟能详的民间孝子人物故事，图像和文字分属两个不同的叙事话语体系。由此来看，政治话语权力也是影响画像文本与文字文本载录的重要原因。在以往的研究中，我们经常专注于画像本身的传统和风格问题，而忽略政治意识对图像文本的影响作用，通过汉代孝子图、文的记述差异我们就会发现政治因素其实是一个永远都绕不开的话题，它或多或少都会对图像的内容及绘制产生渗透作用。法国哲学家福柯曾言："我们应该承认，权力制造知识（而且，不仅仅是因为知识为权力服务，权力才鼓励知识，也不仅是因为知识有用，权力才使用知识）；权力和知识是直接相互连带的；不相应地建构一种知识领域就不可能有权力关系，不同时预设和建构权力关系就不会有任何知识。"①权力和知识之间是一种双向的互动关系，同时，权力和观念也是相似的关系。孝子故事在图、文之间不同的载录告诉我们，其知识、观念、表现方式是如何被政治权力一步步建构的。换句话说，图文之间的某种不均衡记述，某种叙事文本的选择与演变并不完全由文本自身所决定，一般思想观念和政治文化同样对图文叙事传统有深度影响。

第四，汉画像石的保护与利用问题。这其实涉及一个历史观念问题，从宋代金石学兴起开始，人们对器物铭文以及刻在石头上的碑铭更感兴趣，因为文字可以直接作为考订历史的第一手材料，而图像却没有被充分地重视起来，中国古代有一个明显的重文字轻图像的偏好，出土的大量汉画像石竟然被当地人拿来筑房、建桥、铺路，这种根深蒂固的传统观念一直烙印在普通中国人的心里，甚至专门做图像研究的也是如此。但是伴随着西方"图像证史"以及今天"以图叙事"时代的到来，图像作为历史资料的呼声再次响起，国内对图像学的重视也前所未有，这对于我们的传统图像研究当然是一件好事。在这样的历史背景与思潮下，许多出土的汉画像石虽然在年代、风

① 福柯著，刘北成等译：《规训与惩罚》，生活·读书·新知三联书店2012年版，第29页。

格上做了分类标记，但保护它们的条件和意识并不成熟、到位，有的还在摸索或照搬以往经验，如沂南北寨汉墓长廊展出的石刻画像，保护手段最多只是遮风挡雨而已，日光、潮湿空气的腐蚀等问题都没有解决。此次考察面临的最大问题就是许多浅刻的汉画像已经漫漶不清，人物的细节轮廓都已非常模糊，本来难以辨认的汉画故事由于主观保护不周而更加难以辨识，眼看着有价值的考古资料变成一块块废石。因此，一些新的技术和保护措施必须尽快实施起来，比如建立专门保护和展出汉画像的场馆，这需要地方与国家文物保护部门的紧密合作，培养继承汉画像艺术的专业人才等。另外，随着新技术产业的不断革新，汉画像以及整个墓葬空间结构均可做成数字模型及VR 体验，开发符合现代市场需要的现代科技文化产品与体验活动，这样才能使今人重新感受到鲁迅先生所谓“唯汉人石刻气魄深沉雄大”的汉画像艺术，使汉画像艺术真正活起来。

最后，图像释读和使用存在的限度问题。汉画资料在当今的历史、考古、美术史等学科方面已经被大量使用，而且朝代越靠前使用的频率越高。但问题是汉画像在多大程度上可以作为直接史料，汉画史料的可靠性到底充分与否。在目前学术界，大家不约而同地将图像纳入史料范围来处理，这是以前所不敢想象的。西方图像学的代表人物彼得·伯克（Peter Burk）2003 年曾写过一篇文章《作为证据的图像：十七世纪欧洲》，他坚持把图像作为历史的证据来看，他甚至认为当今有一个“图像转向”的趋势，毫不夸张地说，今天我们已经进入了“图像时代”。这当然是时代大环境所致，但具体到学术研究和操作层面而言，我们应该谨慎一点。一般而言，在有文字文献对照的情况下，图像释读相对容易，反之解读汉画像往往陷入困境与麻烦。目前从学术规范来讲，许多做法还无标准，经验性和猜测性经常占据主流。另外，图像所具有的时间维度与社会广度等都需要经过不断阐述和界定才能明确，在这里行得通的方法在别处是否仍然奏效？以上这些制约因素都促使我们在解读汉画像内容时，一定要多思多想多比较，切忌盲目使用和过度解读。

附：汉画调研班行迹图

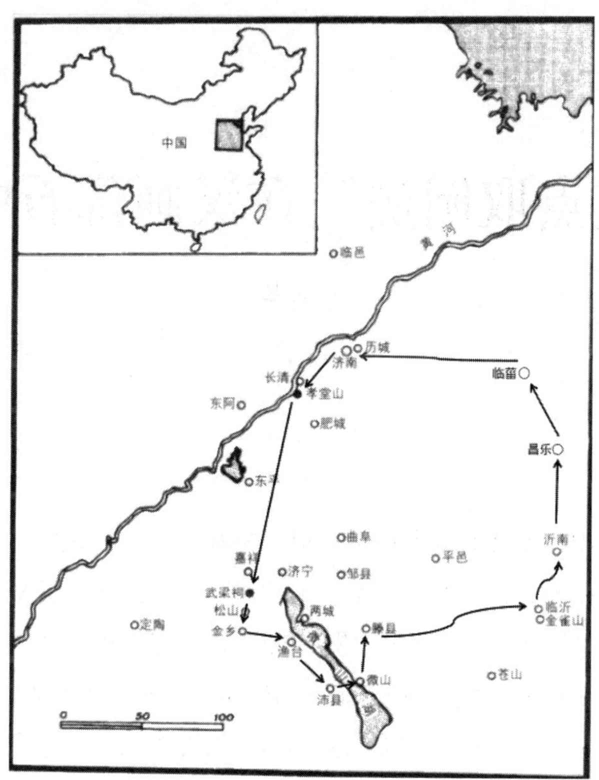

中国
临邑
黄河
历城
济南
临淄
长清
孝堂山
东阿
肥城
昌乐
曲阜
沂南
平邑
嘉祥
济宁
邹县
武梁祠
松山
两城
临沂
金雀山
定陶
金乡
滕县
鱼台
微山
苍山
沛县
0
50
100

关于“定点取圆法”在汉画像石中的运用

赵延梅

在汉代画像石中，发现有大大小小、制作规整的“圆”形图像，“圆”形图像的中心绝大多数有一钻凿眼，又小又浅，不引人注目。这一技法，正是李林先生在《陕北两汉画像石及墓室保护研究半世纪》中提到的“定点取圆法”。①

在各种汉画像石的考古发掘报告、图录资料中，“圆”形图像上的钻凿眼在画像石的拓本图或线摹图中，表现这一细节的并不多，因微小而不易察觉，被执着于汉画主体画面研究者所忽略。

笔者通过对汉画像石中“圆”形图像的种类及其分布区域进行详细梳理，发现“定点取圆”法不仅在陕北汉画像石中得到娴熟的运用，而且在汉画像石分布的其他区域，也得到普遍运用。结合“圆”形画像的凿刻痕迹，从而推定制作“圆”形图像的工具主要有规矩绳墨。

一、汉画像石中“圆”形图像的种类及分布情况

在全国汉画像石五大分区内②，均能发现画像石中刻绘大小不一、数量不等的“圆”形图像，根据其所要表达的功能意义，可分为日月形、璧（环）形、车轮形和其

① 李林:《陕北两汉画像石及墓室保护研究半世纪》，陕西人民美术出版社 2015 年版，第 85 页。

② 信立祥:《汉代画像石综合研究》，文物出版社 2000 年版，第 4 页。

他形。以下主要以陕西北部地区（包括山西西部、内蒙古中南部）和山东地区出土的汉画像石为主，其他地区“圆”形画像为辅，进行分析阐述，揭示其共同特征。

（一）日月形

日月形，即日轮、月轮图像。

1. 陕晋及内蒙古地区

作为全国汉画像石五大分区之一的陕西榆林地区出土千余块画像石、山西吕梁地区出土二百余块、内蒙古鄂尔多斯地区出土二十余块。截至目前，该地区还没有发现汉代石阙、祠堂、石棺等画像石出土的报道。日、月图画像一般分布于墓室顶部（顶心石）、横楣石的左右两端、门柱石的中部。

（1）日月图顶心石

顶心石，呈近正方形，装置于墓室顶中央。墓顶多作四角攒尖式，画面俯瞰墓室。（图 1–3）一般圆中刻绘金乌或蟾蜍，金乌象征阴间太阳，有时填红彩，可称太阳石；蟾蜍，则象征阴间月亮，有时填黑彩，可称月亮石，故有学者叫日月石。①

据笔者目前调查，山西吕梁地区没有发现顶心石，内蒙古鄂尔多斯仅出土 1 块，陕西榆林地区共出土 15 块，其中米脂 5 块、绥德 6 块、神木 2 块、非国有博物馆藏 2 块，共计 16 块顶心石。只有绥德辛店出土的一块顶心石，画面为矩形方框，其他画面均为“圆”形图像。神木大保当出土一块彩绘日月石，残缺风化，或凿或绘的圆心点不甚明显。其他 14 块顶心石的画面正中，均发现清晰的钻凿小眼，并以此小眼为圆心，根据圆形画面所需跨度求取半径取得日月。这就是李林先生提出的陕北汉画像石上各种圆形纹样所采用的以半径求圆的技法，即“定点取圆法”。②

2005 年，米脂县官庄 M3 出土前室顶心石。边长 23.5 厘米、厚 12.5 厘米，画面中阳刻一圆，涂朱彩。圆内墨绘一金乌，圆轮外均匀分布四个柿蒂纹，其一角分别指向外接矩形边框的四个角，红彩勾勒柿蒂纹的轮廓，叶脉也有红斑点染，有阳光普照四方大地之吉祥寓意。（图 1–1、图 1–3）

日中金乌的羽翅中有一较小的钻凿眼和两凹刻点，肩部也刻两凹点。经笔者亲手

① 李林、康兰英、赵力光编著：《陕北汉代画像石》，陕西人民出版社 1995 年版，第 24 页。

② 《陕北两汉画像石及墓室保护研究半世纪》，第 85 页。

测量得知，以 8.5 厘米为半径，钻凿眼为圆心，画出的圆周轨迹与阳刻的圆轮完全重合。这一圆心比形状相同的四个凹刻点不仅深，还规整。这四个凹刻点疑似出土后鸽刻所致，类似这一现象在画像石面上还有发现。究竟因何如此，有待进一步考证，此处暂不作讨论。

在线摹图中，能清晰地看到作为“圆心”小眼的留白描摹，这一精确的表达在考古报告的线摹图中非常少见。（图 1–2）

图 1–1　前室顶心石

图 1–2　顶心石线摹图

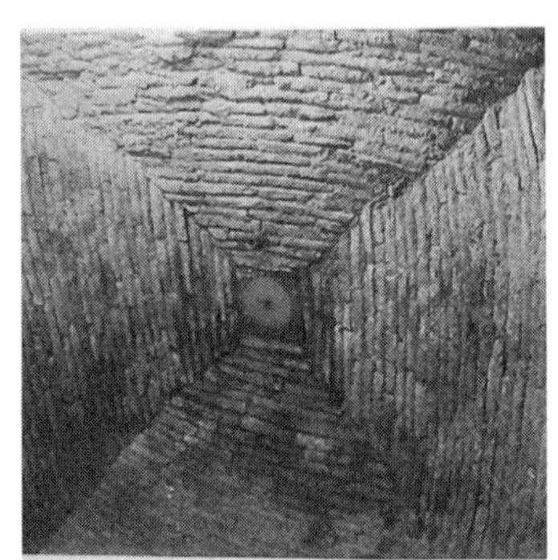

图 1–3　前室顶部（内）

图 1–2、图 1–3：《米脂官庄画像石墓》，文物出版社 2009 年版，图 114、彩版 11·3。
榆林市文物保护研究所藏

1971 年，米脂县官庄 M4 出土的日、月图顶心石，两石边长均为 34 厘米，分别镶嵌于前、后室顶部，前室顶心石画面中阳刻一圆，涂朱色，象征太阳，周边有逆时针方向环绕的如意仙草纹，有如日中天、光照墓室之意。后室顶心石画面刻一圆，涂黑色，象征月亮，周边纹饰同太阳石。在日月石的拓本中，可清晰观察到一留白小眼，即取圆的定点。（图 2）在线摹图中未描出圆心点，此种现象较为多见，再举一例。2000 年，米脂县官庄出土的墓室顶心石，边长 36 厘米、厚 17 厘米，原石与拓本中圆心眼均可见，而线摹图中没有描出来。（图 3）

“圆”形画像石上的圆心眼，在线摹图和拓本中均未表达的现象也有。2002 年，绥德县辛店乡郝家沟村出土的顶心石，边长 25 厘米、厚 16 厘米，镶嵌于前室顶部，太阳石正中有一钻凿小眼作为圆心，以 4 厘米、6.5 厘米的半径取得内、外两圆，平面减地刻成太阳圆环，环外射出四道光芒，照耀四方大地。太阳的中心和四道光线涂朱彩，与后室的月亮石（画面与太阳石构图相同，只是四角的光线内接的不是圆形，而是矩形方框，上文也提到过）表达了日月同辉的美好景象。在线摹图和拓本图中，均未表达出圆心眼这一细节。（图 4）

图 2–1　前室顶部太阳石（拓本）

图 2–2　月亮石线摹图

图 2–3　后室顶部月亮石（拓本）

图 2–1、图 2–3:《陕北汉代画像石》，图 76、77。

图 2–2:《汉画总录·1 米脂》，广西师范大学出版社 2009 年版，第 143 页。

西安碑林博物馆藏

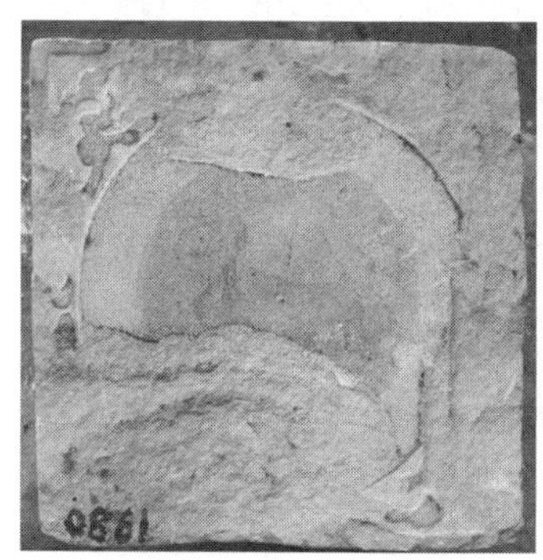

图 3–1　墓室顶心石

图 3–2　顶心石线摹图

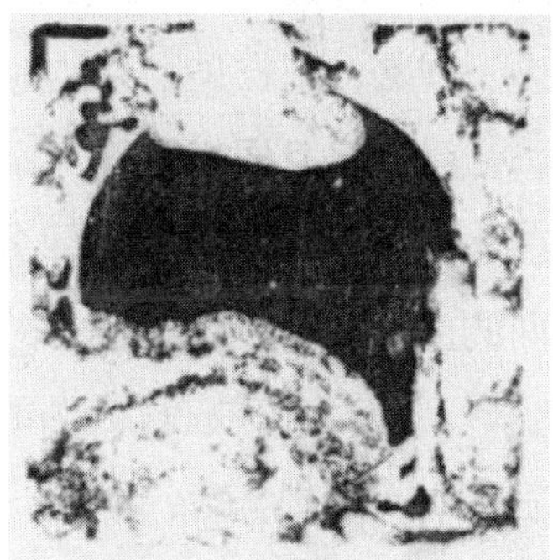

图 3–3　顶心石（拓本）

图 3–2、图 3–3:《汉画总录·2 米脂》，广西师范大学出版社 2009 年版，第 147 页。

米脂县博物馆藏

图 4–1　前室顶心石

图 4–2　顶心石线摹图

图 4–3　顶心石（拓本）

图 4–2、图 4–3:《汉画总录·5 绥德》，广西师范大学出版社 2009 年版，第 247 页。

榆林市文物保护研究所藏

图 5　墓室顶心石
鄂尔多斯青铜器博物馆藏

鄂尔多斯市伊金霍洛旗汉墓出土的顶心石，边长 27 厘米、厚 13 厘米，尺幅大小、画面构图、雕刻技法与陕北神木柳巷、绥德辛店、米脂官庄出土的顶心石基本相同，日中墨绘金乌，以钻凿眼为圆心，7 厘米为半径，取得日轮。日轮外有祥云缭绕之瑞象。（图 5）

在拓本图中，能清楚地看到日月图的圆心是一留白的小眼，说明日月所在的面为阳刻面。同是钻凿眼，如刻在减地的阴刻面，拓印的时候几乎不着墨，拓本上就看不到留白的小眼。传统拓本的信息表达与画像石的雕刻技法有直接关系。线摹图中鲜见描出，这是因为钻凿眼太过微小，不易被察觉，导致技工和研究者忽略。这一现象，同样见于其他地区不同形制的“圆”形图像石。

（2）日月图横楣石

横楣石画面布局主要分内、外栏，上、下栏和不分栏三类，日月图一般刻绘于画面的左右两端，而刻于外栏是主流，刻于内栏和不分栏者相对较少。

目前，发现有日月图的横楣石，山西仅柳林县隰城汉墓出土墓门五石组合之横楣石 1 块，残剩半截，横 75 厘米、纵 37 厘米、厚 15 厘米，画面外栏的右上端刻圆，象征日或月，现藏于吕梁汉画像石博物馆。①

内蒙古鄂尔多斯也出土 1 块，横 139 厘米、纵 33 厘米、厚 5 厘米，画面布局为上、下两栏，且上栏较窄。左上端刻绘墨描三足乌居红日，略高于右上端涂有白彩的月轮，有月亮西沉、太阳东升的轮回之意，日月之间刻绘祥云。下栏为主题画面，所占面积大，刻绘车马出行、牵驼、山林间驾马狩猎。日月两圆均以钻凿的小眼为圆心，6 厘米为半径取圆，墨线圆周，圆外减地麻点纹与主题画面的减地纹一致。（图 6）

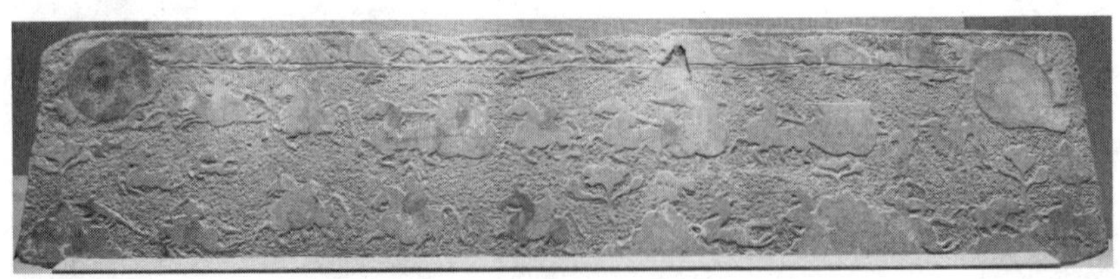

图 6　墓门横楣石
鄂尔多斯青铜器博物馆藏

① 王金元、刘晋平、王双斌:《吕梁汉代画像石选》，陕西人民出版社 2013 年版，第 81 页。

陕西榆林地区出土的日月图横楣石近百块，而且墓门面横楣石中的日月图是墓室横楣石的两倍稍有余。

画面分内外两栏的日月图横楣石，如 1981 年米脂县官庄村出土的墓门横楣石，横 189 厘米、纵 40 厘米、厚 7 厘米，与左右门柱、左右门扉构成墓门面五石组合，这也是陕北墓门画像石组合的基本结构。画面外栏左上端刻日轮，涂红彩，墨绘三足乌；右上端刻月轮，涂白彩，物像漫漶不清。内栏刻车马出行图。日、月两圆心的钻凿眼清晰易辨，以 5 厘米为半径取得两圆。[①]（图 7）

画面不分栏的日月图横楣石，如 1996 年神木市大保当镇任家伙场村 M24 出土的墓门横楣石，横 180 厘米、纵 40 厘米、厚 7 厘米，左端刻绘月中蟾蜍，身涂蓝彩；右端刻绘红日金乌；中间刻绘驯象图和狩猎图。画面表达的是日月同辉、太平有象的美好意境。日中金乌羽翅上的钻凿圆心比月中蟾蜍身上的圆心更为清晰，均以 8.5 厘米为半径取得两圆。（图 8）

图 7　墓门横楣石　米脂县博物馆藏

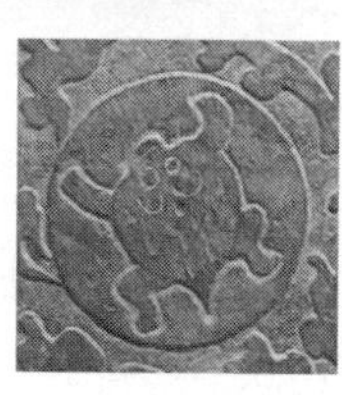

▲**图 8–1　墓门横楣石**
◀**图 8–2　日**
▶**图 8–3　月**
榆林市汉画像石博物馆藏

墓室内刻日月图横楣画像石相对墓门面较少，2005 年米脂县官庄 M3 出土前室北壁横楣石，横 300 厘米、纵 35.5 厘米、厚 7.5 厘米，与左右门柱石、中柱石构成墓葬前室北壁四石组合。画面分为内外两栏，外栏的左上端刻月轮，轮内墨绘蟾蜍，漫漶不清。右上端刻日轮，轮内绘红彩，物像漫漶。日月之间刻云龙纹。内栏刻车马出行、狩猎图。日月轮中钻凿的小眼较为集中，且有几个。通过仔细观察发现，规整居中的才是圆心，且以 7.5 厘米为半径取得两圆。（图 9）

① 文中画面左右称谓，以人们平时观看地图习惯为参考，即观者面对画面时，左手方为左，右手方为右。而在表述画面中的具体物像时，左手为左，右手为右。

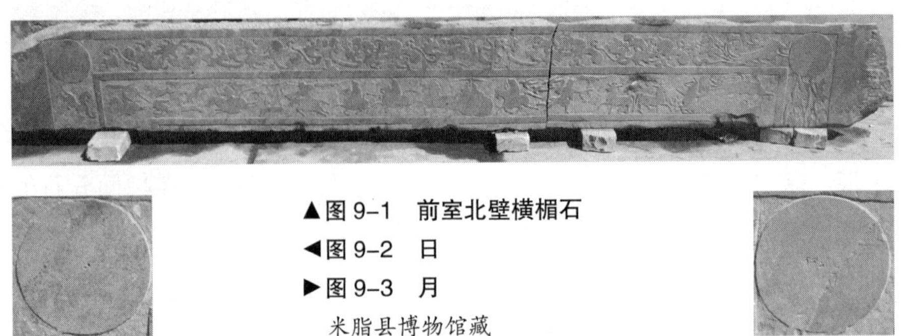

▲图 9–1　前室北壁横楣石
◀图 9–2　日
▶图 9–3　月
米脂县博物馆藏

内栏刻日月图的横楣画像石相对更少，1997 年绥德县四十铺镇前街出土的前室后壁横楣石，横 300 厘米、纵 35 厘米、厚 7.5 厘米，此石与左右门柱石、中柱石组成前室后壁四石组合。画面分内、外两栏，上下左右均有边饰纹。外栏刻绶带穿璧纹，璧的圆心可见钻凿的小眼，在后面璧（环）形中有专门介绍，此处先不赘述。内栏刻日月图、西王母仙境图。月中蟾蜍玉兔、日中金乌刻在凸起的阳面上，其动物身上的羽翼、褶折及形态用长短不一的阴线、麻点雕刻，但作为日月圆心的小眼，比动物身上的点和线均短小且较规整，分别以 5.75 厘米、6 厘米为半径取得日月两圆。（图 10）

图 10　后壁横楣石　绥德县博物馆藏

（3）日月图门柱石

日月图刻绘于门柱石上，山西和内蒙古至今没有发现。陕北仅见于 1996 年神木市大保当镇任家伙场村 M11 出土的左右门柱石。左门柱，横 33 厘米、纵 69 厘米、厚 5.5 厘米，上端残缺，主题画面刻一人面蛇尾的仙神，手持规，胸前刻绘月轮，轮内白彩绘蟾蜍，漫漶不清。右门柱，横 33.5 厘米、纵 116 厘米、厚 6 厘米，画面完整，上刻一双层楼阁，下亦刻一人面蛇尾的仙神，手持矩，胸前刻绘日中金乌。日中圆心位于墨绘三足乌之中足上方，比左门柱月的圆心清晰。两圆周墨线匀称而规整，应借助绳墨或圆规之类工具而作。（图 11）

2. 山东地区

作为汉画像石分布比较集中且数量居全国第一的山东地区，分布范围几乎遍布全

图 11-1 墓门左门柱石

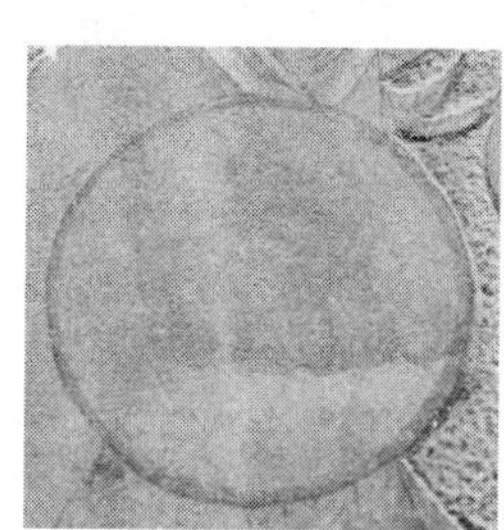
图 11-2 月

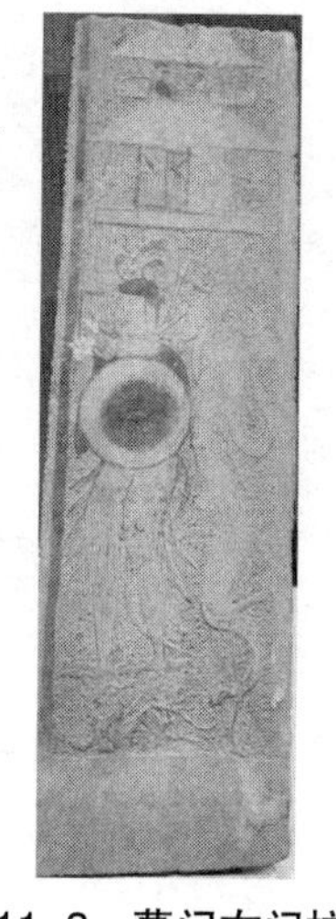
图 11-3 墓门右门柱石

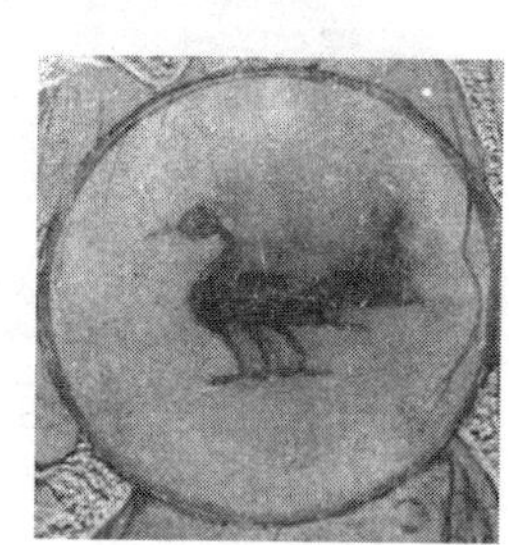
图 11-4 日

陕西省考古研究院藏

省，种类比陕北单一墓室画像石多的是石椁、祠堂、石阙等建筑画像，目前共发现汉画像石四千余块。与陕北汉画像石相比，尺幅较大、线刻精致、减地较深。高浮雕、圆雕作品在山东地区多有出土，而陕北几乎不见。画面布局也是主题突出，加有几重边框装饰，构图分栏分格侧重不同。概因与工匠流派、传承技艺、区域文化、流行粉本，以及石材等均有一定的关系。但是，圆形图像的制作技法与陕北汉画像石中“定点取圆法”相一致，以钻凿的圆心为定点，相应长度为半径取到各种圆。只是山东地区部分石灰岩面较陕北的砂岩石板粗糙而质坚，未经细致打磨，加之圆心眼刻得较浅，由于时间久远被磨损，钻凿的圆心没有陕北的容易辨识，但这一现象不是“圆”形图像的主流。当然，陕北画像石中也有找不到圆心痕迹者，仅占少数，这一技法可能用的是以圆形模板来取“圆”形图像，此类不是本文所要讨论的内容，故简单一提。

日月图画像石多分布于墓室或祠堂的顶盖石、立柱石，而横额石、石椁侧板和挡板、祠堂等画像石上鲜见日月图的刻绘，其象征意义与陕北日月图画像相同。

（1）日月图顶盖石

顶盖石，盖于墓室和祠堂顶之上。顶部一般呈平顶式，画面亦是俯瞰室内，画像内容除了日月之外，还有龙纹、绶带穿璧纹等，比陕北墓葬顶心石大而且厚，且多为长方形。数量也比陕北发现的多，但彩绘画像石出土非常少。

墓室顶盖刻日月图画像石，如 1966 年费县垛庄镇潘家疃发现的后室北室和南室顶盖石，现原址封藏。两石分别镶嵌于后室的北室和南室的顶部，顶部呈叠涩压角内

图 12-1 后室北室顶盖石

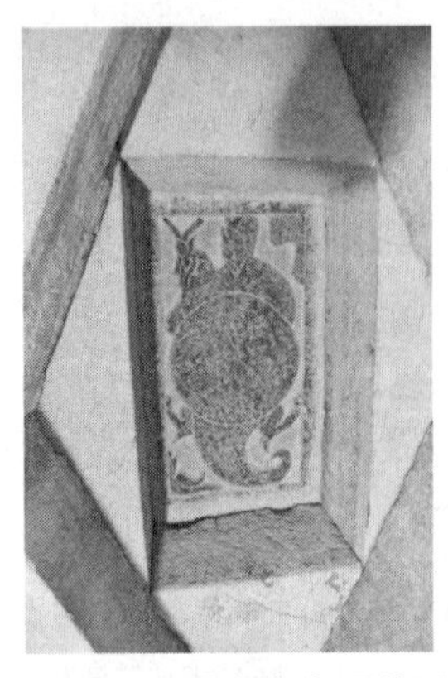
图 12-2 后室南室顶盖石

收结构，画面俯瞰墓室。北石，横 41.5 厘米、纵 66 厘米，平面减地阳刻手执规的伏羲，胸前有一日轮。南石，横 35 厘米、纵 66 厘米，画面阳刻手执矩的女娲，胸前有一月轮。月轮的圆心比日轮的圆心更为清晰易辨。(图 12)

再如 1989 年枣庄市山亭区西集镇出土的顶盖石，横 166 厘米、纵 90 厘米，现原址封藏。画面左圆内为日中金乌、九尾狐，右圆内为月中玉兔、蟾蜍。从拓本来观察，日轮的圆心钻凿于金乌的翅膀上，比月轮的圆心更为清晰。①

1994 年，邹城市石墙镇车路口出土汉画像石墓，发现中室藻井顶盖石，横 131 厘米、纵 94 厘米；南耳室藻井顶盖石，边长 67 厘米，均刻日月图，现原址封藏。(图 13)

图 13-1 中室藻井顶盖石（拓本）

图 13-2 南耳室藻井顶盖石（拓本）

《汉画总录 · 31 邹城》，广西师范大学出版社 2017 年版，第 232、233 页。

结合镶嵌的位置和纹饰来判定，中室顶盖石刻的圆轮为日，与陕北绥德辛店、米脂官庄等地出土的顶心石构图相近，圆外有如日中天、祥云升起的吉祥如意云纹。南耳室的圆轮则为月，圆外有整齐细密的阴刻线，顺时针方向排列一周似月晕之光环，月光射向东南西北四个方位，象征天中之月光耀如常，与生前景象是一致的。于是，有民谚“日晕三更雨，月晕午时风”的现象总结。作为信仰与仪式架设的汉墓正合乎汉人

① 中国画像石全集编辑委员会编:《中国美术分类全集 · 中国画像石全集 2》，河南美术出版社、山东美术出版社 2000 年版，图 145。

对永恒、理想生命样态及其实现过程的仪式化表达。[①] 从拓本图来看，日月圆轮中留白的小圆点，就是原石钻凿的圆心眼，非常明显。1959 年 12 月至次年 3 月出土的安丘市董家庄汉墓前室和中室日月图顶盖石，现藏于安丘市博物馆。[②] 类似日月图刻绘于墓室顶部的还有出土，不再列举。

祠堂顶盖刻日月图画像石，如 1980 年嘉祥县宋山第二批汉墓出土的第 30 石，是平顶小石祠的顶盖，横 187 厘米、纵 81 厘米。1980 年宋山出土两座汉墓中的画像石，均是拆用地面祠堂的材料重新造墓。[③] 这一现象，蒋英炬先生在《汉代的小祠堂——嘉祥宋山汉画像石的建筑复原》中早有发现。[④]

画面采用凿纹减地浅浮雕，刻鱼、双龙相交、两圆。既为顶盖，且画面中的两圆与龙同在，当是日、月，但哪个是日，哪个是月，则要根据祠堂或墓葬的坐向，或是日月中有显著特征的画像，才可确定，此处不作考证，暂且假定左下为日、右下为月。日轮正中钻凿的小眼规整而清晰，即为圆心，并以长 8 厘米、10 厘米为半径，取得内圆和外圆。两圆之间形成宽 2 厘米的圆环，凿纹阴刻线排列细密整齐，且向外射出，有阳光劲射之意。小圆的凿纹相对圆环的凿纹排列有些杂乱，且为同一个方向。这一技法使内圆更加凸显，具有立体感。右下月轮较日轮稍微粗糙，但形制和技法相同，圆直径稍小于日轮的直径。（图 14）

图 14–1　祠堂顶盖石

山东省石刻艺术博物馆藏

1992 年滕州市官桥镇大康留庄出土的日月同辉祠堂顶盖石，纵 190 厘米、横 88 厘米、厚 21 厘米，正面刻日月星辰、伏羲、女娲图，日轮的圆心小眼位于金乌的腹

① 姜生:《汉帝国的遗产：汉鬼考》，科学出版社 2016 年版，第 5 页。

② 杨爱国主编:《山东石刻分类全集》第七卷《汉代画像石（2）》，青岛出版社 2013 年版，图 100。

③ 杨爱国:《魏晋人盗用汉代坟墓材料造墓研究》,《中国国家博物馆馆刊》2013 年第 12 期。

④ 蒋英炬:《汉代的小祠堂——嘉祥宋山汉画像石的建筑复原》,《考古》1983 年 8 期。

图 15　祠堂顶盖石
滕州市汉画像石馆藏

部，月轮的圆心位于蟾蜍腹部的右侧。原石墨迹较重，圆心不易察觉。（图 15）1968 年邹城市看庄乡金斗山的祠堂顶盖石，正中刻月中蟾蜍，蟾蜍身居阳刻的小圆内，圆外也有整齐细密的阴刻线逆时针排列，当为月晕，该祠堂现复原陈列于邹城博物馆。[①]

（2）日月图立柱石

立柱石中刻绘日月图像比陕北地区出土多，包括中柱石上也有雕刻。1972 年临沂市吴白庄汉墓出土前室北壁东、西二门柱：西立柱，横 41 厘米、纵 122 厘米，画面上部浮雕女娲左手执矩，右手抱月于怀中；东立柱，横 43 厘米、纵 122 厘米，画面上部浮雕伏羲右手执规，左手抱日于怀中，与女娲相对。日中线刻金乌和九尾狐，月中线刻蟾蜍和玉兔。日轮的钻凿小圆心在金乌足之后，月轮的圆心在兔子右前爪的右侧，日轮上的钻凿小眼比月轮的深而圆，故辨识起来更加容易。（图 16）

图 16–1　前室北壁西二立柱（西面）　图 16–3　前室北壁东二立柱（东面）
临沂市博物馆藏

1990 年，邹城市郭里乡高李村出土的前室南壁中柱石，横 25 厘米、纵 144 厘米、厚 59 厘米，上承栌斗，画面刻人面蛇尾的羲和双手托举日，高居头顶。日中三足乌之

① 胡新立、朱青生主编:《汉画总录 · 32 邹城》，广西师范大学出版社 2017 年版，第 28 页。

中足上方钻凿规整的小圆心，非常清晰。(图17) 郭里乡黄路屯村出土的立柱上，日中钻凿圆心的位置也是在三足乌之中足上方。①

图17　前室南壁中柱石局部

《汉画总录·31邹城》，广西师范大学出版社2017年版，第72页。

邹城博物馆藏

日中三足乌之中足上方钻凿圆心的画像，在陕北、山东、江苏等地均有发现，说明当时一些画像粉本在画像石的雕作中，得到较为广泛的流行。

在阳刻日月画像的拓本中，能清晰地观察到日内留白的圆心眼。如1985年莒县沈刘庄出土的墓门西三立柱拓本，横14厘米、纵97厘米，画面上格为伏羲双手捧举日，下格为拥彗吏。日中留白圆心规整而清晰。(图18)

(3) 日月图横额石

刻绘日月图横额画像石在山东地区偶见出土，明显比陕北地区少，但画面布局与陕北出土的横楣石相同。1978年泰安市大汶口火车站西南汉墓出土后室后壁横额石，横260厘米、纵75厘米，画面也分内外两栏，外栏刻如意卷云纹。内栏的左、右两端在规整的矩形框内刻月中蟾蜍、仙狐，日中金乌、玉兔，中间刻无足龙与有足龙相对，二龙之间刻一鱼。(图19)

月轮的圆心钻凿于杵的左下近臼口沿处，以9.5厘米、12.5厘米、13.5厘米为半径取得小中大三圆；日轮的圆心钻凿于狐背与金乌足之间，以9.8厘米、12.3厘米、14厘米为半径取得小中大三圆，形成面积不等的内外圆环。类似的构图与陕北太阳石中有朱砂绘的小圆、墨描圆周有异曲同工之意，表达了古人对日月之光芒的理解以及对日月之神的崇尚与信仰。

图18　墓门西三立柱正面（拓本）

《山东石刻分类全集》第七卷《汉代画像石（2）》，图137。

莒县博物馆藏

(4) 日月图祠堂画像石

山东地区祠堂相对画像石墓数量还是偏少，刻绘于祠堂画像石上的日月图也更少。济南市长清区孝铺村孝堂山郭氏祠堂，只有隔梁石的底面线刻日月星辰、织女图，横218厘米、纵30厘

① 胡新立、朱青生主编:《汉画总录·31邹城》，第200页。

图 19-1、19-2　后室后壁横额石　泰安市博物馆藏

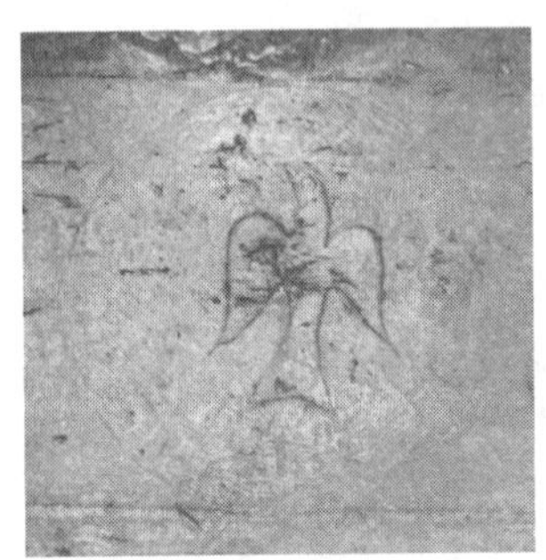

图 20-1、20-2　祠堂隔梁石日月图（局部）

米。日、月的圆心也是钻凿而成，两圆面积相等，以 9 厘米为半径取得日月。祠堂内画像石保存完整，在原址上修建了砖木仿汉古建筑，进行保护管理。（图 20）

（5）日月图石椁画像石

在石椁的前后挡板、左右侧板中，发现璧圆较多，日月图较少，且图像表达没有陕北的日月图形象直观。1984 年临沂市罗庄区册山乡庆云山出土的南坡二号石椁墓北挡板，横 108 厘米、纵 70 厘米，画面正中刻三重圆，形成的圆环刻顺时针细密的阴线纹，象征旋转的光晕，圆环外均匀分布四条阴线对准方框的四个角，象征阳光射向四方大地，也有“天圆地方”之意。画面中有一钻凿的小眼，规整而清楚，以此为圆心，三个不同长度的半径取得小、中、大三个圆，其构图与图 4 陕北绥德辛店出土的太阳顶心石相似。（图 21）

图 21　石椁墓北挡板
临沂市博物馆藏

按照汉人的传统，人们生前休息的姿势与死后葬在墓室里的姿势刚好相反，即头南脚北变为头北脚南，或头东脚西变为头西脚东等。结合此挡板居北的位置，则椁内死人为头北脚南的姿势，太阳从头顶方向升起，符合汉人的宗教信仰。因此，笔者认为此圆形图像当为日。

1984 年济宁师专 16 号石椁墓出土的南侧板，横 260 厘米、纵 70 厘米；北侧板，横 260 厘米、纵 80 厘米。这两块分别是一个石椁的南北侧板，从凿纹地和方位来看，

笔者认为南侧板东边的圆轮为日，取日出东方之意。北侧板西边的圆轮为月。并非简单解释为“十字穿环”之意，若这样理解汉画，那么汉代人的思想意识又能在何处得以充分表达呢?（图 22）

图 22–1　石椁墓南侧板（拓本）

图 22–2　石椁墓北侧板（拓本）

《山东石刻分类全集》第六卷《汉代画像石（1）》，青岛出版社 2013 年版，图 7、8。

济宁市博物馆藏

所谓的“十字穿环”将日月画像平均分为四个扇形，每个扇面刻细密的凿地纹呈席纹分布，日月圆周线外的凿刻纹呈三角状，向东南西北四个方位分布，有运动之光的象征。用不同走向的阴凿线，在二维的平面空间中，表现出三维立体的艺术效果，巧妙地表达出汉代人追求生命永恒的思想符号。

拓本中日月图留白的小圆心不是很清晰，极有可能采用定点取日月，圆心位于圆外接矩形对角线的交点。

3. 其他地区

在江苏、河南、安徽、四川等汉画像石分布区也有日月图画像石的出土，刻绘技法一致，说明“定圆心点取圆”这一技法在汉代得到广泛运用。

江苏省铜山县苗山汉墓出土的前室南壁东、西立柱，东立柱比西立柱宽 10 厘米，纵长和厚度相同，东立柱横 64 厘米、纵 105 厘米、厚 10 厘米。东、西立柱画面相对的上端分别刻日中三足乌，月中玉兔、蟾蜍。钻凿眼作为圆心分别见于金乌中足之上的翅膀根部和月中玉兔的腹部下。圆心的小凹点较石面中其他凿刻点深且规整。（图 23）

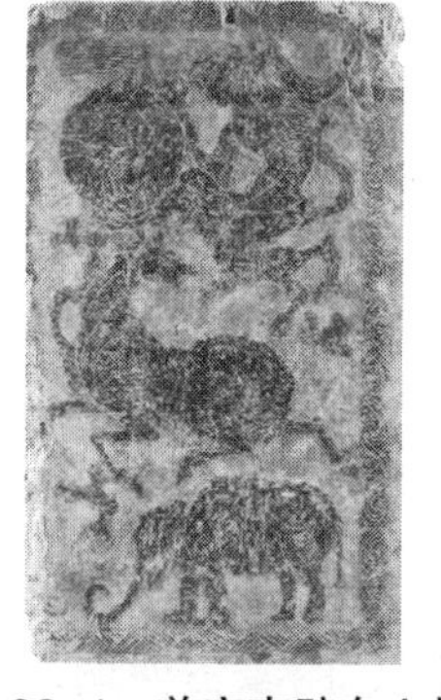

图 23–1　前室南壁东立柱

图 23–2　前室南壁西立柱

江苏徐州汉画像石艺术馆藏

河南省南阳市境内出土的阳乌

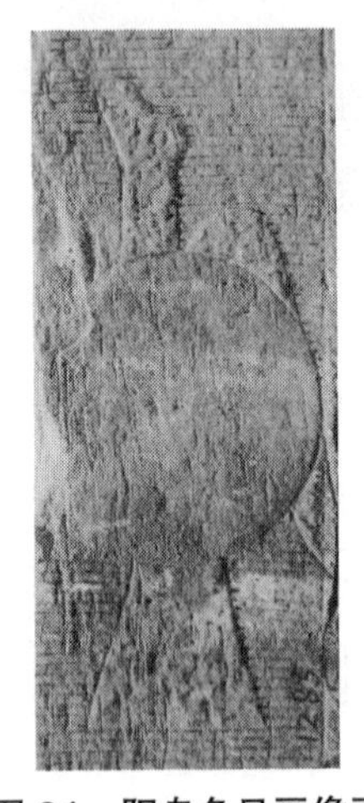

图 24　阳乌负日画像石

《汉画总录·27 南阳》，广西师范大学出版社 2013 年版，第 268 页。河南南阳汉画馆藏

负日画像石，横 178 厘米、纵 30 厘米、厚 39 厘米，画面中日轮的圆心钻凿得清晰而规整。此石从尺寸和画面内容来推测，当是顶部太阳石。（图 24）

安徽省萧县圣村 M1 出土的前室北壁横楣石，横 246 厘米、纵 47 厘米、厚 29 厘米，其背面左刻日中三足乌，右刻月中蟾蜍和玉兔捣药，中刻柿蒂纹，这三个圆中均钻凿有定点的圆心小眼。（图 25）

（二）璧（环）形

刻绘璧（环）形图像的汉画像石在全国各地出土更多，主要有两种类型：一种是绶带穿璧（环）形，另一种是铺首衔环形。这些璧（环）刻绘非常规整，采用的也是“定点取圆法”，圆心眼也是钻凿而成，与日月形的钻捻痕迹一致。

图 25　前室北壁横楣石（背面）　安徽萧县博物馆藏

陕北地区释为绶带穿璧纹，而其他地区多释为“十字穿璧（环）纹”“十字连璧（环）纹”“菱形穿璧（环）纹”“菱形连璧（环）纹”等。《说文解字·玉部》：“环，璧也。肉好若一谓之环。”“环”也是佩玉中常见的一种。有些画像石上的璧（环）肉的部分鸽刻纹饰，与汉代玉璧上的谷纹、云纹非常相似。用笔直的宽带纹组成的菱形或十字形，释为绶带更有表意所指。绶带相交的点正是取璧的定点圆心，也具有连缀绶带固定玉璧的功能。正如张道一先生研究指出：汉画像石所表现的几乎无所不包，它不但反映了一个汉代社会人们的思想观念，而且表现了一个想象奇异的神话世界，把汉朝人脑子里所想的、所希求的都揭示出来。①

1. 陕晋及内蒙古地区

在陕北北部、山西西部、内蒙古西南部等地区出土汉画像石中刻绘璧（环）形图

① 张道一：《汉画故事》，重庆大学出版社 2006 年版，第 2 页。

像较日月图更多。绶带穿璧作为边框纹，多分布在横楣石、立（门）柱石的外栏；作为主题纹多分布于立柱；作为次要或局部纹饰，也见于立柱。铺首衔环形，多见于门扉中、下部图像，横楣和立柱较为少见。

（1）绶带穿璧（环）形

绶带穿璧作为边框纹，分布在墓门面五石组合之横楣石、左右门柱三石的外栏居多，而分布在墓室组合的外栏较少，但“定点取圆璧的技法”是一致的。1996 年，神木市大保当镇任家伙场村 M20 出土的墓门面画像石，横 180 厘米、纵 151 厘米，由连续不断的绶带穿璧纹将横楣石、左右门柱的边饰框成一个整体，绶带相交呈菱形穿插于圆形璧内，相交面上钻凿的小眼，规整清晰，以此为圆心，以 2 厘米、5 厘米为半径取得整璧和半璧。①（图 26）横山党岔镇孙家园则村、绥德四十铺前街田鲂墓出土的前室后壁的横楣石、左右门柱的边框刻的也是绶带穿璧纹。

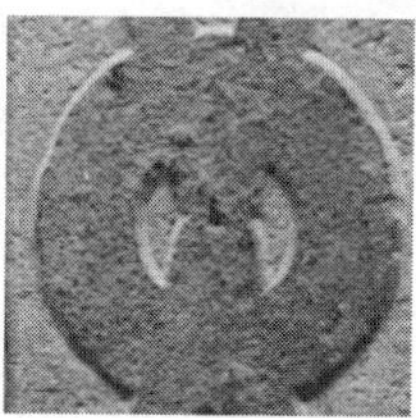

图 26　绶带穿璧纹墓门边框　榆林市汉画像石博物馆藏

绶带穿璧作为主题纹，有占整幅画面和中心画画两种。1998 年绥德县中角乡白家山村出土的立柱，横 26 厘米、纵 136 厘米、厚 7 厘米，画面平面减地阳刻两条绶带穿连三大四小圆璧，布满整个画面。璧的好未减地（好，指玉璧的孔），圆心小眼在中部两大两小圆璧中，钻凿得非常清晰。（图 27）

图 27　墓室立柱　绥德县博物馆藏

内蒙古鄂尔多斯市伊金霍洛旗汉墓出土的二立柱，横 27 厘米、纵 102 厘米、厚 8 厘米，也是绶带穿璧纹布满画面，璧之圆心是先钻凿后墨绘小圆点，这一技法较为精致而特殊。璧和带的轮廓用墨线描得非常规整，圆璧中有过圆心的墨线直径和墨线半径，这正是“以半径求圆”技法的细节表现。②（图 28）

① 陕西省考古研究所、榆林市文物管理委员办公室编著：《神木大保当——汉代城址与墓葬考古报告》，科学出版社 2001 年版，第 95 页。

② 《陕北两汉画像石及墓室保护研究半世纪》，第 85 页。

图 28　墓室立柱
鄂尔多斯青铜器博物馆藏

2005 年，米脂县官庄 M2 出土的前室东壁右门柱，画面中间部分向内凿低 1 厘米，刻绘绶带穿璧纹，绶带中绘赭色小菱形排列有序，有似丝绸的质感。璧上涂有蓝色、白色斑点，在璧的内外边缘能清晰地看到墨线圆周，圆心眼小而浅。在这座汉墓中出土刻绘有绶带穿璧纹的画像石 5 块，刻绘技法一致。[①]

1997 年，山西省吕梁市离石区交口镇石盘汉墓出土的前室南壁东、西侧石，尺寸相同，横 88 厘米、纵 130 厘米、厚 20 厘米，画面上刻绶带穿璧纹占据面积大于下方画面 2 倍有余，下刻车、马、牛，本来富裕的墓主期望死后更加有财富有地位。璧刻得非常规整，也采用了“定点取圆法”。[②]

绶带穿璧作为辅助纹饰，多见于立柱。绥德（图 29）、米脂、子洲等地均有出土，构图、刻绘技法一致，均为中间刻斗拱楹柱，楹柱的左右两边刻绶带穿璧纹。

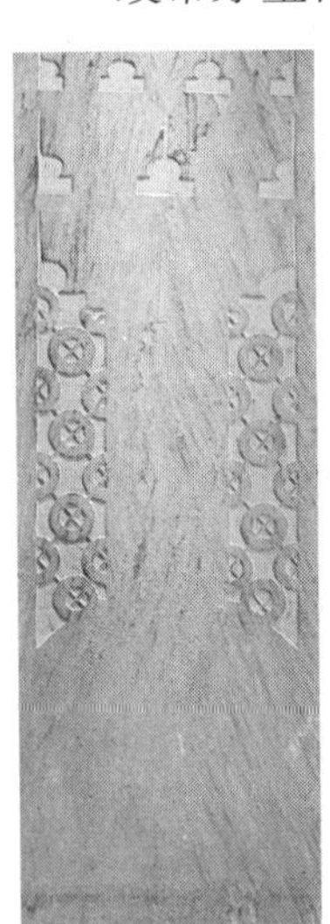

图 29　墓室立柱石
1977 年绥德县辛店乡延家岔村出土，横 48 厘米、纵 144 厘米。
绥德县博物馆藏

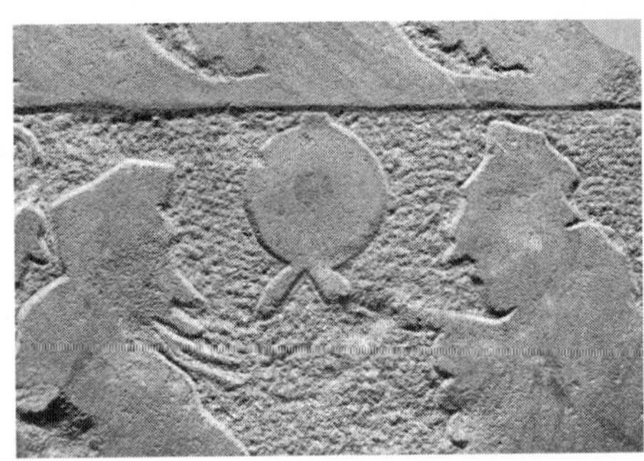

图 30　“孔子见老子”横楣画像石（局部）
鄂尔多斯青铜器博物馆藏

内蒙古鄂尔多斯市伊金霍洛旗汉墓出土的“孔子见老子”横楣画像石，画面右边老子与孔子之间悬挂一圆璧，圆心未钻只用墨绘。（图 30）

（2）铺首衔环形

在陕晋及内蒙古地区共出土 200 余块门扉画像石，均采用平面减地的雕刻技法，所刻环内钻凿眼规整，大小基本相同，圆心位置根据环的大小、位置不同而有所不同。在 200 余块门扉中，无一例不刻铺首衔环图像，无一例刻绶带穿璧图像，说明铺首衔环画像已成为东汉时期这一地区门扉画像中固定下来的流通粉本。

① 榆林市文物保护研究所、榆林市文物考古勘探工作队编著:《米脂官庄画像石墓》，第 63 页。

② 图见《吕梁汉代画像石选》，第 4、5 页。

1996年神木市大保当镇任家伙场村M17汉墓出土墓门左门扉，横49厘米、纵117厘米、厚6厘米，环内圆心眼阴凿，虽小，但非常清晰。（图31）

图31　墓门左门扉
榆林市汉画像石博物馆藏

2. 山东地区

这一地区汉代的墓室、石阙、祠堂、石椁等构件中均刻有绶带穿璧（环）纹，作为边框纹比陕北地区少，鲜见于祠堂后壁、墓室画像石；作为主题纹饰，石椁上雕刻的比其他构件多见；作为局部或边饰纹，分布在横额、立柱、门扉画像石上均有。铺首衔环形，也分布在各种画像石构件中，但门扉上刻绘的较陕北地区少。

（1）绶带穿璧（环）形

绶带穿璧作为边框纹，1956年肥城乐镇村出土的祠堂后壁画像石，横149厘米、纵78厘米，画面上、左、右紧临主题画面的边饰刻绶带连璧纹，璧的圆心点在拓本中是留白的小眼，明显大于璧上其他麻点。①（图32）

图32　肥城祠堂后壁画像石拓本（局部） 山东省博物馆藏

还有平阴县实验中学出土的战争楼阁狩猎画像石，横205厘米、纵104厘米，画面的雕刻技法、构图以及绶带连璧的边框纹与肥城乐镇村祠堂后壁画像石如出一辙。

① 《中国美术分类全集·中国画像石全集3》，图213。

1976 年，沂水县后城子出土的门亭双阙画像石，现原地封存。画面的边框平面深减地绶带穿璧纹，绶带相交穿插于璧，以钻凿眼为定点取得圆璧。①

绶带穿璧作为主题纹，与陕北主题画面布局一样，有占整幅画面和中心画面两种。2017 年滕州市官桥孔窑遗址出土的两块碑形画像石阙，通高 232 厘米、底宽 39 厘米、上宽 42 厘米、厚 30 厘米，形制相同，画像内容也基本相同，阙身四面均刻画像。正面上刻仿木结构的楼阁，中刻凤鸟衔鱼、执戟吏、青龙、白虎，下刻铺首衔环；背面刻冥荚、常青树；侧面及圆首刻连续不断的绶带穿环纹。绶带相交于环内中心点的钻凿小眼作为取环的圆心，刻得非常清晰，这一小眼比背面铺首衔环的圆心深。（图 33）这类绶带穿璧（环）画像石在兰陵县下村和县城前村元嘉元年汉墓中也有出土，圆心小眼钻凿得特别清楚。②

图 33–1　汉墓碑形阙

滕州市汉画像石馆藏

图 33–2　环内圆心

图 33–3　铺首衔环

图 34　绶带穿璧纹石椁侧板（局部）

潍坊市昌乐县石刻博物馆藏

潍坊市昌乐县朱刘镇东南庄出土的石椁侧板凿刻的绶带穿璧纹，璧的圆心小眼钻凿得非常清晰，璧面阴线刻云纹，形如西汉云纹玉璧。（图 34）

滕州市滨湖镇韩楼出土的石椁挡板，横 75 厘米、纵 77 厘米、厚 12 厘米，画面四个角分别刻四分之一璧，连缀正中完整的璧。石面虽然粗糙，但整璧的钻凿圆心非常清晰，比四个角的璧之圆心大而易辨。璧面均鸽刻麻点纹，使玉璧更加写实。璧

① 《中国美术分类全集·中国画像石全集 7》，图 77。

② 金爱民、王树栋编著：《兰陵汉画像石》，山东美术出版社 2017 年版，第 74、75、78、94 页。

好这一部分是减地面，拓本中未着墨。仔细观察，可以看出捶打宣纸时留下的钻凿圆心小眼的痕迹。[①]（图35）类似情况还可见于滕州市汉画像石馆陈列的滕州市姜屯镇庄里西出土的石椁侧板和拓本，原石画面中悬挂三个圆璧，以钻凿点为圆心取圆，极易辨识，但在拓本中找不到圆心。这种现象与陕北日月画像拓片一样，圆心的拓印表达，也取决于圆形图像或圆内圆心面处于阴刻面，还是阳刻面。类似圆心这些细节必须看原石，信息才不会被丢失。

图35 石椁挡板（拓本）

滕州市汉画像石馆藏

1982年滕州市官桥镇后掌大村出土的供案石，横181厘米、纵102厘米、厚30厘米，画面上刻两耳杯、两盘鱼，下刻绶带穿璧纹。璧的圆心处在阳刻面，在拓本中为留白的小眼，清晰易辨。（图36）

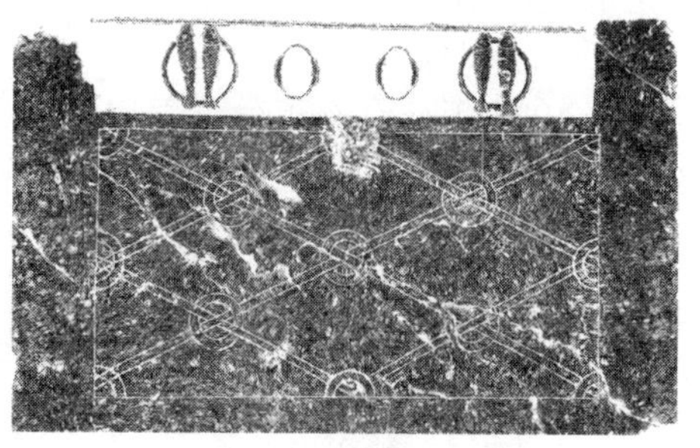

图36 供案石（拓本）

《山东石刻分类全集》第六卷《汉代画像石（1）》，图241。

滕州市汉画像石馆藏

绶带穿璧作为画面局部或边饰纹，各种石构件上均有刻绘，如诸城市郭家屯镇前凉台村出土的门扉石，横55厘米、纵126厘米，画面中部铺首衔环居右，其外满布绶带穿璧纹。璧的圆心是留白的小眼，清晰易辨。而铺首衔环内的圆心处于阴刻面，在拓本中未着墨，故圆心眼没有表达出来。（图37）

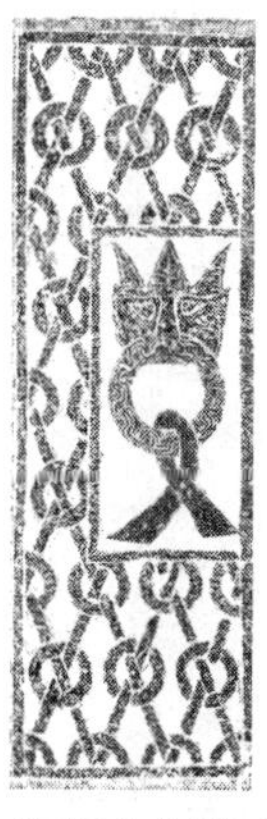

图37 墓门左门扉（拓本）

《山东石刻分类全集第七卷·汉代画像石（2）》，图76。

诸城市博物馆藏

（2）铺首衔环形

这一地区雕刻铺首衔环的画像石，见于墓室、石椁、石阙、祠堂等构件，刻于横额石、门柱、门扉、挡板、侧板等不同位置，其环采用钻凿眼为定点取圆，与陕北铺首衔环画像石的雕刻技法一致，门扉刻绘铺首衔环的数量相对陕北少，刻绘其他题材种类比陕北地区丰富。

① 中国汉画学会:《汉人之魂：中国滕州汉画像石》，美国纽约中国艺术馆2017年版，第37页。

图 38　墓壁画像石

滕州市汉画像石馆藏

图 39　铺首衔环画像石（局部）

山东省博物馆藏

滕州市官桥镇车站村出土的墓壁画像石，横 76 厘米、纵 77 厘米、厚 16 厘米，中心画面仅刻铺首衔环，环内有钻凿的小眼作为取环的圆心，清晰可辨。（图 38）滕州市龙阳店也出土了一块铺首衔环画像石，横 99 厘米、纵 100 厘米，环内圆心刚好位于半蹲之人的肚脐处，更加清楚而规整。（图 39）

1978 年，泰安市大汶口出土的西耳室后壁横额石，横 206 厘米、纵 64 厘米，画面中刻二龙相交、龙虎相对，左右两端分别刻铺首衔环，环内两鱼相对。左环中的钻凿圆心眼较右环更易辨识。（图 40）环内悬鱼的画像石，还见于梁山县城关镇茶庄出土的立柱，横 20 厘米、纵 117.5 厘米，画面上刻连弧纹、菱形纹，下刻铺首衔环，环内对鱼。环内鱼腹钻凿小眼清晰而规整。（图 41）

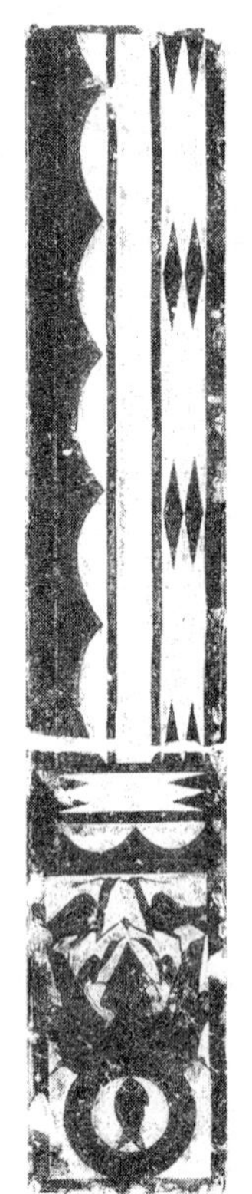

图 41　立柱拓本（局部）

《山东石刻分类全集》第六卷《汉代画像石（1）》，图 205。梁山县文物保管所藏

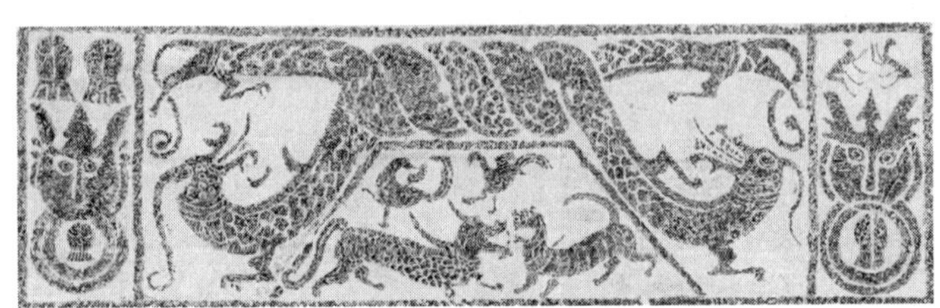

图 40　西耳室后壁横额（拓本）

《山东石刻分类全集》第七卷《汉代画像石（2）》，图 125。泰安市博物馆藏

3. 其他地区

璧（环）形画像石，在江苏、河南、安徽、四川等汉画像石分布区也出土很多，环的雕刻技法一致。如徐州汉画像石艺术馆陈列的乐舞图画像石，横 131 厘米、纵 120 厘米、厚 21 厘米，作为主题画面的一部分刻绶带

穿璧纹，璧的圆心眼清晰易辨。（图 42）

图 42 乐舞图画像石（局部）

2017-5-14 杨爱国老师摄于徐州汉画像石艺术馆。

河南省南阳市境内出土的条形画像石，横 32 厘米、纵 107 厘米、厚 26 厘米，画面满布绶带穿璧为主纹，地纹刻整齐的斜线。每个璧好的部分减地打磨得很平整，圆心小眼钻凿得非常清楚。（图 43）在《汉画总录·29 南阳》中将其描述为菱形连璧纹，贵重的璧在汉代用丝绸之类的带子挽系，所以释为绶带穿璧也可以讲得通。阴线减地纹凿刻得整齐细密，在其他地区也有，给人一种绵柔铺底的立体效果，凸显绶带系璧的尊贵。

图 43 菱形连璧纹画像石

《汉画总录·29 南阳》，广西师范大学出版社 2013 年版，第 112 页。南阳汉画馆藏

四川地区的石阙、崖墓、石棺、石函、砖石墓等画像石上，也有各种圆形图像，长宁一号石棺侧板，作为主题画面一部分的左右两边刻绶带穿璧纹，在拓本上可见璧的圆心均是留白小圆点，即以此点为定点取圆刻璧。①

1988 年，河南省南阳市麒麟岗汉墓出土的南大门左门扉（图 44），横 48 厘米、纵 132 厘米、厚 7 厘米，和安徽萧县冯楼 M26 出土的左门扉（图 45），横 49 厘米、纵 106 厘米、厚 9 厘米，均有环形图像，圆心钻凿得很清楚。而在拓本图中，环内减地面未着墨，圆心没有表达，各种资料中绝大多数环形图像的圆心都是如此。

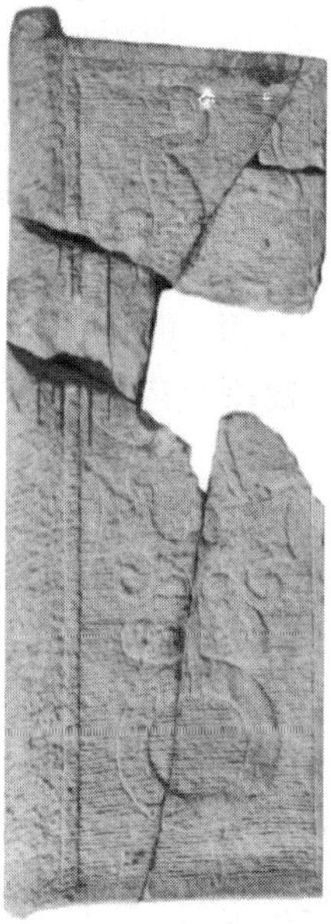

图 44 南大门左门扉（残）

《汉画总录·27 南阳》，第 56 页。南阳汉画馆藏

① 《中国美术分类全集·中国画像石全集 7》，图 104。

图 45-1、45-2　墓门左门扉原石及拓本
《汉画总录·40 萧县》，广西师范大学出版社 2019 年版，第 140、141 页。
萧县博物馆藏

（三）车轮形

车轮形，即汉画像石中的斧车、轺车、轩车、軿车、辎车、辇车等各种车的轮子，其形制就是两个规整的圆。车马出行图又是汉画像石中刻绘较多的题材内容之一，无论是行进中的车，还是静止中的车；无论是现实中的马拉车，还是仙界的奇禽瑞兽拉的车，车轮及车舆上装饰的圆形图像，均采用定点取圆的技法。

1. 陕晋及内蒙古地区

车马出行画像石，各地均有出土，以轺车居多。1994 年，榆阳区金鸡滩南梁村出土的横楣石，横 192 厘米、纵 34 厘米、厚 7 厘米，画面内栏刻三马分别拉轺车、軿车和辇车，其车轮均刻出着地的一半，另一半与车舆重叠未刻出，车轮以钻凿的小眼为圆心，3 厘米、3.8 厘米为半径取半圆，即牙的轮廓。车轮规整，圆心清晰。（图 46）

图 46　墓门横楣石　榆林市文物保护研究所藏

陕北地区发现轩车画像石较少。2011 年榆阳区走马梁汉墓出土的墓室横额石，原石横 278 厘米、纵 35 厘米、厚 6 厘米，原石画面不分栏，共刻两组前轩车后軿车，两车轮前后错开重叠，呈斜侧视，具有立体感。以钻凿眼为圆心取得两车轮，两圆心相距较近，规整清晰。（图 47）

图 47　墓室北壁横额石（局部） 榆阳区文物保护研究所藏

1998 年，绥德县中角乡白家山村出土的横额石，原石横 264 厘米、纵 36 厘米、厚 6 厘米，画面刻绘始于平地的轺车及行进在崎岖不平山路上的轺车，均呈正侧面，两车轮完全重叠，以一个钻凿圆心取得车轮，钻凿眼虽小，但易辨识。（图 48）

图 48　墓室横额石（局部） 绥德县博物馆藏

1997 年，山西吕梁市离石区交口镇石盘汉墓出土的横楣石，横 192 厘米、纵 32 厘米、厚 14 厘米，画面刻绘三轺车、一輂车，车轮圆心和轮周墨线刻绘得非常规整。（图 49）

图 49　墓门横额石 吕梁汉画像石博物馆藏

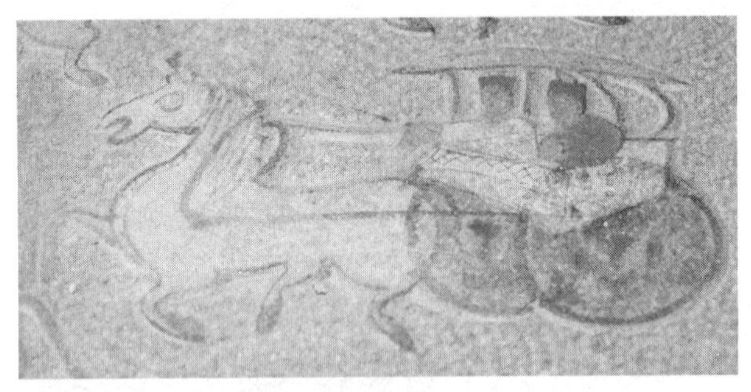

图 50　车马画像石（残）
鄂尔多斯青铜器博物馆藏

内蒙古鄂尔多斯市伊金霍洛旗汉墓出土的彩绘车马出行画像石，两车轮前后错开，重叠部分较少，圆心朱彩点染，圆心处有贯轴装辖和軎的示意。（图 50）与此刻绘技法相同的，如 1996 年神木市大保当镇任家伙场 M3 出土的彩绘车马出行图横楣石，横 140 厘米、纵 31 厘米、厚 7.5 厘米，两车轮也是前后错开重叠，圆心用朱彩点绘。[①]

2. 山东地区

山东地区的车马出行图画像石，不仅仅是轺车多，而且其他形制的车也比陕北地区出土得多，且细节刻凿得更加写实，极具艺术感染力。

1972 年，临沂市罗庄区吴白庄村出土的中室北壁西横楣石，横 299 厘米、纵 51 厘米，画面上栏刻一轺车、两軿车、一辇车，下栏刻两轺车、一轩车，这七辆车的车轮均阳刻 8 根辐条，以钻凿眼为圆心，分别以辐条的长和再加上牙的宽度的长为半径取内外圆。在上栏末辆辇车的车轮上贯轴的圆心、轴端毂、辖、軎等饰件，刻绘得完整清晰。在下栏最末一辆轩车的车舆侧板，刻绶带穿璧纹，其正中璧的钻凿圆心较车轮的圆心小而浅。（图 51）

图 51　轩车
临沂市博物馆藏

与日月画像石拓本图一样，车轮的圆心在拓本中均为留白的小眼，而在线摹本中描为小黑点，但也有车轮圆心未描出者。如沂南北寨汉画像石墓中室北壁中横额西段，横 179 厘米、纵 49 厘米，其拓本图和线摹图均可观察出车轮圆心的留白眼，而最末轺车车轮的圆心却在线摹图中没有描出来。[②]

① 《神木大保当——汉代城址与墓葬考古报告》，彩版四、彩版五，门楣（M3：2）。

② 山东博物馆编著:《沂南北寨汉墓画像》，文物出版社 2015 年版，图 38。

较为少见的是滕州市汉画像石馆陈列的墓室横楣石，横 244 厘米、纵 41 厘米、厚 36 厘米，主题画面中车舆与车轮拆分放置，牛也静立车前。车轮的圆心、阴线刻 12 根辐条、牙、毂等细节清晰易辨。（图 52）

在嘉祥县的武氏祠、宋山小石祠等车马画像石中车轮的构图、刻绘技法与陕北车轮画像相同，有正侧视和车轮重叠斜侧，两车轮的钻凿圆心相距较近，说明轮子重叠的部分也大。特别是武氏祠画像石上刻有标明车子主人官职的榜题，如“君车”（图 53）、“主簿车”、“游徼车”、“行亭车”、“尉卿车”、“功曹车”、“贼曹车”等，这些车轮装置细节的特征，刻凿得极为明晰。

图 52　牛车横楣画像石（局部）

图 53–1　“君车”画像石

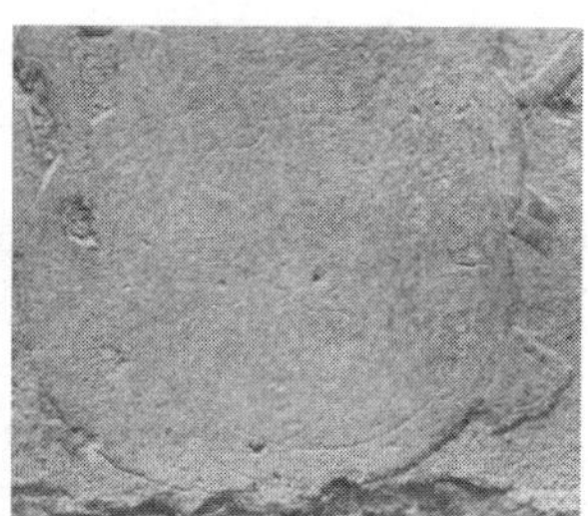

图 53–2　“君车”车轮

滕州市黄安岭出土的龙鹿拉车画像石，横 144 厘米、纵 59 厘米，和滕州市境内出土的鱼拉车画像石，残横 60 厘米、纵 42 厘米、厚 10 厘米，其车轮的雕刻技法与上相同。（图 54、图 55）

图 54　瑞兽画像石（局部）
山东博物馆藏

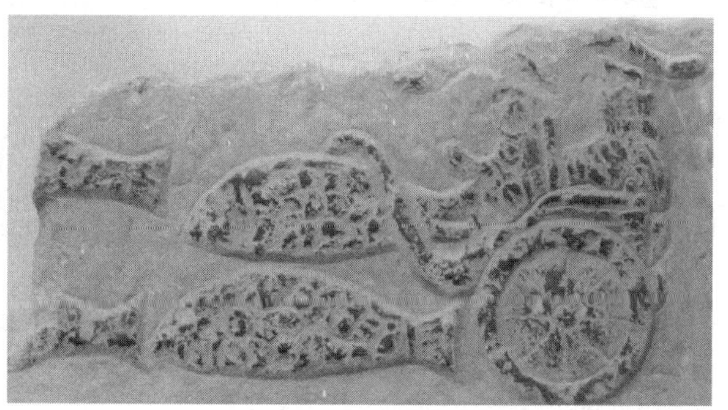

图 55　鱼拉车画像石（残）
滕州市汉画像石馆藏

3. 其他地区

在江苏徐州（图 56）、河南唐河（图 57）、安徽萧县（图 58）、四川郫县（图 59）等汉画像石分布区均出土有车马出行画像石，其数量比例不及陕北地区之多，但车轮的刻绘技法与陕北、山东地区保持一致，贯轴之处钻凿小眼作为取车轮的定点圆心，均可辨识。

图 56　车马画像石（局部）

原石横 78 厘米、纵 84 厘米、厚 20 厘米。

江苏徐州汉画像石艺术馆藏

图 57　墓门横楣石

河南唐河县电厂汉墓出土，横 308 厘米、纵 43 厘米、厚 33 厘米。

《汉画总录 · 17 南阳》，第 66、67 页。

南阳汉画馆藏

图 58　甬道北壁横额石

安徽萧县陈沟汉墓出土，横 204 厘米、纵 41 厘米、厚 30 厘米。

萧县博物馆藏

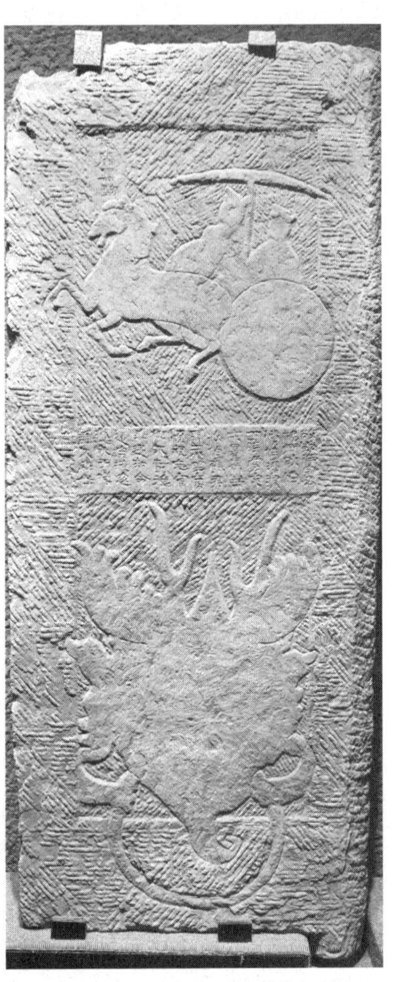

图 59　“家产黑驹”右门扉

1978 年四川郫县红星出土，横 70 厘米、纵 165 厘米。

四川省博物院藏

（四）其他形

在汉画像石中除了以上三种“圆”形图像外，还有为数不多的花形、方孔圆钱纹、建鼓等“圆”形图像石，其定点取圆的技法与以上三种圆形画像相同。

1. 花形

陕北神木大保当（图 60）和内蒙古鄂尔多斯伊金霍洛旗（图 61）出土的门柱石上，刻绘八瓣花朵，花心内墨点圆心，墨绘圆周。河南南阳汉画馆收藏一块画像石，横 174 厘米、纵 32 厘米、厚 44 厘米，画面线刻三个圆周，圆内各刻一八瓣花朵，花心中有钻凿的圆心，规整清晰。[①]（图 62）

图 60　陕北神木花形画像石

图 61　内蒙古伊旗花形画像石

图 62　河南南阳花形画像石

还有一种类似柿蒂纹的花瓣图像，花心圆雕规整的半圆，类似汉代铜镜的半圆钮，其顶部正中也有钻凿的小眼，既可作半圆的圆心，又是画面构图的中心点。如山东的嘉祥宋山汉墓第二批出土的第 7、8、9、10、11、28、29、31 石（图 63），沂南北寨村墓后室藻井，[②]兰陵县鲁城镇楼子村出土的横额石[③]等，均有花瓣形图像。安徽萧县圣村汉墓出土高浮雕柿蒂纹横楣石三块。（图 64）陕北也有平面减地的柿蒂纹画像石，

图 63　嘉祥宋山第二批第 29 石（局部）

图 64　安徽萧县出土柿蒂纹画像石

① 《汉画总录 · 27 南阳》，第 277 页。

② 《山东石刻分类全集》第七卷《汉代画像石（2）》，图（原 6）。

③ 《中国美术分类全集 · 中国画像石全集 7》，第 28、59 页。

花心的细节表达不及这些地区，圆心不易辨识。

2. 圆钱纹

方孔圆钱画像在山东的嘉祥宋山小石祠（图 65）、长清区孝堂山郭氏祠堂（图 66）、泰安市肥城北大留村“太山仓”等的画像石上，陕北绥德中角乡白家山出土的立柱（图67），四川璧山三号石棺[①]上均有刻绘，有的“五铢”钱文刻得非常清楚，以方孔内钻凿的小眼作为取圆钱的定点，清晰易辨。

图 65　嘉祥宋山石祠底部基石（局部）　山东石刻艺术博物馆藏

图 66　承檐枋横额石（局部）　山东长清区孝堂山郭氏祠堂

图 67　墓室立柱（局部）　陕西绥德县博物馆藏

3. 鼓面、纺车轮

山东地区发现的建鼓图画像石中的鼓面正对观者，鼓面呈规整的圆，圆心为钻凿的小眼。如兰陵县境内出土的双鱼建鼓图画像石（图 68）、枣庄市山亭区冯卯乡鸥峪村出土的石祠东壁东王公建鼓画像石（图 69）、滕州市桑村镇西户口村出土的石祠西壁西王母建鼓画像石[②]、沂南北寨汉画像石墓博物馆陈列的横额石等，建鼓均正面刻绘。其他画像石分布区的建鼓图基本都是鼓侧置，鼓面正对击鼓者。

① 图见《吕梁汉代画像石选》，图 166。

② 《山东石刻分类全集》第六卷《汉代画像石（1）》，图 271。

滕州龙阳店出土两块刻有纺织图的画像石中络纬用的箰车之车轮（图 70），其圆心可见钻凿的小眼。

图 69　石祠东壁画像石　枣庄市博物馆藏

《山东石刻分类全集》第六卷《汉代画像石（1）》，图 215。

图 68　双鱼建鼓图画像石　山东兰陵县博物馆藏

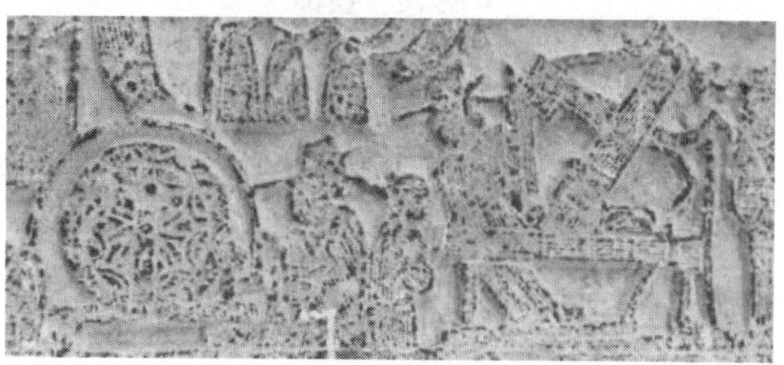

图 70　纺织图画像石（局部）　山东省博物馆藏

二、汉画像石中"圆"形图像的制作工具

在汉画像石中，刻绘"圆"形图像的种类主要有日月形、璧（环）形、车轮形和其他形。通过仔细辨认分析，发现有一共同特征：在圆中心有一钻凿的圆形小眼，有深有浅、有大有小，非常规整。经测量，这些钻凿眼正是"圆"形图像的圆心，且具有相同功能的圆在同一块或同一组画像石中，过圆心的直径绝大多数相等，少数日月轮直径稍有差距，或许是手工刻绘时产生的误差。有的圆呈阳刻面，圆外减地；有的阳刻圆内有减地圆，其地纹与圆外减地纹基本相同，有麻点纹、阴线纹、铲地纹、磨平素面等，多经打磨较为平整。也有少数圆心、圆周墨绘点彩，这一现象多见于陕北车轮画像。洛阳汉墓出土的砺石，既可用于木材表面加工，也可用于磨砺刃具。[①]（图 71）打磨较平的画像石减地面，也应当使用砺石一类的

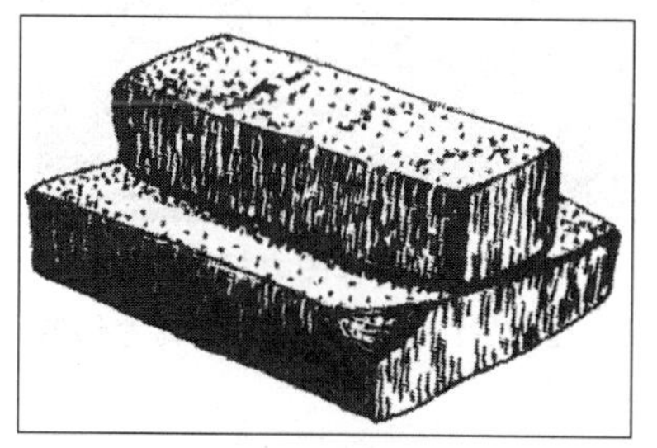

图 71　砺石

《汉代物质文化资料图像说》，上海古籍出版社 2012 年版，图版 8-11。

① 孙机:《汉代物质文化资料图说（增订本）》，上海古籍出版社 2011 年版，第 32 页。

手工工具。

在汉画像石上制作“圆”形图像时，与制作其他物像一样，平面、打磨、设计、绘稿、刻绘等工序是一致的，有学者已经做过画像石制作工艺流程的研究，此处不再赘述。现对画像石中“圆”形图像的制作工具做一初步推断，从汉画像石中各种规整的“圆”形图像的凿刻痕迹来看，首先制作的是定点的圆心，其次是取圆的半径。也就是李林先生提出的“定点取圆法”，以半径取圆。

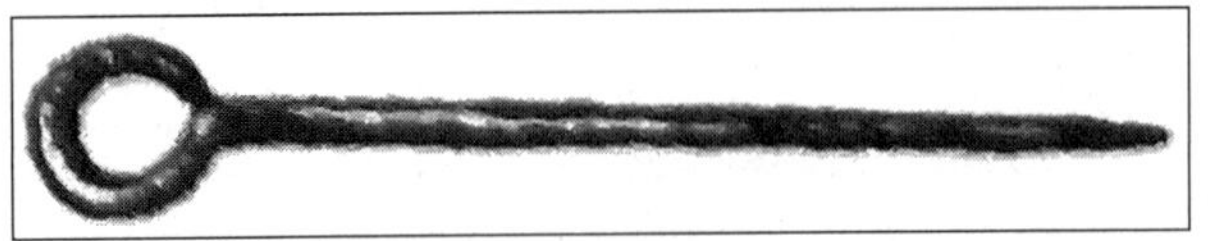

图 72　铁锥

图 73　铁钻

《汉代物质文化资料图像说》，图版 8-23，图版 8-29。西安汉未央宫遗址出土

圆心。从“圆”形图像所处的阳面或阴面中的刻绘痕迹来看，规整的圆心是用尖头钻或锥子（图 72），用力边捻边钻制作而成的。在汉画像石上没有发现钻、锥的画像，西安汉未央宫遗址出土的螺旋形铁钻，构造相当先进。可惜这种类型的工具在此后的长时期中未能充分利用[①]（图 73）。或者使用类似在玉石器中打眼的手工钻（图 74），与二十世纪六七十年代，木工工具中的皮条钻用法相同。（图 75）

图 74　玉作图之打眼图

2017-11 笔者拍摄于宝鸡青铜器博物院

图 75　皮条手工钻

陕西佳县民俗博物馆藏

半径。从执规伏羲和执矩女娲以及墨线轮廓来看，取半径的方法有两种，即可推定取圆的工具是规矩绳墨。

其一，用麻绳或其他材料制作的绳子可做移动的半径。一头固定在圆心点，一头带着类似墨笔画

① 《汉代物质文化资料图说（增订本）》，第 32 页。

出圆周线，于是在画像石中留下时断时连的圆周墨线。

其二，调整规两足之间的夹角，两足之间的距离就是圆形图像所需的半径，以内足固定在圆心点，外足走动一周，即得到规整的圆。当然，也不能排除外足尖安装蘸墨的软笔或碳棒等配套用具的可能。

孙机先生研究表明：为求得器物形制规整，还须使用规矩绳墨。[①]《楚辞·离骚》曰："固时俗之工巧兮，偭规矩而改错。背绳墨以追曲兮，竞周容以为度。"林家骊注："偭，违背。规矩，规和矩，校正圆形和方形的两种工具。'错'通'措'，措施。绳墨，木工画直线用的工具。"[②]孟子曰："规矩，方员之至也。""离娄之明、公输子之巧，不以规矩，不能成方员。"[③]《诗经》中也有记载："规者，正圆之器也。"[④]

在全国各地汉画像石中均有执规、矩的伏羲、女娲像，但绳线和墨斗画像未发现。陕北出土伏羲女娲画像石有 20 幅以上，但执规矩画像仅见于绥德县四十铺田鲂墓室门柱石和横山区党岔孙家园则出土的门柱石（图 76、图 77），与山东地区相比非常少。

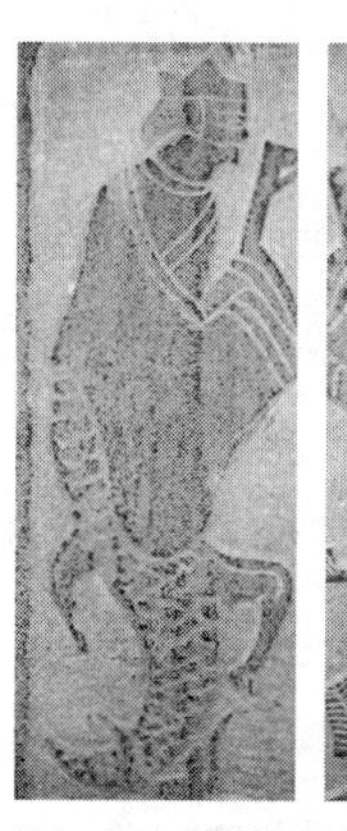
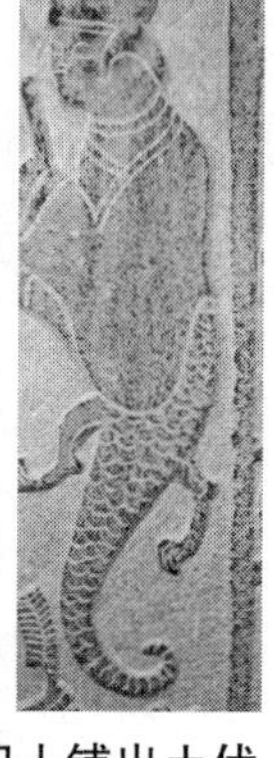

图 76　绥德四十铺出土伏羲女娲画像石

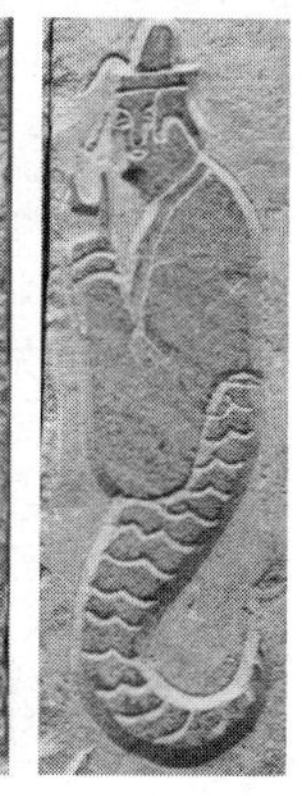

图 77　横山党岔出土伏羲女娲画像石

山东地区除了上文提到的吴白庄汉画像石墓前室北壁东西二立柱、费县潘家疃汉画像石墓后室南室和北室顶盖石刻执规、矩的伏羲、女娲画像外，还有武氏祠西壁、前石室屋顶前坡东段、左石室后壁小龛西侧（图 78），以及莒县沈刘庄墓门东立柱、孝堂山石祠东西壁、临沂汽车技校等地区均刻有执规、矩的伏羲和女娲画像，另有沂南北寨汉画像石墓墓门东门柱刻的规、矩

图 78　武氏祠左石室后壁小龛西侧伏羲女娲画像石

① 《汉代物质文化资料图说（增订本）》，第 32 页。

② 林家骊译注：《楚辞》，中华书局 2010 年版，第 11 页。

③ 方勇译注：《孟子》，中华书局 2010 年版，第 128、130 页。

④ 王秀梅译注：《诗经》，中华书局 2015 年版，第 393 页。

图 79 沂南北寨汉墓墓门东门柱伏羲女娲画像石

置于伏羲、女娲之间大力士肩部之后（图 79）。在河南南阳麒麟岗、四川宜宾和合江的石棺中也刻有执规、矩的伏羲和女娲画像，规矩形制基本相同。

从伏羲女娲执规矩画像来看，规的形制有“y”形和“ㄐ”形两种。规外侧的足，就是落在圆周上的足，而内足是站立在圆心的足。画像石中这两种规的共同特点为内足呈“丨”形，没有变化，不同在于外足与内足之间的角度，角度不同，规的形式就不同。“y”形规的两足之间刻圆珠或横线，当为调整两足之间角度的机关，来满足圆形图像对半径长短的要求。

矩的形制也有“┓”形和带柄的直角三角形两种。矩的两直角边之间加一斜边，利用三角形具有稳定性这一原理，保证直角规整。

中国国家博物馆所藏汉代铜矩，两边不等长，分别为 22.5 厘米和 37.6 厘米，与画像石中的矩形一致。①（图 80）汉代的墨斗在画像和墓葬中未曾发现，但二十世纪六七十年代木匠和石匠使用的墨斗，用动物角、木料、铁皮制成的，在民俗博物馆较为多见。如榆阳区陕北民俗博物馆陈列的木墨斗，长 21.5 厘米、宽 8 厘米、高 5 厘米，保存完整。（图 81）在广州“秦汉船场”遗址曾出土小扁铅块。（图 82）《西京杂记》谓扬雄“怀铅提椠”，葛龚谓曹褒“寝怀铅笔”，似

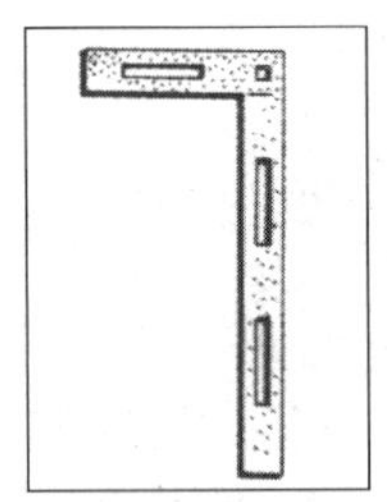

图 80 矩尺

《汉代物质文化资料图像说》，图版 8-22。

图 81 木墨斗

榆阳区陕北民俗博物馆藏

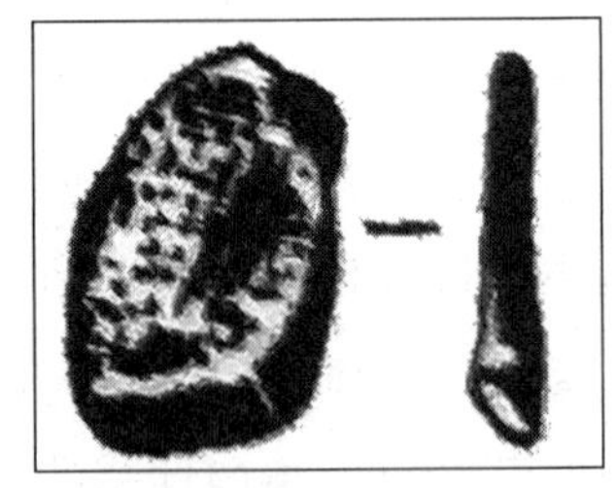

图 82 铅块

《汉代物质文化资料图像说》，图版 8-21。

① 《汉代物质文化资料图说（增订本）》，第 32 页。

汉代曾用铅书写，应是加工木材时划线所用，[①]也有可能是制作画像石时打底稿线绘图所用。

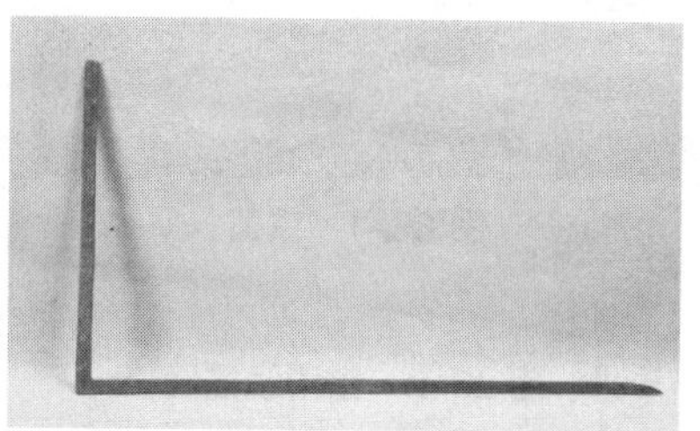

图 83　近代铁方尺

长边 36.6 厘米、短边 19 厘米

陕西佳县民俗博物馆藏

规矩画像石，与二十世纪六七十年代人们使用过的铁角圆规、铁质方尺（图 83）、木质三角尺，以及今天仍在使用的大小不同、材质不同的圆规、直角三角板的形制基本保持一致。

凿刻画像石中的“圆”形图像的轮廓线、内外圆的减地面，从画像石中的手工工具画像和秦汉墓葬中出土的铁质手工工具来看，可能会用到凿、椎、錾、铲、砺石等工具。如在陕西横山区党岔镇孙家园则出土的中柱石，横 24 厘米、纵 106 厘米、厚 10 厘米，画面中刻一人左手握凿、右手执椎画像（图 84）；山东地区武氏祠的前石室屋顶前坡西段画像石刻尖头錾和椎配合使用的画像、左石室屋顶前坡西段画像石刻錾和椎配合使用的画像（图 85）[②]，在西安临潼区秦陵遗址出土的铁质手工工具有凿（图 86）、錾（图 87）、锤（图 88）、铲、削等。[③]在江苏徐州狮子陵汉墓、河北满城汉墓、山西离石马茂庄汉墓（图 89）均有铁质工具出土。

图 84　墓室后壁中柱石（局部）

榆林市文物保护研究所藏

图 85–1 武氏祠前石室屋顶前坡西段（局部）

图 85–2　武氏祠左石室屋顶前坡西段（局部）

《中国美术全集 · 画像石画像砖 1》，黄山书社 2010 年版，第 197、205 页。

---

① 《汉代物质文化资料图说（增订本）》，第 32 页。

② 《中国美术全集 · 画像石画像砖 1》，第 197、205 页。

③ 陕西省考古研究所、秦始皇兵马俑博物馆编著：《秦始皇帝陵园考古报告（1999）》，科学出版社 2000 年版，彩版 39.4；第 192 页，图 96；第 215 页，图 77–7；图版 95。

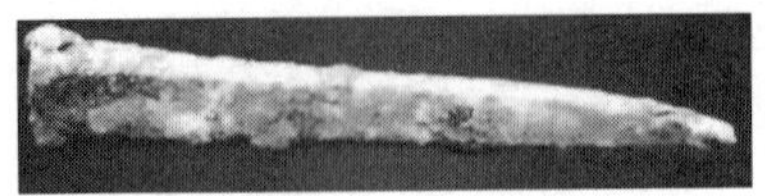
图 86–1　铁凿

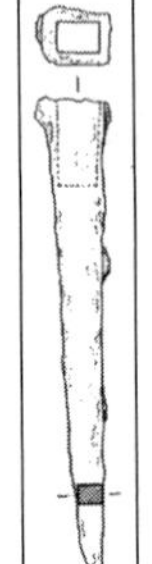
图 86–2　铁凿线描图

通长 17 厘米，銎内口长 1.5、宽 1 厘米，銎部壁厚 0.4 厘米。

《秦始皇帝陵园考古报告（1999）》，彩版 39.4；第 192 页，图 96。

湖北大冶铜绿山、山西运城洞沟等采矿遗址中也有铁质手工工具出土。

手工工具画像和秦汉墓葬出土的铁质手工工具，为推定画像石中"圆"形图像的制作工具提供了重要的实物资料。尤其用钻或锥凿捻制作的圆心痕迹，与古代玉器的打眼技术相似，这一技法可以保证石材表面不会起皮掉块，更适合陕北砂岩石材。

个别工具在汉画像石中未发现，在秦汉墓葬中至今未出土，期待有新的考古发现，解开精美汉画像石的制作之谜。

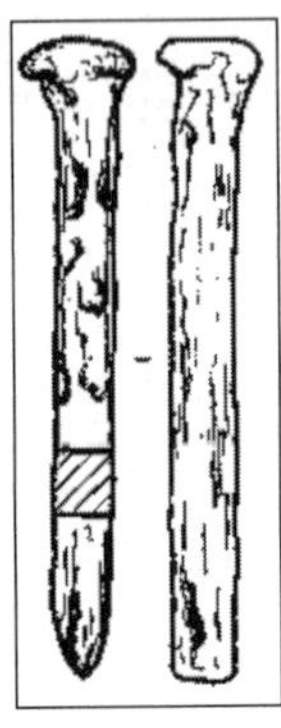
图 87　铁錾

通长 15.6 厘米、宽 1.6 厘米、厚 1.3 厘米。

《秦始皇帝陵园考古报告（2001—2003）》，文物出版社 2007 年版，第 215 页，图 77–7。

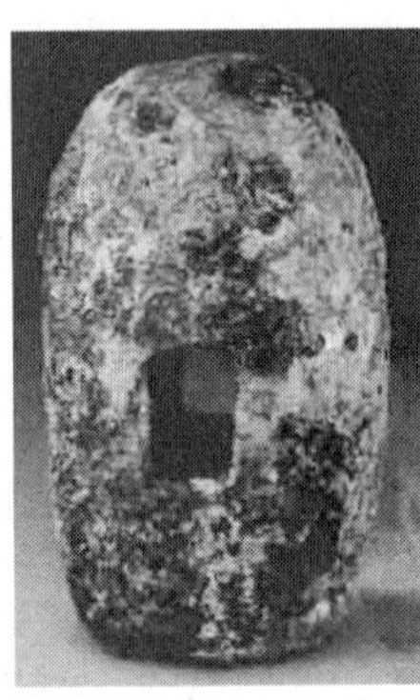
图 88　铁锤

长 19.2 厘米、径 7.5 厘米、銎长 4.2 厘米、宽 2.7 厘米。

《秦始皇帝陵园考古报告（2001—2003）》，图版 95。

图 89　铁凿

长 13.6 厘米、宽 1.7 厘米、厚 0.8 厘米。

吕梁汉画像石博物馆藏

三、结语

纵览全国各地汉画像石中的"圆"形图像，可归纳为日月形、璧（环）形、车轮形和其他形（如花形、方孔圆钱纹、建鼓、筝车轮等），绝大多数采用定点取圆的技法成形。从手工工具画像和雕凿痕迹观察，基本可以推定，圆形画像从构图到制作需要使用到钻或锥、绳、墨斗、软笔、规、矩等手工工具，还有錾和椎、凿和椎配合使用，以及砺石打磨。

汉画像石中"圆"形图像的"圆心"，看起来就是一个点，但工匠刻得一点也不马虎，尤其是在绶带穿璧图像中，整璧、半璧和四分之一璧上的钻捻圆心眼，规整而清晰，难道说仅仅是为了"定点取圆"而刻意费工费时去钻的吗？这一凿刻点运用在画像石中，很少引人注意，或许并不是古人无意而作，也不是石面的瑕疵。在信仰笼罩的汉代，它或许是一种思想符号。正如俞伟超曾写道：“汉画像中隐藏的精神世界，这可能是最难寻找的，但这恰恰是汉画像的灵魂！”①

英国学者阿尔弗雷德·哈登早在 1895 年就曾指出：“正如我们语言中许多单词里不会出声的字母一样，任何装饰里的任何线条或点、块都是有意义的。但不为我们所理解；我们有眼睛也看不见。”② 汉画像石中“圆”心眼的大量出现，期待有更多的学者来关注研究，有新的突破。由于成文仓促，疏漏之处，敬请专家赐教。

① 俞伟超：《〈汉代画像石综合研究〉序》，《汉代画像石综合研究》，第 3 页。

② 转引自《汉帝国的遗产：汉鬼考》，第 78 页。